초보자를 위한

스페인어 첫걸음

문예림

머리말

세계의 언어 가운데 가장 아름다운 것으로 손꼽히는 스페인어는, 지금껏 우리에게는 좀 소월한 듯한 느낌이 없지 않았다. 다른 유럽어에 대한 열과 비교할 때, 특히 그러한 느낌이 없지 않은 터였다.

새삼스레 설명할 필요도 없이, 스페인어는, 그 나라 말고도 멕시코 이남으로 이어지는 중남미 약 20개국의 공용어일 뿐만 아니라, 우리로서는 남방의 우방인 필리핀 공화국의 통용어이기도 한 것이다.

근년에 이르러, 미국은 그만두고라도, 영국, 독일, 프랑스를 비롯한 세계의 주요한 나라에서, 독자적인 전통적 고급 문화를 지닌 스페인어를, 또 풍부한 물자를 지닌 중남미 여러 나라의 통용어이기도 한 이 국어를 연구하려는 열의가 대단한데 비해, 우리나라에서는, 아름답고도 실용성이 강한 이 나라말을 해득하는 사람이 극히 적다는 것이 매우 유감스럽기조차 한 것이다.

이러한 뜻에서 이 책은, 스페인어의 기초적 지식을 비교적 간명하게, 그리고도 계통적으로 독자에게 전달하기 위해, 항목의 배열, 강독의 내용, 그 밖의 사항을 알기 쉽게, 재미나고 또 능률적으로 엮어 나가는데 역점을 두었다.

이 책은, 실용성에 중점을 두어 예문이나 강독을 일상 생활에서 많이 사용되는 간결한 회화체 문장을 만들어 놓았다. 또 문법의 설명도 누구나 이해할 수 있게 통속화하는데 노력했다.

어느 나라 말이든, 문법적 규칙을 알지 못하고서는 습득하기가 어려운 법이다. 그러나 동시에 문법적 지식만으로써는 도저히 그 나라말에 숙달될 수 없음도 물론이다. 즉 끊임없는 연습이 절대로 필요하다는 말이다.

그러므로, 이 책에 나오는 「연습」과 「복습」은, 반드시, 귀찮게 여기지 말고 하나 하나 익혀 나갈 것을 부탁한다. 또 「강독」에 대해서는, 그것을 줄줄 외울 수 있게 될 정도로 되풀이해서 공부하기 바란다.

　활자를 통해서 외국어를 배우려 할 때는, 활자를 읽는 것으로는 아무런 효과가 없는 법이다. 소리를 내서 되풀이하여 읽는 것이 그 나라말을 내 것으로 할 수 있는 방법이 되는 것이다. 이 책 안에 어쩌다 설명이 좀 딱딱하게 되어 있는 곳이 있겠으나, 그 점은 일부러 그렇게 해 본 것일 뿐이다.

　똑같은 것을 반복한다는 것은, 얼핏 생각하면 바보짓이라고 생각되었으나, 사물을 철저하게 숙달하는데 있어서의 비결인 것이다.

　독자 여러분은, 이 책으로 기초 지식을 얻은 다음, 더욱 연구를 계속함으로써, 세계 문학의 지보인 돈 키호테를 비롯한 그 밖의 명저 걸작을 자유로이 독파할 때까지, 이 아름다운 국어에 숙달되기를 바라는 바이다.

　이 스페인어 첫걸음을 다 마친 다음에 영어 대조와 스페인어 회화와 여행필수 스페인어 회화를 공부하면 어느 정도 완전한 스페인어의 결실을 갖고 올 것으로 믿는다.

외국어학보급회

감수를 끝내고

　오늘날 스페인어가 세계적으로 중요한 위치를 차지하고 있다는 것은 새삼 말 할 여지조차 없다. 근래 우리 나라에서도 스페인어에 대한 중요성을 인식하고 여러 가지로 스페인어의 보급에 힘쓰고 있는 중이다. 특히 제삼 공화국 정부의 수립 이후 중남미 제국에 대한 적극 외교와 아울러 무역과 이민 정책이 활발해짐에 따라 쌍방간에는 끊을래야 끊을 수 없는 유대 관계를 맺게 되었다. 따라서 중남미 제국의 공용어인 스페인어가 크게 주목을 끌게 된 것이다.

　현재 외무부에서는 스페인어가 영어 다음으로 중요성을 갖고 있고, 문교부에서도 스페인어를 고등 학교의 제이 외국어로 설정하기에 이르렀다. 이렇듯 정부에 의해 스페인어가 각광을 받게 되었지만 그러나 진작 이를 충족시킬 만한 교습서 등이 그리 흔치 않았다는 사실은 실로 민망스러운 일이었다. 뒤늦게나마 문예림에서 스페인어를 배우고저 하는 이들을 위해 「초보자를 위한 스페인어 첫걸음」을 출판하게 된 것은 퍽 다행한 일이라 하겠다. 본서는 어디까지나 초보자들을 위하여 세밀하고 친절하게 쓰여 있는 만큼 독학으로 세르반떼스의 언어를 배우고저 하는 분들은 이 책 한 권으로 별 어려움 없이 소기의 목적을 달성하리라고 본다.

　중남미 대륙에 진출하려는 분들에게는 다시없는 좋은 교재가 될 것이고 또한 이미 스페인어를 배우고 있는 분들에게도 이상적인 참고서가 되리라 믿고, 이에 일독을 적극 권하는 바이다.

김 충 식
2012년 1월

차례

머리말

감수를 마치고

제1주

제1일

발 음

Ⅰ. 알파벳(alfabeto) (15) — Ⅱ. 알파베-또(alfabeto) (18) — Ⅲ. 발음 기관 (18) — Ⅳ. 유성음과 무성음 (18) — Ⅴ. 모음과 자음 (19) — Ⅵ. 모음 (모음 삼각도) (20) — Ⅶ. 모음의 표준음·스페인어 모음의 위치도(22) — Ⅷ. 이중음(25) — Ⅸ. 삼중음(28)

제2일

발 음

Ⅰ. 자음의 종류 (30) — Ⅱ. 자음 각개의 발음 (31) — Ⅲ. 스페인어 자음 (43) — Ⅳ. 이중 문자 (43) — Ⅴ. 분철법 (44) — Ⅵ. 강세(악센트) (45) Ⅶ. 구두법 (48) — Ⅷ. 대문자 (49)

제3일

문 법

Ⅰ. 명사의 성 (50) — Ⅱ. 명사의 복수 (52) — Ⅲ. 부정 관사 (55) Ⅳ. 형용사 (56) — Ⅴ. 의문문 (59) — Ⅵ. 부정사 (60)

강 독 ··· 62
복 습 ··· 62

제4일

문 법

Ⅰ. 주격인칭대명사 (64) — Ⅱ. 동사와 그 세 종류 (65) — Ⅲ. 제1변화의 규칙 동사

의 직설법 현재 (65) — Ⅳ. 정관사 (67) — Ⅴ. 동사의 목적격으로서의 대명사 (68)

강 독 ··· 70
복 습 ··· 70

제5일

문 법

Ⅰ. 제2변화의 규칙 동사의 직설법 현재 (72) — Ⅱ. 목적격으로서 쓰이는 어느 특정한 사람 앞에 붙는 전치사 (73) — Ⅲ. 목적격의 인칭대명사 (74) — Ⅳ. 명사의 소유격 (75) — Ⅴ. 소유 형용사 (76)

강 독(Mi profesor de español) ··· 78
복 습 ··· 80

제6일

문 법

Ⅰ. 제3변화의 규칙동사의 직설법 현재 (81) — Ⅱ. 기수 (82) — Ⅲ. 시간 (85)

강 독(La aritmética) ·· 87
복 습 ··· 88

제7일

문 법

Ⅰ. 음성의 연계에 대해서 (89) — Ⅱ. 불규칙 동사 "ser"의 직설법 규재 (90)
Ⅲ. 불규칙 동사 "tener"의 직설법 현재 (93) — Ⅳ. 순서수 (95)

강 독 (Las cuatro estaciones) ·· 98
복 습 ··· 98

제 2 주

제1일

문 법

Ⅰ. 불규칙 동사 "estar"의 직설법 현재 (102) — Ⅱ. 전치사와 함께 쓰이는 인칭대명사 (105) — Ⅲ. 불규칙 동사 "hacer"의 직설법 현재 (106)

강 독 (La lengua española) ··· 108
복 습 ··· 109

제2일

문 법

Ⅰ. 규칙 동사의 과거 (110) ― Ⅱ.「부모」,「숙부 숙모」(113) ― Ⅲ. 불규칙 동사 "dar"와 "ir"의 직설법 현재 (114) ― Ⅳ. 분수 (114) ― Ⅴ. 여격의 인칭 대명사 (116)

강 독 (La lección de español) ·································· 118

복 습 ·· 119

제3일

문 법

Ⅰ. 지시 형용사와 지시 대명사 (121) ― Ⅱ. 소유 대명사 (125) ― Ⅲ. 십사의 불규칙 동사의 직설법 현재 (128)

강 독 (Un diálogo) ·· 128

복 습 ·· 129

제4일

문 법

Ⅰ. 규칙동사의 직설법 불완료 과거 (131) ― Ⅱ. 문장 중의 주어의 위치에 대해서 (133) ― Ⅲ. 국적을 나타내는 형용사 및「án」,「ón」,「or」로 끝나는 형용사 (134) ― Ⅳ. 불규칙 동사 "ser," "ir" 및 "ver"의 직설법 불완료 과거 (136)

강 독 (Un verano en Ulsan) ·· 137

복 습 ·· 138

제5일

문 법

Ⅰ. 조동사 "haber"의 직설법 현재 (140) ― Ⅱ. 과거 분사(141) ― Ⅲ. 직설법 완료과거 (141) ― Ⅳ. 불규칙한 과거 분사를 갖는 동사 (143) ― Ⅴ. 수동태 (145)

강 독 (El adelanto en español) ·································· 146

복 습 ·· 147

제6일

문 법

Ⅰ. 현재 분사 (149) ― Ⅱ. 형용사의 급 (153)

강 독 (La América del Sur) ·· 157

복 습 ·· 158

제7일

문 법

Ⅰ. 어근의 모음을 변화시키는 동사 (160) — Ⅱ. 불규칙한 비교급 및 최상급을 갖는 형용사 (164) — Ⅲ. 비례비교 (165)

강 독 (El cine) ··· 166
복 습 ·· 167

제 3 주

제1일

문 법

Ⅰ. 음성의 억양에 대해서 (170) — Ⅱ. 동사와 부정법 (172) — Ⅲ. 불규칙 동사의 직설법 과거 (175) — Ⅳ. 부정어의 용법 (176) — Ⅴ. 여성 단수명사 앞에 붙여지는 정관사 "el" (177).

강 독 (El profesor y su discípulo alumno) ························· 179
복 습 ·· 180

제2일

문 법

Ⅰ. 재귀 동사 (182) — Ⅱ. 재귀 대명사의 전치사격 (187) — Ⅲ. 정자법상의 변화를 받는 동사 (187)

강 독 (Mi vida diaria) ··· 190
복 습 ·· 191

제3일

문 법

Ⅰ. 의문 대명사와 의문 형용사 (193) — Ⅱ. 도량형 (195) — Ⅲ. -cer, -cir로 끝나는 동사 (196) — Ⅳ. 함께 쓰이는 여격 대명사와 목적격 대명사 (197) – 목적격을 수반하는 자동사 (199).

강 독 (Es Vd. muy amable) ·· 200
복 습 ·· 201

제4일

문 법

Ⅰ. 관계 대명사 (203) — Ⅱ. "-uir," "-n]er," "-n]ir," "-llir," "-chir"로 끝나는

동사 (209) — Ⅲ. 감탄문 (210) — Ⅳ. 감각의 동사와 부정법 (211) — Ⅴ. "-nte," "-dor"로 끝나는 단어 (212)

강 독 (Un día en Namisom) ·· 213
복 습 ··· 214

제5일

문 법

Ⅰ. 전치사 (216) — Ⅱ. 직설법 대과거 (216) — Ⅲ. 인칭 대명사의 중성 (217) — Ⅳ. 직전 과거 (218) — Ⅴ. 부사 (219) — Ⅵ. "muy"와 "mucho" (221) — Ⅶ. 부사를 만들기 위해 형용사에 붙여지는 접미어 "-mente"에 대해서 (221) — Ⅷ. 불규칙한 비교급 및 최상급을 갖는 부사 (222) — Ⅸ. 증대사와 축소사 (222) — Ⅹ. 형용사의 위치 (224)

강 독 (¡Buen viaje!) ·· 224
복 습 ··· 226

제6일

문 법

Ⅰ. 접속사 (228) — Ⅱ. 직설법 미래 (229) — Ⅲ. 불규칙한 미래를 갖는 동사 (231) — Ⅳ. 부사의 비교급과 최상급 (232) — Ⅴ. 직설법 현재의 특별용법 (232) — Ⅵ. 직설법의 완료 미래 (233) — Ⅶ. más(menos) ······ del (de la, etc.) que ······ 로 쓰이는 형의 비교급 (234)

강 독 ··· 234
복 습 ··· 235

제7일

문 법

Ⅰ. 접속법의 현재 (238) — Ⅱ. 불규칙 동사의 접속법 현재 (244) — Ⅲ. 중성 "lo"의 특수 용법 (245) — Ⅳ. 불규칙 동사 "dar," "estar," "haber," "ir," "saber" 및 "ser"의 접속법 현재 (246) — Ⅴ. 어근모음을 변화시키는 동사의 접속법 현재 (246) — Ⅵ. "gustar"의 용법 (248)

강 독 (El método directo) ·· 249
복 습 ··· 250

제 4 주

제1일

문 법

Ⅰ. 무인칭 표현 뒤에 쓰이는 접속법 (254) ― Ⅱ. 감탄사 ¡Ojalá! (바라건대 … 하길)의 뒤에 쓰이는 접속법 (257) ― Ⅲ. 감동을 나타내는 동사 뒤에 쓰이는 접속법 (258) ― Ⅳ. 의혹이나 부정의 표현 뒤에 쓰이는 접속법 (258) ― Ⅴ. "para"와 "por"의 구별 (260)

강 독 (Mi íntimo amigo) ………………………………………… 261
복 습 ………………………………………………………………… 262

제2일

문 법

Ⅰ. 규칙 동사의 명령법 (264) ― Ⅱ. 불규칙한 명령법을 갖는 동사 (265) ― Ⅲ. 명령법으로 쓰이는 접속법 (267) ― Ⅳ. 명령법에 있어서의 여격 및 목적격의 대명사의 위치 (268) ― Ⅴ. 간접의 명령에 대해서 (270) ― Ⅵ. 부정 대명사 (271)

강 독 (La visita) …………………………………………………… 273
복 습 ………………………………………………………………… 275

제3일

문 법

Ⅰ. 접속법의 과거 (277) ― Ⅱ. 불규칙 동사의 접속법 과거 (278) ― Ⅲ. 접속법의 완료 과거 (278) ― Ⅳ. 어떤 종류의 형용사의 어미 탈락(279) ― Ⅴ. 접속법의 대과거 (280) ― Ⅵ. 종속절 중에 있어서의 접속법의 시제의 관련 (280)

강 독 (La clase de castellano) …………………………………… 284
복 습 ………………………………………………………………… 285

제4일

문 법

Ⅰ. 무인칭 표현과 함께 쓰이는 접속법 과거 (287) ― Ⅱ. 가능법 (288) ― 126. 가능법의 용법 (289) ― Ⅲ. 조건문 (291)

강 독 (El despertador) …………………………………………… 294
복 습 ………………………………………………………………… 296

제5일

문 법

Ⅰ. 접속사 뒤에 쓰이는 접속법 (298) — Ⅱ. 관계 대명사 "que" 뒤의 접속법 (302) — Ⅲ. 접속법의 미래 (304) — Ⅳ. 접속법의 완료 미래 (305) Ⅴ. 부정법의 특별 용법 (306) — Ⅵ. 편지의 양식 (309)

강 독 (Carta de Sukil a un amigo suyo) ·· 310
복 습 ··· 312

제6일

문 법

Ⅰ. 불구 동사 (314) — Ⅱ. 부사로서 쓰이는 형용사 (317) — Ⅲ. 전치사와 다른 품사로 만들어지는 부사구 (317) — Ⅳ. 감탄사 (318) — Ⅴ. 형용사의 상이한 의미 (318)

강 독 (Expresiones usuales. NO. I) ·· 320
복 습 ··· 321

제7일

연 습

Ⅰ. 현대 문학초 (그 1) (323) — Ⅱ. 현대 문학초 (그 2) (325) — Ⅲ. 현대 문학초 (그 3) (328)

강 독 (Expresiones usuales. No Ⅱ) ·· 331
복 습 ··· 332

부 록

동사 변화 일람표 ·· 336
해답 : 연습 · 강독 · 복습 ·· 354
품사별 색인 ··· 391

발음에 대한 일반적인 주의

(1) 발음을 표기하는 한글 가운데, 한글로 표기될 수 없는 것에는 글자 위에 「ㅡ」표를 해 두었다.
　보기 : zapato 사바또 [θapato]
(2) 연자부(連字符)「ㅡ」은, 길게 발음하라는 장음부호가 아니라 強勢(액센트)를 나타낸다.
　보기 : casa 까-사 [kasa]
(3) 한글로 표기된 글자 위에 「∨」표를 해 논 것은 개구음(開口音)임을 나타낸다.
　보기 : él 엘 [εl]
(4) 音節사이에 붙은 부호 [´]은, 그 다음 음절에 강세(액센트)가 있음을 나타낸다.
　보기 : patata 빠따-따 [patata]

제 1 일

 (Pronunciación espanola)

학·습·항·목

발음 : 알파베또 · 발음기관 · 유성음과 무성음 · 모음과 자음 ·
모음 · 이중음 · 삼중음

Ⅰ. 알파베또

　외국사람이 우리말을 읽고 쓰고 말할려면, 먼저 ㄱ, ㄴ, ㄷ ……을 배워 익혀야 한다. 마찬가지로, 우리나라 사람이 스페인어를 정식으로 배우려 한다면, 우리의 ㄱ, ㄴ, ㄷ……에 해당하는 스페인어의 알파베또(alfabeto 알파-베또) 서른자부터 외워야 한다. 본디, 스페인어는, 그 옛날 로마인의 언어였던 라틴어에 근원을 두는, 말하자면 로만스어의 하나이다. 그러므로, 그것을 표기함에 있어서는, 한자와 같이 한자 한자가 뜻을 갖는 표음문자를 쓰는 것이 아니라, 우리 한글과 같이 음성만을 나타내는 로마자를 쓰는 것이다. 또 스페인어의 알파베또는 30의 문자 (letra 레-뜨라)로 되는데, 그 하나 하나에 인쇄체와 필기체가 있다. 또 각기 대문자 (mayúscula 마유-스꿀라)와 소문자(minúscula 미누-스꿀라)를 갖고 있다. 이밖에도 보통 이탈릭이라 불리는 사자체(bastardilla 바스따르딜-랴)가 있으나, 이는 별로 필요하지 않기 때문에, 다음의 알파베또 표에서는 생략해 버렸다.

알파베—또(El alfabeto espanol)

인쇄체		필기체		명칭
A	a	𝒜	a	아 [a]
B	b	ℬ	b	베 [be]
C	c	𝒞	c	세 [ce]
D	d	𝒟	cd	데 [de]
E	e	ℰ	e	에 [e]
F	f	ℱ	f	에-훼 [efe]
G	g	𝒢	g	헤 [ge]
H	h	ℋ	h	아-체 [hache]
I	i	ℐ	i	이 [i]
J	j	𝒥	j	호-따 [Jota]
K	k	𝒦	k	까 [ca]
L	l	ℒ	l	엘-레 [ele]
N	n	𝒩	n	에-네 [éne]

Ñ	ñ	𝒩	n	에-녜 [eñe]
O	o	𝒪	o	오 [o]
P	p	𝒫	p	뻬 [pe]
Q	q	𝒬	q	꾸 [cu]
R	r	ℛ	r	에-레 [ere]
S	s	𝒮	s	에-세 [ese]
T	t	𝒯	t	떼 [te]
U	u	𝒰	u	우 [u]
V	v	𝒱	v	우-베 [uve]
W	w	𝒲	w	베도-볼레 [uvedoble]
X	x	𝒳	x	에-끼스 [equis]
Y	y	𝒴	y	이그리에-가 [igriega]
Z	z	𝒵	z	세-따 [zeta]

주의 「ch」 「ll」 「ñ」 「rr」는 모두 독립된 별개의 문자들이다. 대문자로 쓰는 일이 없는 「rr」와, 본래 외래문자인 「w」와를 알파베도 안에 넣지않는 문법학자도 있다.

Ⅱ. 알파베또 표

다음에 보이는 스페인어의 알파베또 표에서, 한글 위에 「-」표가 달린 것은, 우리 글자로 표현하지 못하는 것으로서, 그 상세한 점은 자음의 발음의 부에서 자세하게 설명하기로 했다. 또 만국 발음기호로써 그 소리를 표기했다.

Ⅲ. 발음 기관

우리의 폐장에서 뿜어내는 숨이 발음의 기초적 요소임은 말할 필요도 없다. 그냥 숨을 쉬고 있을 때는 숨이 코를 통하게 되지만, 말을 할 때는 입을 통하는 것이 보통이다. 이때, 숨은 폐장에서 나와 기관지, 기관을 통하여 후두에 이른다, 후두와 인두 사이에는 성대가 있다. 그리고 숨은, 후두에서 인두를 통하여 입으로 들어온다. 우리가 말을 할 때에 성대는 열렸다 닫혔다 하면서 뿜어지는 숨을 진동시킴으로써 이른바「소리」를 내게 하는 것이다.

그러므로, 발음기관안에는 호흡작용에 관계되는 이들 일체의 기관이 포함된다. 동시에, 우리의 호흡을 조절하고 공명시키면서 갖가지 소리를 내게 되므로, 그에 관계되는 후두와 입과 코를 가리켜 보통 발음기관이라 이르는 것이다. 일정한 음을 내는 순간에 이들 여러 기관에 의해서 생겨나는 특수한 위치를 일컬어 조절(articulación 아르띠꿀라시온)이라고 한다. 그리고 입의 부분에도 양입술, 이, 잇몸, 경구개, 연구개, 구개범 및 혀가 있다.

Ⅳ. 유성음과 무성음

후두는 연골로 쌓여 있다. 남자가 성인이 되었을 때 목에 튀어나온「목뼈」가 그것이다. 그 안쪽에는 두장의 성대가 있는데, 그 두줄의 성대 사이가 성문이다. 성대는 두툼한 근육의 막으로 신축개폐가 자유자재다.

그건 그렇고, 우리들이 말 할 때의 음과 성문의 개재관계를 조사해 보면 다음과 같이 된다.

(1) 성문이 가볍게 닫혀 있어, 안에서 원만하게 나오는 호흡 때문에 성대가 맞닿음으로써 진동할 경우, 그 성대의 진동을 받은 호흡을 「유성음」이라고 한다. 하나의 음이 유성음인가 아닌가를 알아보고자 할 때는, 목뼈에 손가락을 대어 보면, 유성음일 경우, 가벼운 진동을 느끼게 될 것이다.

(2) 성문이 크게 열려 있어서 호흡(숨)이 자유로이 빠져나갈 경우 호흡은 그대로 성문을 통과하므로 성대는 진동을 일으키지 않는다. 이 경우의 호흡은 「무성음」이라고 한다.

(3) 성문이 반은 닫히고 반은 열려 있을 경우에는, 성대의 진동하는 부드러운 부분은 닫혀 있어서, 호흡은 그 뒤쪽의 연골부에서만 새어나간다. 이른바 「속삭임」은 이 경우에 일어나는 현상이다.

위에 말한바와 같이 (2)와 (3)의 경우에 있어서는, 성대에 진동이 일지 않으므로 손가락을 목뼈에 대어 봐도 유성음때와 같은 진동을 느끼지 못하는 것이다.

V. 모음과 자음

우리의 발음은 성대의 진동 여부에 따라 구별하면, 위에 말한바와 같이 유성음과 무성음으로 구별되지만, 성문을 통과한 호흡에 장해가 가느냐 안 가느냐에 따라 구별할 때, 모음(vocal 브깔)과 자음(consonante 꼰소난-떼)의 두 종류로 나누인다.

(1) 모음이란 유성음으로서 호흡이 아무런 장해 없이 입안을 자유로 통과하게 될 때 생기는 것이다. 우리 한글에서의 ㅏ, ㅑ, ㅓ, ㅕ, ㅗ, ㅛ, ㅜ, ㅠ, ㅡ, ㅣ …… 따위는 모두 모음인 것이다.

(2) 자음은 성문을 통과한 호흡의 전체 또는 일부에 장해가 감으로써 생기는 파열음이나 마찰음 따위를 이룬다. 그렇지만 자음에도 유성음과 무성음이 있다.

우리 한글은 표음문자임으로해서, 저들 유럽 나라의 알파베또에서와 같이 모음과 자음으로 나누어질 수 있는 훌륭한 문자이다.

표음문자이면서도 또, 가까운 일본의 「가나」와 같이, 모음과 자음이 합해져 있는 음절문자가 아니라는 점에서 문자발달사상의 최고위치를 차지하고 있음을 세계의 학자들이 다 인정하고 있는 것이다.

Ⅵ. 모음

모음을 발음하는 데는 혀의 움직임에 두 가지가 있다. 즉 입의 앞쪽에서 뒤쪽으로의 움직임과 입의 위쪽에서 아래쪽으로 움직임이 그것이다. 이 모음의 배열(배열)을 그림으로 나타내면 오른편 그림과 같이 일종의 삼각형을 만들게 된다. 이것을 보통 모음삼각이라고 부른다. (우리 모음 자리들을 보인다).

(1) 전모음과 후모음

혀를 거의 평평히 하여 입을 크게 벌리고 성대를 진동시키면 「아」(a) 소리가 난다. 이것을 출발점으로 하여 혀의 앞쪽을 점점 위로 올려 호흡에 장해를 안줄 정도로 윗턱의 앞쪽, 즉 경구개(경구개)쪽으로 가까이 해가면 「에」(e) 소리를 얻게 되고, 이어서 「이」(i)의 소리가 나

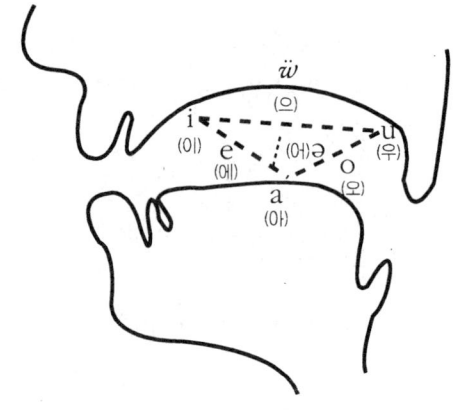

모음삼각도

게 된다. 이 경우의 입술은 「아」(a)때의 크고 둥근 모습으로 차츰 납작해져 가면서 입술의 두 귀퉁이 (꼬리)가 좌우로 늘어나는 것같이 된다. 이들 「에」(e)와 「이」(i)는 입의 앞쪽에서 소리나므로 전모음이라고 한다. 이에 반해서 「아」를 출발점으로 하여 혀의 뒤쪽을 차츰 높여, 호흡에 장해를 안줄 정도로 윗턱의 뒤쪽, 즉 연구개(연구개)쪽으로 가까이 해 가면 「오」(o)소리를 거쳐 「우」(u) 소리를 얻게 된다. 이때, 입술은 차츰 둥글게 줄어들면서 앞쪽으로 튀어나오게 된다. 이들, 「오」(o)와, 「우」(u)를 후모음이라고 한다. 스페인어에는 없지만 우리의 「으」(iu)는 「이」(i)와 「우」(u)의 중간에서, 「어」(ə)는 「아」(ə)와 「으」(iu)의 중간에서 소리가 난다.

(2) 개모음과 폐모음

모음삼각도에서 보면 알 듯이 「아」(a)는 삼각형의 정점에 있다. 즉 이때의 혀의 모양은 거의 펀펀하고 동시에 경구개(경구개)에서 가장 먼 위

치에 있다. 「에」(e)와 「오」(o)는 「아」(a)의 경우와 비겨볼 때 혀의 위치가 조금 높아지고 「이」(i)와 「우」(u)로 되면 더 높아지고 있다. 모음을 발음함에 있어 혀의 위치가 경구개 또는 연구개에 비교적 먼 것, 즉 입술이 비교적 많이 벌어진 형태로 되는 것을 개모음이라 하며 「아」(a), 「에」(e), 「오」(o) 및 「어」(ə) 따위가 이에 속한다. 이에 반해 혀의 위치가 경구개 또는 연구개에 비교적 가까운 것, 즉 입술이 비교적 닫힌 형태로 되는 것을 개모음이라 하며 「이」(i), 「으」(iu) 「우」(u) 따위가 이에 속한다.

그런데 혀의 운동은 자유로운 것이기 때문에 하나의 모음, 이를테면 「오」(o)를 발음한다고 할 적에, 그 국어의 표준이 되는 「오」(o)를 발음할 때보다는 입을 훨씬 더 벌린다. 쉽게 발음한다면 물론 표준어 「오」(o)보다도 조금 틀린 「오」(o), 즉 얼마간 「아」(a)에 가까운 「오」(o)음이 나오게 될 것이다. 이것을 「벌린 오(o)」라 하고, 이에 대해 표준 「오」(o)를 「닫힌 오(o)」라 부르기로 해보다. 이와 같은 현상은 비단 「오」(o)의 경우뿐 아니라, 「아」(a), 「에」(e), 「이」(i), 「우」(u)에서 각기 있을 수 있는 일이다. 그러나 그렇게 자상한 설명은 실용 스페인어를 배우고자 하는 독자에게는 필요한 일이 못된다. 다만, 「에」(e)와 「오」(o)의 두 가지만은 개폐 두 형태의 음을 알아야 하겠기에 다음 제7항에서 설명하기로 한다.

스페인어 모음의 위치도

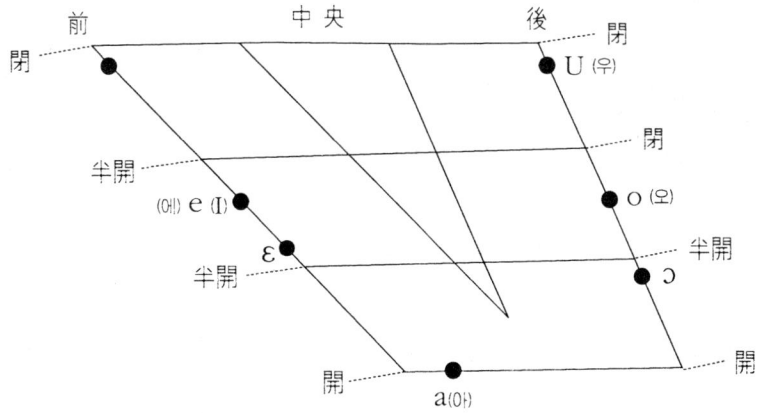

주의 l, e, a, o는 우리의 이, 에, 아, 오와 같은 위치인데, 스페인어의 「우」가 우리 「우」보다 뒤쪽 위치에서 발음된다.

Ⅶ. 모음의 표준음

스페인어의 알파베토 가운데 「a」, 「e」, 「i」, 「o」, 「u」의 다섯 모음의 하나 하나의 발음에 대해서 다음에 설명하겠다.

스페인어의 모음은 항시 짧고 명료하게 발음되며, 울림이 강하면서도 분명한데가 있다.

모든 의미에 있어서 영어나 독어, 불어 따위보다는 훨씬 우리에게 발음하기 쉬운 여건을 지니고 있는 것이 스페인어이다. 다음에 나오는 모음의 설명을 읽으면서 입모양들을 지어 보기 바란다. 〔 〕안의 문자는 만국음성학부호(국음성학부호)임을 덧붙인다.

a (아) [a]

스페인어의 「a」자가 나타내는 음은 우리의 「아」로 생각하면 된다. 자세히 말하면, 위 아래 문치(앞니) 사이, 약 10mm의 간격을 둘 정도로 두 턱을 벌리고서, 혀를 아래턱에 딱 붙인채, 입의 한가운데서 혀를 마음놓고 올리면서 발음하는 것이다.

> 보기 ama (여주인) 아 – 마 [áma], ara(성단) 아 – 라 [ára], patata (감자) 빠따 – 따 [patáta], nada(배무) 나 – 다 [náda]

e (에, 에) [e, ɛ]

스페인어의 「e」라는 글자가 나타내는 음에는 「닫힌 e」와 「벌린 e」의 두 가지가 있다.

(1) 「닫힌 e」… 우리의 「에」와 같은 음이다. 입의 벌림은 편편한 편, 위 아래 앞니의 간격은 약 6mm. 혀의 끝을 아래 앞니에 붙이고서, 혀는 「a」때보다 더 경구개쪽에 가까이 하여 발음한다. 이 음은 다음 경우에 난다.

    1. 모음으로 끝나는 음절에서

> 보기 ese(그) 에 – 세 [ése], pero(그러나) 뻬 – 로 [péro], compré(나는 샀다) 꼼쁘레 – [kɔmpré]

    2. 자음 m, n, s, z, d로 끝나는 음절에 있어서.

> 보기 temperatura(온도) 뗌뻬라뚜 – 라 [temperatúra], atento(주의 깊은) 아뗀 – 또 [aténto], después(나중에) 데스뿌에 – 스 [despwés], pez(고기) 뻬

스[peθ], huéped(손님) 우에 – 스뻬(드)[wéspe(d)]

(2) 「벌린 e」…이 음은, 만국음성학회에서는 [ɛ]의 부호로 나타내고 있으나, 이 책에서는 (에)라는 부호로 나타내기로 한다.

이 「벌린 e」의 음은 「닫힌 e」의 음, 즉 우리의 「에」보다 조금 더, 입을 크게 벌리면 된다. 위아래 문치의 간격이 약 8mm쯤 되게 혀끝을 아래 문치에 더 가볍게 대고서, 혀를 경구개의 좀 뒤쪽에 가게 한다. 이렇게 말하면 어려운 것 같이 들리나, 쉽게 말해서, 우리의 「에」를 발음할 때보다도 조금 더 마음놓고 입을 벌리면 자연히 이(에) 소리가 나게 될 것이다.

1. rr (권설때의 진동하는 라행)의 음이 앞이나 뒤로 올 때

    보기 perro(개) 뻬 – 로[pɔr], carreta(짐수레) 까르레 – 따[kaŕeta], remo(나는 노를 젓는다) 르레 – 모[ŕemo]

    주의 단어의 첫머리에 오는 「r」도 「rr」의 음으로 발음된다.

2. 목에서 강하게 나오는 「ㅎ」행 음의 앞에 올 때

    보기 eja(기와) 떼 – 하[texa], hereje(이판자) 에레 – 헤[érexe]

3. 「ei」또는 「ey」가 이중음을 이룰 때

    보기 peine(빗) 뻬 – 이네[ṕeine], carey(별갑=일종의 패물) 까레 – 이[kaŕei]

4. 「m」,「n」,「s」,「z」,「d」이외의 자음으로 끝나는 음절에서

    보기 papel(종이) 빠뻴[paṕel], afecto(애정) 아휄 – 또[áfe-kto], ser(~이다) 세르[ser]

i

(이) [i]

입을 벌리는 정도는 우리의 「이」와 거의 같다. 「e」보다는 입의 벌림이 훨씬 줄어들어서, 위아래 문치의 간격은 약 4mm. 혀의 끝을 아래 문치에 붙이고 혀의 앞쪽을 경구개쪽으로 가져가면서, 그 양쪽을 널리 접촉시키는 듯한 느낌으로, 한가운데 비교적 좁은 공간을 남기고 거기서 호흡을 내어 발음하는 것이다. 우리의 「이」보다, 위아래 입술을 조금 더 양쪽으로 잡아끄는 듯한 느낌을 주면서 발음하면 된다.

O (오 및 ɔ) [o 및 ɔ]

스페인어의 「o」자가 나타내는 음에는 「닫힌 o」와 「벌린 o」의 두 종류가 있다.

(1) 「닫힌 o」 (오) [o]. 이것은 우리의 「오」와 대체로 같은데, 두 입술을 조금 앞으로 내밀고, 동시에 다소 타원형을 만들도록 해야 한다. 위아래 문치의 간격 약 6mm. 즉 입의 벌림은 「닫힌 e」의 경우와 같은 정도. 혀는 입 안쪽으로 들어가는데 그 끝 쪽이 연구개에 다가가면서 높아진다. 혀끝은 처져 아래턱 문치에 닿는다.

보기 modo(방법) 모 – 도 [módo], coche(마차) 꼬 – 체 [kotʃe]

(2) 「벌린 o」 (오) [ɔ]. 우리의 「오」를 발음 할 때보다도 입의 벌림을 조금 더 크게 하고, 위아래 문치의 간격을 약 8mm 정도로 한다. 그리고서 우리의 「오」를 발음할 때보다도 두 입술을 조금 더 내밀고서 둥글게 하는 것은 「닫힌 o」의 경우와 같다. 혀는 역시 안쪽으로 들어가게 되고 그 끝 쪽이 연구개쪽으로 가면서 높아지는 것이지만, 그 정도가 「닫힌 o」의 경우보다 약간 덜하다.

이 「벌린 o」의 음(오) [ɔ]는 「rr」의 음, 즉 진동하는 ㄹ행의 음이 「o」의 앞이나 뒤로 올 때에 나타나는 것인데, 「o」의 앞이나 뒤로 오는 특별한 음의 영향을 받아 자연히 그렇게 되는 것이다. 이 「벌린 o」의 음은 다음 경우에 난다.

1. 「o」가 「rr」 음의 앞이나 뒤로 올 때

보기 torre(탑) 또 – 르레 [tɔrɛ], rosa(장미) 르로 – 사 [rɔsa]

2. 「o」가 목구멍에서 강하게 나오는 ㅎ행음의 앞에 올 때

보기 ojo(눈=(안)오 – 호 [óxo], enojo(성냄)에 노 – 호 [enɔxo]

3. 「oi」 또는 「oy」가 이중음을 이룰 때

보기 estoico(스토익적인) 에스또 – 이꼬 [estɔiko], doy(나는 준다) 도이 [dɔi]

4. 자음으로 끝나는 음절에서

보기 dos(둘) 도스 [dɔs], costa (해안) 꼬 – 스따 [kɔsta], conde(백작)꼰 – 데 [kɔnde], norte(북) 노 – 르떼 [nɔrte]

엄밀하게 말할 때에 이와 같이 되는 것이나, 앞에서도 말한 바와 같이, 이러한 경우에 있어서의 「o」의 음은 자연히 이와 같은 경향을 띠게 되는 것이다.

u (우) [u]

우리의 「우」와 비슷한데, 두 입술을 더 내밀고 입모습을 더 둥글게 하여 발음하도록 해야 한다. 「o」를 발음할 때보다 두 입술을 더 내밀고서, 「o」때 보다 더 작은 타원형 입술을 만든다. 위아래 문치(문치)의 간격은 약 4mm, 즉 「i」와 거의 같은 정도이다. 혀는 입 안쪽으로 오므라들고, 그 뒤끝이 「o」때 보다 더 연구개(연구개)로 다가가면서 높아진다. 혀 끝을 아래턱 치경(치경)과 수반으로 되게 하면서, 치경에서 조금 떨어지든지, 아니더라도 가볍게 댄채로 발음한다.

보기 uno(하나) 우 – 노 [úno], gusto(취미) 구 – 스또 [gústo], muy(대단히, 아주) 무이 [mwi], duda (의심) 두 – 다 [dúda]

VIII. 이중음

이 때까지 다루어 온 모음은 모두 단일모음이었으나 둘 또는 셋의 모음이 겹쳐, 더구나 따로따로가 아니라 한꺼번에 발음되는 경우가 있다. 이중음(diptongo 딥똥 – 고) 및 삼중음 (triptongo 프립똥 – 고)을 이룸이다. 그 설명을 하기 전에 강모음과 약모음과의 구별을 알아두면 편리하다.

다섯개의 모음 중, 「a」, 「e」, 「o」의 세음은, 남은 「i」, 「u」의 두개에 비해 울림이 거세므로, 이 세음을 강모음이라고 부르며, 「i」(이것과 같이 [이])라고 발음되는 경우의 「y」도 똑같이 취급된다)와 「u」의 두 음을 강모음이라 부른다.

이중음은 다음과 같은 경우에 이루어지며 두 모음 다 발음된다.

1. 하나의 강모음 다음에 하나의 약모음이 올 때

이 경우 강세(acento 아쎈 – 또)는 강모음 위에 온다.

ai, ay

「a」음 다음에 짧고 약한 「i」음이 오는데, 우리말에서의 「어린 아이」할 때의 「아이」음과 같이, 「아」음과 「이」음을 떼지 않고 한꺼번에 아이 [ai]라고 발음한다.

보기 aire(공기) 아이레 [áire], hay(있다) 아이 [ai]

주의 h는 발음되지 않는다.

ei, ey

「벌린 e」음 다음에, 짧고 약한 「i」음이 오며 에이 [ei]라고 한꺼번에 발음된다.

보기 peine(빗) 뻬이네 [ˊpeine], carey(별갑) 까레-이 [kaˊrei]

oi, oy

「벌린 o」음 다음에 짧고 약한 「i」음이 오면서 오이 [oi]라고 한꺼번에 발음된다.

보기 oigo(나는 듣는다) 오-이고 [óigo], doy(나는 준다) 도이 [doi]

au

「a」음 다음에 짧고 약한 「u」음이 오면서 아우 「au」라고 한꺼번에 발음된다.

보기 causa(원인) 까-우사 [kausa], autor(작자) 아우또-르 [auˊter]

eu

「e」다음에 짧고 약한 「u」음이 오면서 에우 「eu」라고 한꺼번에 발음된다.

보기 Europa(유럽) 에우로-빠 [eúropa], dueda(차금) 데우다 [deuda]

ou

「o」음 다음에 짧고 약한 「u」음이 오면서 오우 「ou」라고 한꺼번에 발음된다.

보기 bou(예강) 보우 [bou], Sousa(인명) 소우-사 [śousa]

주의 위에 보기로 든 바와 같이, 하나의 강모음과 하나의 약모음이 결합되는 경우라도, 때로는 두 음절을 이루어 이중음으로 안 되는 때가 있다. 이런 경우에 있어서는, 약모음이 독립된 음을 가지고 있게 되며, 문자로 쓰일 때는 강음부 (ˊ)가 붙게 된다. 이런 때는 강모음과 약모음 사이를 잘라서 발음하게 된다.

보기 caida(추락) 까이 – 다 [kaída], leído(읽힌) 레이 – 도 [leído], oído (청각) 오이 – 도 [oído], baúl(트렁크) 바울 – [baúl]

2. 하나의 강모음 다음에 하나의 약모음이 올 때

이 때는 강모음 「i」, 「u」와 함께, 거의 모음의 성질을 잃고 반쯤 자음의 성질을 띠게 된다. 즉 「i」는 「y」(발음표 [j])와 같이 되고 「u」는 「w」(발음표 [w])와 같이 된다.

ia 짧고 약한 「i」(이)음 다음에 「a」(아)음이 오면서 「ia」(이아)로 되는 것이지만, 「i」가 반자음으로 되어 「y」같이 되어 거의 「ya」(야)로 들리게 된다.

보기 limpia(청결한) 림 – 삐아 (거의 림 – 뺘로 된다) [límpja], gracias(고맙다) 그라시아스 (거의 그라샤스) [graθjas]

ie 짧고 약한 「i」(이)음 다음에 「e」(에)음이 오면서 「ie」(이에)로 되는 것이지만, 위 경우와 같이 거의 「ye」(예)로 된다.

보기 tiene(그는 가진다) 띠에 – 네(떼 – 네) [tjene], bien(잘) 비엔(벤) [bjen]

io 짧고 약한 「i」(이)음 다음에 「o」(오)음이 오면서 「io」(이오)로 되는 것이지만, 거의 「yo」(요)로 들린다.

보기 sabio(전식한) 사 – 비오(거의 사뵤) [sábjo], Antonio(안또니오, 인명) 안또 – 니오(안또 – 뇨) [antónjo]

ua 짧고 약한 「u」(우)음 다음에 「a」(아)음이 오면서 「ua」(우아)로 되는 것이지만, 「u」가 거의 「w」의 성질을 띠면서 wa (와)로 된다.

보기 agua(물) 아 – 구아(아 – 과) [ágwa], mutuamente(서로) 무 – 뚜아멘떼(무똬멘떼) [mutwaménte]

ue 짧고 약한 「u」(우)음 다음에 「e」(에)음이 오면서 「ue」(우에)로 되는 것이지만, 위와 같은 이유로 거의 「we」(웨)로 된다.

보기 suelo(마루) 수엘 – 로(쉘 – 로) [swélo], bueno(좋은) 부에 – 노(붸 – 노) [bwéno]

uo 짧고 약한 「u」(우)음 다음에 「o」(오)음이 오면서 「uo」(우오)로 되는 것이지만, 거의 「wo」(우오)로 된다.

> 보기 vacuo(공허한) 바 – 꾸오(바 – 꿔)[bákwo], cuota(할당) 꾸오 – 따(꼬 – 따) [kwóta]

3. 두 개의 약모음이 겹치는 경우

이 경우에도, 첫 모음이 반쯤 자음이 성질을 띠게 되어, 「i」는 거의「y」(유, 위)와 같이 되어, 「u」는 「w」와 같이 된다.

iu 약하고 짧은 「i」 다음에 「u」음이 오면서 「iu」(이우)로 되는 것이지만, 거의 「yu」(유)와 같이 된다.

> 보기 ciudad(도시) 시우 – 다(거의 슈-다)[θjuða], viuda(뒷집) 비우 – 다(뷰 – 다) [ńjuða]

ui 약하고 짧은 「u」(우)음 다음에 「i」(이)가 오면서 「ui」(우이)로 되는 것이지만, 「u」가 반쯤 「w」의 성질을 띠게 되어 거의 「wi」(위) 같이 된다.

> 보기 cuidado(주의) 쿠이다 – 도(퀴다 – 도)[kwiðaðo], muy(대단히) 무이(뮈) [mwi]

> 주의 위에 보기를 든 (2)와 (3)의 경우와 똑같은 철자에 있어서도, 약자음 (iu)가 다른 모음과 이중음을 이룰 때가 있다. 즉 약자음 강세(액센트)를 지니고 있을 때는, 그 모음이 독립된 음을 갖게 된다. 문자로 쓰일 때는, 그 약모음 위에 강음부(´)를 붙인다.

> 보기 día(날) 디 – 아[día], varíe(당신은 바꾸라) 바 – 리에[baríe], vacío(텅빈) 바시 – 오[baθío], continúa(그는 계속한다) 꼰띠누 – 아[kontinúa], flúido(액례의) 플루 – 이도[flúido]

IX. 삼중음

약모음과 약모음 사이에 하나의 약모음이 끼어 들어, 이들 세 모음이 한 음절을 이루면서 한꺼번에 발음될 경우, 이들은 삼중음을 이룬다고 말한다. 그러한 스페인어의 삼중음에서는, 두 개의 약모음 사이에 끼여 있는 강모음은, 「a」나 「e」로 정해져 있다. 가운데 「o」가 오는 일은 없다.

iai despreciáis(그들은 경멸한다) 데스쁘레시 – 아이스(데스쁘레 샤 – 이스) 〔despreˊθjais〕

iei limpiéis(당신들이 소제할 것을) 림삐에이 – 스(림뻬이-tm) 〔limˊpjeis〕

uai, uay santiguáis(당신들은 십자를 긋는다) 산띠구아 – 이스(산띠과 이 – 스)〔santiǵwais〕, Paraguay(빠라과이 국명) 빠라구아 – 이 (빠라과 – 이) 〔paragwai〕

uei, uey averigüeis(당신들이 조사할 것을) 아베리 구에 – 이스 (아베 리궤 – 이스)〔aberigw is〕, buey(한소) 부에이 (붸이)〔bwei〕

주의 삼중음을 형성하는 세 개의 모음 중, 최초의 약모음은 삼중음에서 설명한 바와 같이, 반자음적으로 되어, 끝에 약모음이 짧아지면서 약해진다. 이를테면, 「iai」, 「iei」의 최초의 「i」는 「y」와 같이 되며, 「uai」, 「uei」의 「u」는 「w」 와 같이 된다. 세 개의 모음이 계속될 때, 만약 강세부가 최초의 약모음 위에 있다면, 그땐 삼중음이 아니라 이중음으로 된다.

보기 teníais(당신들은 가지고 있었다) 떼니 – 아이스〔teˊnjais〕

제2일

 (Pronunciación espanola)

I. 자음의 종류

자음이란, 성문을 거친 호흡의 전체 또는 그 일부분에 장해가 가해질 때에 나는 음이 라는 것은 이미 말한 바이지만, 그 호흡의 통로가 비강일 때를 비음이라 하고 구강일 때를 구음이라고 한다.

1. 하나의 자음이 발음될 경우, 그 음이 입의 어떠한 부분에 의해서 조절되느냐 하는 점에서, 자음을 다음과 같이 분류한다.

    (1) 양순음 (위아랫 입술의 접근 또는 접촉에 의해서 나오는 것)
    보기 P (ㅃ)[P], b(ㅂ)[b], m (ㅁ)[m]

    (2) 순치음 (아랫입술을 윗니의 아래쪽에 가져가면서 발음하는 것)
    보기 f (ㅎ, 그러나 우리의 ㅎ과 다르다). [f]

    (3) 치간음 (혀의 끝 쪽을 위 문치에 가로 붙이고, 아랫니를 가볍게 혀끝의 뒤쪽에 대면서, 그 사이에서 호흡을 훑어낼 때 나는 것)
    보기 z (ㅅ)(영어 Smith의 「th」음, 우리「ㅅ」과 다르다. 나중에 설명한다)[θ]

    (4) 치음 (윗니 뒤쪽에 혀끝을 붙이면서 발음하는 것)
    보기 t (ㄸ)[t], d (ㄷ)[d]

    (5) 치경음 (윗니의 치경과 혀끝으로 발음하는 것)
    보기 s (ㅅ)[s], n (s)[n], l (ㄹㄹ)[l], r (ㄹ)[r], rr (르 f)[r]

(6) 경구개음 (혀 앞쪽과 경구개로 이루어지는 것)

보기 y (야, 요, 유 ……)〔j〕, ñ(경구개로 만들어지는 냐, 뇨, 뉴 ……)〔ɲ〕, ch (ㅊ) 〔tʃ〕, ll(경구개음화한 ㄹ리)〔λ〕

(7) 연구개음(연구개음). (혀 뒤쪽과 경구개로 생기는 것)

보기 k (ㄲ)〔k〕, g (ㄱ)〔g〕, j (ㅎ)〔x〕

2. 또 하나의 자음이 어떻게 하여 조절되느냐 하는 점에서 생각하여 자음을 다음과 같이 분류할 수도 있다.

(1) 파열음 (개찰음 이라고도 한다). (호흡의 통로가 일단 막힌 다음, 일시에 파열 하면서 생기는 것)

보기 f (ㅎ)〔f〕, z (ㅅ)〔θ〕, s (ㅅ)〔s〕

(2) 마찰음 (남겨진 좁은 통로를 호흡이 훑어 갈리면서 통할 때 생기는 것)

보기 f (ㅎ)〔f〕, z (ㅅ)〔θ〕, s (ㅅ)〔s〕

(3) 측면음 (호흡이 혀 양쪽으로 흘러 나가면서 생기는 것)

보기 l (ㄹㄹ)〔l〕, ll (ㄹ리=구개음화)〔λ〕

(4) 전동음 (호흡이 혀끝을 떨리면서 생기는 소리)

보기 r (ㄹ)〔r〕, rr (ㄹ ㄹ)〔r̄〕

Ⅱ. 자음각개의 발음

알파벳 순에 따라 자음 하나하나에 대해 설명하기로 한다.

b 및 V 단독음 (ㅂ 및 ㅂ) 〔b 및 b〕

「b」 및 「v」자로 나타내는 스페인 음은 동음으로서, 다같이 양순유성음이며, 우리의 ㅂ행음과 같다. 그러나 엄밀하게 이야기할 때, 「파열의 b」와 「마찰의 b」의 둘로 갈리게 되는 것이다.

(1) 「파열의 b」 b음이 문장이나 구의 첫머리(즉, 음성군의 첫머리에) 올 경우와, 비음 즉 「m」 또는 「n」다음에 올 경우에는 파열음음이다. 또 음성군 (식군이라고도 한다)이라 함은, 음성의 단절에 의해서 앞뒤가 제한

되고, 그 중간에는 단절을 포함하고 있지 않은 음성연속임을 이른다.

보기 bueno(좋다) 부에 – 노 [bweno], sombrero(모자) 솜브레 – 로 [sɔmbrero], un buen muchacho(하나의 선량한 소년) 움부엔 무차 – 초 [umbenmutʃatʃo], vamos(우리는 간다) 바모스 [bamɔs]

주의 이 파열의 「b」음은, 우리의 ㅂ행과 같다 생각하면 된다.

  (2) 「마찰의 b」앞에서 보인 「파열의 b」는, 위 아랫입술이 완전히 닫힌 재색된)것이었지만, 이 「마찰의 b」는, 두 입술 사이가 조금 떠 있어서, 그 사이를 공기가 마찰하여 통과할 때 생기는 음이다. 이 음은, 앞에 든 「파열의 b」이외의 모든 경우에서 발음되는 것이다.

보기 nabo(순무우=무) 나 – 보 [ńabo], libro(책) 리 – 브로 [líbro]

주의 우리는 보통, 여기서 말하는 「ㅂ」이 없기 때문에 「우리의 ㅂ」으로 발음한다. 또 그런데서 큰 차이가 있는 건 아니지만 이 책에서는 앞에 「발음부호에 관한 주의」에서 밝힌 것처럼 「ㅂ」행 글자 위에 「-」표를 한다. 스페인 음성학회서는 [b]로써 「마찰의 b」음을 표시하게 되어 있다.

C 단독음 (ㄲ) [k]

「c」로써 나타내는 음에는 두 가지가 있다.

  (1) 「a」, 「o」, 「u」 또는 「h」이외의 자음의 앞, 또는 음절 끝에 오는 「c」는 ㄲ행의 음. 즉 연구개, 파열, 유성음. 혀끝이 아래턱 문치의 치경 언저리까지 내려가고, 혀 뒤쪽이 연구개로 다가가면서 높아짐으로써 호흡의 통로를 완전히 막아 버린다. 그것을 파열시키면서 발음하는 것이다.

보기 cama(침대) 까 – 마 [kama], cosa(물건) 꼬 – 사 [kosa], cuna(요람) 꾸 – 나 [kuna], criada(여자 심부름꾼) 끄리아 – 다 [krjada] frac(연미복) 후라끄 [frak]

  (2) 「e」, 「i」의 앞에 올 때는, 치간, 마찰, 무성음. 즉 혀끝을 위 문치가에 가볍게 대고, 아랫니를 가볍게 혀끝 뒤쪽에 붙여 깨무는 시늉을 할 때, 그 좁은 사이에서 호흡이 훑어 갈리 (찰)면서 나는 음이다. 이 경우, 혀의 양쪽은 위 어금니에 붙어 있게 된다. 이러한 음은 우리말에는 없고, 영어의 「think」할 때의 청음의 「th」에 해당된다. 이 책에서는 「ㅅ」으로 표기하면서 위쪽에 「-」표를 해 두었다. (우리의 외래어 표기상으로 [θ]은 [ㄷ]이지만, 「ㅅ」이 실제 발음에 가까우므로 그쪽으로 표기한다) 만국음성학회의 부호는 [θ].

보기 cemento(시멘트) 세멘 - 또 [θeménto], cima(정상) 시-마 [θima]

ch 단독음 (ㅊ) [tʃ]

「ch」의 글자로 표시되는 음은 경구개, 마찰, 무성음. 혀 앞쪽이 높아지면서 경구개 앞쪽과 윗니 치경에 닿아, 혀의 양쪽을 위 어금니에 붙여 호흡을 낼 때 생기는 음이다.

보기 charco(웅덩이) 차 - 르꼬 [tʃarko], cheque(어음) 체 - 께 [tʃeke], chino(중국사람) 치 - 노 [tʃino], mucho(많이) 무 - 초 [mútʃo], chupar(빨다) 추빠 - 르 [tʃupár]

d 단독음 (ㄷ 및 ㅌ) [d 및 d]

d 자가 표시하는 음은, 대체로 우리말에 있어서의 ㄷ 행이라 생각하면 좋은 것이나, 혀끝이 우리의 ㄷ행 보다 조금 앞쪽, 즉 위 문치의 뒤에 있는 점이 조금 다르다. 즉, 이의 뒤쪽 유성음이다. 그런데 이 d도 엄밀히 말하면 「파열의 d」와 「마찰의 d」의 두 가지가 있다.

(1) 「파열의 d」 위에 말한 바와 같이 혀끝을 위 문치 뒤쪽에 붙여 발음한 ㄷ행이다. 이 「파열의 d」음은, 「d」가 문장이나 구의 첫머리에 (즉 유성군의 첫머리에) 올 때, 또는 「l」이나 「n」의 다음에 올 때 나게 된다.

보기 dame(너는 나에게 주라) 다 - 메 [dame], memonio(귀신) 데 모 - 니오 [demónjo], digo(나는 말한다) 디 - 고 [dígo], doy(내가 준다) 도이 [doi], durante(사이) e란 - 떼 [duránte], espalda(등) 에스빨다 [eppálda], fondo(밑) 휜도 [fɔndo]

(2) 「마찰의 d」 혀끝을 위 문치 안쪽에 가볍게 대지만, 호흡의 통로를 완전히 막진 않고, 그 좁은 틈새에서 호흡을 마찰하면서 낼 때 생기는 음이다. 앞에 든 경우 (문장이나 구의 첫머리에 올 때 및 「l」 또는 「n」 다음에 올 때)를 제외하면, 항상 「마찰의 d」음이다. 「마찰의 d」 단독음을 이 책에서는 「드」로 표시, 「-」표를 하였다. 발음기호는 스페인 음성학회가 채용하고 있는 「d」를 쓰기로 한다.

보기 nada(개무) 나 - 다 [nádo], orden(명령) 오 - 르덴 [órden], todo(전부) 또 - 도 [todo], padre(아버지) 빠 - 드레 [pádre], adverbio(부사) 아드베 - 르비오 [adbɛrbjo]

주의 어휘의 맨 나중에 오는 「d」는 나는 듯 마는 듯 발음된다. 오히려 들리지 않을 정도로 하는 것이 났다. 또 「a」와 「o」사이에 끼인 「d」(-ado)는 남방 스페인 및 중남미에서는 거의 발음하지 않는 것이 통례이다.

보기 usted(당신) 우스떼-(드) 또는 우스떼-〔uste 또는 uste:〕, Madrid (마드리드) 마드리-〔maˊdri 또는 maˊdri:〕, hablado(말하여지다) 아블라-도, soldado(병사) 솔다-도

f

단독음 (ㅎ) 〔f〕

「f」자로 표시되는 음은, 순치, 마찰, 무성음, 즉 아래 입술을 위 문치에 가볍게 대고서, 그 사이에서 호흡을 훑어 갈때에 나는 음이다. 이 음은 우리에겐 없고, 위의 「ㅎ」과 「ㅍ」을 합친 것 같은 것이다. ㅎ은, 위아래 입술사이에서 호흡을 갈라내는 양순 마찰음이고 ㅍ행 역시 양순 파열음 이므로, 위 문치와 아래 입술로써 이루어지는 「f」음과는 대단히 다르다. 이 책에서는 「ㅎ」으로 표기하기로 한다.

보기 fácil(쉬운) 화-실〔faθil〕, fe(신앙) 훼〔fe〕, fin(목적) 휜〔fin〕, fotografía(사진) 훠또그라휘-아〔fotografiˊa〕, fumar(담배 피우다) 후마-르〔fumaˊr〕

g

(단독음) (ㄱ 및 ㄱ) 〔g 및 g〕

「g」자로 표시되는 음에는 세 종류가 있다.

(1) 파열의 ㄱ행음 〔g〕.

연구개, 파열, 유성음, 이 음은 〔g〕가 「a」,「o」,「u」 또는 「ue」,「ui」의 앞, 혹은 자음의 앞에 있으면서도 문장이나 구의 첫머리 (음성군의 첫머리)에 올 때와, 「n」다음에 올 때 난다.

보기 gano(나는 번다) 가-노〔gano〕, goma(고무) 고-마〔goma〕, gusto(취미) 구-스또〔gusto〕, guerra(전쟁) 게라〔gɛra〕, guia(아내인) 기-아〔gia〕, gracias(고맙소) 그라-시아스〔graθjas〕, pongo(나는 두다) 뽕-고〔poŋgo〕

주의 「gue」,「gui」의 발음은 〔ge〕게, 〔gi〕기

(2) 마찰의 ㄱ행음 〔g〕.

연구개, 마찰, 유성음. (1)에서 설명한 「파열의 g」는 혀의 뒤쪽이 연구개로 다가가면서 올려지고, 호흡의 통로를 아주 막아버리는데 반하여 이 「마찰의 g」는, 혀의 뒤쪽이 호흡의 통로를 완전히 막는 것이 아니다. 그래서 그

좁은 틈새에서 호흡이 갈려 나올 때 이 음이 나는 것이다.

이「마찰의 ㄱ행」은, 역시「g」가,「a」,「o」,「u」,「ue」,「ui」또는 자음 앞에 오면서도 문장이나 구의 첫머리가 아닌 경우와,「n」의 바로 뒤에 오지 않는 경우에 소리난다.

이 책에서는「마찰의 ㄱ행음」에 대해서는 처음 약속과 같이「ㄱ」위에「-」표를 하여 나타내기로 한다. 발음부호로서는「ǵ」을 쓰기로 한다.

> **보기** castigar(벌하다) 가스띠 가-르[kastiǵar], pago(지불) 빠-고[ṕago], segun(……에 의하면) 세군-[seǵun], pague(나는 지불했다) 빠게-[paǵe], seguir(계속하다) 세기-르[seǵir], vulgo(범용) 불-고[ḃulgo].

(3) 목구멍에서 강하게 내는 ㅎ행음 (ㅎ) [x]

연구개, 마찰, 무성음. 혀의 끝은 아랫니 치경과 수평이 되도록 내려가며, 혀 뒤쪽이 연구개로 다가가지만, 호흡의 통로를 완전히 막지는 않는다. 이 음이 이루어지는 곳은, ㄱ행의 음보다 더 안쪽의 목이다. 우리의 ㅎ행을 발음하는 것 같이 하되, 마치 가래침을 배앝듯이 깊숙한 곳에서 발음하도록 해야 한다. 우리의 ㅎ행과는 다르므로 주의해야 한다.「e」나「i」앞의「g」는 항시 이 음이다. 이 책에서는「ㅎ」위에「-」표를 항 표시하기로 한다. 만국음성학회의 부호는「x」.

> **보기** gemelo(쌍둥이) 헤멜-로[xeḿelo], gigante(거인) 히간-떼[xiǵante]

h

(단독음을 안 갖는다)

h자는 항상 묵음으로 발음되지 않는다.

> **보기** hacha(도끼) 아-차[átʃa], heno(건초) 에-노[éno], higo(무화과열매) 이-고[igo], ahora(지금) 아오-라[aóra], humo(연기) 우-모[úmo]

j

(단독음) (ㅎ) [x]

목구멍 안쪽에서 강하게 내는 ㅎ행의 음으로 연구개, 마찰, 무성음. 즉「ge」,「gi」때의「g」음과 같으므로「g」쪽을 참고하면 된다.

> **보기** Japón(일본) 하뽄-[xaṕon], extranjero(외국인) 에스뜨랑 헤-로[estraŋ ẋero], jinete(기수) 히네-떼[xińete], joven(젊은이) 호-벤[ẋoben], jugar(놀다) 후가-르[xuǵar]

> **주의**「ge」,「gi」는「je」,「ji」와 동음이다. 또 단어의 맨 끝에 오는「j」는 아주 약하

고, 거의 들리지 않을 정도이다. F과 ɲ을 합친 소리〔C〕쪽을 참조하도록

보기 reloj(시계) 르렐로 - (흐)〔rɛ́l(x)〕, boj (회양목) 보(흐)〔bɔ(x)〕

※〔x〕단독일 때의 표기는, 우리 외래어 표기법에 따라「흐」로 해두었다.

k

(단독음) (ㄲ)〔k〕

이 자는 본래의 스페인 문자가 아니며, w와 함께 외국어 및 외래어를 표기하는 데만 쓰인다. 음은 우리의 - ㅋ과 ㄲ을 합친 소리.「c」쪽을 참조하도록.

보기 Kantismo(칸트주의) 깐띠 - 스모〔kantismo〕, kilogramo(킬로그램) 낄로그라모〔kilogramo〕

l

(단독음) (ㄹㄹ)〔l〕치경, 측면, 유성음.

「l」음에서 가장 조심할 것은 혀의 위치이다. 혀의 끝쪽을 위 문치의 치경에 붙이고, 혀와 어금니 틈새에서 숨을 내보내는 것이다. 그러면, 호흡은 정면이 막혀 있으므로 혀의 좌우 양쪽으로 흘러나가게 되는데, 이 때 매끈한 느낌을 주는「l」음이 이루어 진다. 우리말에서는「ㄹ」단독으로는 이 소리가 안 나지만,「ㄹㄹ」로「ㄹ」이 겹칠 때, 즉「갈라」,「물러」……따위에서 이 비슷하게 발음이 된다. 따라서 이 책에서는 첫머리「l」만「ㄹ」위에「-」표로 표시하고, 중간에 올 때는「ㄹㄹ」로써 표시하며, 끝소리일 땐 받침으로 표시하기로 한다.

보기 lago(호수) 라 - 고〔ˈlago〕, lengua(혀) 렝-구아〔ˈleŋgwa〕, libro(책) 리 - 브로〔ˈlibro〕, paloma(비둘기) 빨로 - 마〔paˈloma〕, lugar(장소) 루가 - 르〔luǵar〕, el(그 사람) 엘〔ɛl〕

ll

단독음은 경구개음 (ㄹ 리)〔ʎ〕경구개, 측면, 유성음.

혀의 끝을 아랫니에 붙인 채, 혀를 치올려 경구개에 달라 붙인다. 그때 호흡이 혀의 양옆으로 흘러날 때「ll」음이 이루어진다. 즉,「l」음이 경구개음화한 것인데, 우리말이나 영어에 없는 소리이다. 그러나 우리의「ㄹ랴, ㄹ료, ㄹ류 ……」따위를 좀더 구개음화시키면 이 소리 비슷하므로 이 책에서는 그냥「ㄹ랴, ㄹ료, ㄹ류……」로 표기한다.「l」의 경우와 같

이, 첫소리 때만 「-」표로써 「ㄹㄹ」이 표기 못됨을 밝혔다. 또 「ʎi」도 「ㄹ리」로 표기하지만, 구개음임을 명심해서 발음할 일이다. 만국음성학회의 부호는 「ʎ」.

보기 llama(불꽃) 랴-마[ˈʎama], caballero(신사) 까발례-로[kaβaˈʎero], alli(저기에) 알리-[aˈʎi], llorar (울다) 료라르[ʎoɾar], lluvia(비) 류비아[ˈʎuβja]

주의 이 「ll」음은 남방 스페인 및 일반 중남미 여러 나라에서는 「y」(야, 요, 유……)로 발음된다.

보기 llama 야-마[ˈjama], lluvia 유-비아[ˈjuβja]. 그러나, 아르헨티나, 우루과이 등지에서는 「자」 ʒa, 「제」 ʒe, 「지」 ʒi, 「조」 ʒo, 「주」 ʒu 로 발음된다.

보기 llama 자-마[ˈʒáma], lluvia 주-비아[ˈʒúβja]

m

단독음 (ㅁ) [m] 양순, 비음, 유성음.
우리의 ㅁ행과 같다. 다만, 「b」, 「p」 앞에 오는 「m」은 「n」(ㄴ)음으로 발음된다. 그러나 이 책에서는 그냥 ㅁ행으로 표기하다.

보기 madre(어머니) 마-드레[ˈmadre], metal(금속) 메딸-[metal], amigo(친구) 아미-고[amíɡo], mosca(파리) 모-스까[míska], mujer(여자) 무헤-르[muxr], bambu(대나무) 밤부-[bambú], lampara(램프) 람-빠라[lampara]

n

단독음 (ㄴ) [n] 치경, 비음, 유성음.
우리 ㄴ행과 같다.

보기 nave(배) 나-베[ˈnabe], moneda(화폐) 모네-다[moneda], nido(둥지) 니-도[nido], americano(미국사람) 아메리까-노[amerikano], numero(수) 누-메로[numero] cansado(피로한) 깐사-도[kansado]

주의 (1) 「g」「k」 및 「목에서 강하게 내는 ㅎ행」음 앞에 오는 「n」은 그 영향을 받아서 연구개음화 한다. 만국음성학회의 부호[ŋ]으로써 나타낸다.

보기 tengo(나는 가진다) 뗑-고[teŋɡo], cinco(다섯) 싱-꼬[ˈθiŋko], monja(니승) 몽-하[móŋxa]

주의 (2) 「b」, 「v」「p」앞에 오는 「n」은 거의 「m」으로 발음된다.

보기 invitacion(소득) 임비따시온-[imbitaˈθjɔn], conpan(빵과) 꼼빤-[kɔmpan]

주의 (3) 「f」의 앞에 오는 「n」은, 양순파열음이 아니고 순치파열음의 비음(표음부호)[ɱ])으로 발음된다.

보기 confesar(고백하다) 꼼훼사-르 [cɔɲfeśar], unɲfaro(하나의 등대) 움화-로 [urɲ´faro]

n [ɲ]

우리 어린이들의 말 「냠냠 맛있다」할 때의 「냠」에서 「a」와 「m」을 떼어낸 기음이 「ñ」의 단독음으로 되겠으나 「ñ」은 단독으로 쓰이지는 않고 항시 음절의 앞에 오면서 모음을 뒤로 이끈다. 그 음은 경구개, 비음, 유성음. 혀끝을 아래 문치에 찰싹 붙이고, 호흡을 코에서 낼 때 「n」소리가 난다. 「n」자 위에 붙여진 부호인 「~」은 tilde (띨-데)라고 한다.

보기 nina(여자 이름) 니-냐 [ńiɲa], muñeco(인형) 무네- [mu´ɲko], niño(남자 이름) 니-뇨 [ńiɲo], niñito(작은 남자아이) 니니-또 [ni´ɲito], pañuelo(손수건) 빠뉴엘-로 [pa´ɲwelo]

p 단독음 (ㅃ) [p]

우리의 ㅍ과 ㅃ소리를 합친 것 같은 소리. 양순, 파열, 무성음.

보기 patata(감자) 빠따-따 [patata], golpe(타격) 골-뻬 [ǵɔlpe], piano(피아노) 뻬아노 [ṕjano], cuerpo(몸) 꾸에-르뽀 [kwɛrpo], punto(점) 뿐-또 [púnto] (펜) 쁠루-마 [ṕluma]

q ㄲ행의 음 [k]

「q」자는 단독으로는 쓰이지 않고, 항상 뒤에 「ue」 또는 「ui」를 달고 있으며, 전자인 「que」는 「께」 [ke], 후자 「qui」는 「끼」 [ki]로 발음된다. 이 경우의 「u」는 발음 안 된다고 해도 좋다. 어쨌든 「꾸에 (꿰)」, 「꾸이 (뀌)」 [kwe], [kwi]로 발음되지는 않는다.

보기 quedar(남다) 께다-르 [ke´dar], aqui(여기에) 아끼 [aki] quince(열다섯) 낀-세 [kinθe], queso(치즈) 께-소 [keso]

r 단독음 (ㄹ 및 르 ㄹ) [r 및 r]

이 「r」가 나타내는 음에는 두 종류가 있다.

(1) 「일전동의 r」 단독음 「ㄹ」 [r] 혀의 양쪽 가상 자리를 어금니 안쪽 및 그 치경에 대고, 경구개 양쪽에서 기식이 흘러나오지 않게 한다. 그리

고서 혀끝을 잽싸게 올려 위 문치의 치경에 댐과 동시에 뒤로 잡아당길 때 한번 굴리면 (떨게 하면) 이 음이 난다. 즉 치경, 일전동, 유성음이다.

　이것을 염두에 두고서 우리의 ㄹ행을 발음하면 된다. 단어의 첫머리에 오는 「r」 및 「n」, 「l」, 또는 「s」다음에 오는 「r」는 나중에 설명하듯 권설로 발음되니까 예외지만, 그 밖의 경우에 있어서의 「r」는 모두 이 음으로 발음된다. 또 음절의 맨 나중에 오는 「r」는 전동 (떨림)이 좀 강하다. 이 책에서는 그냥 「ㄹ」행으로써 나타낸다. 만국발음부호는 [r].

보기 pero(그러나) 뻬 - 로 [péro], árbol(나무) 아 - 르볼 [árbɔl], tomar(취하다) 또마 - 르 [tomár], parque(공원) 빠 - 르께 [párke]

　(2) 「다전동의 r」 단독음 「르 ㄹ」 [r̄] 앞에 말한 「일전동의 r」, 즉 보통 「r」의 경우와 입놀림은 같으나, 다만 「보통의 r」에서는, 혀끝의 전동 (떨림, 굴림)이 한번인 데 반해, 「다전동의 r」는 글자 그대로 혀끝이 적어도 두 세번은 떨고, 치경과의 사이에 일종의 「흔들림」을 일으키는 점이 다르다. 「권설」로 발음된 「r」가 이 음이다. 스페인어에서는 이 두 개의 「r」를 잘 구별하여 발음해야 한다. 이 책에서는, 「다전동의 r」, 즉 「권설의 r」음은 ㄹ행 글자 앞에 작은 「르」자를 붙여 보통의 「r」와 구별하였다.

　단어의 첫머리에 오는 「r」와, 「l」, 「n」, 「s」 다음에 오는 「r」가 이 권설음으로 발음 된다. 또 철자 안에 있는 「rr」는 항상 이 음으로 발음되어야 한다.

보기 raton(쥐) 르라똔 - [ratɔn], regla(규칙) 르레글라 [rɛgla], rico(부자의) 르리 - 꼬 [ríko], rojo(붉은) 르로 - 호 [rɔxo], rumor(풍문) 르루모 - 르 [rumér], alrededor(주의) 알르레 데도 - 르 [alrɛdedcr], Enrique(엔르리께, 인명) 엔르리 - 께 [enŕike], Israel(이스라엘) 이르라엘 - [iraél] (주의 ……나중에 나오지만, 「r」 앞의 「s」는 발음 안 되는 것이 보통이다), arr-eglar(처리하다) 아르레글라 - 르 [arɛglar], torre(탑) 또 - 르레 [tɔrɛ]

다음 두가지씩의 단어의 발음을 비교 연습하시오.
pero(그러나)
perro(강아지 : 개)
caro(값이 비싼)
carro(짐수레)

s 단독음 (ㅅ) [s]

치경, 마찰, 무성음. 우리의 ㅅ행음과 같지만, 혀끝을 조금 감는 듯한 느낌을 하면서 위 문치의 치경에 다가가면서 발음한다. 우리의 「시」는 다소 경구개음화하는 경향으로 발음 되는데, 스페인어의 「si」는, 역시 혀끝을 치경에 붙이면서 발음해야 한다.

보기 casa(집) 까-사[kasa], señer(나리, 주인, 군) 세뇨-르[seór], siglo(세기) 시-글로[síglo], vaso(컵) 바-소[báso], sur(남쪽) 수르[sur]

속도가 빠른 회화에 있어서는, 「s」가 음절의 끝에 있고 유성자음 (b, v, d, g, l, ll, m, n 따위)의 앞에 올 때는, 극히 경징하긴 하나 유성음으로 된다. 즉, 조금 「즈」로 난다는 말이다. 이 책에서는 그대로 「즈」로 표기한다. 발음부호는 [z]이다. 그리고 「r」 앞에서의 「s」는 거의 없어져 버린다.

보기 mismo(같음) 미-즈모[mízmo], asno(당나귀) 아-즈노[ázno], desde …… 부터) 데-즈데[dezde], dos manos(두개의 손) 도즈마-노스[dozmános] israelita(이스라엘 사람) 이르라엘리-따[iraélita]

주의 다만 이런 경우라도, 천천히 발음할 때는, 이런 현상이 일어나지 않고 그대로 맑은 소리인 「s」음이 나는 것이므로, 어느 때고 조금쯤 흐린 소리로 발음하라는 것은 아니다.
그러나 남미의 어떤 나라들에서는, 음절이나 단어 끝머리의 「s」를 발음하지 않는 사람이 많은 경향이지만, 이건 별로 본받을 만한 것이 못된다.

t (단독음) (ㄸ) [t]

t자가 나타내는 음은 항상 치리(이빨 뒤), 파열, 무성음이다. 즉, 혀의 끝을 위 문치뒤에 대고서, 아래쪽은 이의 가에도 닿게 된다. 혀의 양쪽은 위 어금니에 닿아 있어 호흡의 통로를 막고 있다. 그것을 억지로 호흡을 통하게 할 때 「t」음이 난다.

보기 tinta(잉크) 띤-따[tinta], temor(두려움) 떼모-m[temór], toro(수소=웅우) 또-르[toro], tumba(묘) 뚬-바[tumba], tres(셋) 뜨레스[tres]

v (b의 부를 참고할 것)

앞에서 말한 바와 같이, 우리의 ㅂ행과 같다. 현대 스페인어에 있어서는, 「v」는 항상 「b」와 똑같이 발음된다. 따라서 「b」의 부에서 한 설명은, 그대로 「v」에도 적용되는 것이다.

w

본래의 스페인 문자에는 없다. 외국어나 외래어를 표기할 때만 쓰인다. 그 국어에서 발음되는 대로 발음할 일이다. 그음은 연구개, 마찰, 유성음.

보기 Wáshington(워싱턴)〔waʃiŋton〕, Weismann(바이스만, 독일사람)〔vaisman〕

본래, 스페인어에서 「w」자가 쓰이는 일은 없지만, 이중음에서 설명한 바와 같이, 「ua」, 「ue」, 「uo」의 경우에는 「u」가 거의 「w」음으로 되어 「wa」, 「we」, 「재」와 같이 발음되는 것이므로, 음으로서는 존재한다고 보아야 할 것이다.

보기 cuatro(넷) 꾸아-뜨로(꽈뜨로)〔kwatro〕, bueno(좋은) 부에-노(붸-노)〔bweno〕, duodecimo(제12의) 두오-데-시모(도데-시모)〔dwodeʃimo〕

x

(단독음) (ㄱㅅ) 〔ks〕

「k」의 음과 「s」의 음과의 합성음이다. 특히 「x」가 모음과 모음사이에 있을 EO는, 「ㄱㅅ」〔gs〕로 발음된다. 이 책에서는 「ㄱ」은 받침으로 붙여 표기한다.

보기 examen(시험) 엑사-멘〔ɛkśamen, 또는 ɛgśamen〕exentar(면제하다) 엑센따-르〔ɛksentar, ɛgsentar〕, exis-tencia(존재) 엑시스뗀-시아〔ɛksistenθja, ɛgsistenθja〕, sexo(성) 섹-소〔śekso, śɛgso〕

주의 자음앞에 있는 「x」는 보통 그냥 「ㅅ」〔s〕음으로 발음된다.

보기 extranjero(외국인) 에스따랑헤-르〔estraŋxero〕, explicación(설명) 에스쁠리까시온.〔esplikaˊθjon〕, excelente(탁월한) 에셀렌-떼〔esθeˊlente〕

멕시코에 대해, 스페인 본국에서나 중남미 여러 나라에서는 Mejico라 쓰는데, 멕시코 본국에서는 옛날 식으로 Mexico라 쓰고 있지만, 그 발음은, 어느 것이고 「메-히꼬」〔mexiko〕이다. 이는 예외의 일이다.

y

(단독음) (이) 〔i〕, 뒤에 모음을 덧붙일 때는 〔j〕

「야, 요, 유……」행의 (기음) 〔j〕는 경구개, 경구개, 유성음. 혀끝을 아래 문치에 대고 혀 앞쪽을 경구개에 가져가면서 입 양쪽에 붙인 다음, 가운데 틈새에서 「소리」를 내면 「y」음이 난다. 우리의 「야」, 「요」, 「유」는, 이 음과 「a」, 「o」, 「u」의 합성음이지만, 스페인어의 그것과 비교하면, 마찰이 약하다. 스페인어의 「야」, 「요」, 「유」는 더 강하게 마찰시킬 필요가 있다.

보기 ya(이미) 야 [ja], yerno(양자, 사위) 예－르노 [ˈjɛrno], papagayo(앵무새) 빠빠가－요 [papaɡajo], yunque(모루＝철침 융－께 [ˈjuŋke]

주의 「y」가 단독으로 발음될 때 및 음절의 끝에 올 때는, 모음 「i」와 똑같이 발음되어 모음 취급을 받는다 함은 이미 말한 바와 같다. 또 이중모음 「ia」, 「ie」, 「io」에 있어서의 「i」는, 모음의 성질을 거의 잃고, 자음 「y」의 성질을 띠게 된다는 것도 말했었다.

보기 y(그리고, 및) 이 「i」, muy(대단히) 무이 (뮈) [mwi], estudia(그는 공부한다) 에스뚜-디아 (에스뚜－ei) [esˈtudja] 또 음절의 첫머리에 있어 가지고, 바로 앞에 자음 「n」이나 「l」를 두는 「y」 및 「hie」의 철자는, 스페인어의 ch[tʃ]의 유성음 [dʒ], 즉 「쟈」 [dʒa], 「졔」 [dʒe], 「지」 [dʒi], 「죠」 [dʒo], 「쥬」 [dʒu]로 일반적으로 발음된다.

보기 inyección(주사) 인젝시온－ [indɛkˈθjɔn], el yerno([rm]사위) 엘제－르노 [ɛldʒɛrno], con hierro(쇠를 가지고) 꼰 제－르로 [kɔndɛrɔ]

남미의 아르헨티나, 우루과이 등지에서는, 「y+모음」 및 「ll+모음」으로 이루어지는 음절은, 일반적으로 「자」[ʒa], 「제」[ʒe], 「지」[ʒi], 「조」[ʒo], 「주」[ʒu]로 발음된다.

보기 yo(나)조 [ʒo], ya(벌써) 자 [ʒa], calle(고리) 까－제 [káʒe], llamar(부르다) 자마－르 [ʒamár]

Z

(단독음) (ㅅ) [θ] 치간, 마찰, 무성음.

먼저 「c」의 (2)를 참고할 것. 「e」, 「i」 앞에 오는 「c」음과 같아서, 영어의 「Smith」에 있어서의 「th」음이다. 이 책에서는 「z」의 단독음을 「ㅅ」을 가지고 표기하며, 모음과의 합성음은, 「ㅅ행」의 글자 위에 「－」표를 하여 나타낸다. 「ze」, 「zi」는 「ce」, 「ci」와 똑같다.

보기 zapato(신) 사빠－또 [θapáto], zenit(정점) 세니-Em [θeńit], zine(아연) 싱끄 [θiŋk], comienzo(나는 시작한다) 꼬미엔－소 [komjenθo], zurdo(왼손잡이의) 수－르도 [ˈθurdo], lápiz(연필) 라－뻬스 [ˈlapiθ]

다만, 남방 스페인 및 중남미 여러 나라에서는, 일반적으로 「z」가 「s」음으로 되고 있다.

Ⅲ. 스페인어 자음

자음	양진음		진치음		치간음		치리음		치경음		경구개음		연구개음	
	무성	유성	무성	유성	무성	유성	무성	유성	무성	유성	무성	유성	무성	유성
파열음	p	b					t	d					k	g
마찰음		ƀ	f		θ	ð		ɖ	s	z		j	x	w
비 음		m		ɱ						n		ɲ		ŋ
파열음											tʃ	dʒ		
측 음										l				
전동음										rr				
반자음		(w)										(j)		

위에 보인바 스페인어 자음도표는 스페인어 학습자의 실용에 알맞도록 될 수 있는 대로 간략하게 한 것이다. 또 「i+모음」이나, 「u+모음」의 경우에 생기는 반자음 (j), (w)를 본래의 j, w음과 구별하기 위해, 위 표에서는 전자에는 괄호를 씌웠으나, 이 책 안에 있어서의 반자음의 표음기호로서는 그 구별을 하지 않았다.

Ⅳ. 이중문자 (Letras dobles)

(1) 모음중 「a」, 「e」, 「o」는 겹칠 때가 있다. 이 경우의 두 개의 동모음은 「하나 반」쯤의 길이로 발음하면 된다.

> 보기 leemos(우리는 읽는다) 레에 – 모스 [leémɔs]

(2) 자음중에서는 「c」와 「n」만이 겹치는 일이 있다. 「n」는 접두어로서 쓰일 경우이다. 그리고 두자가 다 발음된다.

> 보기 unnumerable(무수한) 인누메라 – 블레 [innuméraｂle], ennoblecer(고상하게하다) 엔노블레세 – 르 [ennobleˊθɛr]

「c」는 「e」나 「i」 앞에서만 겹친다. 앞 「c」는 [k] 음이고, 뒤 「c」는 [θ]로 발음된다.

> 보기 acceder(양보하다) 악세데 – 르 [akθeˊdɛr], accion(행동) 악시온 – [akˊθjɔn]

V. 분철법(El silabeo)

단어를 바르게 발음하기 위해서나, 또 글 쓸때 하나의 단어를 행의 끝에서 끊기 위해서도, 철음을 나눌 줄 알아야만 한다.

(1) 모음과 모음 사이에 끼어 있는 하나의 자음 (앞서 말한 바와 같이 스페인어에서는 「ch」, 「ll」, 「rr」는 독립된 하나의 자음이다)은 뒤 모음에 붙는 것이 원칙이다.

> **보기** casa 까–사(집) (ca-sa)[ˈkasa], perezoso 뻬레소–소(게으른) (pe-re-zo-so)[pereˈθoso], muchacho 무챠–초(소년) (mu-cha-cho)[muˈtʃatʃo], caballo 까발–료(말=마) (ca-ba-llo)[kaβaλo], terremoto 떼르레모–또(지진)(te-rre-mo-to) [tɛrˈɛmoto]

(2) 두 개의 자음이 계속될 경우는, 앞자음은 앞음절 (철음이라고도 함)에 딸리고, 뒷 자음은 다음 음절에 딸리게 된다.

즉 자음과 자음 사이에서 잘리는 것이다.

> **보기** hermoso 에르모–소(아름다운) (her-mo-so)[ɛrmóso], arbol 아–르볼(나무) (ar-bol)[árbɔl], alumno 알룸–노(남학생) (a-lum-no)[aˈlumno] costa 꼬-스따(해안) (cos-ta)[ˈkɔsta] carpintero 깔뻰떼–로(목수) (car-pin-te-개)[karpinˈtero], perla 뻬–를라(진주) (per-la)[pɛrla], isla 이–즐라(섬) (is-la)[ízla]

> **예외** 두 자음이라도, 「br」, 「cr」, 「dr」, 「fr」, 「gr」, 「pr」, 「tr」, 「bl」, 「cl」, 「fl」, 「gl」, 「pl」 만은 예외로, 이들은 언제고 끊어 자를 수 없다.

> **보기** cabra 까–브라(산양) (ca-bra)[ˈkabra], declarar 데끌라라–르(선언하다) (de-cla-rar)[deklaŕar], copla 꼬-쁠라(발라드) (co-pla)[ˈkopla]

> **주의** 「tl」은 끊을 수 있다.

> **보기** atlas(지도서) (at-las) 아–뜰라스[átals]

(3) 위에 적은 바 끊을 수 없는 합성자음을 포함한 세 개의 자음이 계속될 때에는, 맨 처음의 자음만이 앞 철음 (음절)에 딸리고, 남은 두 개의 끊기지 않는 자음은 나중 철음 (음절)에 딸린다.

> **보기** anclar 앙끌라–르(닻을 내리다) (an-clar)[aŋˈklar], contra 꼰–뜨라(반대하여) (con-tra)[kóntra], sembrar 셈브라–르(씨를 뿌리다) (sem-brar) [sembrar]

(4) 「s」를 가진 세 개 또는 네 개의 자음이 연속할 경우에는, 항상 그 「s」가 있는 곳에서 끊긴다. 즉, 「s」보다 앞은 앞 철음에 딸리고, 뒤 자음은 다음 철음에 딸린다.

보기 constante(꼰스딴 – 떼 불변, 끊임없는) (cons-tan-te)〔kɔnsˊtante〕, obstáculo 옵스따 – 꿀로(장해) (obs-tá-cu-lo)〔obsˊtakulo〕, construccion 꼰스뜨룩시온 – (건축) (cons-truc-cion)〔kɔnstrukˊθjɔn〕

(5) 강모음이 강모음 다음에 올 때는, 그 사이에서 끊긴다.

보기 tarea 따레 – 아(일) (ta-re-a)〔taˊrea〕, bacalao 바깔라 – 오(대구=바다고기) (ba-ca-la-o)〔bakaˊlao〕

주의 말할 것도 없이 이중음이나 삼중음은 끊을 수 없다.

보기 viuda 비우 – 다(과부)(viu-da)〔bjuda〕, estudio 에스뚜 – 디오(나는 연구한다)(es-tu-dio)〔esˊtudjo〕, estudiais 에스뚜디 아 – 이스(당신들은 연구한다) (es-tu-diais)〔estuˊdjais〕, Paraguay 빠라구아 – 이(파라과이국) (Pa-ra-혁묘) 〔paraǵwai〕

(6) 접두사는 위에 든 여러 규칙에 구속 안 받고, 어떤 경우에도 끊을 수 없다.

보기 desagradable 데스아그라다 – 블레(불유쾌한) (des-a-gra-da-ble)〔desagraidable〕, subentender 수브엔뗀데 – 르(합점하다) (sub-en-ten-der)〔subentendɛr〕, transatlantico 뜨란스아뜰란 – 띠꼬(대서양횡단의) (trans-at-lan-ti-co) 〔transatˊlantiko〕

VI. 강세(El acento)

이를테면, 「casa」(집)라는 단어를, 스페인 사람이 발음할 때는, 「ca」와 「sa」와를 같은 강도로 발음하지 않는다. 「ca」쪽이 「sa」쪽 보다 강한 것이다. 또 「ventana」(창)라는 세(철음) (세 음절)의 단어에서는, 두 번째의 (철음) 「ta」가 첫 번째 (철음) 「ven」이나, 세 번째 철음 「na」보다도 강하다. 그리고 다른 것보다 훨씬 강하게 발음되는 「ca」나 「ta」 같은 철음에는 강세가 걸려 있다고 말하는 것이다. 강세란 영어에서 말하는 액센트를 말함이며, 스페인어에서는 이를 「acento」(아센-또)라고 한다. 우리말에서의 액센트란, 원칙적으로 음의 고저를 말함이 되지만, 스페인어에서의 액센트는 강약을 문제로 삼는 것이다. 혼동하지 않도록 해야 할 것이다.

주의 한 철음의 단어는, 물론 단숨에 발음되지만, 그 가운데서도 모음이 가장 강하게 발음된다. 철음중의 이중음, 삼중음에 있어서는 강모음이 가장 강하게 발음된다. 강모음과 강모음으로 되는 이중음에 있어서는, 나중의 약모음이 한층 강하게 발음된다. 그리고 한 철음의 단어에는 보통 강세부를 달지 않는다.

보기 pie 삐에(발)〔pje〕, Dios 디오-스(신)〔djɔs〕, ruin 르루인-(비천한)〔rwin〕, buey 부에이(거세우)〔bxɛi〕

(1) 액센트에 관한 일반 규칙. 두 개 이상의 철음 (음절)으로 된 단어에 있어서는, 어느 한쪽이 다른 쪽보다 강하게 발음된다. 즉 어느 한 철음 위에 액센트가 있는 것인데, 대개의 단어에는 액센트의 부호를 붙일 필요가 없다. 왜냐하면, 액센트에 관한 다음 두 개의 규칙에 의해서, 액센트가 있는 곳을 명백히 알 수 있기 때문이다.

(a) 모음에서 끝나는 단어나 「n」, 「s」로 끝나는 단어는, 강세(액센트)가 끝에서 두 번째 철음위에 있게 된다. 이것은 일반규칙이므로, 강세부 (´)를 일부러 달 필요가 없다. 이 책에서, 스페인어에 한글로 발음을 표기할 때는, 액센트가 있는 곳에 편의상 연자부 (-)를 달기로 한다고 앞에서 밝힌 바 있거니와, 그러므로 이는 길게 발음하라는 것이 아니고, 그곳을 다른 곳보다 강하게 발음하라는 뜻을 지닌다. 이를테면 「casa」(까-사)는 「까」를 강하게 발음하라는 것이지, 길게 빼라는 것은 아니다.

보기 casa 까-사(집)〔ˈkasa〕, señorita 세뇨리-따(…… 양)〔seɲoˈrita〕, estudiante 에스뚜디안-떼(학생)〔estuˈdjante〕, grande 그란-데(큰)〔ˈgrande〕, muchacho 무챠-쵸(소년)〔muˈtʃatʃo〕, tintero 띤떼-로(잉크병)〔tinˈtero〕, comen 꼬-멘(그들은 먹는다)〔ˈkomen〕, cantan 깐-딴(그들은 노래한다)〔ˈkantan〕, cortaplumas 꼬르따쁠루-마스(작은 칼)〔kɔrtaˈplumas〕 papeles 빠뺄레스(종이의 복수)〔paˈpeles〕

(b) 「n」 또는 「s」이외의 자음으로 끝나는 단어는, 액센트가 최후의 철음 위에 있다. 이것도 일반적 규칙이므로 강세부를 붙일 필요가 없다.

보기 pared 빠레-드(벽)〔paˈred〕 또는 〔paˈre〕, azul 아술-(푸른)〔aˈθul〕, trabajar 뜨라바하-르(일하다)〔trabaˈxar〕, carey 까레-이(자라껍질)〔kaˈrɛi〕

주의 (1) 「carey」와 같이, 단어의 끝머리에 오는 「y」는, 음의로서는 모음 취급을 받지만, 철음 문제에 있어서는 자음으로 된다.

(2) 이중음, 삼중음에서는 강모음이 다른 약모음 보다 강하게 발음된다. 약모음과 강모음으로 되는 이중음에서는 뒤쪽 약모음이 앞쪽 약모음보다 강하게 발음된다.

보기 anciano 안시아노(늙은)〔anˊθjano〕, ruina 르루이-나(폐허)〔rúina〕, aura 아-우라(징풍)〔áura〕

(2) 이상 두 개의 규칙에 해당되지 않는 철음 위에 액센트가 있는 불규칙한 것에는, 그 액센트가 있는 철음에 일일이 강세부 (´)를 찍어야 한다. 그리고 이 강세부는 이러한 철음 중의 모음위에 붙인다. 만약 그 철음 중에 이중음 또는 삼중음이 있을 때는, 강모음 위에 찍는다. 두 개의 약모음으로 되는 이중음에서는, 나중 약모음 위에 찍는다.

보기 compro 꼼쁘로-(그는 샀다)〔kɔmpro〕, hablé 아블레-(나는 말했다)〔aˊble〕, acción 악시온-(행동)〔akˊθjɔn〕, arbol 아-르볼(나무)〔árbɔl〕, lapiz 라-뻬스(연필)〔lápiθ〕, japones 하뽀네-tm(일본인)〔xapones〕, rapido 르라-뻬도(빠른)〔rápido〕, vendermelo 벤데-르멜로(그것을 나는 판다)〔bendεrmelo〕, sentemonos 센떼-모노스(우리는 걸터앉도록 하자)〔sentemonɔs〕, recien 르레시엔-(최근에)〔rεˊθjen〕, hablais 아블라-이스(당신들은 말한다)〔abˊlais〕, huesped 우에-스뻬(드)(손님)〔wˊespe(d)〕, benjui 벵후이-(인도산의 향액)〔beŋxˊwi〕, cambiáis 깜비아-이스(당신들은 변한다)〔kambjais〕

(3) 강세부의 전용. 강세부 (´)는, 위에 말한 바와 같이, 불규칙한 액센트의 소재를 밝히기 위해 쓰이는 외에, 똑같은 철자 (따라서 똑같은 발음) 이면서도 뜻이 다른 두 개의 단어를 구별하기 위하여, 그 한쪽에 이 부호를 쓰는 일이 있다. 또, 같은 철자의 두 단어 중, 그 단어 들의 뜻으로 미루어 뜻이 강한 쪽에 붙이는 것이 관습이다.

보기 se 세(그 자신에게, 그 자신을, 그밖에)〔se〕, sé 세(나는 알고 있다)〔se〕, de 데(…의, …부터)〔de〕, dé 데(당신 주라)〔de〕, como 꼬-모(…같이, …으로서)〔komo〕, ¿có-mo 꼬-모(어떻게?)〔komo〕, cuando 꾸안-도(…할 때)〔kwando〕, ¿cuándo 꾸안-도(언제?)〔kwando〕, que 께(…할 것을, …하는 바의)〔ke〕, ¿qúe 께(무엇?), ¡qué! (무슨, 이런 일이 …!)〔ke〕, quien 끼엔(…하는바 〔사람〕)〔kjen〕, ¿quién 끼엔(누구?)〔kjen〕

Ⅶ. 구독법(La puntuacion)

문장 구독법이 필요함은, 곧 그 말뜻을 확실히 알기 위해서이다. 그 용법은 대체로 영어에 있어서의 그것과 같다.

스페인어의 구독법에는 다음과 같은 종류가 있다. 어느 용어는 영어의 경우를 빌려 쓰기로 한다.

(1) 커머 (,) — 스페인어로는 「coma 꼬-마」라 하며 발음상으로는 가장 짧은 쉼(휴지)을 나타낸다.

(2) 세미콜런 (;) — 스페인어로는 「punto y coma 뿐-또 이 꼬-마」라 하며 발음상으로는 커머보다 조금 긴 휴지를 나타낸다.

(3) 콜론 (:) — 스페인어로는 「dos puntos 도스 뿐-또」라고 한다. 「즉」을 뜻하면서, 세미콜런보다 더 긴 휴지를 나타낸다.

(4) 종지부 (.) — 영어엣 「피어어드」라 하는데, 스페인어로는 「punto」라고 한다. 문의 완결을 뜻하는 것이므로 음도 거기서 일단 끝난다.

(5) 연속점 (…) — ¿스페인어로는 「puntos suspensivos 뿐-또스 수스뺀시-보스」라고 한다.

(6) 의문부 (¿ ?) — 「signos de interrogación 시-그노스 데 인떼르로가시온-」이라고 한다. 스페인어에서는 의문문 앞에서도 거꾸로 쓴 의문부 (¿)를 반드시 붙여야 한다.

(7) 감탄부 (¡ !) — 「signos de admiracion 시-그노스 데 아드미라시온-」이라고 하며, 감탄을 나타내는 단어나 문장의 앞에 붙인다. 앞에 거꾸로 된 감탄부 (!)를 붙이는 것은 감탄부의 경우와 같다.

(8) 연자주 (-) — 영어에서는 「하이픈」, 스페인어로는 「guion 기온-」이라고 한다.

(9) 선 (—) — 영어로는 「대쉬」라 하는 것. 스페인어로는 「raya 로라-야」 (선)라 하며, 감탄부가 바뀜을 나타낼 때 쓰인다.

(10) ( ) (" ") 또는 (《 》)—「comillas 꼬밀랴스」라 한다.

(11) ( ) (( )) — 「parentesis 빠렌-떼시스」라고 한다.

(12) ( ) (〔 〕) — 「parentesis angulares 빠렌-떼시스 앙굴라-레스」라고 한다.

(13) 끄레-마 (¨) — 「-güe」, 「-güi」에 있어서의 「ü」와 같이, 보통의 「u」자 위에 붙여진 부호 (¨)를 「crema」 끄레-마 또는 「diéresis」

디에-레시스 라고 하며, 이 부호가 붙어 있을 때는 「u」 본래의 음이 발음된다는 것을 뜻한다. 「güe」, 「güi」는, 이미 설명한 바와 같이, 「u」는 발음 안된 채 「게」「ge」, 「기」「gi」로 발음되는 것이지만, 이 부호 「crema」가 붙여진 「güe」, 「güi」는 「구에(꿰)」(gwe), 「구이 (귀)」[gwi] 로 발음되는 것이다.

보기 vergüenza 베르구엔-사(치욕)[bɛrǵwenθa], lingüistica 링구이-스띠까(언어학)[liŋǵwistika].

VIII. 대문자(Latra mayúscula)

고유명사나 신의 이름의 최초의 문자, 및 문의 최초의 문자 대문자로 쓴다.

보기 China 치-나(중국)[tʃina], Dios 디오-스(신)[dios], Élva. 엘바(그는 간다)[ɛlba]

제3일

문법(文法) (Gramática)

I. 명사의 성(Género de los nombres)

단어 (Vocabulario)

▽ 남성

padre 빠-드레 (아버지)
hombre 옴-브레 (남자, 사람)
libro 리-브로 (책)
banco 방-꼬 (벤치)
cuaderno 꾸아데-르노 (공책)
techo 떼-초 (천장)
nombre 놈-브레 (이름, (명사))
género 헤-네로 (문법상의 성)
día 디-아 (날, 낮)
mapa 마-빠 (지도)

▽ 여성

madre 마-드레 (어머니)
mujer 무헤-르 (여자)
yegua 예-구아 (암말=(자마))
mesa 메-사 (테이블)
pluma 쁠루-마 (펜, 날개)
pared 빠레-(드) (벽)
estación 에스따시온- (정거장, 계절)
especie 에스뻬-시예 (종류)
lumbre 룸-브레 (불)
mano 마-노 (손)

스페인 (España · 에스파-냐) 국어에 있어서는 사물의 이름을 나타내는 말, 즉 명사(nombre)에는, 반드시 남성이냐 여성이냐의 구별이 따른다. 이를테면 「padre」(아버지)라는 말은, 남성을 지니며, 「medre」(어머니)라는 말은 여성을 지니고 있다. 이러한 언어의 성별은, 제각기의 말이 나타내고 있는 것 — 즉, 이 경우에서 말한다면, 「아버지」다, 「어머니」다

하는 것이, 천연 자연으로 갖추고 있는 바 생물학상의 성에 유래하는 것으로서, 「아버지」를 뜻하는 말 「padre」가 남성을 지니고, 「어머니」를 뜻하는 말인 「madre」가 여성을 지니고 있다는 것이 조금도 이상할 것은 없다. 「남자」를 스페인어에서는 「hombre」라 하고, 「여자」를 「mujer」라고 하지만, 이 두 명사 가운데, 전자가 남성이고, 후자가 여성임은 누구에게나 쉽게 납득이 갈 일이다. 그리하여 이러한 일은, 다만 인간계뿐만 아니라 다른 생물에 관한 말의 경우도 똑같은 것이다. 이를테면 「숫말(웅마)」을 뜻하는 「caballo」라는 말이 남성이고, 「암말(자마)」을 뜻하는 「yegua」라는 말이 여성임이 그것이다. 따라서 그러한 종류의 성의 구별에는 누구나 어리둥절하진 않을 것이다. 그러나 조심할 일이 있다. 스페인어에 있어서는, 인간도 아니고, 다른 생물도 아닌 것, ―(환언)하면, (천연)의 성을 전혀 지니고 있지 않은 사물을 나타내는 말까지도 남성 여성의 구별을 두고 있다는 점이다. 이를테면 「libro」(책)는 남성이고, 「mesa」(테이블)는 여성인 것이 그것이다. 본디 책이나 테이블에 천연의 성이 있을 턱이 없다. 그렇다면 무슨 기준에 의해서 그와 같은 명사의 성별을 정하는 것인가, 독자는 의심하게 될 것이다. 이제 그것을 설명하기 전에 잠깐 독자의 주의를 끌어 놓을 일이 있다. 그것은, 지금 저자가 책이나 테이블 그것의 성에 대해 말하는 것이 아니라, 그러한 사물을 나타내는 「언어의 성」에 대해서 말하고 있다는 점이다.

그건 그렇고, 본래 자연의 성을 지니지 않는 사물을 나타내는 언어의 문법상의 성(género)의 구별을, 대개의 경우, 그 단어의 어미에 의해서 알게 될 수 있다. 즉, 「-o」로 끝나는 명사는 거의 모두가 남성이며, 「-a」로 끝나고 있는 명사는 거의 전부가 여성에 속하는 것이다. 또 「-d」, 「-ión」, 「-ie」 및 「umbre」로 끝나는 명사도 대개는 여성이다. 이를테면, 「libro」(책), 「banco」(벤치), 「techo」(천장) 따위는 모두 남성이고, 「mesa」(테이블), 「pluma」(펜, 날개), 「silla」(의자), 「pared」(벽), 「lección」(레슨), 「especie」(종류), 「lumbre」(불) 따위는 모두 여성이다. 그러나 다소의 예외가 없을 수는 없다. 「-o」로 끝나는 명사면 무엇이고 모두 남성이라는 것은 아니어서, 이를테면, 「mano」(손)라는 말은 「-o」로 끝나면서도 여성인 것과 같이, 「día」(날, 낮)나, 「mapa」(지도) 따위는 「-a」로 끝나고 있으면서도 남성에 속하고 있음이 그러한 사례이다. 그러한 예외나 또 「o」, 「a」

이외의 문자로 끝나는 명사의 성은 일일이 외워 나갈 수 밖에 없다.

참고 희랍어에 유래하는 단어로서, 「ma」, 「pa」, 「ta」로 끝나는 것은 남성이다.

보기 telegrama(전보), cometa(혜성), sistema(시스템), 기타. 한번 더 말해 두고 싶은 것은, 「libro」(책)라든지, 「silla」(의자)와 같이, 무생물을 나타내는 단어도, 결코 중성이 아니라는 점이다. 그러므로, 스페인어에 있어서의 물건의 이름은, 모두 남성이냐 여성이냐로 정해지는 것이다. 중성에 대해서는, 조금 더 나가다가 설명하기로 한다.

1. 다음 명사를 바르게 발음하시오.
   (1) estación.   (2) cuaderno.   (3) pared.
   (4) mujer.   (5) hombre.
2. 다음 명사의 뜻과 그 성을 말하시오.
   (1) caballo.   (2) banco.   (3) madre.   (4) día.   (5) mapa.
3. 다음 말을 스페인어로 쓰고 그 성을 말하시오.
   (1) 아버지   (2) 테이블   (3) 책   (4) 손   (5) 펜

II. 명사의 복수(Plural de los nombres)

단어 (Vocabulario)

▽ 단수

padre 빠-드레 (아버지)
madre 마-드레 (어머니)
libro 리-브로 (책)
casa 까-사 (집)
papel 빠-뻴 (종이)
pared 빠레-드 (벽)
estación 에스따-시온 (정거장, 계절)
rey 르-레이 (임금)
lapiz 라-삐스 (연필)

▽ 복수

padres 빠-드레스
madres 마-드레스
libros 리-브로스
casas 까-사스
papeles 빠뻴-레스
paredes 빠레-데스
estaciones 에스따-시오네스
reyes 르레-예스
lápices 라-삐세스

단어 (Vocabulario)

luz 루스 (빛)	luces 루-세스
papá 빠빠- (아버지, 아빠)	papás 빠빠-스
mamá 마마- (어머니, 엄마)	mamás 마마-스
sofá 소파- (소파)	sofás 소파-스
frac 후라크 (연미복)	fraques 프라-께스
café 까페- (커피, 커피집)	cafés 까페-스
pie 삐에 (발=족)	pies 삐에-스
rubí 르루비- (루비)	rubíes 르루비-에스
bambú 밤부- (대=죽)	bambúes 밤부-에스

 우리말에서는, 한 사람이건 두 사람 이상이건 한결같이 「사람」이라고 말함이 보통이다. 「여러 사람」이라든지, 「사람들」같이 복수를 나타내는 형태가 없는건 아니지만, 보통은 「두 사람」, 「세 사람」……식으로, 그냥 「사람」이라고만 한다. 그러나 스페인어에서는, 「한 사람의 사람」은 「hombre」라 하지만, 「두 사람 이상의 사람」이면, 어미에 「s」를 붙여, 반드시 「hombres」라고 말하지 않으면 안 된다. 이 「hombre」를 단수형 (singular 싱굴라-르)이라 하고, 「s」를 덧붙인 「hombres」를 복수형(plural 쁠루랄-)이라고 한다.

 그러면, 스페인어의 명사를 명사에서 단수형에서 복수형으로 어떻게 만드는 것인가 하면, 다음 규칙에 의하게 된다.

1. 액센트를 지니고 있지 않은 모음으로 끝나는 명사에는, 「-s」를 어미에 붙인다.

   예문 hombre(사람) — hombres(사람들), casa(집) — casas(집들).

   예외 「papá」(아빠), 「mama」(엄마), 「sofa」(소파)따위는, 액센트를 지닌 모음으로 끝나는 명사이긴 해도, 역시 「-s」를 붙여서 그 복수형을 만든다.

   예문 papas, mamas, sofas.

   예외 액센트를 지닌 「e」로 끝나는 명사에도, 「-s」만을 붙여서 복수형을 만든다.

   예문 café(커피점) — cafés; pie(발=족) — pies.

2. 어미에 「-es」를 붙여서 복수형을 만드는 것이 있다. 다음 경우가 그렇다.

(1) 자음 (무론 「y」도 포함됨)으로 끝나는 명사.

보기 papel(종이) — papeles, pared(벽) — paredes, rey(임금님) — reyes.

주의 「pared」의 음은, 이미 말한 바와 같이, 맨 끝의 「d」가 아주 약해서 들리지 않을 정도이지만, 그 복수 「paredes」의 경우 「d」는 보통으로 발음된다. 즉 「빠레 – 데스」[parédes]

(2) 「-z」로 끝나는 명사는, 어미의 「z」를 「c」로 바꾼 다음, 「-es」를 덧붙인다.

보기 lápiz(연필) — lápiceś luz(빛) — luces.

(3) 「-c」로 끝나는 명사는, 그 「c」를 「qu」로 바꾼 다음, 「-es」를 덧붙인다.

보기 frac(연미복) — fraques.

(4) 액센트를 가진 모음으로 끝나는 명사(다만 액센트가 있는 「e」만은, 앞에 말한 바와 같이 예외이다)

보기 rubí(루비) — rubíes;bambú(대＝죽) — bambúes.

주의 일반적으로 말하면, 명사의 단수형에 있어서나 복수형에 있어서나, 음의 강세는 같은 음절의 위에 있다, 그런데 「carácter」(성격)와 「régimen」(지배, 정권)의 두 단어만이 예외로서, 그 복수형은 각기 액센트의 위치가 이동하여 「caractéres」, 「regímenes」로 된다.

1. 다음 명사의 뜻을 말하고, 또 그것을 복수형으로 고치시오.
    (1) mujer.   (2) pared.   (3) cuaderno.
    (4) lápiz.   (5) café.

2. 다음 복수명사를 단수형으로 고치시오.
    (1) madres.   (2) estaciones.   (3) luces.
    (4) reyes.   (5) fraques.

Ⅲ. 부정관사(Articulo indeterminado)

단어 (Vocabulario)

un periódico 운 뻬리오-디꼬 (하나의 신문지)
una cama 우-나 까-마 (하나의 침대)
un cuarto 운 꾸아-르또 (하나의 방)
una alcoba 우-나 알꼬-바 (하나의 침실)
un suelo 운 수엘-로 (하나의 마루)
una lámpara 우-나 람-빠라 (하나의 램프)
un tintero 운-띤떼 로 (하나의 잉크병)
una lengua 우-나 렝구아 (하나의 국어)

우리말에는 관사(artículo 아르띠-꿀로)라는 것이 없지만, 스페인어에는 있다. 관사에는 부정관사 (articulo indeterminado 아르띠-꿀로 인데떼르미나-도)와 정관사(artículo determinado 아르띠-꿀로 데떼르미나-도)의 두 종류가 있다. 부정관사라고 하는 것은 「하나의」라는 뜻을 지니면서 명사앞에 붙여지는 것이다. 그래서 스페인어의 부정관사는, 다음에 오는 명사의 성과 수에 따라, 「un」, 「una」, 「unos」, 「unas」로 변화한다.

즉 다음 표와 같이 된다.

부정관사	단수	복수
남성	un	unos
여성	una	unas

위에서 보이는 바와 같이, 단수의 남성명사에는 반드시 「un」이 따르며, 단수의 여성명사에는 반드시 「una」가 따른다.

보기 un hombre(한 사람의 남자)   una mujer(한 사람의 여자)
   un periódico(한 장의 신문지) una cama(하나의 침대)

그리하여 복수명사에는 복수부정관사 「unos」, 「unas」가 붙는다. 전자는 「un」의 복수형이며, 후자는 「una」의 복수형이다. 복수부정관사

「unos」, 「unas」는 「몇 개의」라는 뜻이다. 그리고 부정관사는 하나하나의 명사앞에 붙는다.

> una casa y un jardín(한 채의 집과 하나의 뜰)
> unos hombres y unas mujeres(약간명의 남자와 여자)
> unos bancos(몇 개의 벤치), unas sillas(몇 개의 의자)
> unos lápices(몇 자루의 연필), unas plumas(몇 개의 펜)

1. 다음의 우리말을 스페인어로 번역하라.
   (1) 하나의 분필(tiza 띠-사). (2) 몇 마리의 암말(자마).
   (3) 한사람의 모친. (4) 몇 개의 방. (5) 하나의 천장.

2. 다음 명사에 적당한 부정관사를 붙여라.
   (1) periódico. (2) alcoba. (3) madre.
   (4) cuadernos (5) tintero.

Ⅳ. 형용사(Adjetivo)

단어 (Vocabulario)

hermoso 에르모-소 (아름다운)   feo 떼-오 (미운, 추악한)
ligero 리헤-로 (가벼운)   pesado 뻬사-도 (무거운)
alto 알-또 (높은)   bajo 바-호 (낮은)
difícil 디퓌-실 (어려운)   fácil 파-실 (쉬운)
blanco 블랑-꼬 (하얀)   negro 네-그로 (까만)
rojo 로로-호 (붉은)   verde 베-르데 (푸른)
es 에스 (……이다. 삼인칭단수형)
son 손 (……이다. 삼인칭복수형)   muy (대단히) 무이
atroz 아뜨로-스 (잔인한); (복수형은 atroces 아뜨로-세스)
feliz 펠리-스 (행복한;) (복수 felices 펠리-세스)
una carta 우-나 까-르따 (하나의 편지)   una cara (하나의 얼굴) 우-나 까-라

「아름답다」든지, 「밉다」든지, 「가볍다」든지, 또는 「무겁다」든지 하는 말은, 우리의 경우, 항시 명사앞에 붙어서 그것을 형용하므로 형용사라고 한

다. 스페인어에 있어서는, 물건의 대소, 모양, 색 따위를 말하는 이른바 품질형용사의 경우는 명사앞에 붙여도 좋지만, 보통은 뒤에 붙이고 있다. 그러나 수량형용사나 소유형용사 따위는 명사앞에 붙인다. 어느 경우고 간에, 형용되는 명사의 성과 수에 따라 변한다. 그러나 어미「e」를 가지고 있는 형용사는, 여성명사에 대해서도, 그대로 인채 변화하지 않는다.

보기 un hombre alto 운 옴-브레 알-또   (한사람의 키가 큰 남자)
una mujer alta 우-나 무헤-르 알-따   (한사람의 키가 큰 여자)
un libro hermoso 운 리-브로 에르모-소   (한 권의 아름다운 책)
una casa hermosa 우-나 까-사 에르모-사   (한 채의 아름다운 집)
un lápiz verde 운 라-삐스 베-르데   (한 자루의 녹색의 연필)
una casa verde 우-나 까-사 베-르데   (한 채의 녹색의 집)
un libro fácil 운 리-브로 화-실   (한 권의 쉬운 책)
una lengua fácil 우-나 렝-구아 화-실   (하나의 쉬운 국어)

위의 보기에서 보아 알 수 있듯이,「o」이외의 문자로 끝나는 형용사「verde」「facil」은 남성이나 여성이나 변함이 없다.

복수명사에는 물론 복수형의 형용사가 붙는다. 형용사의 단수형에서 복수형으로 바꾸는 규칙은, 명사의 복수형을 만드는 경우와 똑같다.

보기 unos hombres altos 우-노스 옴-브레스 알-또스   (몇 명의 키가 큰 남자)
unas mujeres altas 우-나스 무헤-레스 알-따스   (몇 명의 키가 큰 여자)
unas caras atroces 우-나스 까-라스 아뜨로-세스   (몇 명의 사나운 얼굴)
unas casas verdes 우-나스 까-사스 베-르데스   (여러 채의 녹색의 집)
unos libros fáciles 우-노스 리-브로스 화-실레스   (몇 권의 쉬운 책)

주의「n」,「s」로 끝나는 단어 (명사나 형용사의 복수형에 있어서의 강세부의 유무에 조심할 것. 이미 배운 바 규칙에 따를 일이다.

보기 un hombre joven 운 옴-브레 호-벤   (한 사람의 젊은 남자)
unos hombres jóvenes 우-노스 옴-브레스 호-베네스   (몇 명의 젊은 남자들)
una mujer cortés 우-나 무헤-르 코르떼-스   (한 사람의 공손한 여자)
unas mujeres corteses 우-나스 무헤-레스 꼬르떼-세스   (몇 명의 공손한 여자들)

우리말에서도「책이 가볍다」라든지,「테이블이 무겁다」와 같이 말하기도 하는 것이어서, 형용사는 반드시 명사의 바로 앞에 또는 바로 뒤에 달라붙어 있다고 할 수는 없을 것이다. 스페인어에서도 이와 똑같은 표현이 있다.

Un libro es ligero. 운 리-브로 에스 리헤-로　(하나의 책은 가볍다)

Una mesa es pesada. 우-나 메-사 에스 빼사-다 (하나의 테이블은 무겁다)

이 경우에서와 같이, 「있다」(es)라는 동사와 함께 쓰이는 문법상의 이른바 술어형용사는, 그 문장의 주어의 성이나 수와 일치되지 않으면 안된다. 즉, 남성의 주어에는 형용사의 남성형이 쓰이고 여성의 주어에는 여성형이 쓰이며, 복수의 주어에는 형용사의 복수형이 쓰이는 것이다. 또 남성과 여성의 명사가 혼합되어 있을 때는, 그에 관한 형용사는 남성 복수형을 쓴다.

보기 Un banco y una mesa son pesados. 운 방-꼬 이 우-나 메-사 손 빼사-도스

(하나의 벤치와 하나의 테이블은 무겁다)

Un papel es blanco. 우-나 빼-빠엘 에스 블랑-꼬　(한장의 종이는 하얗다)

Una lengua es difícil. 우-나 렝-구아 에스 디휘-실 (하나의 국어는 어렵다)

Unos libros son difíciles. 우-노스 리-브로스 손 디휘-실레스　(약간의 책은 어렵다)

Unas mujeres son altas. 우-나스 무헤-레스 손 알-따스　(약간의 여자들은 키가 크다)

Suni es hermosa. 수-니 에스 에르모-사　　　　　(순이는 아름답다)

주의 전술한 바와 같이, 문장의 첫머리에 있는 단어의 최초의 문자는 대문자로 쓴다. 또 고유명사는 항상 대문자로 쓰기 시작한다.

1. 다음 (　)에 형용사의 적당한 형을 써넣어라.

   (1) una mujer fe-(한 사람의 미운 여자)

   (2) unas luces roj-(약간의 붉은 등)

   (3) un banco baj-(한 대의 낮은 걸상)

   (4) una tiza blanc-(하나의 하얀 분필)

   (5) unos hombres alt-(몇 사람의 키가 큰 남자)

2. 다음 우리말을 스페인어로 번역하라.

   (1) 하나의 낮은 천장.

   (2) 하나의 의자는 무겁다.

   (3) 약간의 펜은 가볍다.

   (4) 여러권의 어려운 책.

   (5) 하나의 아름다운 얼굴.

V. 의문문(Oración interrogativa)

단어 (Vocabulario)

yo 요 (나는)
usted 우스떼-드 [보통 약하여 Ud.나 Vd.로 씀] (당신)
tengo 뗑-고 (나는 갖는다)   un rabo 운 르라-보 (하나의 꼬리)
tiene 띠에-네 (그[그 여자, 당신]는 갖는다)
inteligente 인뗄리헨-떼 (총명한)   tonto 똔-또 (어리석은)
un muchacho 운 무챠-쵸 (한 소년)   una muchacha 우-나 무챠-챠 (한 소녀)
largo 라-르고 (긴)
un cortaplumas 운 꼬르따쁠루-마스 (하나의 작은 칼)
un niño 운 니-뇨 (한사람의 남자아이)

※ 다음 문장을 주의하여 관찰하라.

(a) ¿Tengo yo un libro? 뗑-고 요 운 리-브로 (나는 한 권의 책을 가지고 있습니까?)

(b) ¿Tiene libros una muchacha? 띠에-네 리-브로스 우-나 무챠-챠 (한사람의 소녀는 [몇 권인가의] 책을 가지고 있습니까?)

(c) ¿Tiene un mono un rabo largo? 띠에-네 운 모-노 운 르라-보 라-르고 (한 마리의 원숭이는 긴 꼬리를 가지고 있습니까?)

(d) ¿Es pesada una mesa? 에스 뻬사-다 우-나 메-사 (하나의 테이블은 무겁습니까?)

(e) ¿Es un mono muy inteligente? 에스 운 모-노 무이 인뗄리헨-떼 (한 마리의 원숭이는 긴 꼬리를 가지고 있습니까?)

주의 의문문을 읽을 때는 끝머리 쪽을 올린다. 그러나 ¿qué?(뭐?), ¿quién?(누구?), ¿cómo?(어떻게?) 그 밖의 의문사가 글의 첫머리에 나와 있으면, 그 곳이 높으며, 끝머리에서는 높이지 않음이 보통이다. 그러나 정중하게 또는 인상 좋게 물을 때는 끝머리를 조금 올리는 것이 좋다.

이미 말한 바와 같이, 스페인어의 의문문에서는, 의문부를 문장의 앞뒤로 붙이는데, 앞쪽 것은 거꾸로 된 것(¿)을 쓴다. 의문문에서는, 동사를 주어보다 앞에 내세우는 것이 보통이다. 그리고 주어가 인칭대명사 (나, 너, 그, 우리들, 너희들, 그 사람들 같은 말)일 때는, 동사의 바로 뒤에 온다.〔위 문예에서의 (a)와 같은 것〕. 그러나, 의문문에서 주어고 목적어고 모두 명사일 때는 목적어 쪽을 주어의 앞에 내세우는 것이 보통이다. 〔(문예) (b)와 같은 것〕. 그렇지만 그렇게 정해져 있는 것은 아니어서, 목적어가 주어명사 보다도 형태가 길면 주어명사를 앞에 내세운다. 즉, 동사의 바로 뒤에 가져오는 것이 보통이다. 〔(문예) (c)와 같은 것〕.

술어형용사(「……이다」하는 동사와 함께 쓰이는 경우의 형용사)는, 동사 (……이다)와 떼지 않고 붙인 채, 주어보다 앞에 내세우는 것이 보통이다.〔문예 (d)와 같은 것〕. 다만 앞에서도 말한 바와 같이, 술어형용사가 주어명사보다 형태가 길면, 주어명사를 형용사보다 앞에 내세우는 수도 있다. 〔(문예) (e)와 같은 것〕.

또 「무엇이 가벼운가?」, 「무엇이 무거운가?」하고 물을 때는, 그 성이 아직 알려져 있지 않으므로, 그런 의문문일때의 형용사는 중성형(남성형과 같음)을 쓴다.

보기 ¿Qué es ligero?(무엇이 무거운가?) — Un lapiz es ligero
(한 자루의 연필이 가볍다).

¿Qué es pesado?(무엇이 무거운가?) — Una mesa es pesada.
(하나의 테이블이 무겁다)

Ⅵ. 부정사(Oracion negativa)

단어 (Vocabulario)

extranjero 에스뜨랑헤-로 (외국의), no 노 (아니, ……아니다, …않는다)
también 땀비엔- (…도 또), sí 시 (예, 그렇습니다)
entonces 엔똔-세스 (그때, 그러면), señor 세뇨-르 (씨, 주인, 나리)
¿cómo? 꼬-모 (어떻게?), esto 에-스또 (이것)
una goma 우-나 고-마 (한 개의 지우개),
un diccionario 운 딕시오나-리오 (한 권의 사전)
un pájaro 운 빠-하로 (한 마리의 새), un abanico 운 아바니-꼬 (하나의 부채)

문예

¿Es tonto Sukil? 에스 똔-또 수-길 (수길은 어리석습니까?)

— No, señor, Sukil no es tonto.

노 세뇨-르 수-길 노 에스 똔-또 (아닙니다, 선생님, 수길은 어리석지 않습니다.)

¿Qué es esto? 께 에스 에-스또 (이것은 무엇입니까?)

— Es un cuaderno. 에스 운 꾸아데-르노 (공책입니다.)

¿Es esto una tiza? 에스 에-스또 우-나 띠-사 (이것은 분필입니까?)

— No, señor, no es una tiza.

노 세뇨-르 노 에스 우-나 띠-사 (아니오, 세뇨-르, 분필이 아닙니다.)

¿Qué es entonces? 께 에스 엔똔-세스 (그것은 무엇입니까?)

— Es una goma. 에스 우-나 고-마 (고무입니다.)

¿Es pesado un libro? 에스 빼사-도 운 리-브로 (책은 무겁습니까?)

— No, señor, no es pesado.

노 세뇨-르 운 리-브로 노 에스 빼사-도 (아니오, 세뇨-르, 무겁지 않습니다.)

¿No es difícil una lengua extranjera?

노 에스 디휘-실 우-나 렝구아 에스뜨랑헤-라 (하나의 외국어는 어렵지 않습니까?)

— Sí, señor, una lengua extranjera es difícil.

시 세뇨-르 우-나 렝구아 에스뜨랑헤-라 에스 디휘-실 (예, 세뇨-르, 외국어는 어렵습니다.)

¿No es ligero un diccionario?

노 에스 리헤-로 운 딕시오나-리오 (사전은 가볍지 않습니까?)

— No, señor, un diccionario no es ligero. Es pesado.

노 세뇨-르 운 딕시오나-리오 노 에스 리헤-로 에스 빼사-도

(아니오, 세뇨-르, 사전은 가볍지 않습니다. 무겁습니다.)

위의 문예에서 보인 바와 같이, 부정 「no」라는 부사로써 나타낸다. 만약 그 문장에 동사가 있을 때는, 「no」를 동사(의 활용된 형) 바로 앞에 내세운다. 「no」가 있는 부정의문문(즉, 무엇 무엇이 아닌가, 무엇무엇 않은가)에 있어서도 같다.

주의 우리말에서, 「책이 아닌가?」고 질문을 받았을 때, 사람에 따라서는 「예, 책이 아닙니다」고 말하는 것과 같이, 긍정의 「예」로 대답하는 일이 있지만, 스페인어에서는 물음에 「no」가 있건 없건 대답하는 내용 그 여하에 따라서 「sí」인가 「no」인가를 구별하여 써야 한다. 이건 우리나라 사람들이 자칫 잘못하면 틀리기 쉬운 대목이므로 특별히 주의할 필요가 있다.

강 독(Lectura)

※ 다음 문장을 바르게 읽고 우리말로 해석하시오.

(1) ¿Qué es esto? — Es un libro.

(2) ¿Es ligero un libro? — Si, señor, un libro es ligero.

(3) ¿Qué es esto? — Es una goma.

(4) No, señor, no es una goma. Es una pluma.

(5) ¿Es ligera una pluma — Si, señor, una pluma es ligera también.

(6) Entonces, ¿qué es pesado? — Un banco es pesado.

(7) ¿Cómo es una mesa — Una mesa es pesada tambien.

(8) ¿No es alto un techo — Sí, señor, un techo es alto.

(9) Tengo unos libros rojos. No son libros difíciles. Son libros fáciles.

(10) ¿Qué tengo yo — Vd. (usted) tiene unas tizas blancas.

복 습(Repaso)

1. 다음 문장의 ( )에 적당한 부정관사를 써 넣으시오.

   (1) — mesa es pesada.

   (2) ¿Es hermoso — caballo

   (3) Yo tengo — plumas.

   (4) ¿Es ligero — papel?

   (5) No es — banco. Es — silla.

2. 다음 문장의 공백에 형용사에 적당한 형을 넣으시오.

   (1) ¿Es pesad- una pluma? (무거운)

   (2) Un banco es baj-. (낮은)

   (3) Vd. tiene unos libros verd-. (녹색의)

   (4) ¿Qué es hermos-. (아름다운)

(5) Una mujer es hermos- (아름다운)

3 다음 명사를 복수형으로 바꾸시오.
(1) padre. (2) cuaderno.
(3) papel. (4) rubí.
(5) luz (6) rey.
(7) estación. (8) frac.
(9) café. (10) silla.

4 다음 우리말을 스페인어로 바꾸시오.
(1) 한채의 하얀 집.
(2) 몇 권의 쉬운 책.
(3) 하나의 높은 천장.
(4) 한 권의 어려운 책.
(5) 한사람의 어리석은 손.
(6) 테이블(여기서는 각기의 명사에 부정관사를 붙일 것. 이하 같음)은 낮지 않습니까? — 아니오, 선생님, 낮지는 않습니다.
(7) 펜은 가볍지 않습니까? — 예, 아주머니(señora), 가볍습니다.
(8) 이것은 무엇입니까? — 지우개 입니다.
(9) 당신은 여러권의 녹색의 책을 가지고 계십니다.
(10) (하나의) 외국어는 쉽지 않다.

제4일

문법(文法) (Gramática)

Ⅰ. 주격인칭대명사(Pronombres personales nominativos)

인칭 \ 수	단 수	복 수
1인칭	yo 나(남녀양성 모두)	nosotros 우리들(남성). nosotras 우리들(여성)
2인칭	tu 너, 당신(남녀양성 모두)	vosotros 너희들(남성) vosotras 너희들(여성)
3인칭	el 그 ella 그녀 Vd. 당신(남녀양성 모두)	ellos 그들 ellas 그녀들 Vds. 당신들(남녀양성 모두)

주의 제2인칭 「tú」(너) 및 그 복수 「vosotros」, 「vosotras」(너희들)은 극히 친한 사이의 사람들에게서만 쓰인다. 즉, 자기 가족을 비롯해서 가까운 친척이라든지 친구라든지, 또는 어린아이에 대해서만 쓴다. 그 이외의 경우, 우리말로라면 보통 쓰는「당신」정도의 말에는「usted」,「ustedes」를 써야 한다. 그리고 이「usted」,「ustedes」는 각각「vuestra merced」,「vuestras mercedes」(양쪽 다 「귀하(당신)의 은혜」라는 뜻)에서 나온 것이다. 말하는 상대방이므로, 뜻으로 말하자면 제2인칭에 속할 일이지만, 형태로서 말하면, 「귀하의 은혜」라는 뜻이므로, 당연히 제3인칭취급을 받는다. 그 때문에 이 책에서는 「usted」,「ustedes」를 제3인칭 쪽에 넣어 놓았다. 또「usted」는 약하여「Vd.」로 쓰는 것이 보통이지만, 「V.」나「Ud.」로도 쓰인다. 복수형「ustedes」는

「Vds.」,「Vs.」,「Uds.」로 약하여 쓰인다. 이 때 「V」나 「U」자는 대문자로 쓰게 된다. 또 약자의 표시로서 맨 끝에 종지부(.)를 찍는다. 이는 비단 「Vd.」의 경우에 한하는 것이 아니라, 약자 뒤에는 항시 종지부를 찍게 되어 있다.

II. 동사와 그 세 종류(El verbo y sus tres clases)

스페인어의 동사는 다음 세 종류로 나눌 수 있다. 즉, 그 부정법(infinitivo, 사전에 나와 있는 것은 이 형태이다)이 「-ar」로 끝나는 것, 보기. hablar(말하다) 「er」로 끝나는 것.

보기 comer(먹다) 및 「-ir」로 끝나는 것, 보기. vivir(살다=생·생).

그리고 「hablar」 (말하다)와 같이, 부정법이 「-ar」로 끝나는 것을 제1변화의 동사(verbo de la primera conjugación)라고 하며 「comer」와 같이, 「-er」로 끝나는 것을 제2변화의 동사(verbo de la segunda conjugación)라 하고 「vivir」와 같이, 「-ir」로 끝나는 것을 제3변화의 동사(verbo de la tercera conjugación)라고 한다.

III. 제1변화의 규칙동사의 직설법현재(Presente de indicativo de los verbos regulares de la primera conjugación)

제1변화의 규칙동사 「tomar」(집다)를 보기로 들면, 그 직설법현재는 다음과 같이 변화한다.

	tomar	
	단 수	복 수
1인칭	yo tom-o	nosotros(-as) tom-amos
2인칭	tú tom-as	vosotros(-as) tom-áis
3인칭	él (ella, Vd) tom-a	ellos (ellas, Vds.) tom-an

「내가 집다」는 「yo tomo」라 해야 하며, 「당신이 집다」는 「tú tomas」라 해야 한다. 이하 모두가 같다.

동사의 부정법(infinitivo)에서 어미 「-ar」, 「-er」, 「ir」를 떼어낸 것을 어근(raíz)이라고 한다. 부정법이 「-ar」로 끝나는 규칙동사, 즉 제일변화의 규칙동사의 직설법현재는, 그 어근(tomar를 보기로 든다면 tom-)에 「-o」, 「-as」, 「-a」, 「-amos」, 「-ais」, 「-an」을 붙여서 만든다. 이와 같이, 스페인어는 그 어미에 의해서 인칭, 수(단수, 복수를 이룸), 그 밖에 것을 나타내고 있으므로, 주격인칭대명사(yo, tú, él 따위)는 일일이 달지 않아도 「누구」인지를 금방 알게 된다. 그러므로, 특히 「누구 누구가」라고 하는 것을 강조한다든지, 혹은 한층 명확하게 할 필요가 있을 경우 외에는, 주격인칭대명사는 생략되는 것이 보통이다. 즉, 「나는 말한다」고 할 경우, 「yo hablo.」라고 하지 않고, 그냥 「hablo.」라 해도 충분하다. 그러나, 「그는 쓰고 나는 말한다」고 할 경우나, 「다른 사람이 아닌 내가 말한다」고 할 경우와 같이, 특히 강조하거나, 대조를 할 때는, 「yo habla.」라고 하는 것이다. 또 「그가 말한다」면 보통의 경우 「habla」만으로 좋지만, 「그녀가 말한다」도 역시 「habla」이니까, 그 점을 명백히 하고자 할 때 인칭대명사를 붙여서 「él habla.」, 「ella habla.」로 해야 할 것이다. 3인칭복수의 경우도 마찬가지다. 또 「당신이 말한다」, 「당신들이 말한다」고 할 경우에는, 설사 명확하게 할 필요나 강조의 필요가 없더라도, 정중함을 나타내기 위해, 「Vd. habla.」, 「Vds. hablan.」이라 함이 좋다.

1. 다음 동사의 주격의 인칭과 수를 쓰시오.
   (1) tomamos. (2) tomas. (3) tomáis. (4) tomo. (5) toman.
2. 다음 주격대명사에 「tomar」의 직설법규재의 형을 써 넣으시오.
   (1) vosotros ____.   (2) Vds. ____.
   (3) nosotros ____.   (4) ella ____.
   (5) yo ____.   (6) tú ____.   (7) Vd. ____.
3. 다음 동사는 어느 것이고 제1변화의 규칙동사이므로, 각기 명인칭 단수 복수로 변화 시켜라.
   (1) hablar(말하다)   (2) comprar(사다)
   (3) mirar(보다)   (4) buscar(찾다)   (5) usar(쓰다)

Ⅳ. 정관사(Articulo determinado)

	단 수	복 수
남성(masculino)	el	los
여성(femenino)	la	las
중성(neutro)	lo	없음

보기 el padre, el banco los padres, los bancos
　　　la madra, la mesa　　las madres, las mesas

　앞에 말한 바 부정관사 「un」, 「una」, 「unos」, 「unas」는 「하나의」, 「약간의」라는 뜻으로서, 어떻다고 정해져 있지 않은 사람이나 물건의 앞, 또는 정해져 있어도 명백하게 말하고 싶지 않은 사람이나 물건 앞에 붙여지는 것이지만, 정관사 「el」, 「la」, 「los」, 「las」는 이에 반해서, 이미 정해진 사람이나 물건을 가리켜 말하는 경우에 붙여진다.

보기 Tomo un diccionario. El diccionario es bueno.(나는 한권의 사전을 집는다. 〔그〕 사전은 좋다.)

　또, 물건을 총체적으로, 혹은 대표적으로 말하기 위해서 쓰인다. 단수의 경우도 있고 복수의 경우도 있다.

보기 el león(사자), los japoneses(〔일반〕 일본인들)

　또 추상명사에도 정관사를 붙인다.

보기 el valor(용기), la bondad(친절), la libertad(자유)

　위에 든 보기로써 알 수 있듯이, 정관사도 그 바로 뒤에 오는 명사의 성과 수와 일치한다.

　중성의 정관사 「lo」에는 복수형이 없다. 이 중성정관사 「lo」만은, 명사 앞에 붙여지는 것이 아니고, 형용사나 과거분사나 전치사 따위 앞에 붙여진다. 보기를 들면 「lo hermoso」(아름다운 것, 아름다움), 「lo pasado」(지나간 일), 「lo de ayer」(어제의 일) 따위이다. 이것들을 문법상 「중성의 명사」라 하는 것인데, 그 용법에 대해서는 별항에서 설명하고자 한다.

1. 다음 명사에 정관사를 붙여라.

(1) yegua. (2) día. (3) papel. (4) mano. (5) lección (6) paredes. (7) lápices. (8) niño. (9) periódicos. (10) tizas.

2. 다음 우리말을 스페인어로 번역하고, 명사에는 정관사를 붙여라.

(1) (그) 집

(2) (그) 집들

(3) (그) 소녀들은 아름답지 않다.

(4) 말(마)은 (말이라고 하는 것은) 무겁다.

(5) 나는 (그) 잉크병을 찾는다.

Ⅱ. 동사의 목적격(을격)으로서의 대명사
(El pronombre como acusativo del verbo)

단어 (Vocabulario)

¿quién? 끼엔- (누구?)
de 데 (의, 부터)
la pizarra 라 삐사-르라 (석반, 칠판)
el borrador 엘 보르라도-르 (칠판닦이)
y 이 (……와, 그리고)
la ventana 라 벤따-나 (창)
la flor 라 홀로-르 (꽃)
amarillo 아마릴-료 (노랑색의)
pardo 빠-르도 (흙색의)
grande 그란-데 (커다란)
redondo 르레돈-도 (둥근)
grueso 그루에-소 (두꺼운)

el canapé 엘 까나빼- (침대의자)
¿de qué color? 데 께 꼴로-르 (무슨 색의?)
la puerta 라 뿌에-르따 (도어)
el cuadro 에 꾸아-드르 (그림, 액자)
el cigarrillo 엘 시가르릴-료 (궐련)
la caja 라 까-하 (상자)
la tinta 라 띤-따 (잉크)
gris 그리스 (회색의)
azul 아-술- (푸른)
pequeño 뻬께-뇨 (작은)
corto 꼬-르또 (짧은)
delgado 델가-도 (엷은)

주의 (1) 이 책에서 말하는 목적격(을격)이란, 영문법에서 말하는 직접목적격과 같다. 스페인 문법에서는 보통 acusativo라고 한다.
(2) 단어중의 명사앞에 붙여진 명사에 의해서, 그 명사의 성을 알도록.

※ 다음 문예를 잘 관찰하라.

¿Qué mira Vd? Miro el canapé. 께 미-라 우스떼- 미-로 엘 까나빼
(당신은 무엇을 봅니까? (나는) 침대 의자를 봅니다.)

¿Mira Vd. el canapé? Sí, señor, lo miro. 미-라 우스떼-엘 까나빼 시 세뇨-르 로 미-로
(당신은 침대 의자를 봅니까? 예, (선생), 그것을 봅니다.)

¿Quién compra la pluma? Yo la compro. 끼에-꼼쁘라 라 쁠루-마 요 리 꼼쁘로
(누가 펜을 삽니까? 내가 그것을 삽니다.)

¿Qué luscan Vds? Buscamos los lápices. 께 부-스깐 우스떼-데스 부스까-모스 로스 라-삐세스 (당신들은 무엇을 찾습니까? 연필(복수)을 찾습니다.)

¿Toman Vds. los lápices? Si, señor, los tomamos. 또-만 우스떼-데스 로스 라-삐세스 (당신들은 연필(복수)을 집습니까? 예, 그것들을 집습니다.)

¿Quién busca las tizas? Kildong las busca. 끼엔-부-스까 라스 띠-사스 길-동 라스 부-스까 (누가 분필(복수)을 찾습니까? 길동이 그것들을 찾습니다.)

「당신은 책을 집습니까?」(¿Toma Vd. el libro?)하는 물음에 대해, 「예, 선생(세뇨-르), 나는 책을 집습니다.」(Sí, señor, tomo el libro.)라고 대답해서 잘못은 없으나, 「책을」(el libro)이라고 되풀이해서 말하는 대신, 「그것을」(lo)이라고 대명사로 바꾸어 말할 수가 있다. 이때, 「el libro」는 목적격(을 격)의 명사이지만, 「lo」는 문법상, 「목적격(을 격)의 대명사」라 불린다. 명사가 남성단수이면 「la」, 남성복수이면 「los」, 여성복수이면 「las」이다. 즉, 「lo」 이외는 정관사와 같은 형태이다.
　이리하여 목적격(을 격)의 명사는 동사의 뒤에 붙어, 「Tomo el libro.」, 「Tomo los libros.」와 같이 되는 것이지만, 책을 가리켜 「그것을」, 「그것들을」과 같이 목적격대명사를 쓸 때는 동사의 앞에 내세워, 「Lo tomo.」 「Los tomo.」로 되는 점에 주의할 것이다.

주의 이는, 사람이 아닌 사물을 가리켜 「그것을」, 「그것들을」하는 경우이다. 사람을 가리켜 「그들」, 「그들을」이라고 할 때의 목적격대명사에 관한 것은 나중에 설명하고자 한다.

강 독 (Lectura)

※ 다음 문장을 바르게 읽고서 우리말로 해석 하시오.
  (1) ¿De qué color es la pizarra? —La pizarra es negra.
  (2) ¿De qué color es el techo? —El techo es blanco.
  (3) ¿De qué color son los libros? —Los libros son azules.
  (4) ¿Qué tomo? —Vd. toma el borrador
  (5) Papá, ¿qué miras? —Miro el cuadro.
  (6) Sukil y Munsu, ¿qué buscáis?—Buscamos los libros amarillos.
  (7) ¿Usan Vds. los lápices? —No, señorita, no los usamos.
  (9) ¿Tienen Vds. las plumas? —Si, señorita, las tenemos.
  (10) ¿Toma ella la tiza? —Sí, señor, la toma.

복 습 (Repaso)

1 다음 문장의 여백에 적당한 정관사를 넣어라.
  (1) ¿De qué color es — suelo?   (2) — pared es blanca.
  (3) ¿Es alta — ventana?   (4) Tomo — lapiz y — plumas.
  (5) ¿Es grueso — papel?

2 다음 물음에 스페인어로 대답하라.
  (1) ¿Es grande el borrador?   (2) ¿Do qué color es la mesa?
  (3) ¿Es grueso el papel?   (4) ¿No son ligeras las plumas?
  (5) ¿Es blanca la pizarra?

3 다음 문장중의 목적격 (을 격)의 명사를 목적격의 대명사로 바꾸라.
  (1) Buscas el borrador.   (2) No compro la flor.
  (3) ¿Tomamos las tizas?   (4) Miráis los canapés.
  (5) Ellos no compran la caja.

4. 다음 동사는 「tomar」와 같은 제일변화의 규칙동사이다. 직설법으로 동사 변화시키시오.

   (1) desear(원망하다)   (2) llamar(부르다)
   (3) preguntar(묻다)   (4) contestar(대답하다)
   (5) entrar(들어가다)   (6) escuchar(경청하다)
   (7) enseñar(가르치다, 가리키다) (8) esperar(기다리다)
   (9) echar(던지다)   (10) explicar(설명하다)

5. 다음 우리말을 스페인어로 번역하라.

   (1) 마루는 회색이다.
   (2) 창은 높지 않다.
   (3) 나는 대답하지 않는다.
   (4) 우리들은 칠판과 분필을 잡는다.
   (5) 너는 얇은 공책을 찾느냐?
   (6) 당신은 연필을 던집니다. 그것을 던집니다.
   (7) 코끼리(el elefante)는 무겁습니까?
   (8) 한국 사람들은 〔키가〕 적다.
   (9) 우리들은 신앙(la fé)을 구한다.
   (10) 하늘(el cielo)은 회색입니까
   (11) 나의(mi) 개(el perro)는 작다.
   (12) 너희들은 교실에(en la clase) 안 들어가느냐?
   (13) 그는 긴 분필을 던진다.
   (14) 누가 이것을(esto) 설명합니까?
   (15) 사자(el león)는 강하다(fuerte).

제5일

 (Gramática)

I. 제2변화의 규칙 동사의 직설법(Presente de indicativo de los verbos regulares de la segunda conjugación)

comer(먹다)		
	단 수	복 수
1인칭	yo como	nosotros(-as) comemos
2인칭	tú comes	vosotros(-as) coméis
3인칭	él(ella, Vd.) come	ellos(ellas, Vds.) comen

즉, 어근 「com-」에 ( ) 「-o」, 「-es」, 「-e」, 「-emos」, 「-eis」 「-en」을 붙여서 그 인칭과 수를 명백히 한다.

1. 다음 주격대명사에 「comer」의 직설법규재를 붙여라.
   (1) vosotros ____ .   (2) yo ____ .   (3) nosotras ____ .
   (4) él ____ .   (5) tú ____ .

2. 다음 제2변화의 규칙동사를 직설법으로 변화시켜라.
   (1) vender(팔다)   (2) leer(읽다)   (3) aprender(배우다)
   (4) beber(마시다)   (5) responder(응하다, 대답하다)

Ⅱ. 목적격으로서 쓰이는, 어느 특정한 사람 앞에 붙는 전치사 "a" (La preposicion 'a' puesta delante de una persona determinada como acusativo de un verbo)

어느 특정한 사람을 무엇 무엇이라고 할 때는, 그 사람을 나타내는 말 (명사 또는 대명사) 앞에 전치사 「a」를 덧붙인다. 인간이 아닌 것을 인칭화하는 경우도 똑같다. 즉, 이 경우의 「a」는 「을 (를)」이라는 뜻이라고 생각하면 된다.

보기 Llamo a Suni 랴-모 아 수-니 (나는 순이를 부른다.)
Miro al muchacho 미-로 알 무챠-쵸 (나는 「그」 소년을 본다.)
Buscamos a la muchacha. 부스까-모스 아 라 무챠-차 (우리들은 「그」 소녀를 찾는다.)
Vd. llama a los niños. 우스떼-랴-마 아로스 니-뇨스 (당신은 「그」 사내아이들을 부른다.)
Busco a mi perro. 부-스꼬 아 미 뻬-르로 (나는 나의 개를 찾고 있다.)
¿A quién busca Vd.? 아 끼엔-부-스까 우스떼 (당신은 누구를 찾고 있습니까?)

또 부정관사를 사용해도, 「어느 특정한 한사람의」라는 뜻을 가질 때는, 역시 「a」를 붙일 필요가 있다.

보기 (1) Busco a un muchacho.(나는 어느 〔정해진〕 소년을 찾고 있다.)
(2) Busco un muchacho.(나는 한 사람의 〔누구라도 괜찮은〕 소년을 찾고 있다.)

위의 보기 (2)의 경우는 「누구라고 정해지지 않은 사람을」이라는 뜻이므로 「a」를 붙일 필요가 없다.

주의 (1) 「누구를?」이라고 할 경우는, 「a」를 붙여서, 「¿a quién」이라고 한다.

보기 ¿A quién mira Vd.?(당신은 누구를 보고 있습니까?)

주의 (2) 「tener」(가지다) 라고 하는 동사는 예외로서, 그 다음에는, 이러한 뜻의 「a」를 사용하지 않는 게 관습이다.

보기 Tengo muchos amigos.(친구들이 많다.)

주의 (3) 전치사 「a」 다음에 단수남성의 정관사 「el」이 올 때는 「a el」이라 하지 않고, 반드시 「al」이라 하게 되어 있다. 위에 내세우는 문예에서 보인바와 같다.

 다음 우리말을 스페인어로 번역하라.
(1) 나는 (예의) 황색 책을 찾고 있다(「찾는다」고 하면 된다).
(2) 그녀는 문수를 찾고 있습니다(찾는다).
(3) 당신들은 누구를 부릅니까
(4) 우리들은 (예의) 학생들을 부릅니다.
(5) 당신들은 마리-아(María)를 기다립니까

Ⅲ. 목적격(을격)의 인칭대명사
(El acusativo de los pronombres personales)

인 칭 \ 수	단 수	복 수
Primera persona(1인칭)	me, 나를(남녀 함께)	nos, 우리들은(남녀 함께)
Segunda persona(2인칭)	te, 너를(남녀 함께)	os, 너희들을(남녀 함께)
Tercera persona(3인칭)	le(또는 lo), 그를 la, 그녀를	los, 그들을 las, 그녀들을

「yo」, 「tú」, 「él」……은, 「나는」, 「너는」, 「그는」……이라는 뜻으로서, 이른바 주격인칭대명사지만, 「나를」, 「너를」, 「그를」과 같은 목적격 (을격)은 위에 든 표와 같다.

주의 (1) 「Vd.」, 「Vds.」는, 이미 말한 바와 같이 제3인칭이지만, 「당신을」이라고 할 때, 그 상대가 남자라면 남성형 「le」를 쓰고, 여자일 때는 「la」를 쓴다. 그 복수「Vds.」의 목적격대명사는 「los」, 「las」임은 말할 필요도 없다. (2) 3인칭 단수남성의 목적격 「le」 대신 「lo」를 써도 좋으나, 「lo」는 오로지 남성단수 명사에서 오는 목적격대명사로만 쓰는 습관을 기름이 좋을 것이다. 또 3인칭복수남성의 목적격 「los」 대신, 「les」를 쓰는 일이 없는 것도 아니지만, 독자는 오직 「los」만을 쓰도록 하라. (3) 목적격대명사로서의 「그를」도, 「당신 (남자)을」도, 마찬가지로 「le」 (또는 lo), 이며, 또 동시에, 「그녀를」이나 「당신(여자)을」도 「la」이다. 그러므로, 그 점을 명확하게 하기 위해, 또는 「당신을 ……이다」와 같이 강조해서 말하기 위해서는, 뒤에 「a Vd.」를 덧붙일 필요가 없다. 복수의 경우도 똑같이, 「los……a Vd.」, 「las ……a Vds.」로 쓰일 수가 있다.

보기 Le llamo a Vd.(나는 당신[남자]을 부릅니다.) La llamo Vd.(나는 당신[여자]를 부릅니다.) Los llamo a Vds.(나는 당신을[남자]를 부릅니다.) Las llamo a Vds.(나는 당신들[여자]를 부릅니다.)

1. 다음 우리말을 스페인어로 번역하라.
   (1) 나는 너를 기다린다.
   (2) 나는 당신을 부른다.
   (3) 우리들(여자)은 당신들(여자)를 기다립니다.
   (4) 우리들은 너희들을 찾는다.
   (5) 당신은 나를 부르지 않겠습니까?

2. 다음 스페인어를 우리말로 번역하라.
   (1) El carpintero (목수) busca al muchacho.
   (2) Llaman a un niño.
   (3) El llama un niño.
   (4) La espero a Vd.
   (5) ¿Quién os llama

Ⅳ. 명사의 소유격(El caso posesivo de un nombre)

단어 (Vocabulario)

el maestro 엘 마에-스뜨로 (선생님), el discípulo 엘 디스시-뿔로 (제자, 학생),
la escuela 라 에스 꾸엘-라 (학교), el pupitre 엘 뿌뻬-뜨레 (책상, 의자),
la iglesia 라 이글레-시아 (교회), el armario 엘 아르마-리오 (양복장),
la ciudad 라 시우다- (도시), el pueblo 엘 뿌에-블로 (고을),
la aldea 라 알데-아 (마을).

명사의 소유격은 항상 「de」(의)라고 하는 전치사로 나타낸다. 그리고 그 전치사 「de」 다음에 남성단수 정관사 「el」이 오게 될 때는 「del」이라 철자한다. 즉, 남성단수정관사 「el」은 「de+el」의 경우 반드시 「del」로 되며, 「a+el」의 경우는 이미 배운 바와 같이 항시 「al」로 되는 것이다.

el pupitre de Sukil 엘 뿌뻬-뜨레 데 수-길 (수길의 책상)
la escuela del pueblo 라 에스꾸엘-라 델 뿌에-블로 (고을의 학교)
las iglesias de la ciudad 라스 이글레-시아스 데 라 시우다 (시의 여러 교회)
los armarios de la casa 로스 아르마-리오스 데 라 까-사 (집의 양복장들)
las plumas de las muchachas 라스 쁠루-마스 데 라스 무챠-챠스 (소녀들의 펜들)
El maestro llama al discipulo 엘 마에-스뜨로 랴-마 알 디스시-뿔로
(선생님이 [그] 학생을 부른다.)

다음 우리말을 스페인어로 번역하라.
(1) 철수의 학교는 크다.
(2) 남학생의 공책은 두껍다.
(3) 마을의 교회는 높다.
(4) 방의 도어는 하얀가?
(5) 소녀들의 선생님이 꽃을 산다.

V. 소유 형용사(Los adjetivos posesivos)

단어 (Vocabulario)
el hijo(아들), la hija(딸), el hermano(형제), la hermana(부부),
el abuelo(할아버지), la abuela(할머니), el profesor(교수), el tío(숙부),
la tia(숙모), el primo(남자 조카), la prima(여자 조카),
el amigo(남자 친구), la amiga(여자 친구),
sino(부정의 뒤를 받아서, 「이러 이러함」을 뜻한다.)

소유형용사란, 「나의」, 「너의」, 「그의」와 같이 소유를 나타내는 형용사이다. 스페인어의 소유형용사는, 그에 의해서 형용되는 명사의 성과 수에 따라 다음 표와 같이 변화한다.

단 수	복 수
mi, 나의	nuestro, 우리들의(남성명사에 붙음) nuestra, 우리들의(여성명사에 붙음)
tu, 너의	vuestro, 너희들의(남성명사에 붙음) veestra, 너희들의(여성명사에 붙음)
su, 그의(그녀의, su 당신의)	그들의(그녀들의, 당신들의)

제1인칭 및 제2인칭의 복수「우리들의」,「너희들의」만은 여성명사에 붙을 때는 끝머리「o」가「a」로 변한다. 그 밖은 남녀양성의 명사에 대해 같은 꼴이다. 위에 쓰인 표에서 보는 바와 같이, 제3인칭 단수「그의」,「그녀의」,「당신의」도 모두「su」이다. 모든 소유형용사는, 복수명사에 붙을 때「s」를 붙이게 됨은 말할 필요도 없다.

보기 mi libro 미리-브로 (나의 책), mi casa 미 까-사 (나의 집), tu lápiz 뚜 라-삐스 (너의 연필). tu pluma 두 뿔루-마 (너의 펜), su hijo 수 이-호 (그의「그녀의, 당신의」아들), su hija 수 이-하 (그의「그녀의, 당신의」딸), nuestro abuelo 누에-스뜨로 아부엘-로 (우리들의 할아버지), nuestra abuela 누에-스뜨라 아부엘-라 (우리들의 할머니), vuestro padre 부에-스뜨로 빠-드레 (너의 아버지), vuestra madre 부에-스뜨라 마-드레 (너의 어머니), su tío 수 띠-오 (그들의「그녀들의, 당신들의」숙모), su tia 수 띠-아 (그들의「그녀들의, 당신들의」숙부), tus lápices 뚜스 라-뻬세스 (너의 연필들), tus plumas 뚜스 라-뻬세스 (너의 펜들), 이하 생략.

이들 소유형용사는, 하나 하나의 명사앞에 붙여진다. 그리고 소유형용사가 붙여 질 때에는, 정관사는 생략된다.

보기 nuestros libros y nuestras plumas.(우리들의 책들과 우리들의 펜들)

위에 말한 바와 같이,「su」는,「그의」,「그녀의」,「당신의」,「그들의」,「그녀들의」,「당신들의」의 어느 것이고 될 수 있는 것이므로, 그 중의 누구인가를 명확하게 할 필요가 있을 때에는, 그 뒤에「de」와 대명사를 덧붙일 수가 있다.

보기 El toma el libro de ella.(그는 그녀의 책을 집는다.)
　　Usted toma las plumas de él.(당신은 그의 펜들을 집는다.)
　　　(주의 : 이 때의 él은 대명사이므로 del로 할 수 없다.)
　　Ellas buscan a la abuela de usted.(그녀들은 당신의 할머니를 찾고 있습니다.)

짧은 문장에서 같은 명사가 되풀이 될 때는, 이들의 정관사 만을 남겨 놓고 명사는 생략해 버리는 수가 있다. 이와 같이 해서 쓰인 정관사 「el」, 「la」, 「los」, 「las」는 그 명사를 가름하는 것이므로 문법상 대명사 구실을 하게 된다.

보기 El no toma el libro de ella, sino el de Vd.
(그는 그녀의 책을 집지 않으나, 그러나 당신 것을 집는다.)
〔그는 그녀의 책이 아니고, 당신을 것을 집는다.〕
¿Busca ella sus lápices? No, señora, no busca sus lápices, sino los del profesor.(그녀는 그녀의 연필을 찾고 있습니까? — 아니오, 아주머니 (마님), 그녀의 연필을 찾고 있지 않습니다. 교수 것을 찾고 있습니다.)
El niño no quiere su caja. Quiere la de su hermana.(남자 아이는 그의 상자를 탐내지 않는다. 그의 누님 〔또는 누이동생〕 것을 탐낸다.)

강 독(Lectura)

단어 (Vocabulario)

el señor Minu 엘 셰뇨-르 민-우 (민우씨), el español 엘 에스빠뇰- (스페인 사람, 스페인어), el profesor de espanol 엘 쁘로훼솔-데 에스빠뇰- (스페인어의 교수), cuando 꾸안-도 (……할 때), en 엔 (……에 있어, ……의 가운데), atentamente 아뗀-따멘-떼 (주의 깊게), despacio 데스빠-시오 (천천히), casi 까-시 (거의), me 메 (나에게, 나를), le 레 (그에게, 그를), siempe 시엠-쁘레 (항상), a 아 (에, 에게, 사람 앞에 오면 〔을, 를〕, el mediodía 엘 메디오 디-아 (정오), pero 뻬-로 (그러나), esta 에스따- (있다.), sobre 소-브레 (……의 위에), oiga Vd. 오-이가 우스떼- (「당신 들으십시오」,이거 보세요, 당신), el arroz 엘 아로로-스 (쌀), el pescado 엘 뻬스까-도 (생선=어), la carne 라 까-르네 (고기=육), la fruta 라 후루-따 (과일), despues 데스뿌에-스 (뒤에서), generalmente 헤네랄-멘-떼 (일반적으로), o 오 (혹은), muy bien 무이 비엔 (아주 좋게 잘 되었습니다.), bastante 바스딴-떼 (상당히, 꽤), ya 야 (이미), encuentro 엔꾸엔-뜨로 (나는 발견하다.), ¡ah, sí! 아-시 (아, 그렇다!), muchas gracias 무-챠스 그라-시아스 (〔많은 감사〕 고맙습니다.), debajo de 데바-호 데 (……의 아래).

Mi profesor de español

El señor Minu es mi profesor de español.

Cuando mi profesor habla en español, yo escucho atentamente. Él habla español muy despacio, y yo le comprendo casi siempre. Mi profesor me pregunta en español, y yo le contesto también en español.

— ¿Habla Vd. español.

— Sí, señor, lo hablo un poco.

— ¿Qué come Vd. al mediodía?

— Como arroz, pescado, carne y frutas. Después tomo generalm ente café o té.

— Muy bien. Vd. ya habla espanol bastante. ¿Tiene Vd. mi libro?

— No, señor, no tengo el libro de Vd. ¿Lo busca Vd.?

— Si, lo busco y no lo encuentro.

— Oiga Vd., señor Kim, ¿no tiene Vd. el libro del profesor?

— No lo tengo; está sobre la silla del profesor.

— ¡Ah, sí! Muchas gracias.

주의 (1) 「민우씨는」 할 때는, 「señor」에 정관사를 붙여 「el señor Minu」 하지만, 「민우씨」하고 부를 때는, 정관사를 안 붙이는 것이 관습이다. 이는 비단 「señor」뿐 아니라, 다른 모든 경칭이나 칭호에 대해서도 그렇게 한다.

보기 el doctor Pérez(뻬레스 박사)

주의 (2) 스페인어 글에 있어서는, 회화자가 바뀔 때마다 선「-」을 긋는다.

(3) 「Comprendo al profesor.」(나는 교수를 이해한다)라 하면, 「나는 교수가 말한 것을 안다」 라는 뜻이다.

(4) 「generalmente」와 같이 「mente」가 붙는 말에는, 액센트가 두 군데에 있다. 즉, 하나의 「mente」 안에 있고, 다른 하나는 그 「mente」를 빼버린 형태안에 있다. 그 있는 곳은, 앞에 내세운 규칙에 따른다.

복 습(Repaso)

1. 다음 우리말을 스페인어로 번역하라.
   (1) 나는 신문을 읽는다.
   (2) 그는 그의 집을 판다.
   (3) 그는 우리들의 할아버지를 부른다.
   (4) 선생님이 그의 학생들을 기다리고 있다.
   (5) 그들은 누구를 바라보고(mirar) 있는가?
   (6) 우리들은 너를 부르지 않는다.
   (7) 너의 친구(남자)의 집은 크니?
   (8) 그는 그의 사전을 찾지 않고 당신을 찾고 있다.
   (9) 너의 할머니는 아주(대단히) 천천히 말한다.
   (10) 고맙습니다.

2. 다음 스페인어를 우리말로 번역하라.
   (1) Mi cuaderno está sobre la mesa.
   (2) Encuentro mi pluma en mi cuarto.
   (3) Tu amiga está en mi casa.
   (4) No comprendo a mi profesor cuando habla en español.
   (5) ¿Lees tú el libro amarillo — Lo leo, pero casi no lo comprendo.
   (6) ¿Es grande la casa del señor Pereda?
   (7) Su casa es pequeña, pero la de su padre es muy grande.
   (8) Ellos toman tres libros y los leen.
   (9) ¿Busca Vd. su pluma? — No, señor, no busco mi pluma, sino la de mi abuelo.
   (10) Oiga Vd., señora Valera, ¿qué es esto?

제6일

 (Gramática)

I. 제3변화의 규칙동사의 직설법(Presente de indicativo de los verbos regulares de la tercera conjugación)

Presente de indicativo de vivir(살다=생, 주)

단 수	복 수
yo vivo	nosotros(-as) vivimos
tú vives	vosotros(-as) vivís
él, (ella, Vd.) vive	ellos(ellas, Vds.) viven

　제3변화의 규칙동사, 이를테면 「vivir」(살다) 에서 어미 「-ir」를 떼어버린 어근 「viv」에 「o」, 「es」, 「e」, 「imos」, 「ís」, 「en」을 덧붙여, 직설법현재의 각 인칭 단수 복수를 만든다. 그러므로, 제2변화의 규칙동사의 직설법현재와 다른 점은, 제1인칭 복수와 제2인칭 복수 뿐이다. 즉, 「-emos」, 「-éis」 대신 「-imos」, 「-ís」로 된다. 다른 인칭에 있어서는 양쪽 모두 「-o」, 「-es」, 「-e」, 「-en」이다.

1. 다음의 제3변화 규칙동사를 각각 직설법현재의 명인칭 단수 복수로 변화 시켜라.
    (1) escribir(쓰다=서)   (2) abrir(열다=개)   (3) recibir(받다)
    (4) subir(오르다)   (5) partir(출발하다, 나누다)

2. 다음 우리말을 스페인어로 번역하라.
    (1) 나는 창을 연다.
    (2) 그는 책을 들추지(열지) 않는다.
    (3) 너는 한통의 편지를 쓰느냐?
    (4) 우리들은 한통의 편지를 받는다.
    (5) 당신들은 당신들의 공책들을 들춘다(연다).

Ⅱ. 기수(Números cardinales)

0. cero 세-로
1. uno 우-노
2. dos 도스
3. tres 뜨레스
4. cuatro 꾸아-뜨로
5. cinco 싱-꼬
6. seis 세이스
7. siete 시에-떼
8. ocho 오-초
9. nueve 누에-베
10. diez 디에-스
11. once 온-세
12. doce 도-세
13. trece 뜨레-세
14. catorce 까또-르세
15. quince 낀세
16. diez y seis 디에-스 이 세이스 (dieciséis 디에시세-이스)
17. diez y siete 디에-스 이시에-떼 (diecisiete 디에-시시예-떼)
18. diez y ocho 디에-스 이 오-쵸 (dieciocho 디에-시오-쵸)
19. diez y nueve 디에-스 이 누에-베 (diecinueve 디에-시누에-베)
20. veinte 베인-떼
21. veinte y uno 베인-떼 이 우-노 (veintiuno 베인-띠우-노)
22. veinte y dos 베인-떼 이 도스 (veintidós 베인-띠도-스)
23. veinte y tres 베인-떼 이 뜨레스 (veintitrés 베인-띠뜨레-스)
24. veinte y cuatro 베인-떼 이 꾸아-뜨로 또는 (veinticuatro 베인-띠꾸아-뜨로)
25. veinte y cinco 베인-떼 이 싱-꼬 또는 (veinticinco 베인-떼 이 싱-꼬)
26. veinte y seis 베인-떼 이 세이스 (veintiséis 베인-띠 세-이스)

27. veinte y siete 베인-떼 이 시에-떼 (veintisiete 베인-따시에-떼)
28. veinte y ocho 베인-떼 이 오-쵸 (veintiocho 베인-띠 오-쵸)
29. veinte y nueve 베인-떼 이 누에-베 또는 (veintinueve 베인-띠누에-베)
30. treinta 뜨레인-따　　　　　31. treinta y uno 뜨레인-따 이 우-노
32. reinta y dos 뜨레인-따 이 도스　40. cuarenta 꾸아렌-따
43. cuarenta y tres 꾸아렌-따 이 뜨레스　50. cincuenta 싱꾸엔-따
60. sesenta 세센-따　　　　　70. setenta 세뗀-따
80. ochenta 오첸-따　　　　　90. noventa 노벤-따
100. ciento 시엔-또　　　　　101. ciento uno 시엔-또 우-노
115. ciento quince 시엔-또 낀-셰
118. ciento diez y ocho 시엔 또 디에-스 이 오-쵸 (dieciocho 디에시오-쵸)
135. ciento treinta y cinco 시엔-또 뜨레인-따 이 싱-꼬
200. doscientos 도스시예-또스 (-as 따스)
205. doscientos 도스시엔-또스 (-as 따스) cinco 싱-꼬
300. trescientos 뜨레스시엔또스 (-as 따스)
400. cuatrocientos 꾸아뜨로시엔또스 (-as 따스)
500. quinientos 끼디엔-또스 (-as 따스)
600. seiscientos 세이스시엔-또스 (-as 따스)
700. setecientos 세떼시엔또스 (-as 따스)
800. ochocientos 오쵸시엔또스 (-as 따스)
900. novecientos 노베시엔-또스 (-as 따스)
1.000. mil 밀 (주의 : 피리어드로 끊는다.)
1.005. mil cinco 밀 싱-꼬
1.235. mil doscientos 일 도스시엔-또스 (-as 따스) treinta y cinco 뜨레인-따 이 싱-꼬
2.000. dos mil 도스 밀
3.456. tres mil cuatrocientos 뜨레스 밀 꾸아뜨로시엔-또스
　　　　(-as 따스) cincuenta y seis 싱꾸엔-따 이 세이스 디에-스 밀
10.000. diez mil 디에-스 밀
100.000. cien mil 시엔 밀
200.000. doscientos 도스시엔또스 (-as 따스) mil 밀
1.000.000. un millón 운 밀론

이상의 기수 가운데, 「uno」(하나)가 명사앞에 붙을 때는 정관사 「un」으로 되며, 그 여성형이 「una」임은 이미 말하였다. 또 「스물 한 권의 책」「서른 한 채의 집」할 때는, 「veinte y un 〔또는 veintiún〕 libros」, 「treinta y una casas」로 된다.

「ciento」(백)의 바로 뒤에(즉 10단위와 1단위 없이) 명사 (남성 여성에 관계없이), 또는 수사 「mil」이 올 때는, 어미의 「to」를 잃어 「cien」으로 된다.

보기 cien hombres, cien mujeres. cien mil(10만)

그러나, ciento dos hombres(102 사람의 남자), ciento treinta y seis mujeres(136 사람의 여자) 따위는 10 단위와 1단위가 있으므로 「ciento」그대로이다. 또 「doscientos」(200) 부터 「novecientos」(900) 까지는; 특히 여성형을 지니고 있음에 주의하라. 다음 보기를 보면 알 것이다.

보기 「doscientos libros」, 「doscientas plumas」. 「quinientos hom bres」. 「quinientas mujeres」. 「setecientos cincuenta y ocho lapices y setecientas treinta y cuatro plumas」

「백만」을 뜻하는 「millón」만은 명사이다. 그러므로 「백만의 집」, 「2백만의 주민」을 말하려면, 「집집의 1백만」, 「주민의 2백만」이라는 표현을 하게 된다.

보기 un millón de casas. dos millones de habitantes. 「mil」 (천)에는 「un」도 붙지 않고, 또 복수형도 없다. mil hombres(천사람의 남자), dos mil mujeres(2천 사람의 여자).

1. 다음 숫자를 읽으라.
   (1) 7.   (2) 11.   (3) 203.   (4) 9.   (5) 15.   (6) 103.
   (7) 114.   (8) 234.   (9) 1.543.   ⑽ 579.   ⑾ 753.   ⑿ 4.567.
   ⒀ 1.111.   ⒁ 6.432.   ⒂ 324.657.   ⒃ 813. 679.

2. 다음 우리말을 스페인어로 번역하라.
   (1) 한사람의 숙모.   (2) 백사람의 소년.   (3) 538채의 집.
   (4) 1.240 사람의 남자.   (5) 61명의 여학생(alumna).
   (6) 12.345명의 병사(soldado).   (7) 백만권의 책.

Ⅲ. 시간(Las horas)

단어(Vocabulario)

la hora 라 오-라 (시간), un cuarto 운 꾸아-르또 ([한시간의] 4분의 1즉 15분), media 메-디아 (반, 30분), menos 메-노스 (마이너스, 보다 적게, [몇 시에] 몇 분전), punto 뿐-또 (점), en punto 엔 뿐-또 (정각 몇 시, 꼭), pico 삐-꼬 (조금), la mañana 라 마냐-나 (아침, 오전), la tarde 라 따-르떼 (오후), la noche 라 노-체 (밤=야), la madrugada 라 마드루가-다 (이른 새벽), el reloj 엘르렐로-(흐) (시계), ¿qué hora es? 께 오-라 에스 (몇 시입니까?), a eso de 아 에-소 데 (대략 몇 시경에), el tresn 엘 뜨렌 (기차), llegar 레 가-르 (도착하다), el minuto 엘 미누-또 (분), el segundo 엘 세군-도 (묘), un par 운 빠르 (한짝, 한 쌍), una decena 우-나 도세-나 (10으로 된 한짝), una docena 우-나 도세-나 (한 다스), una quincena 우-나 낀세-나 (15로 된 한짝), una veintena 우-나 베인떼-나 (20으로 된 한짝), un centenar 운 센떼-나르 (100으로 된 한짝), un millar 운 밀랴-르 (1,000으로 된 한짝).

문예

¿Qué hora es?(몇시 입니까?) Es la una en punto.(정각 1시입니다.)
Es la una y cinco.(1시 5분입니다.) Son las dos y diez.(2시 10분입니다.)
Son las dos y cuarto.(2시 15분입니다.) Son las tres y media.(3시 반입니다.)
Son las cuatro y veinte.(4시 20분입니다.) Son las cinco menos veinte y cinco.(4시 35분입니다.)
¿Qué hora es en su reloj de Vd.?(당신은 시계로는 몇시 입니까?)
En mi reloj son las cinco menos ocho.(나의 시계로는 5시 8분전입니다.)
¿A qué hora parte Vd.?(당신은 몇시에 출발합니까?)
Parto a eso de las ocho y media.(나는 8시 반경에 출발합니다.)

스페인어로는 시간을 물을 때 단수로 묻는 것이 보통이다. 그에 대한 대답은, 12시 반 이후 1시 반 까지는 「Es la una menos diez.」「Es la una (y-).」이다. 만약 2시 이후(1시 31분 후 2시 미만을 포함)라면, 복수로 하여「Son las dos menos cuarto.」「Son las dos en punto.」「Son las ocho y media.」와 같이 한다. 또 30분 (반)이후일 때는, 먼저 다음 시간을 대고, 그 뒤에 menos(마이너스의 뜻)를 쓰며, 그 다음에 다음 시간까지 남아 있는 분의 수를 댄다. 이를테면,「5시 35분」이면,「6시-(메-노스) 25분이다.」「Son las seis menos veinte y cinco.」로 되는 것이다.

지금까지 말한 바로써 독자들도 알았겠지만, 시간의 수의 앞에는 여성의 정관사를 붙인다. 이는「hora」,「horas」라는 단어가 생략된 때문이다.

또 12시 부터 0시 반까지는「12시와 몇 분」(las doce y —)라고 한다.

시간 다음에는「분」(minutos),「묘」(segundos) 라는 명사가 생략되는 것이 보통이다.

시간을 말할 때의「cuarto」(15분),「media」(반)에는 정관사나 부정관사를 안 붙인다. 또「15분」이나,「반」에 대해서「quince」,「treinta」는 철도 용어이외에는 보통 쓰지 않는 것이 관습이므로 덧붙여 둔다.

주의「오전의」,「오후의」,「밤의」는 각기「de la manana」,「de a tarde」,「de la noche」를 뒤에 붙인다. 또 철도나 관청에서는 13으로부터 24까지 세는 수도 있다.

보기 El tren sale a las veinte.(열차는 20시에 떠난다.)

 다음 우리말을 스페인어로 번역하라.
(1) 당신의 시계로는 몇 시입니까?(주의 이것은「당신은 몇 시를 가지고 있는가?〔Que hora tiene Vd.?〕라 해도 된다.)
(2) 정각 10시입니다.
(3) 기차는 밤 9시 15분에 도착한다.
(4) 스페인어의 교수는 8시 5분전에 도착한다.
(5) 오후 7시 조금 넘었습니다.(오후 7시와 조금입니다.)

강 독(Lectura)

단어 (Vocabulario)

cuento 꾸엔-또 (내가 센다), cuenta 꾸엔-따 (그 [그녀 당신]가 센다), de······ a······ 데 아 (부터······까지, 부터······으로), ¿cuántos? 꾸안-또스, ¿cuántas? 꾸안-따스 (몇 개의), ¿cuál? 꾸알- (어떤 것?), ¿cuáles 꾸알-레스 (어떠어떤것?), hay) 아이 (있다)[무인칭의 타동사로서, 그 뒤에 목적격 명사를 달고 있다], el número par 엘 누-메로 빠-르 (우수), el número no 엘 누-메로 논 (기수), la semana 라 세마-나 (주), sumar 수마-르 (가산하다, 더하다), restar 르레스따-르 (감하다, 빼다), multiplicar 물띠쁠리까-르 (곱하다, 배가하다), dividir 디비디-르 (나누다, 제하다) ´dividido 디비다-도 (나누어진, 제해진), por 뽀르 (······에 의해서), la aritmética 라 아리뜨메-띠까 (수학), el domingo 엘 도밍-고 (일요일), el lunes 엘 루-네스 (월요일), el martes 엘 마-르떼스 (화요일), el miércoles 엘 미예-르꼴레스 (수요일), el jueves 엘 후에-베스 (목요일), el viernes 엘 비에-르네스 (금요일), el sábado 엘 사-바도 (토요일), sabe 사-베 (그 [그녀, 당신]가 안다), sé 세 (내가 안다), bueno 부에-노 (좋은, 착한), malo 말-로 (나쁜), voy 보이 (내가 간다). voy a casa 보이 아 까-사 (집에 간다, 귀택한다, adiós 아디오-스 (잘 있어, 안녕, 헤어질 때 인사), mañana 마냐-나 (내일) [정관사 없음], hasta 아-스따 (······까지), hasta mañana 아-스따 마냐- (내일까지 그럼 내일 또 [뵙겠습니다]), hasta la vista 아-스따 라 비-스따 (그럼 언젠가 또), por la mañana 뽀르 라 따-르데 (오전에), por la tarde 뽀르 라따-르데 (오후에), por la noche 뽀르 라 노-체 (밤에).

La aritmética

Cuento de uno a diez : uno, dos, tres, cuatro, cinco, seis, siete, ocho, nueve, diez. ¿Cuántos libros hay sobre la mesa? — Hay cuatro libros. — ¿Cuáles son los números pares de uno a diez? — Son dos, cuatro, seis, ocho y diez.

— ¿Cuáles son los números impares de diez a veinte? — Son once, trece, quince, diecisiete y ciecinueve. — ¿Cuantos días hay en una semana? — Hay siete días en una semana.

— ¿Cuáles son los siete días? — Son el domingo, el lunes, el martes, el miércoles, el jueves, el viernes y el sábado.

— ¿Sabe Vd. la aritmética? — Sí, señor, ya la sé. Sumo dos y dos (dos más dos) son cuatro. Resto dos de diez (diez menos dos) son ocho. Multiplico cinco por tres son quince. Divido ocho por cuatro (ocho dividido por cuatro) son dos.

— Muy bien. ¿Qué hora es? — Son las doce menos tres.

— Bueno. Voy a casa. Hasta mañana.

— Adios, señor. Hasta mañana.

복 습(Repaso)

1. 다음 동사의 뜻을 말하라. 그런 다음 직설법 현재로 고쳐 보라.
   (1) usar.   (2) comer.   (3) dividir.   (4) vender.   (5) sumar.
   (6) subir.   (7) multiplicar.   (8) beber.   (9) trabajar.   (10) abrir.

2. 다음 동사의 부정법 (infinitivo)을 말하라. 그리고 모든 인칭의 단수복수로 변화시키라.
   (1) respondes.   (2) esperáis.   (3) partimos.   (4) escribo
   (5) compramos.   (6) llamáis.   (7) reciben.   (8) comprende
   (9) buscas.   (10) contesta.

3. 다음 우리말을 스페인어로 번역하라.
   (1) 너희들은 1주일에 몇 통의 편지를 쓰느냐?
   (2) 그녀는 그녀의 책을 들추지 열지 않고, 그녀의 아버지 것을 들춘다.
   (3) 2×7=14.   (4) 10-5=5.   (5) 7+5=12.
   (6) 1년 (un año)은 (에는) 365일 있다.
   (7) 하루는 (에는) 24시간 있다.   (8) 너의 시계로는 2시 45분이다.
   (9) 나의 시에는 58.631채의 집이 있다.
   (10) 나의 숙부는 수요일에 (el miércoles, 전치사 필요 없음) 서울에 도착한다.

제7일

문법 (文法) (Gramática)

I. 음성의 연계에 대해서(Del enlace de los sonidos)

지금까지 배워 온 단어에 한글 토를 단 까닭은, 처음 배우는 사람이 한 단어 한 단어 읽을 경우에 편의를 위해서였다. 또 배우기 시작할 때에 정확하게 발음하도록 노력해야 하기 때문이었다.

그렇긴 하지만, 스페인어에 있어서는 담화가, 개개의 단어에 있다기 보다 오히려 음성군에 있다는 점을 알아야 한다. 음성군이란, 쉽게 말할 때, 도중에서 숨을 끊지 않고 단숨에 발음해야 하는 몇 개의 단어의 모음이다. 실제 회화에 있어서나 낭독에 있어서나, 상당한 속도를 가지고 발음하는 것이 보통이고, 그때, 앞단어의 음과 뒷 단어의 음이 서로 연계(이어지는)되는 일이 많다.

이미 설명한 바와 같이, 음성군속의 「s」음은, 유성자음 바로 앞에서는 희미하게 유성화하여 「z」로 되며, 또 이른바 권화음인 「r」음 바로 앞에서는 들리지 않게 되는 것이 보통이다. 다음의 그러한 보기들이다.

보기 (1) esos dos niños(그들 두 사람의 어린이) [ésɔz-dɔz-níɲɔs]
(2) eres rico(너는 부자다) [ereŕiko]

그러나 그보다 더 중요한 것은, 「자음과 모음과의 연계」이다.

1. 앞에 오는 단어의 어미자음과, 이에 계속되는 단어의 어두모음과는, 유성군속에서는 붙여서 발음함이 보통이다. 다음에 드는 예문 중 연자부 「‿」는 자음과 모음과의 연계를 나타내는 것이다. 이때는, 부괄호〔 〕안에 보이는 바와 같이, 음절도 조금 변한다.

보기 (1) el-amo 엘라모 (주인) [eˊla-mo] (2) Eres-una muchacha. 에-레수-나 무차-차 (너는 한 소녀이다.) [é-ré-su-namu-tʃa-tʃa]

2. 단어와 단어 사이에 있어서의 「둘 또는 세 모음의 결합」

즉, 모음으로 끝나는 단어 다음에, 역시 모음으로 시작되는 단어가 오게 될 때는, 이들 모음은 도중에서 끊지 않고 양자를 이어 발음함이 보통이다. 다음에 드는 예문 중의 「 ⌣ 」기호는 그러한 두 모음의 결합을 나타내는 것이다.

그때 각 모음은 제각기의 고유의 음을 지닌다.

보기 (1) ¿Cómo está usted 꼬 – 모에스따우스떼- [ˊko-moes-ˊtaus-ˊte]
(2) No hablo a ella. 노아 – 블로아엘랴 [noá-bloae-λa]

또 두 개 또는 세 개의 같은 모음이 이어질 때도, 그 모음들이 결합됨은 말 할 나위 없으나, 잇대어지는 두 개의 같은 모음은 「하나 반」 정도의 길이, 잇대어지는 세 개의 같은 모음은 「두개」 정도의 길이로 각기 발음됨이 보통이다.

보기 (1) La admiro. 라 아드미 – 로 (나는 그녀를 찬미한다.)가 거의 라드미-로 [lad-miro]와 같이 발음된다.
(2) Va a abrir. 바 아 아브리 – 르 (그는 벌리려고 [열리고] 하고 있다.) 이것이 거의 바아브리 – 르 [baa ƀ-rir]와 같이 발음된다.

II. 불규칙동사 "ser"의 직설법 규재(Preente de indicativo del verbo irregular *ser*)

단어 (Vocabulario)
el abogado(변호사), el médico(의사), el comerciante(상인), el agricultor(농업가), el militar(육군 군인), el empleado(종업원), el funcionario(공무원), el teatro (연극, 극장), el cinema(줄여서 cine)(영화), el escritor(저작가), aplicado(부지런한, 근면한), rico(부자의, 풍부한), pobre(가난한), valiente(용감한), cobarde(겁 많은, 비겁한), el coreano(한국사람 [남자]), la coreana(한국 여자), el español(스페인 사람 [남자]), la española(스페인 여자), el billete(티케트, 지폐), el chino(중국 사람).

ser(······이다)	
단 수	복 수
soy (나는 ···이다) eres (너는 ······이다) es (그〔그녀, 당신〕은······이다)	somos (우리들은······이다) sois (너희들은······이다) son (그들〔그녀들, 당신들〕은······이다)

문예

Soy abogado. Soy pobre. Soy un abogado pobre.
나는 변호사입니다. 나는 가난합니다. 가난한 한 변호사입니다.

Sukil, ¿qué eres tú? — Soy alumno. Soy aplicado.
수길. 너는 무엇이냐? 학생입니다. 나는 근면합니다.

Soy un alumno aplicado.
나는 근면한 한 남학생입니다.

Suni es alumna. Es buena. Es una alumna buena.
순이는 여학생입니다. 그녀는 착합니다. 착한 한 여학생입니다.

Su padre es médico. Es rico. Es un médico rico.
그의 아버지는 의사입니다. 부자입니다. 돈이 많은(부자의) 한 의사입니다.

Sukil y Munsu ¿qué sois vosotros? — Somos alumnos.
수길과 문수, 너희들은 무엇이냐 남학생입니다.

¿Qué son ellos — Son soldados.
그들은 무엇입니까 병사(들)입니다.

Ella es pintora. Es una pintora famosa.
그녀는 화가입니다. 유명한 한 여류화가입니다.

Soy coreano. Ella es coreana tambi en. Somos coreanaes.
나는 한국사람입니다. 그녀도 또 한국 여자입니다. 우리들은 한국사람(들)입니다.

El señor Valera es español.
발레-라 씨는 스페인 사람입니다.

Es un comerciante rico de Mokpo
목포의 부자인(돈 많은) 한 상인입니다.

동사 "ser"는 「……이다」의 뜻으로, 술어명사와 함께 쓰이는 외에, 본질적인 것, 소속, 출처, 원료 따위를 나타내기도 한다. 이 동사를 써서, 어떤 사람의 직업, 국적, 출처, 가족 관계, 종교상의 입장들을 나타낼 때는, 부정관사를 안 붙이는 것이 관습이다.

> 보기 Él es comerciante. Tú eres coreano. Soy cristiano(크리스찬). Ella es hija de un profesor.

그러나, 어떤 사람의 직업이나 의적, 그밖에 것을 나타내는 명사에 뜻을 한정하는 말이 붙으면, 「한 사람의」라는 뜻을 강조하여 부정관사 「un」, 「una」를 붙일 필요가 있다. 이때 있어서도, 주어가 부정관사일 경우는, 특히 「약간의」라는 뜻을 나타내기 위해서가 아니라면, 「unos」, 「unas」는 붙일 필요가 없는 것이다.

> 보기 Él es un comerciante rico. Es un español de Mokpo. Ellos son comerciantes ricos.

> 주의 「그는 우리 학교의 영어선생이다.」라 든지, 「그는 목포의 유명한 예의 스페인 사람입니다.」 같이 말할 때, 특정한 사람을 이르려면 정관사를 붙이게 됨은 말할 필요도 없다.

> 보기 Él es el profesor de inglés de nuestra escuela
> Él es el español famoso(유명한) de Mokpo

다음 글을 스페인어로 번역하라.
(1) 너의 아버지는 변호사이냐?
(2) 나는 가난한 한 공무원의 아들입니다.
(3) 우리는 가난한 종업원이다.
(4) 박씨는 유명한 저술가이다.
(5) 너는 중국사람이냐?
(6) 나는 용감한 한국인이다.
(7) 그녀들은 스페인 사람입니까?
(8) 이교수는 목포에 살고 있다.
(9) 우리들은 근면한 공무원 입니다.
(10) 그의 아버지는 교수입니다.

Ⅲ. 불규칙 동사 "tener"의 직설법 현재(Presente de indicativo del verbo irregular *tener*)

단어 (Vocabulario)

el bolsillo(포케트), la pluma estilográfica(만년필), el paraguas(우산), el parasol(파라솔), izquierdo(왼쪽의), derecho(오른쪽의), magnífico(놀라운, 굉장한), el sombrero(챙있는 모자), hambre[성은 여성](기아, 굶주림, 배고픔), la sed(갈증, 목마름), el sueño(졸림), mucho(많은), poco (적은 소량의), el calor(더위, 열), el frío(추위), el miedo(두려움), el cuidado(주의, 걱정), la razón(이유, 이성, 도리), la vergüenza(부끄러움, 부끄러운), la prisa (서두름, 급함), el albañil(미장이, 벽돌공), ciego(맹목적인)

tener(가지다)

tengo	tenéis
tenemos	tiene
tienes	tienen

Sukil, ¿que tienes en la mano? — Tengo mi reloj.
수길, 너는 손에 무엇을 가지고 있느냐 — 나의 시계를 가지고 있습니다.
Señor Pak, ¿qué tiene Vd.? — Tengo el sombrero de Vd.
박선생(씨), 당신은 무엇을 가지고 있습니까 — 나는 당신의 모자를 가지고 있습니다.
Sukil y Munsu, ¿qué tenéis? — Tenemos unos libros interesantes.
수길과 문수, 너희들은 무엇을 가지고 있느냐 — 우리들은 약간의 재미나는 책을 가지고 있습니다.
¿Tienen ellas las pulmas? — Sí, señor, las tienen.
그녀들은 펜을 가지고 있습니까 — 예, 선생, (그것들을) 가지고 있습니다.

¿Qué tiene Vd. en su cartera? — Tengo dos libros, tres cuadernos, un cortaplumas y una goma.

당신은 당신의 손가방 속에 무엇을 가지고 있습니까? 두 권의 책과 세 권의 공책과 나이프 하나와 고무하나를 가지고 있습니다.

¿Qué tengo en la mano derecha? — Vd. tiene un paraguas.

나는 오른 손에 무엇을 가지고 있습니까 당신은 우산을 하나 가지고 있습니다.

Tengo hambre. Tengo mucha hambre.

나는 배고프다 대단히 배고프다. (많은 배고픔을 갖는다.)

¿No tiene Vd. sed? — Sí, señor, tengo mucha sed.

당신은 목이 마르지 않습니까 예, 선생, 아주(대단히) 말라 있습니다.

Tengo calor. No tengo frío. El tiene mcho sueño.

나는 덥다 (더움을 갖는다). 나는 춥지 않다. 그는 대단히 졸리워 하고 있다 (많은 졸림을 갖는다).

Él tiene miedo. Tengo mucha prisa.

그는 두려워하고 있다. 나는 대단히 서두르고 있다.

Tenemos poco sueño. No tengo cuidado.

우리들은 그렇게 졸립지 않다 (조금의 졸림을 갖는다), 나는 걱정하지 않는다.

Vd. tiene razón. Ella tiene vergüenza.

지당하십니다 (당신은 이유를 가지고 계십니다). 그녀는 부끄러워하고 있습니다.

주의 (1) 「tener」와 명사로는 여러 가지 숙어를 만든다. 「hambre」, 「sed」, 「calor」 따위는 모두 명사이므로, 「대단히」, 「그렇게……않는다」에는 수량형용사 「mucho」, 「poco」를 붙여서 나타낸다. 「poco」는 「적은, 조금의, 소량의」의 뜻이지만, 우리말로 「그렇게 (그와 같이) ……않는다」와 같이 쓰이는 경우에 알맞다.

보기 Tengo poca hambre. ([나는 조금의 배고픔을 갖는다] 그렇게 배고프진 않다.)

주의 「s」로 끝나는 명사는, 그것이 두 철음 이상으로 되어 있고, 또 맨 끝머리 모음에 강세가 없으면, 그 복수도 동형이다.

보기 un cortaplumas(하나의 작은 칼), dos cortaplumas(두개의 작은 칼), un paraguas(하나의 우산), dos paraguas(두개의 우산), el lunes(월요일), los lunes(매월요일), la crisis, las crisis(위기).

그러나, una tos(하나의 기침), un entremés(하나의 막간연예) 따위의, 복수는, dos toses, dos entremeses로 됨은 물론이다.

보기 소유자가 명확할 때는, 「손에」, 「발에」, 「웃옷에」 같이, 신체의 일부 또는 몸에 걸치는 것일 경우 정관사를 붙인다.

IV. 순서수(Nomeros ordinales)

단어 (Vocabulario)

enero(1월)　　　　　　　　febrero(2월)
marzo(3월)　　　　　　　　abril(4월)
mayo(5월)　　　　　　　　 junio(6월)
julio(7월)　　　　　　　　 agosto(8월)
septiembre (o setiembre)(9월)　octubre(10월)
noviembre(11월)　　　　　 diciembre(12월)
la primavera(봄)　　　　　 el verano(여름)
el otoño(가을)　　　　　　 el invierno(겨울)
ordinario(보통의)　　　　　el año bisiesto(윤년)
penúltimo(끝에서 두 번째의)　último(최후의)
postrero(최후의)

Los numeros ordinales(순서수)

primero [primo] (제 1의)　　segundo(제 2의)
tercero [tercio] (제 3의)　　 cuarto(제 4의)
quinto(제 5의)　　　　　　 sexto(제 6의)
séptimo(제 7의)　　　　　　octavo(제 8의)
noveno [nono] (제 9의)　　 décimo(제 10의)
undécimo(제 11의)　　　　 duodécimo(제 12의)
décimotercio(제 13의)　　　décimocuarto(제 14의)
décimonono(-noveno)(제 19의)　vigésimo(제 20의)
vigésimo primo(제 21의)　　trigésimo(제 30의)
cuadragésimo(제 40의)　　　quincuagésimo(제 50의)
sexagésimo(제 60의)　　　　septuagésimo(제 70의)
octogésimo(제 80의)　　　　nonagésimo(제 90의)
centésimo(제 100의)

순서수에는 다른 형용사와 같이 남성여성의 구별이 있다.

즉, 「primero」, 「primera」, 「primeros」, 「primeras」와 같이.

또 앞 페이지에 보인바 괄호 안의 primo, tercio, nono는 주로 복합수에 쓰인다.

「duodécimo」 이상은, 현대에서는 그렇게 쓰이지 않는다. 즉 「13의」부터 위로는 기수로써 나타내는 것이 보통이다.

보기 Felipe Ⅱ (segundo) (휄리 - 뻬 2세)

Isabel Ⅱ (segunda) (이사벨 - 2세) [이사벨 - 은 여왕의 이름이므로 여성형을 쓴다]

Carlos Ⅴ (quinto) (까 - 를로스 5세)

Alfonso Ⅹ (décimo) (알휜 - 소 10세)

Alfonso ⅩⅢ (trece) (알휜 - 소 13세)

el siglo octavo(8세기)

el siglo veinte(20세기)

la página veinte y una (vigésima prima) (제21페이지)

la lección treinta y tres (trigésima tercia) (제33과)

순서수중 「primero」, 「tercero」 및 형용사 「postrero」만은 남성단수명사 앞에 올 때에 한해서 끝의 「o」를 잃게 된다.

보기 「el primer libro de lectura」(제1독분), 「el tercer mes」(제3의 달), 「el postrer día」(최후의 날)

다음과 같은 경우는 규칙대로 된다.

el libro primero. la primera lección. los primeros días del mes.(달의 처음의 며칠), el mes tercero. la tercera casa. el día postrero.

순서수는 숫자를 써서 약하게 쓸 수도 있다. 이를테면, 「primero」, 「primera」, 「primeros」, 「primeras」를 각각 「1.º」, 「1.ª」, 「1.ᵒˢ」, 「1.ᵃˢ」와 같이 쓴다.

날짜는 기수로 나타내지만, 1일(초하루)만은 항상 순서수를 쓴다. 또 날짜에는 정관사 「el」을 붙이고, 「춘하추동」에도 각각 정관사를 붙이는 것이 보통이다.

보기 el primero de enero(1월 1일)

el dos de enero(1월 2일)

el once de enero(1월 11일)

en la primavera(봄에)

(1) Enero es el primer mes del año.
1월은 1년의 첫 번째 달이다.

(2) ¿Cuál es el segundo mes del año? — Febrero es el segundo mes del año.
어떤 것이 1년의 두 번째 달입니까? 2월이 1년의 두 번째 달입니다.

(3) La primavera es la primera estación del año.
봄은 1년의 첫 번째 계절입니다.

(4) ¿Qué día (de la semana) es hoy? — Es miércoles.
오늘은 무슨 요일입니까? 수요일입니다.

(5) ¿Qué día del mes es hoy? — Es el primero de julio.
오늘은 며칠입니까? 7월의 초하루(1일) 입니다.

No es el cinco de abril.
4월의 5일이 아니다.

(6) Diciembre es el último mes del año.
12월은 1년의 마지막(최후의) 달이다.

주의 (4)의 문예에서 보는 바와 같이 「무슨 요일입니다.」 할 때는 「ser」 다음에 정관사 「el」을 생략한다. 그러나 날짜의 경우는 생략하지 않는다.

 다음 글을 스페인어로 번역하라.
(1) 여름은 1년의 제 2의 계절이다.
(2) 1년의 다섯 번째 달은 5월이다.
(3) 그는 불교신자(budista)가 아니다.
(4) Alfonso 13세는 Isabel 2세의 아들이다. (es hijo de …)
(5) 제19세기.
(6) 제 8과는 어렵다.
(7) 오늘은 무슨 요일입니까?
(8) 금요일입니다.
(9) Napoleón 3세는 스페인 사람이 아니다.
(10) 오늘은 10월 1일입니다.

강 독(Lectura)

어구 joven(젊은), viejo(늙은, 낡은), todvía(아직), perfectamente(완전히), el dolor(아픔), el director(교장), el país(나라), el mundo(세계)

Las cuatro estaciones

　　Hay cuatro estaciones en el año. — ¿Cuáles son las cuatro estaciones —Son la primab era, el verano, el otoño y el invierno. — ¿Cuántos meses tiene la primabera? — Tiene tres meses. — ¿Cuáles son los tres meses de la primavera? — Son m arzo, abril y mayo. — ¿Sabe Vd. el nombre del tercer día de la semana — Sí, señor; martes. — ¿Cuántos dias tiene el mes de febrero — Febrero tiene veinte y ocho días en el año ordinario. — ¿Es comerciante el padre de Vd.? — No, señor; mi padre es médico. — ¿Es joven todavía — No, señor, ya es bastante viejo. — ¿Es coreano el profesor de español? — Sí, señor' es coreano, pero habla español perfectamente.

복 습(Repaso)

1. 1년 열두달의 이름을 말하라.
2. 1주 7일의 이름을 말하라.
3. 다음 글을 스페인어로 번역하라.
   (1) 제10세기.
   (2) 우리들은 배가 고프다.

⑶ 세계에는 많은 나라가 있다.

⑷ 그들이 하는 말은 지당하다(그들은 이유를 갖는다).

⑸ 그는 무엇입니까?

⑹ 김씨는 우리들 학교의 교장입니다.

⑺ 스페인은 하나의 아름다운 나라다.

⑻ 그들의 숙부는 53세이다.(53의 나이를 갖는다).

⑼ 11월은 끝에서 두 번째의 달이다.

⑽ 윤년은 366일 있다.

⑾ 당신의 나이는 몇입니까?(몇의 나이를 당신은 가졌는가?) ― 나는 21세입니다.

⑿ 그는 열렬한(ferviente) 카톨릭 신자(católico)이다.

⒀ 마씨는 저술가이다.

⒁ 그는 세계에 유명한 저술가이다.

⒂ 우리는 20세기에 살고 있다.

주의 ⑴ 독자들이 벌써 알게 되었으리라 믿지만, 「i」에 강세부 (´)를 붙일 경우는 「í」로 되는 것이지 「i」 위에다 「´」 붙이는 것은 아니다.

보기 Sí (그렇습니다) ⑵ Vd. 등의 약어가 문장의 끝머리에 올 때는 종지부「.」가 생략된다.

보기 Ella busca a Vd.(그녀는 당신을 찾고 있습니다.) 그러나 의문부나 감탄부가 문장의 끝머리에 올 때는 약어의 표시로서의 종지부가 필요함은 말할 필요도 없다.

보기 ¿Me llama Vd.?(당신은 나를 부릅니까?)

제2주

제1일

 (Gramática)

I. 불규칙 동사 "estar"의 직설법 현재 (Presente de indicativo del verbo irregular *estar*)

단어 (Vocabulario)

¿dónde?(어디에?), delante de(…의 앞에), detrás de(…의 뒤에), debajo de(…의 아래), encima de([sobre와 같음]…의 위에, cerca de(…의 가까이에), lejos de(…부터 멀리에), entre(…의 사이에), pálido(창백한), el zapato[발은 두 개이므로 보통 복수로 쓰임](신), los guantes[보통 복수로 씀](장갑), el abrigo(외투), el bastón(지팡이), sentado(걸터앉아서), roto(파괴되어서, 부서져서), ¿a cuántos estamos?(며칠입니까?), el comedor(식당), el daño(해)

estar(있다)	
estoy	estáis
estamos	está
estás	están

주의 「estar」라는 동사의 직설법현재는 철자에 있어서는 제1인칭 단수만이 불규칙하다. 다만 액센트가 있는 곳에 주의하라.

(1) ¿Dónde está mi sombrero? — Está sobre la mesa.
나의 모자는 어디에 있느냐 테이블 위에 있다.

(2) ¿Dónde estás tú? — Estoy delante de la mesa.
너는 어디에 있느냐? 나는 테이블의 앞에 있습니다.
— ¿Estoy yo también delante de la mesa? — No, señor, Vd. está detrás del banco. — ¿Dónde estáis? — Estamos en el cuarto. Ellos no están en el cuarto, sino en el jardín.
나는 또 테이블의 앞에 있느냐? 아니오, 선생(어르신네), 당신은 걸상 뒤에 계십니다. 너희들은 어디에 있느냐? 우리들은 방에 있습니다. 그들은 방에는 있지 않고, 뜰에 있습니다.

(3) Mi casa está lejos de la escuela. Está cerca de la estación.
나의 집은 학교로부터 멀리에 있다. 역의 가까이에 있다.

(4) ¿A cuántos estamos?(¿A cómo estamos? 라고도 한다.)
—Estamos a primero de mayo, no estamos a tres de mayo.
오늘은 며칠입니까?(며칠에 우리들은 있습니까?와 같은 뜻) 5월 1일입니다. (5월 1일에 있습니다.) 5월 3일이 아닙니다. (5월 3일에 있지 않습니다.)

이미 설명한 바와 같이, 「ser」는 「…이다」의 뜻이지만, 「estar」는 「에 있다」, 「있다」의 뜻이다. 더 자세히 말하자면, 「ser」쪽은 이를테면, 「그는 상인입니다」(Él es comerciante.)와 같이, 술어명사와 함께 쓰인다. 또 「그는 선량하다」(Él es bueno.)와 같이 쓰이면서 영역적 성질을 나타낸다.

한편 「estar」는, 이에 반해 일시적 성질을 나타낸다. 따라서 소재나 상태 따위를 나타내는 일이 많다. 또 소재를 나타낼 때는 영속적이어도 관계가 없다.

보기 Él es bueno.(그것은 생래의 것이므로 영속적 성질을 나타낸다.)
그는 성질이 선량하다.
Él está bueno.(건강상태가 지금 좋은 것으로서 영속적인 것은 아니다.)
그는 (건강상태)가 선호하다.

Sukil es alumno. (학생이라 함은 상당히 오랫동안의 일이다.)
수길은 학생이다.
Sukil está en el jardín. (물론 일시적이다.)
수길은 뜰에 있다.
El cuarto es obscuro. (건축 방법인가 뭔가의 이유로 항시 어둡다.)
방은 어둡다.
El cuarto está obscuro. (어떤 이유인지, 지금만 어두운 것이다.)
방은 어둡다.

그러므로, 「모자는 테이블과 의자 사이에 있다.」, 「수길은 걸상에 걸터앉아 있다.」, 「도어가 부서져 있다.」와 같이 장소나 상태를 나타내려면, 「estar」를 써야 한다.

주의 El sombrero está entre la mesa y la silla
Sukil está sentado en un banco
La puerta está rota.
El té es una bebida. (차는 식료물이다.)
El té está caliente. 차는 뜨겁다〔뜨거운 상태에 있다.〕)
Madrid es la capital de España. (마드리드는 에스파냐의 전도이다.)
Madrid está en España. (마드리드는 에스파냐에 있다.)

그러나 유무의 개념으로서의 유를 나타내는 우리말에서의 「있다」는 「hay」(직설법현재형)라는 동사로 나타내어야 한다. 이 동사에 대해서는 앞에 설명한 바와 같이 무인칭동사이므로 그 「있는」 물건의 단수복수에 관계없이 항상 그 형태대로 명사앞에 내세운다.

보기 Hay una casa. Hay diez casas.

주의 「오늘은 며칠입니까?」는 앞에서 배운 바와 같이 「¿Qué día del mes es hoy?」로 나타내어도 좋지만, 보통은 「¿A cuántos estamos?」 또는 「¿A cómo estamos?」를 쓴다. 그 대답 역시 「estar」의 1인칭 복수를 써서 「Estamos a ―.」라고 한다. 그리고 1일만은 순서수를, 2일 이후는 기수를 쓰지만, 정관사를 붙이지 않음은 위 문예에서 보인바와 같다.

 다음 글을 스페인어로 번역하라.
(1) 너는 창 앞에 있다.
(2) 나의 오버슈즈(좌우 두개이므로 복수형)는 어디에 있느냐?
(3) 우리들의 선생은 테이블 뒤에 계시다.
(4) 나의 만년필은 좋지 않다.
(5) 그의 펜은 붉은 책 아래에 있다.
(6) 그녀는 (생래가) 창백하다.
(7) 그녀는 오늘 창백하다.
(8) 나의 집에는 여섯 개의 방이 있다.
(9) 오늘은 며칠입니까?
(10) 3월 21일입니다.

Ⅱ. 전치사와 함께 쓰이는 인칭대명사
(Pronombres personales con preposición)

이미 배운 「de」(의, 부터), 「por」(에 의해서), 「sober」(의 위에) 따위는 명사나 대명사앞에 오면서 문법상 전치사라 불린다는 것은 독자가 알고 있는 바와 같다. 전치사의 다음에 오는 인칭대명사는 다음과 같다. 전치사의 보기로서는 「de」를 취했다.

Pronobres personales preposicionales (전치사격인칭대명사)

단 수	복 수
(de) mí	(de) vosotros (-as)
(de) ti	(de) nosotros (-as)
(de) él (ella, Vd.)	(de) ellos (ellas, Vds.)

위 표에서 보는 바와 같이, 제1인칭단수(mí)와 제2인칭단수(ti)말고는, 모두 주격인칭대명사와 동형인 점에 유의해야 한다.

전치사 뒤에 쓰이는 인칭대명사의 제1인칭단수는 소유형용사 「mi」(나의)와 구별하기 위해, 강세부(´)를 찍어 「mí」라고 한다.

문예

El caballero está delante de mí.
신사는 내 앞에 있다.
Yo estoy detrás de ti.
나는 너의 뒤에 있다.
El abogado está sentado cerca de ella.
변호사는 그녀의 가까이에 걸터앉아 있다.
Las sillas están detrás de vosotros.
의자는 너희들의 뒤에 있다.

Ⅲ. 불규칙 동사 "hacer"의 직설법 현재(Presente de indicativo del verbo irregular hacer)

단어 (Vocabulario)

pues(그러면, 그렇건만)
hace frío(볕이 차다)
el tiempo(때, 날씨)
el fresco(선선함)
el viento(바람)
hace sol(햇볕이 내리 쬐다)
hace luna(달빛이 비추다)

ahí(거기서)
llama(너는 부르라)
en seguida(곧)
el fósforo(린, 린성냥)
la cerilla(랍, 랍성냥)
¡hola!(야!)
¡caramba!(놀랍군!)

hacer(이루다, 만들다)	
hago	hacemos
haces	hacéis
hace	hacen

주의 제1인칭단수만이 불규칙하다.

¡Hola, amigo! ¿Qué haces ahí — Escribo una carta.
　　야, 자네! 거기서 무엇을 하고 있나 편지를 쓰고 있네.
　　— ¿A cuántos estamos hoy — Estamos a diez de mayo.
　　오늘은 며칠이었지? 5월 10일이지.
　　¿Qué tiempo hace hoy — Hace buen tiempo. Hace clor. — ¿Tienes calor?—Sí, señor, tengo mucho calor.
　　오늘은 어떤 날씨인가? 좋은 날씨군. 덥군. 자네는 덥다고? 그래 나는 아주 덥군.
　　— Pues, yo tengo frío. — ¡Caramba! ¿Tienes frío?
　　그렇지만 나는 추워. 놀랍군! 자네는 춥다고?
　　¡Ah, sí! Estás pálido. ¿Qué tienes — Tengo dolor de cabeza.
　　아, 그렇다! 자네는 창백하군. 어찌 된거야? 머리가 아파서.
　　— ¿No tienes apetito — No, tengo sed y mucho sueño.
　　자네는 식욕은 없나? 응 없어, 목이 마르고 대단히 졸리워.
　　— Entonces estás enfermo; llama en seguida al médico.
　　그러면 자네는 병이지. 곧 의사를 부르지.

「hacer」는 「이루다」, 「만들다」의 뜻이지만 한편 여러가지 숙어도 만든다. 날씨를 말하는데도 「hacer」를 쓴다. 「오늘은 어떤 날씨입니까?」를 스페인어로는 ¿Qué tiempo hace hoy?(오늘은 어떤 날씨를 이룹니까?)라고 표현한다. 동사는 「hacer」의 3인칭단수형 「hace」이지만, 그 주어는 나와 있지 않다. 이 경우는 조물주나 자연이 주어라고 보면 될 것이다. 즉, 이 경우의 「hace」는 무인칭적으로 쓰인 것이다. 「Hace buen tiempo.」는 「좋은 날씨다.」의 뜻이고, 「Hace calor.」는 「볕이 덥다.」는 뜻이다. 그러나 「나는 덥다.」와 같이 인칭을 나타내고자 할 때는 「tener」를 쓰지 않으면 안된다.

보기 Tengo calor. Tengo mucho calor

주의 형용사 「bueno」(좋은, 착한), 「malo」(나쁜)는 품질형용사 이지만 명사 앞에 붙여지는 일이 많다. 그리고 남성의 단수명사 앞에 붙을 때에 한해서 맨 끝머리 「o」를 잃고 「buen」, 「mal」로 된다.

보기 un buen muchacho, el mal alumno

강 독(Lectura)

단어 (Vocabulario)

Sr.(señor의 약), el automovil(자동차), estudiar(연구하다), ¿Como está Vd.(당신은 기분이 어떠십니까), bien(좋게, 튼튼하게), ¿y Vd.(그래서 당신은?), con(-을 가지고, -과 함께), el interés(흥미, 이익), hablemos(이야기 하자꾸나), un poco(조금은), otro(별고의, 다른), ni ……ni……(도……않고……도……않는다), vamos(우리는 가자꾸나[가지 않으려나]), a(……하기 위해), la pregunta(질문), ¡Ya lo creo!(나는 이미 그것을 믿는다.)(물론, 그렇고 말고!), ¿verdad(그렇지요), el libro lectura.(역본)

La lengua española

Sr. Min, ¿qué tiene Vd. en la mano? — Tengo un libro de lectura de español. — ¿Estudia Vd. el español? — Sí, señor, lo estudio con mucho interés. Ya lo hablo un poco. Es una lengua muy hermosa, ¿verdad? — ¡Ya lo creo! Entonces, yo le pregunto en español ¿Cómo está Vd.? — Estoy muy bien, gracias ¿y Vd.? — Perfectamente, muchas gracias. Hago otras preguntas ¿Qué tiempo hace hoy — No hace ni calor ni frío? hace fresco. — ¿Tiene Vd. fosforos? — No tengo aquí, los tengo en el bolsillo de mi abrigo. Ahora yo le pregunto. ¿Qué hora es en su reloj de Vd.? — Son las doce en punto. Tengo hambre. ¿Y Vd.? — Yo también tengo mucha hambre. Vamos a comer.

복 습(Repaso)

1. 다음 스페인어를 우리말로 번역하라.

    (Tradúzcanse al coreano las frases siguientes.)

    (1) Hay hace mal tiempo, ¿verdad?

    (2) La caja no está sobre la mesa, sino sobre el banco.

    (3) ¿No tienes frío?

    (4) Hace calor.

    (5) Hace sol.

2. 다음 우리말을 스페인어로 번역하라.

    (Tradúzcanse al coreano las frases siguientes.)

    (1) 나의 외투는 어디에 있느냐?

    (2) 무엇이 트렁크(el baúl)의 위에 있느냐?

    (3) 고무(지우개)는 그의 책과 나의 펜 사이에 있다.

    (4) 나는 하나의 상자를 만든다.

    (5) 많은 분필이 있다.

    (6) 나(남자)는 병들어 있다.

    (7) 수길은 선량한 소년이다. 그러나 순미는 나쁜 소녀이다.

    (8) 그들은 나의 가까이에 있다.

    (9) 펜나이프(작은 칼)는 너로부터 멀리에 있다.

    (10) 당신들 기분은 어떠십니까?

제2일

 (Gramática)

I. 규칙 동사의 과거
(Pretérito indefinido de los verbos regulares)

단어 (Vocabulario)

ayer(어제), anoche(어젯밤), el taxi(택시), la tienda(점포), el embajador(대사), el ministro(공사, 장관), el cónsul(영사), alabar(칭찬하다), repasar(복습하다), visitar(방문하다), necesitar(필요로 하다), para(…을 위해, …을 향해), el almacén(데파트, 창고), el piso(계단, 층계), el último piso(맨 위층계), hace una semana(1주일 전에), el paquete(소포), el melón(멜런), la sandía(수박), ayudar(돕다), guardar(챙기다, 두어 두다), firmar(서명하다), sufrir(고민하다, 괴로워하다), la corbata(넥타이), la camisa(와이셔츠), conoce(그는 익혀 안다, 통효하다)

〈제1변화의 규칙동사〉 tomar

tomé	tomamos
tomaste	tomasteis
tomó	tomaron

주의 어근에 -e, -aste, -ó, -amos, -asteis, -aron을 붙인다.

〈제2변화의 규칙동사〉 comer	
comí	comimos
comiste	comisteis
comió	comieron

주의 어근에 -í, -iste, -ió, -imos, -isteis, -ieron을 붙인다.

〈제3변화의 규칙동사〉 vivir	
viví	vivimos
viviste	vivisteis
vivió	vivieron

주의 어미는 제2변화의 동사와 똑같아서 í, -iste, -ió, -imos, -isteis, -ieron.

제1변화 및 제3변화의 제1인칭복수는, 각기의 직설법현재와 똑같은 어미를 가지고 있다.

보기 tomamos(우리들은 잡는다), tomamos(우리들은 잡았다) vivimos(우리들은 산다), vivimos(우리들은 살았다).

그러므로 문장의 전후관계에 의해서 현재인가 과거인가를 판별 할 수 밖에 없다. 제2변화의 동사는 어미를 달리하고 있으므로 곧 알아 낼 수 있다.

「buscar」(찾다), 「llegar」(도착하다)와 같이 「car」, 「gar」로 끝나는 동사의 직설법과거(pretérito indefinido)는, 제1인칭단수에 있어서는 그 「c」, 「g」를 발음 관계상 「qu」, 「gu」로 하고 그 뒤에 「é」를 덧붙여서, 「busqué」 (나는 찾았다), 「llegué」(나는 도착했다)와 같이 해야 한다.

또 empezar(시작하다)와 같이 「-zar」로 끝나는 것은, 제1인칭단수의 어미를 「cé」로 고친다.

보기 empecé(나는 시작했다).

주의 이 보통의 과거에 대해서, 스페인의 아카데미아 발행 문법책에는 「pretérito

indefinido」(부정과거)라 부르고 있으나, 적당하지 못한 호칭이라 생각되므로, 이 책에서는 그냥 「과거」라 부르기로 한다.

(1) Ayer tomé un taxi para ir al almacén Midopa.
   어제 나는 미도파 백화점에 가기 위해 택시를 잡았다(에 탔다).

— ¿Qué compró Vd. allí? — Compré una corbata y una camisa. En el último piso encontré al Embajador de España.
거기에서 당신을 무엇을 샀습니까? 넥타이하나와 와이셔츠 한장을 샀습니다. 맨 위층에서 나는 스페인 대사를 발견했습니다.

Hablamos un rato en español, pero yo no le entendí bien y hablé después en coreano. Entonces el Embajador me entendió perfectamente, porque conoce nuestra lengua muy bien.
우리들(두 사람)은 잠시 스페인어로 말했습니다. 그러나 나는 그가 하는 말을 잘 이해할 수 없었으므로 나는 나중에 한국말로 했습니다.
그런즉 대사는 나는 말하는 것을 완전히 이해했습니다. 왜냐하면, 우리들의 국어를 대단히 잘 알고 있기 때문입니다.

(2) Sukil y Munsu ¿repasasteis anoche vuestras lecciones?
   수길과 문수, 너희들은 어젯밤 너희들의 과제를 복습했느냐?

— Sí, mamá, las repasamos. Mamá, ¿qué comiste anoche?
   예, 어머니, 그것들을 복습했습니다. 어머니, 어젯밤 무엇을 잡수셨습니까?

— Comí una manzana, ¿y vosotros? — Nosotros comimos un melón grande. ¿Te escribió nuestro papá? — Sí, hijos, esta mañana recibí su carta.
나는 사과를 하나 먹었다. 그런데 너희들은? 우리들은 큰 멜런을 먹었습니다. 우리의 아버지는 어머니에게 편지를 부쳤나요? 응(아들들아), 오늘 아침 나는 익산으로 부터 그의 편지를 받았어.

동사의 과거(préterito indefinido)는 「어제 무엇 무엇을 했다.」든지, 「재작년 무엇 무엇을 했다.」와 같이 결정적으로 지나 가버린 사실이나 행위를 나타낸다. 즉, 보통의 과거인 것이다.

1. Conjúguense los verbos siguientes en el pretérito indefinido:
   (다음 동사를 직설법과거로 고쳐라.)
   (1) entrar. (2) sufrir. (3) gardar. (4) abrir. (5) beber.
   (6) necesitar. (7) aprender. (8) subir. (9) firmar. (10) trabajar.

2. Tradúzcanse al español las frases siguientes
   (1) 나는 어제 도착했습니다.
   (2) 그들은 하나의 수박을 먹었다.
   (3) 그의 아버지는 어젯밤 두통의 편지를 썼다.
   (4) 너희들은 대답하지 않았다.
   (5) 우리들은 정각 9시에 군산을 향하여 (para) 출발했다.

Ⅱ. 「부모」, 「숙부 숙모」(los padres, los tios)

같은 지위나 관계에 있는 사람이 남성과 여성으로 되어 있을 때는 남성의 복수형으로써 나타내 버릴 수 있다.

보기 el padre y la madre =los padres(부모)
   el rey y la reina =los reyes(국왕여왕)
   mi tío y mi tía =mis tíos(나의 숙부숙모)
   sus hermanos y sus hermanas =sus hermanos(그의 형제자매)

또 문장의 주어가 남성과 여성의 두 가지로 되어 있을 때는 그 술어형용사는 남성복수형으로 한다.

보기 Su hermano mayor y su prima son hermosos. (그의 형과 종부는 아름답다.)
   Los bancos y las mesas son pesados. (벤치들과 테이블들은 무겁다.)

Ⅲ. 불규칙 동사 "dar"와 "ir"의 직설법 현재(Presente de indicativo de los verbos irregulares *dar e ir*)

dar(주다)	
doy	damos
das	dais
da	dan

주의 「dar」의 직설법현재는 제1인칭 단수만이 불규칙이다.

ir(가다)	
voy	vamos
vas	vais
va	van

Ⅳ. 분 수(Fracción)

(a) ($\frac{9}{10}$)까지는 분자에 기수를, 분모에는 순서수를 쓴다. 그러나 분자를 나타내는 기수가 「uno」일 때는 「un」으로 한다. ($\frac{1}{2}$)은 수학 용어로서는 un medio라 읽지만 「반(절반)」은 la mitad라 한다.

($\frac{1}{3}$) un tercio (un tercero)   ($\frac{2}{3}$) dos octavos

($\frac{2}{3}$) dos tercios   ($\frac{7}{9}$) siete novenos

($\frac{1}{4}$) un cuarto   ($\frac{3}{10}$) tres décimos

($\frac{3}{4}$) tres cuartos　　　　　　($\frac{9}{10}$) nueve décimos

주의 분자가 1이면 분모는 단수형, 분자가 2이상이면 분모도 복수형이다. 또 분모로서 「제3」「제9」는 단축형 「tercio」, 「noveno」가 보통 쓰인다.

(b) ($\frac{1}{11}$)이상을 나타내려면 분자에 기수를, 분모에는 「기수＋-avo(s)」를 쓴다. 이때 기수가 모음으로 끝나 있으면 「-siete」나 「-nueve」로 끝나는 경우를 제외하고는 그 모음을 떼어 내고서 「-avo(s)」를 붙인다. 또 기수가 「-ce」로 끝난 것은 「c」를 「z」로 바꾸고서 「-avo(s)」를 덧붙인다.

($\frac{1}{16}$) un dieciseisavo　　　　($\frac{8}{39}$) ocho treintainueveavos

($\frac{3}{16}$) tres dieciseisavos　　　($\frac{1}{13}$) un trezavo

($\frac{4}{18}$) cuatro dieciochavos　　($\frac{2}{14}$) dos catorzavos

($\frac{7}{27}$) siete veintisieteavos　　($\frac{5}{15}$) cinco quinzavos

(c) 분모가 「100」, 「1.000」, 「1.000.000」일 때는 보통 「-avo(s)」 대신 「-ésimo(s)」를 쓴다.

($\frac{1}{100}$) un centésimo　　　　($\frac{4}{10.000}$) cuatro diezmilésimos

($\frac{3}{1.000}$) tres milésimos　　　($\frac{5}{1.000.000}$) cinco millonésimos

(d) 또 관사와 「parte」(부분)라는 단어를 써서 분수를 나타낼 수도 있다.

($\frac{1}{4}$) la cuarta parte　　　　($\frac{3}{5}$) las tres quintas partes

V. 여격(에게 격)의 인칭 대명사
(El dativo de los pronombres personales)

> **단어 (Vocabulario)**
>
> simple(단일의), doble(이중의, 두배의), triple(삼중의, 세배의), cuádruplo (사중의, 네배의), entregar(건네다), prestar(빌려주다), ¿a dónde?(어디에?), el ayuntamiento(시회, 시청), el parque(공원), la montana(산), el mar(바다), la playa(바닷가, 해변), todo(모든), la campana(종), el dinero(돈), el paseo(산책, 산책거리), dar un paseo(산책하다), por(…에 의해서, …을〔통해서〕), por la calle(거리를〔통해서〕), la peseta(뻬세-타, 스페인의 표준화폐), el dólar(달러, 미국화폐), euro(유로화), la libra(파운드, 영국화폐), el ejercicio(연습문제), ancho(넓은), etrecho(좁은), gustar(마음에 들다).

여격 인칭 대명사

단 수	복 수
me(나에게)	nos(우리들에게)
te(너에게)	os(너희들에게)
le(그에게, 그녀에게, 당신에게)	les(그들에게, 그녀들에게, 당신들에게)

주의 여격(에게 격) 이란 영문법에서 말하는 간접목적어이다.

(1) Doy el libro a Sukil. ¿Qué doy a Sukil? — Vd. le da el libro. — Mi padre me da la pluma. Sr. Pak, ¿quién le prestó a Vd. la pluma estilográfica — Nuestro profesor me la prestó. Él nos habla casi siempre en español.

나는 책을 수길에게 준다. 무엇을 나는 수길에게 주는가 당신은 그에게 책을 준다. 나의 아버지는 나에게 펜을 준다. 박선생(씨), 누가 당신에게 만년필을 빌려주었습니까? 우리들의 선생님이 그것을 나에게 빌려주었습니다. 그는 거의 항상 우리들에게 스페인어로 말합니다.

— Sukil y Munsu, os entrego la llave. ¿Qué os entrego —Vd. nos entrega la llave.

수길과 문수, 나는 너희들에게 열쇠를 준다. 인도한다). 나는 너희들에게 무엇을 주었느냐(인도) 했느냐? 당신은 우리들에게 열쇠를 인도합니다.

(2) ¿A dónde(또는 Adónde) va Vd.? — Voy al parque.
  당신은 어디에 갑니까? 나는 공원에 갑니다.

(3) ¿Van Vds. a la montaña? — No, señor, vamos a la playa.
  당신들은 산에 갑니까? 아니오. 우리들은 바닷가에 갑니다.

모호함을 피하기 위해서 또는 강조하기 위해서 목적격 및 여격의 인칭대명사뒤의 전치사 「a」와 전치사격대명사(또는 명사)를 덧붙일 수가 있다.

  보기 Le busco a él.(나는 그를 찾는다.)
    Le doy el reloj a ella, no a él.(나는 그녀에게 시계를 주는 것이다. 그에게가 아니다.)
    ¿Qué le pasa a su amigo([무엇이 당신의 친구에게 일어나고 있는가] 당신의 친구 신상에 무슨 일이 일어나고 있습니까?)

크고 강조하기 위해서는 「a」+ 대명사(또는 명사)를 문의 첫머리에 내세우고, 목적격 또는 여격의 인칭대명사를 그 뒤에 되풀이한다.

  보기 A mí me gusta la casa, Pero a mi marido no le gusta.(나에게는 집이 마음에 듭니다. 그러나 나의 남편에게는 마음에 들지 않습니다.)
    A ellas no las busco.(그녀들을 나는 찾지 않는다.)

Tradúzcanse al español las frases siguientes
(1) 우리들은 날마다(todos los días) 학교에 간다.
(2) 그들은 오후 3시에 집으로 돌아온다(간다).
(3) 나의 숙모는 일요일마다 교회에 간다.
(4) 나는 나의 친구에게 하나의 분필을 준다.
(5) 당신은 당신의 아들에게 무엇을 주었(인도) 했습니까?

(6) 그녀는 우리들에게 펜나이프(작은 칼)를 빌려 주었다.
(7) 선생님께서 너희들에게 스페인어로 말씀하셨니?
(8) 나의 아버지는 매일아침(todas las mañanas) 공원을(por el parque) 산책하십니다.
(9) 소년들은 너희들에게 돈을 주었느냐?
(10) 300의 15분의 2는 40이다.

강 독(Lectura)

단어 (Vocabulario)

el desauyno(아침밥), el almuerzo(점심), la comida(저녁밥, 식사), la cena(밤참), temprano(일찍), la leche(젖), el café con leche(밀크가 든 커피), preparar(비하다), devolver(되돌리다, 반려하다), el gusto(좋아함, 희열, 맛, 취미), con mucho gusto(아주, 기꺼이), volver(되돌리다, 돌아가다), hallar(발견하다), el error(잘못), sonar(울리다), la sala(방), la clase(클라스, 급), la sala de clase(교실), la palabra(언어), nuevo(새로운), la memoria(기억), aprender de memoria(음기하다), pasar(통하다, 지나다), la lista(표), pasar lista(점평하다. 출석 결석을 체크하다), la dificultad(곤란, 어려운 점), el asiento(석), borrar(지우다), lo escrito(쓰인 것=서), salir(나가다), luego(뒤에, 그로부터), el dictado(받아쓰기)

La lección de español

Esta mañana tomé el desayuno muy temprano. Comí pan y huevos y bebí café con leche. Después preparé la lección para hoy. Llegué a la escuela a las ocho menos diez. Nuestro profesor entró en la sala de clase a las ocho y cuarto. Pasó lista y explicó en seguida la lección a la clase. Luego escribió unas palabras nuevas y nosotros las escribimos en nuestros cuadernos. Las aprendimos de memoria.

　　Nuestro profesor nos habló siempre en español y no le entendimos bien. Por eso le preguntamos también en español. Entonces el buen profesor nos explicó las dificultades con mucho gusto. Después me llamó y pasé a la pizarra. Me entregó una tiza y nos dictó un ejercicio. Lo escribí en la pizarra y otros alumnos en sus cuadernos. Devolví la tiza al profesor y volí a mi asiento.

　　Mis amigos hallaron unos errores en mi dictado. El profesor borró lo escrito. Entonces sonó la campana, y él salio de la sala de clase. Nosotros salimos también.

주의 「otros alumnos en sus cuadernos.」는 「다른 학생들은 그들의 공책에〔썼다〕는 뜻. 「Entonces sonó la campana.」는 「그 때 종이 울렸다.」의 뜻.

복　습(Repaso)

1. Conjúguense en el pretérito indefinido de indicativo los verbos siguientes(다음 동사를 직설과거법으로 고쳐라.)

　　(1) ayudar.　　　　　　　　(2) vender.
　　(3) asistir (참석하다, 따르다).　(4) escuchar.
　　(5) guardar.　　　　　　　　(6) comprender.
　　(7) subir.　　　　　　　　　(8) preparar.
　　(9) salir.　　　　　　　　　(10) temer.

2. Escríbanse y compárense los pronombres personales acusativos y los pronombres personales dativos.(목적격인칭대명사와 여격인칭대명사와를 쓰고 비교하라.)

3 Tradúzcanse al español las frases siguientes:
(1) 그의 아버지는 오늘 극장에 간다.
(2) 나의 할머니는 매일 한사람의 거지(un mendigo)에게 돈을 준다.
(3) 수길은 신남에게가 아니고 문수에게 오렌지(la naranja)를 준다.
(4) 나는 나의 친구에게 고무를 빌려 주었다.
(5) 그는 우리들에게 한 권의 새책을 보였다(부정사 enseñar).
(6) 나는 너희들에게 물었다, 그러나 너희들은 나에게 대답하지 않았다.
(7) 그는 나의 아버지에게 집을 팔았다.
(8) 점원(el dependiente)은 그녀에게 무엇을 물었는가
(9) 나는 너에게 두 권의 공책을 준다.
(10) 그들은 나에게 대답하지 않았다.

제3일

(Gramática)

I. 지시 형용사와 지시 대명사(Los adjetivos demostrativos y los pronombres demostrativos)

단어 (Vocabulario)

quiero(나는 바란다, 나는 …하고자 한다), purpúreo(자색의), la hierba(풀), el pantalón[보통 복수로 쓴다](바지), aquí(여기에, 여기에서)[말하는 사람 가까이에], ahí(거기에, 거기에서)[말을 듣는 사람 가까이에], allí(저기에, 저기에서)[대화하는 사람들에게서 떨어져서], acá(이쪽에, 여기에[주로 중남미에서 씀]), alla;(저쪽에, 먼 저쪽에)[장소가 일정하지 않을 경우에 많이 쓴다], dulce(달콤한), útil(유용한)

지시 형용사

		단 수	복 수
este(이)	남성(masculino)	este	estos
	여성(femenino)	esta	estas
ese(그)	남성(masculino)	ese	esos
	여성(femenino)	esa	esas
aquel(저)	남성(masculino)	aquel	aquellos
	여성(femenino)	aquella	aquellas

(1) Yo tengo este libro y esta pluma.
나는 이 책과 이 펜을 가지고 있다.
(2) Vd. tiene ese lápiz y esa tiza.
당신은 그 연필과 분필을 가지고 있다.
(3) Aquel muchacho tiene aquel tintero y aquella goma.
저 소년은 저 잉크병과 저 고무를 가지고 있다.
(4) Yo compro estos libros y estas plumas.
나는 이들 책과 이들 펜을 산다.
(5) Tu lees esas novelas.
너는 그들 소설을 읽는다.
(6) Aquellos alumnos miran aquellas tizas.
저들 남학생들은 저들 분필을 바라본다.

지시형용사는 「이」, 「그」, 「저」의 뜻으로 명사앞에 되풀이하여 붙이는 것이 통례이다.

보기 esta casa y este jardín(이 집과 이 뜰)

「este」 및 그 변화형인 「esta」, 「estos」, 「estas」는 「이」, 「이들(의)」의 뜻으로 말하는 사람의 가까이에 있는 물건을 가리켜 하는 말이다. 「ese」 및 그 변화형인 「esa」, 「esos」, 「esas」는 「그」, 「그들(의)」의 뜻으로 말을 듣는 쪽 사람 가까이에 있는 물건을 가리켜 말한다. 「aquel」 및 그 변화형인 「aquella」, 「aquellos」, 「aquellas」는 「저」, 「저들(의)」의 뜻으로 말을 하는 사람이나 말을 듣는 사람쪽에서 모두 떨어져 있는 물건을 가리켜 쓰는 말이다.

지시 대명사

		단 수	복 수
éste(이것)	남성(masculino)	éste	éstos
	여성(femenino)	ésta	éstas
	중성(neutro)	esto	(없음)
ese(그것)	남성(masculino)	ése	ésos
	여성(femenino)	ésa	ésas
	중성(neutro)	eso	(없음)
aquel(저것)	남성(masculino)	aquél	aquéllos
	여성(femenino)	aquélla	aquéllas
	중성(neutro)	aquello	(없음)

주의 (1) 지시대명사의 남성과 여성은 지시형용사와 똑같은 철자이고, 또 똑같이 발음되기 때문에 문자로 쓸 때는 그것을 구별하기 위하여 지시대명사의 남성형 및 여성형에 액센트 부호를 붙인다.

보기 éste, ése, aquél, étc.(등)

구별하기 위해 쓰인 이 부호는 발음상의 강세를 나타내는 경우와 같이, 발음상의 액센트가 있는 철음(음절)중의 모음 위에 붙여진다. 만약 그 철음 중 두 개의 모음자가 있을 때는, 「aquél」에 있어서와 같이 그 중의 강모음 위에 붙이도록 되어 있다.

주의 (2) 지시대명사에는 중성형이 있다. 그리고 중성에는 어떤 경우고 복수는 없다.

Hay tres libros en este cuarto: éste es rojo, ése es amarillo y aquél es negro.
이 방에 세 권의 책이 있다. 이것은 붉고, 그것은 누렇고, 저것은 검다.
Tengo dos plumas: ésta es de Sukil y aquélla es de Buni.
나는 두 자루의 펜을 가지고 있다. 이것은 수길의 것이고 저것은 분이의 것이다.
Hay muchos libros en la sala de clase: éstos son rojos, ésos son amarillos y aquéllos son negros.
교실에는 많은 책이 있다. 이것들은 붉고, 그것들은 누렇고, 저것들은 꺼멓다.

> Hay muchas tizas : éstas son blancas, ésas son rojas y aquéllas son amarillas.
> 많은 분필이 있다. 그것들은 하얗고, 그것들은 붉고, 저것들은 누렇다.

지시형용사는 명사에 붙는 것이지만, 지시대명사는 물론 명사와 떨어져 단독으로 쓰인다. 똑같은 명사를 자꾸 되풀이하지 않기 위해 가끔 지시대명사가 쓰인다. 이를테면 「Este libro es rojo y esos son verdes.」(이 책은 붉다, 그리고 그들(그들 책이라는 뜻으로)은 녹색이다.)와 같이 쓰인다. 이 보기에서 알 수 있듯이 지시대명사는 거기에 나타나 있지 않은 명사의 성과 수에 맞추어 변화된다.

지시대명사의 중성형 「esto」, 「eso」, 「aquello」는 유상적관념을, 또는 아직 가리켜져 있지 않은 사물을 나타내기 위해 쓰인다.

보기 Esto es verdad.(이것, 이일, 이를테면 내가 지금까지 한말)
(이것은 정말입니다.)
Eso es una mentira enorme.(그것, 그일, 이를테면 말상대가 한말.)
(그것은 큰 거짓말이다.)
Aquello no es verdad.(저것, 저일, 이를테면 저 사람이 한말.)
(저것은 정말이 아니다.)
Esto (eso, aquello) no es mío.(이것[그것, 저것]은 내것이 아니다.)

중성의 지시대명사는 또 「이것(그것, 저것)은 무엇입니까?」와 같은 의문문 안에서 가끔 쓰인다.

보기 ¿Qué es esto?(이것은 무엇입니까? 이것이란, 말하는 사람의 가까이에 있는 것, 손에 쥐고 있는 것, 내가 말한 것 따위를 가리킨다.)
¿Qué es eso?(그것, 상대방 가까이에 있는 것, 상대방 손에 쥐고 있는 것, 상대가 그것은 무엇입니까 말한 것, 한일 따위를 가리킨다.)
¿Qué es aquello?(저것은 무엇입니까? 저것, 말하고 있는 사람들에게서 떨어져 있는 것, 또는 저 사람이 말한 것, 한일 따위를 가리킨다.)

Tradúzcanse al español las frases siguientes
(1) 이 꽃은 붉고, 그것(그 꽃의 뜻으로)은 하얗다.
(2) 저 사전은 누구 것입니까?

(3) 나는 이 사전은 바라지 (욕)않는다. 그것을 바란다(욕).
(4) 이들 수박은 대단히 달다(감).
(5) 이것은 무엇입니까?
(6) 나는 저 소설들을 나의 친구에게 빌려 주었다.
(7) 그 복지는 푸르지만, 저것은 자색이다.
(8) 이들 풀은 키가 크다.
(9) 너는 그 나무를 샀느냐?
(10) 그들은 저 집을 팔았다.

II. 소유 대명사(Los pronombres posesivos)

단어

el calendario(달력), la cesta(광우리=농), la bandera(기), regular(규칙적인, 보통의), el cajón(서랍, [중남미서는]상자), el peine(빗=즐), el jabón(비누), la colina(언덕), el diálogo(대화)

소유 대명사

단 수	복 수
mío(나의 것)	nuestro(우리들의 것)
tuyo(너의 것)	vuestro(너희들의 것)
suyo(그의[그녀의, 당신의] 것)	suyo(그들의[그녀들의, 당신들의] 것)

앞서 배운 「mí」, 「tu」, 「su」, 「nuestro」, 「vuestro」, 「su」는 항시 명사앞에 붙는 까닭에 이 책에서는, 소유형용사라고 불러두었다. 위 표에 보인바와 같이 소유대명사는 물론 명사와 떨어져서 쓰인다.

이 소유대명사는 소유되는 물건의 성과 수에 따르면서 다음과 같이 변화한다.

mío → mía,	míos → mías
tuyo → tuya,	tuyos → tuyas
tuyo → suya,	suyos → suyas
nuestro → nuestra,	nuestros → nuestras
vuestro → vuestra,	vuestros → vuestras
suyo → suya,	suyos → suyas

(1) Yo tengo mi libro; tu tienes el tuyo.
　　나는 나의 책을 가지고 있다. 너는 너의 것을 가지고 있다.

(2) Nosotros tomamos nuestras plumas; ellos toman las suyas.
　　우리들은 우리들의 펜을 집는다. 그들은 그들의 것을 집는다.

(3) Vd. tiene los cuadernos de Vd.; yo tengo los míos.
　　당신은 당신의 공책을 가지고 있다. 나는 나의 것을 가지고 있다.

(4) Éste es tu reloj. ¿Dónde está el mío?
　　이것은 너의 시계이다. 나의 것은 어디에 있느냐?

(5) Vuestra casa es pequeña; la nuestra es grande.
　　너희들의 집은 작다. 우리들의 것은 크다.

(6) Vds. toman los tinteros. Ellos toman los de Vds.
　　당신들은 잉크병을 집는다. 그들은 당신들의 것을 집는다.

(7) Ese cuaderno es tuyo; no es mío.
　　그 공책은 너의 소유에 속한다. 나의 소유에 속하지 않는다.

(8) Estas gomas son vuestras. ¿Dónde están las nuestras?
　　이들 고무는 너희들의 소유에 속한다. 우리들의 것은 어디에 있느냐?

주의 suyo, suya, suyos, suyas에 각기 정관사를 단 형태는, 삼인칭의 어느 것에 대해서도 쓰일 수 있으므로, 이를테면 el suyo는 소유자를 확실히 하고자 할 때 이미 설명한 el de él (ella, usted 따위)의 형태를 쓰는 것이 훨씬 좋다.

「너는 너의 책을 집는다.」라고 말하는 대신,「너의 것을」이라고 말하고자 할 때 소유대명사「el tuyo」를 쓴다. 이럴 때 거기에 생략되어 있는 명사의 성과 수에 따른 정관사를 붙여야 함은 위 문예에서 참고할 일이다.

그러나,「무엇 무엇은 누구누구 것이다.」와 같이, 다만 소속만을 나타낼 경우는 정관사를 안 붙인다.

보기 Este libro es mío.(이 책은 나의 소유에 관계된다.)
이 책은 나의 것이다.
Esas plumas son mías.(그들 펜은 나의 소유에 관계된다.)
그들 펜은 나의 것이다.

소유대명사는 또 명사 뒤에 붙어 소유형용사로 쓰인다. 보통의 소유형용사「mí」,「tu」 따위를 쓴 경우와 의미상의 변화는 없으나 친밀함이나 강조하는 뜻을 지닐 때 많이 쓰인다.

보기 el libro mío(나의 책), la casa tuya(너의 집), los hermanos míos(나의 〔친애하는〕 형제들), madre mía(나의 〔그리운〕 어머니여), no es culpa mía. (나 때문이 아니다.)

이 형에 부정관사를 붙이는 일이 있다. 많이 있는 가운데서의 하나 또는 약간의 뜻을 나타낸다.

보기 un amigo mío(나의 친구 중의 한 사람), unos vecinos míos(여러 사람이 있는 나의 이웃사람들 중의 약간명)

또 소유대명사에 중성의 정관사「lo」를 붙여,「lo mío」(나의 것, 즉 나의 소유에 관계되는 일체의 것),「lo tuyo」(너의 것, 즉 너의 소유에 관계되는 일체의 것)라고 하는 수가 있다.

보기 Lo mío no es lo tuyo.(나의 것은 너의 것이 아니다.)

Tradúzcanse al español las frases siguientes:
(1) 이 광우리는 그의 것이다. 나의 것은 어디에 있느냐?
(2) 소년은 그의 기를 가지고 있고 소녀는 그녀의 것을 가지고 있다.
(3) 저 빗(즐)은 누구 것입니까?
(4) 그녀의 것입니다.
(5) 비누는 우리들의 것이다.

III. 십사의 불규칙 동사의 직설법 현재(Presente de indicativo de catorce verbos irregulares)

이미 배운 것은 제외한다.

(1) caber(들어갈 수 있다) : quepo, cabes, cabe, cabemos, cabéis, caben.

(2) caer(떨어지다, ( ), 넘어지다) : caigo, caes, cae, caemos, caéis, caen.

(3) haber(조동사, 있다) : he, has, ha (hay 있다), hemos, habéis, han.

(4) jugar(놀다) juego, juegas, juega, jugamos, jugáis, juegan.

(5) oler(냄새맡다, 향내나다) : huelo, hueles, huele, olemos, oléis, huelen.

(6) poner(두다) : pongo, pones, pone, ponemos, ponéis, ponen.

(7) saber(알다) : sé, sabes, sabe, sabemos, sabéis, saben.

(8) salir(나가다) : salgo, sales, sale, salimos, salís, salen.

(9) traer(가져오다) : traigo, traes, trae, traemos, traéis, traen.

(10) valer(값있다, 가치있다) : valgo, vales, vale, valemos, valéis, valen.

(11) venir(오다) : vengo, vienes, viene, venimos, venís, vienes.

(12) ver(보다) : veo, ves, ve vemos, veis, ven.

(13) oir(듣다) : oigo, oyes, oye, oímos, oís, oyen.

(14) decir(말하다) : digo, dices, dice, decimos, decís, dicen.

강 독(Lectura)

Un diálogo

—Ayer compré tres libros. Son éstos.

—¿Son interesantes?

—Éste es interesante y esos son regulares, pero todos son muy útiles para Vd.

—Quiero leer esa novela.

—¿Ésta o aquélla?

—Ésa.

—¿De quién es este bastón?

—Es de nuestro padre.

—¿Dónde está ahora el padre de Vd.?

—Está en el jardín con un hermano suyo.

—¿Qué busca Vd.?

—Busco mi libro. Éste no es mío. Es del señor Ahn. ¿Dónde está el mío?

—Está ahí, cerca de Vd.

—¿Qué miran Vds.?

—Miramos aquella casa grande.

—¿Dónde está?

—Allí está.

—¿De quién es aquella casa?

—No es nuestra. Es de un amigo mío. La nuestra está cerca del río. ¿Dónde esta la de Vd.?

—La mía está sobre la colina.

복 습(Repaso)

[1] Tradúzcanse al coreano las frases siguientes:

(1) ¿Es roja esta flor?

(2) ¿Es dulce esa sandía?

(3) ¿Qué es eso?

(4) Estas casas son grandes, y aquélla es pequeña.

(5) Ese sombrero negro es de una amiga tuya.

2 Tradúzcanse al español las frases siguientes:
  (1) 이 거리는 넓지만, 저것(저 거리의 뜻으로)은 좁다.
  (2) 저들 꽃은 누렇고, 그것들은 자색이다.
  (3) 당신의 바지는 의자 위에 있다.
  (4) 나는 여기서 나의 아버지를 기다리고 있습니다.
  (5) 이 시계는 나의 것(소유)이다. 너의 것은 저기에 있다.

Proverbios(격언)

A buena hambre no hay pan duro.
("배고프면 뭐든 맛있다"란 의미)
A buen entendedor pocas palabras.
(좋은 이해자에겐 적은 말로 충분하다.)
Cada oveja con su pareja.
(각기의 양은 그 짝과 함께 있다.)
유 유 상 종.
Las paredes tienen oidos.
(벽은 귀를 갖는다.)
낮말은 새가 듣고 밤말은 쥐가 듣는다.

제4일

 (Gramática)

I. 규칙동사의 직설법 불완료 과거(Pretéritoimper fecto de indicativo de los verbos regulares)

단어(Vocabulario)

veranear(여름을 지내다), mientras(…하는 사이[동안]), donde(거기에), cantar(노래하다), la oficina(사무소), tocar(손대다[닿다], 낙기를 켜다), ocurrir(일어나다), el piano(피아노), menor(보다 작은), la hermana menor(누이동생), la guitarra(기타), de repente(갑자기), lajuventud(청춘, 청춘시대), acompañar(~과 동행하다), el campo(들판, 시골), la casa de campo(시골집, 별장), hallar(발견하다), hallarse(발견되다), inmediatamente(곧장), pasado(지나간), fuera de(의 밖에), irregular(불규칙한), la gente(사람들), correr(달리다), el lado(옆), huir(도망가다), enfermizo(병약한), el temor(두려움), la manteca(버터), el queso(치즈), agua(물), el vaso(컵), un vaso de agua(컵 한잔의 물), elfrancés(프랑스어), contemplar(바라보다), la vez(번), muchas veces(여러번), el incendio(화재), la época(시대), consolar(위로하다), por fin(드디어), la alegría(즐거움, 기쁨)

tomar(집다)

tomaba	tomábamos
tomabas	tomabais
tomaba	tomaban

주의 어미 -aba, -abas, -aba, -ábamos, -abais, -aban.

comer(먹다)

comía	comíamos
comías	comíais
comía	comían

주의 어미 -ía, -ías, -ía, -íamos, -íais, -ían.

vivir(살다)

vivía	vivíamo
vivías	vivíais
vivía	vivían

주의 어미는 제2변화와 같이 -ía, -ías, -ía, -íamos, -íais, -ían.

앞서 배운 직설법의 과거(pretérito indefinido)는 과거에 있어서 결정적으로 지나가 버린 행위 또는 상태를 나타내는 것이었지만, 불완료과거(pretérito imperfecto)는 과거에 있어 계속 중이었던, 즉 미완료의 행위나 상태를 나타낸다. 더 구체적으로 말하면,

1. 그때(과거에 있어서의 일정한 때) 무슨 일이 일어나고(그래서 계속되고) 있었느냐를 나타낸다.

   보기 Yo escribía una carta cuando llegaron.(그들이 도착했을 때 나는 편지

를 쓰고 있었다.) Nosotros escuchábamos mientras él cantaba.(그가 노래 부르고 있는 동안 우리들은 듣고 있었다.)

2. 과거에 있어서의 습관적 행위, 연속적 상태를 나타낸다.

>보기< Ellos visitaban todos los domingos a su profesor.([그 때는]그들은 일요일마다 그들의 선생님을 방문하곤 했다.) En su juvented ella estaba muy enfermiza.(그녀는 젊었을 때 대단히 병약했었다.)

1. Conjúguense en el pretérito imperfecto de indicativo los verbos siguientes

    (1) cantar. (2) comprender. (3) consolar. (4) correr. (5) escribir.
    (6) hacer.(불완료과거는 규칙적으로 변화한다.)
    (7) dar.(불완료과거는 규칙적으로 변화한다.)
    (8) abrir. (9) preparar. (10) vender.

2. Conjúguense las verbos siguientes en el presente, en el pretérito indefinido y en el pretérito imperfecto de indicativo:
    (1) tocar. (2) partir. (3) visitar. (4) temer. (5) trabajar.

3. Tradúzcanse al español las frases siguientes:
    (1) 나의 할아버지는 아침마다 컵에 한잔의 물을 마시고 있었다.
    (2) 네가 서울에 도착했을 때 너의 숙부는 무엇을 하고 있었느냐?
    (3) 그 때에 우리들은 날마다 프랑스어를 공부하고 있었다.
    (4) 당시 나는 마포에 살고 있어서 가끔 심선생(씨)을 방문하곤 했다.
    (5) 내가 이 책을 읽고 있었던 동안, 그는 그의 어머니에게 편지를 쓰고 있었다.

II. 문장 중의 주어의 위치에 대해서(De la posición del sujeto en una oración)

스페인문에 있어서는 주어의 위치가 비교적 자유롭다. 그리고 주어는 되도록 동사 가까이 두는 것이 원칙이다. 그러므로 만약 부사나 부사구가 문장의 첫머리에 나올 때는 그 뒤에 동사를 가져오고, 다시 그 뒤에 주어를 가져오는 것이 보통이다. 다음 문예를 참고해 보자.

(1) Mi perro me acompaña siempre en el paseo.
나의 개는 산책 때는 항시 나와 동반한다.

(2) En el paseo siempre me acompaña mi perro.
산책에는 항상 나의 개가 나와 동반한다.

(3) Detrás de la casa tenía mi tío un jardín, donde se hallaban siempre flores hermosas.
집의 뒤에 나의 숙부는 뜰을 가지고 있었다. 거기에서는 항상 아름다운 꽃들이 발견되고 있었다.

Ⅲ. 국적을 나타내는 형용사 및 「an」, 「on」, 「or」로 끝나는 형용사(Los adjectivos que denotan nacionalidad y los que terminan en an, on, u -or)

단어 (Vocabulario)

Asia(아시아) — asiatico(아시아의), Europa(유럽) — europeo(유럽의), África(아프리카) — africano(아프리카의), América(미국) — americano(미국의), España(스페인) — español(스페인의), el Japón(일본) — japonés(일본의), Francia(프랑스) — francés(프랑스의), Alemania(독일) — aleman(독일의), Inglaterra(영국) — inglés(영국의), Italia(이탈리아) — italiano(이탈리아의), Austria(오스트리어) — austriaco(오스트리어의), Rusia(로시야) — ruso(로시야의), Portugal(포르투갈) — portugués(포르투갈의), Suiza(스위스) — suizo(스위스의), Holanda(네덜란드) — holandés(네덜란드의), Bélgica(벨기에) — belga(벨기에의)〔남성 여성 다같이〕. Dinamarca(덴마크) — dinamarques 또는 danés(덴마크의), Suecia(스웨덴) — sueco(스웨덴의), Noruega(노르웨이) — noruego(노르웨이의), Polonia(폴랜드) — polaco(폴랜드의), Checoeslovaquia(체코슬로바키아) — checoeslovaco(체코스로바키아의), Yugoeslavia(유고슬라비아) — yugoeslavo(유고슬라비아의), Grecia(그리스) — griego(그리스의), Arabia(아라비아) — árabe(아라비아의), Turquía(터키) — turco(터키의), Irak(이라크) — irakiano(이라크의), Iran(이란) — iranio(이란의),

단어 (Vocabulario)

India(인도) — indio(인도의), Pakistan(파키스탄) — pakistano(파키스탄의), China(중국) — chino(중국의), Corea(한국) — coreano(한국의), Indonesia(인도네시아) — indonsio(인도네시아의), Canadá(캐나다) — canadiense(캐나다의), los Estados Unidos de América(미합중국) — estadounidense(합중국의), 보통으로는 norteamericano(북미의), Méjico(멕시코) — mejicano(멕시코의), Honduras(온두라스) — hondureño(온두라스의), Guatemala(과테말라) — guatemalteco(과테말라의), El Salvador(엘살바도르) — salvadoreño(엘살바도르의), Costa Rica(코스타리카) — costarriqueño 또는 costarricense(코스타리카의), Nicaragua(니카라과) — nicaragüense 또는 nicaragüeño(니카라과의), Panamá(파나마) — panameño(파나마의), Venezuela(베네쉘라) — venezolano(베네쉘라의), Colombia(콜롬비아) — colombiano(콜롬비아의), el Ecuador(에콰도르) — ecuatoriano(에콰도르의), el Perú(페루) — peruano(페루의), Bolivia(볼리비아) — boliviano(볼리비아의), Chile(칠레) — chileno(칠레의), la Argentina(아르헨티나) — argentino(아르헨티나의), el Uruguay(우루과이) — uruguayo(우루과이의), el Paraguay(파라과이) — paraguayo(파라과이의), el Brasil(브라질) — brasileño 또는 brasilero(브라질의), Cuba(쿠바) — cubano(쿠바의), la República Dominicana(도미니카 공화국) — dominicano(도미니카의), Haití(아이티) — haitiano(kdlxl의), Puerto Rico(푸에르토리코) — portorriqueño(푸에르토리코의), Filipinas(필리핀) — filipino(필리핀의)

주의 일본(el Japón)등 정관사를 붙이는 것을 통례로 하는 나라들이 있음에 유의할 것. 그러나 생략하는 수도 있다. 또 El Salvador에 한해서 El은 항시 대문자로 쓴다. 또 멕시코 보국에서는 자기 나라를 쓸 때, 예스럽게 México(멕시코)라 쓰고 그 형용사는 mexicano로 된다. 이 때의「x」와「j」가 같은 소리임은 이미 발음을 설명할 때 말한 대로다.

남성형이「o」로 끝나는 형용사는 그것을「a」로 바꾸어 여성형으로 만들 것, 또 그 밖의 모음이나 자음으로 끝나는 형용사는 남성 여성모두 같은 형임은 이미 설명했다.

그런데 자음으로 끝나고 있어도 국명이나 지명에서 생기는 형용사와

「an」, 「-on」, 「-or」로 끝나는 형용사만은 예외가 되어, 그 여성형을 만들 때는 역시 「-a」를 붙이게 된다.

주의 un pintor japonés(일본의 화가), una pintora japonesa(일본의 여류화가), un autor español(스페인의 작가), una autora española(스페인의 여류작가), un actor alemán(독일의 배우), una actriz alemana(독일의 여배우), un muchacho holgazán(게으른 소년), una muchacha holgazana(게으른 소녀), un niño preguntón(질문 좋아하는 사내아이) una niña preguntona(질문 좋아하는 여자아이), un hombre hablador(말괄량이 남자) una mujer habladora(말괄량이 여자)

예외 「-or」로 끝나는 경우라도 다음과 같이 라틴어의 비교급에서 유래하는 형용사만은 남성여성이 다 동형이다. mejor(보다 좋은), peor(보다 나쁜), superior(보다 위의, 보다 훌륭한), inferior(보다 아래의, 보다 떨어진), exterior(외부의), interior(내부의)

보기 un mejor libro(보다 좋은 책), una mejor casa(보다 좋은 집)

주의 (1) 나라나 지방을 나타내는 형용사는, 또 명사로 되어서 그 나라 또는 지방의 사람, 그 곳의 언어를 뜻하기도 한다. 이 때는 대문자를 안쓴다.

보기 el inglés(영국인, 영어), el alemán(독일인, 독일어)

주의 (2) inglés, japonés, alemán, holgazán, preguntón 따위는 남성단수형에 있어서는 맨 나중 철음위에 액센트 부호가 있지만, 그것을 여성형으로 한다든지 복수형으로 할 때는, 이 부호를 붙일 필요가 없다는 것에 대해 이미 말한바 있다.

Ⅳ. 불규칙 동사 "ser" "ir" 및 "ver"의 직설법 불완료 과거
(Preterito imperfecto de los verbos irregulares ser, *ir y ver*)

ser	ir	ver
era éramos	iba íbamos	veía veíamo
eras erais	ibas ibais	veías veíais
era eran	iba iban	veía veían

강 독(Lectura)

단어(Vocabulario)

la vacación(휴가, 이틀 이상일 때는 보통 복수를 쓴다), bonito(고운), la quinta(casa de campo)와 같다. 별장, había(haber의 불완료과거, 있었다), coger(잡다), se veían(보여지고 있었다), levantar(일으키다), me levantaba(나는 일어나 있었다), simpático(호감을 주는, 공감을 불러일으키는), el diplomático(외교관), se llamaba(불리고 있었다), la revolución(혁명), el florero(꽃병), el lobo(이리, 늑대), solamente(다만 …뿐), juntos(함께), a veces(때때로), el primer piso(제1층, 우리식으로 말한다면 2층), el pozo(우물), nos lavabamos(우리는 씻었다), fresco(차가운, 신선한), dormir(잠자다)〔자동사 및 타동사〕, la siesta(낮잠, 오수), entretener(즐겁게 하다), la canción(노래), cantando(노래 부르면서), el castellano(카스틸랴어, 표준 스페인어를 이룸)

Un verano en Ulsan

El verano pasado pasé las vacaciones en Ulsan, donde tenía mi tío una casa de campo.

La vendió el otoño pasado a un pariente suyo. La quinta de mi tío no era grande, pero era muy bonita. Delante de ella había un jardín magnífico donde se hallaban siempre flores hermosas. Mi tía cogía a veces unas flores y las ponía en el florero de la sala. Desde el piso primero se veían bien la playa hermosa y el mar donde nadaba mucha gente.

Me levantaba muy temprano todos las mañanas. Tomábamos el desayuno generalmente a las siete, pero antes del desayuno dábamos mi primo y yo un paseo por la playa.

Siempre nos acompañaba el perro de casa. Este perro simpático se llamaba *Lobo*, porque mi tío conoce muy bien el español. Es diplomático y vivió muchos años en España y los países de la América Latina. Cuando yo estuiaba el castellano por la mañana, él entraba muchas veces en mi cuarto y me hablaba en español. Usaba solamente palabras fáciles y yo le comprendía casi siempre.

Por la tarde, mi primo y yo íbamos a la playa. Nadábamos juntos en el mar una hora o dos. Cuando estábamos cansados, volvíamos a casa. íbamos imediatamente al pozo y nos lavábamos con agua muy fresca.

Mi tío dormía la siesta casi todos las tardes, pero nosotros jugábamos en casa. Mi prima Oksun tocaba el piano muy bien y me entretenía a veces cantando unas canciones españolas que aprendió en España.

복 습(Repaso)

1. Conjúguense en el pretérito imperfecto de indicativo los verbos siguientes:

   (1) jugar.   (2) coger.   (3) ser.   (4) lavar.   (5) ir.   (6) ver.

2. Escríbanse los adjetivos que se derivan de las nombres de los países siguientes: (다음 나라들의 이름에서 나오는 형용사를 쓰라.)

   (1) Alemania.   (2) el Brasil.
   (3) Méjico.   (4) Chile.
   (5) el Perú.   (6) Nicaragua.
   (7) Yurquia.   (8) España.
   (9) el Japón.   (10) la Argentina.

3. Dígase la forma femenina de los adjetivos siguientes: (다음 형용사의 여성형을 말하라.)
   (1) holgazán.
   (2) gris.
   (3) fascinador(매혹적인)
   (4) mejor.
   (5) preguntón.
   (6) exterior.
   (7) fresco.
   (8) hablador.
   (9) siguiente.
   (10) duro (굳은, 딴딴한)

4. Tradúzcanse al español las frases siguientes:
   (1) 우리들은 그 때 아침마다 수영하곤 했다.
   (2) 그의 아버지는 젊었을 때 일요일마다 교회에 가곤 했다.
   (3) 당신이 그를 방문했을 때, 그는 무엇을 하고 있었습니까?
   (4) 영국의 〔그〕여류화가가 파고다 공원을(por el parque de Pagoda) 산책하고 있었다.
   (5) 돈이 많은 (부자) 브라질 사람이 반도호텔(el Hotel Bando)에 살고 있었다.

제5일

(Gramática)

I. 조동사 "haber"의 직설법 현재
(Presente de indicativo del verbo auxiliar *haber*)

단어 (Vocabulario)

tanto(그렇게 많은), tan(그렇게), contento(만족스런, 만족하여), cosmopolita(세계일가적인, 세계적인), nunca(결코, 결코 …않다), verdadero(정말의), el cielo(하늘), la terra(땅), la taza(주전자[코피나 홍차용의]), la copa([손잡이가 달린]작은 컵[포도주를 먹기 위한]), la cuestión(의문, 문제), el jarrón(물자배기), la ballena(고래), el jabalí(멧돼지), probar(시험하다, 시음하다), la carne(고기), el ladrón(도둑), la nube(구름), la sardina(정어리), la contestación(대답), el juez(재판관), anteayer(엊그제), volar(하늘을 날다)

조동사 "haber"의 직설법현재	
he	hemos
has	habéis
ha	han

Ⅱ. 과거 분사(Participio pasado)

부정법	과거분사
(tomar)	tomado
(comer)	comido
(vivir)	vivido

Ⅲ. 직설법의 완료과거
   (Pretérito perfecto de indicativo)

직설법의 완료과거(영문법에서 말하는 「현재완료」에 해당한다)는 조동사 "haber"의 직설법현재와 동사의 과거분사 (수동능분사)[participio pasivo] 라고도 불린다)를 이어서 만든다.

보기 he tomado   hemos tomado
   has tomado   habéis tomado
   ha tomado   han tomado
   he comido   hemos comido
   has comido   habéis comido
   ha comido   han comido
   he vivido   hemos vivido
   has vivido   habéis vivido
   ha vivido   han vivido

 —¿Qué lee Vd. ahí tan contento?
당신은 거기에서 그렇게 즐거운 듯(만족하여) 무엇을 읽고 있습니까?
—He recibido una carta de mi hermano.
나의 형으로부터 편지를 받았습니다.
—¿Dónde vive su hermano?

당신의 형님은 어디에 살고 계십니까?
— Ahora vive en Osan, pero ha vivido muchos años en Tokyo.
지금은 조산에 살고 있습니다만, 오랫동안 동경에 살았던 적이 있습니다.
— ¿Ha estado Vd. también en Tokyo.?
당신도 또 동경에 계신 일이 있습니까
— Sí, señor; es una ciudad muy cosmopolita.
예, 있습니다. 아주(대단히) 세계적 도시입니다.
— ¿Ha estudiado Vd. la lengua china?
당신은 중국말을 공부하였습니까
— Yo no la he estudiado, pero mi hermano, sí.
나는 결코(전연)그것을 공부한 일이 없습니다. 그러나 나의 형은 공부했습니다.
La habla como un verdadero chino.
정말 중국 사람같이 그것(중국말)을 말합니다.

지금까지 배워온 동사의 여러 가지 시제(tiempo), 즉 현재(presente), 과거(pretérito indefinido), 및 불완료과거(pretérito imperfecto)는 동사는 어미가 변화했을 뿐, "haber"라는 조동사를 덧붙이지 않았다. 이와 같이 "haber"를 덧붙이지 않은 각종 시제(tiempo)를 단일시제(tiempos simples)라고 하며, 완료과거(preerito perfecto)와 같이, 조동사 "haber"와 과거분사를 이어 만든 것을 복합시제(tiempos compuestos)라고 한다. 이때의 "haber"는 뜻이 없고, 다만 복합시제를 만들기 위해 쓰인 조동사일 뿐이다. 또 조동사로서의 "haber" 말고, 보통 타동사로서의 "haber"가 있으므로 양자를 혼동해서는 안된다. 후자는 「있다」는 뜻을 가져서, 우리말로 「무엇 무엇이 있다.」고 할 경우에 쓰이는 것으로서, 「hay」(있다)나 había(있었다)는 그 변화형임을 이미 설명한 바 있다.

완료과거(영문법 에서의 현재완료)는 그 이름이 말하는 대로, 어떤 행위의 완료를 나타내기 위해 쓰인다. 즉, (1) 행위는 과거에 끝나고 그 결과가 현재에 미치고 있는 경우, (2) 또는 「무엇 무엇을 한 일이 있다」고 하는 경우 같이 경험을 나타낼 때 쓰인다.

(1) Ya he estuiado mis lecciones para mañana,
   (나는 벌써 내일을 위한 과제를 공부했다. 〔그러니까 알고 있다〕)

(2) Las muchachas han comido.

　　(소녀들은 먹었다.)(식사를 마쳤다.〔그러므로 배고프지 않다〕).

(3) Mi tío ha estado en España.

　　(나의 숙부는 에스파냐에 있었던 일이 있다.)

(4) ¿Ha probado Vd. la carne de jabalí?

　　(당신은 멧돼지 고기를 시식해 본 일이 있습니까?)

주의 (1) 완료과거 및 그 밖의 모든 복합시제에 있어서는 조동사 "haber"(의 변화한 꼴)와 과거분사와는 항상 붙어있어 그 사이에 문의 주어나 부사를 끼워 넣을 수 없다.

보기 ¿Ha comprado Vd. el libro? —No lo he comprado todavía.

Tradúzcanse al español las frases siguientes

(1) 의사는 아직 도착 안했습니다.

(2) 기차는 벌써 출발해 버렸다.

(3) 당신은 식사를 마쳤습니까?

(4) 그는 고래의 고기를 시식한 일이 없다.

(5) 박, 너는 내일을 위해서 과제를 공부 했느냐

Ⅳ. 불규칙한 과거 분사를 갖는 동사
(Verbos cuyo participio pasado es irregular)

거의 모든 동사의 과거분사는 규칙적이다. 그러나 불규칙적인(즉 「-ado」, 「-ido」로 끝나지 않은) 과거분사를 가진 동사가 적지만 있긴 있다. 가장 자주 쓰이는 것은 다음과 같은 것이다.

단어

▽부정법	▽과거분사
abrir(열다)	abierto(열리다)
cubrir(덮다)	cubierto(덮이다)
descubrir(벗기다, 발견하다)	descubierto(발견되다)
decir(말하다)	dicho(말하여지다)

단어 (Vocabulario)

escribir(쓰다=서)	escrito(쓰이다)
hacer(하다, 만들다)	hecho(하여지다)
imprimir(인쇄하다)	impreso(인쇄되다)
morir(죽다)	muerto(죽음을 당하다)
poner(두다)	puesto(두어지다)
prender(잡다=포)	preso 또는 prendido(잡히다)
proveer(갖추다, 공급하다)	provisto 또는 proveido(갖추이다)
romper(파괴하다)	roto 또는 rompido(파괴되다)
freir(기름으로 튀기다)	frito 또는 freído(기름으로 튀겨지다)
satisfacer(만족시키다)	satisfecho(만족시켜지다)
ver(보다)	visto(보이다)
volver(되돌리다, 돌아가다)	vuelto(되돌려지다)
resolver(해결하다)	resuelto(해결되다)

보기 He abierto la puerta.(나는 도어를 열었다.)
Han vuelto a Seúl.(그들은 서울에 돌아갔다.)

주의 (1) 불규칙한 과거분사외에 규칙적인 과거분사까지 겸해서 지닌 것은 괄호 안에 적어서 나타내었다. 또 "descubrir"는 "cubrir"에 "des"라는 접두어가 붙은 것에 지나지 않으므로 과거분사는 "descubierto"로 된다. 똑같이 "suponer"(상상하다), "imponer"(과하다) 따위는 "poner"에 접두어가 붙은 것이므로 "supuesto", "impuesto"로 됨은 말할 나위가 없다. 다만 "bendecir"(축복하다), "maldecir"(저주하다)는 예외로서 전자의 과거분사는 "bendito" 또는 "bendecido"로 되며 후자는 "maldito" 또는 "maldecido"로 된다.

(2) 「tener+과거분사」의 형태는 하여진 행위의 결과를 나타낼 때 쓰인다. 그 때의 과거분사는 직접목적어의 성과 수에 일치되어야 한다.

보기 Tengo escrita una carta.(나는 한통의 편지를 써[가지고] 있다.)
Teníamos reunidos los artículos.(우리들은 여러 상품을 모아[가지고] 있었다.)

1. Escríbase el participio pasado de los verbos siguientes:
   (1) hacer.   (2) proponer.(제안하다, 제의하다)
   (3) morir.   (4) ver.   (5) escribir.   (6) decir.
   (7) tener.   (8) volver.   (9) cantar.   (10) abrir.

2. Tradúzcanse al espanol las frases siguientes:

(1) 이방은 지금 어둡다. 왜냐하면 (porque) 많은 구름이 하늘을 덮었으므로.

(2) 그녀는 아직 바다를 본 일이 없다.

(3) 한 경관(un policía)이 한 도둑을 (지금 막) 잡았다.

(4) 문수가 (이와 같이) 나의 시계를 파괴했다.

(5) 나의 아버지는 벌써 돌아갔다.

V. 수동태(Voz pasiva)

「무엇 무엇하다」고 하는 형태를 능동태(voz activa)라 하며, 「무엇무엇되다(하여지다), ……받다」는 형태를 수동태(voz pasiva)라 한다. 이를테면 「Yo amo.」(나는 사랑한다)는 능동태이고, 「Yo soy amado.」(나는 사랑 받는다)는 수동태이다. 동사의 수동태는 「ser」에 과거분사를 이어서 만든다.

보기 Soy amado.(나(남)는 사랑 받는다.)

Somos amados.(우리들(남)은 사랑 받는다.)

Eres amado.(너(남)는 사랑 받는다.) Sois amados.(너희들(남)은 사랑 받는다.)

Es amado.(그는 사랑 받는다.)   Son amados.(그들은 사랑 받는다.)

이것은 "ser"의 현재니까 「사랑 받는다」는 뜻이지만, 만약 "ser"의 과거나 미래가 쓰일 때는 「사랑 받았다」, 「사랑 받을 거시다」 따위 뜻으로 됨은 물론이다.

보기 Yo era amado.(나는 사랑받고 있었다.)

Mi perro fue matado ayer.(어제 나의 개가 살해되었다.)

(「fue」는 "ser"의 과거. "matar"는 「죽이다」.)

Mi perro será matado.(나의 개는 살해되리라. "será"는 "ser"의 미래.)

그리고 수동태로 쓰일 때의 과거분사는, 형용사의 구실을 하면서 주어의 성과 수에 일치하여 변화한다.

보기 Un libro comprado. Las cajas puestas sobre la mesa. Él es amado. Ella es amada. Nosotros somos amados. Nosotras somos amadas. Ellos son amados. Ellas son amadas.

주의 (1) 가의 첫머리에 과거분사를 내세우고, 그 뒤에 그 과거분사의 주어가 계속될 때는 「무엇 무엇할 때에」의 뜻이다. 그때의 과거분사는 주어의 성과 수에 일치시켜야 한다.

[보기] (1) hecho esto,(이것이 하여질 때…, 이것이 끝날 때…)
(2) pasadas dos semanas desde esta fecha,(이 날부터 2주간 지나서…)
"ser"와 과거분사가 이어진 형태는, 「무엇무엇 되다」의 뜻이지만, 「무엇무엇 되고 있다, 무엇무엇 되어 있다」는 뜻을 나타내는 데는 "ser" 대신 "estar"를 써야 한다.

[보기] La puerta es abierta.(문은 열린다.)
La puerta está abierta.(문은 열려 있다.)
Esos relojes son rotos.(그들 시계는 부서진다[파괴된다.])
Esos relojes están rotos.(그들 시계는 부서져 있다.)

「누구누구에 의해서」, 「무엇무엇에 의해서」는 "por" 또는 "de"로 나타낸다. 그 무엇무엇 해지는 행위가 물질적 움직임 일때는 "por"를 쓰고, 정신적 움직임 일때 "de"를 쓰는 것이 통례이다.

[보기] El amo fue herido por el ladrón.(주인은 도둑에게[의해서] 부상을 입었다. "herir"는 「상처내다」.)
Sukil es amado de sus amigos.(수길은 그의 친구에게[의해서] 사랑 받는다.)
Las profesoras eran respetadas de sus alumnas.(여자 선생님들은 여학생들에게[의해서] 존경받고 있었다.)

[참고] 「rodear」(둘러싸다), 「acompañar」(동반하다) 따위 뒤에는 「de」가 쓰일 때가 있다.

강 독(Lectura)

단어(Vocabulario)
¡hombre!(어머!), dice(그가 말한다), raro(진기한), extraño(기묘한, 이상한), echar(던지다), el buzón(우편함, 포스트), sin(…없이), sin embargo(그러면서, 그렇다고는 해도), hace tres días(3일전에, 3일이 되다), seguramente(확실히), se ha perdido(잃어버리다), el camino(길), en el camino(도중에), posible(있을 수 있는), es posible(…지도 모르다), a propósito(그런데 자네![갑자기 생각나서 화제를 바꿀 때 쓰인다]), hace dos semanas que yo estudio(내가 공부하기 2주간이 된다). felicitar(축하[축복]하다), el adelanto(전진, 진보)

El adelanto en español

—¿Ha recibido Vd. mi carta?

—¡Hombre! ¿Dice Vd. que me ha escrito? No la he recibido todavía. Es cosa extraña. ¿Cuándo la echó Vd. al buzón?

—Ya hace tres o cuatro días. Seguramente se ha perdido mi carta en el camino.

—Es posible. ¡A propósito! ¿Ha leído Vd. el libro de español que la presté el mes pasado?

—Sí, señor, lo he leído.

—Entonces, Vd. ha adelantado mucho en español, ¿verdad?

—Sí, bastante; hace solamente dos semanas que estudio el español; sin embargo, he aprendido quinientas palabras españolas.

—¿Ah, sí? Le felicito.

—Muchas gracias.

복 습(Repaso)

[1] Escríbase el participio pasado de los verbos siguientes:

(1) nadar. (2) cubrir.

(3) beber. (4) poner.

(5) resolver.

[2] Conjúguense en el pretérito perfecto de indicativo los verbos siguientes

(1) trabajar. (2) tener.

(3) estar. (4) imprimir.

(5) ser.

3. Tradúzcanse al español las frases siguientes:
   (1) 우리들은 아직 문산에 가본 일이 없다.(문산에 있는 일이 없다)
   (2) 그는 저 난문제 (cuestión difícil)를 드디어 (por fin)해결했다.
   (3) 너, 오늘 창백하다, 병들었었나?
   (4) 나는 엊그저께 한통의 편지를 썼으나 아직 투함하지 않고 있다. (아직 투함하지 않았다)
   (5) 당신의 할아버지는 어디에 살고 계십니까? — 벌써 돌아가셨습니다 (사망).

제6일

(Gramática)

I. 현재 분사(Gerundio)

동 단	la historia(역사, 이야기), cortar(자르다), el himno(노래), nacional(국민의, 나라의), el himno nacional(국가), expirar(숨을 거두다), el cuento(콩트, 짧은 이야기), durmio(그는 잠들었다), coser(깁다), el tenis(테니스), jugar al tenis(테니스하고 놀다), la cerveza(맥주), el salon(살롱), el enfermo(환자)

El gerundio de los verbos (동사의 현재분사)

부정법	현재분사
(tomar)	tomado
(comer)	comido
(vivir)	vivido

동사의 「gerundio」(편의상 영문법식으로 「현재분사」라 부른다)의 형태는, 제1변화의 동사에 있어서는 그 어근에 「-ando」를, 제2변화 및 제3변

화의 동사에 있어서는 각기의 어근에 「-iendo」를 붙인다.

현재분사는 인칭이나 수 또는 시제에 의해서 변화하지 않는다. 그것은 「…면서, (…며)」의 뜻을 가지며 단독으로 쓰이고 있는 일은 거의 없고, 대개의 겨우 다른 동사를 덧붙이고 있다.

> Estoy cortando el papel.(나는 종이를 자르며 있다.)
> Trabajan cantando.(그들은 노래하면서 일한다.)
> Me hablaba bebiendo la cerveza.
> (그는 맥주를 마시면서 나에게 이야기하고 있었다.)
> Viene corriendo.(그는 달리면서 가까이 온다.)
> Abriendo la carta, me preguntó la hora.
> (그는 편지를 펴면서〔열면서〕, 나에게 시간을 물었다.)

이상과 같이, 현재분사 (gerundio)는 대개의 경우 다른 동사와 함께 쓰이지만, 특히 "estar"와 이어져서는 「무엇무엇 하면서 (계속하고) 있다」는 뜻을 나타내는 일이 많다. 이 형태를 영문법에서 「진행형」이라 하는 터이므로 이 책에서도 그렇게 부르기로 한다.

> La criada está limpiando la habitación.(여자 하인은 방을 청소하고 있다.)
> Estábamos bailando cuando ocurrió el terremoto.
> (지진이 일어났을 때 우리는 춤추고 있었다.)
> Han estado estudiando sus lecciones.
> (그들은 〔지금까지〕 과제를 공부하는 중이었다.)

다시 말하면, "Sukil está estudiando la aritmética."라 하면, 수길이가 책상 앞에서 산수책을 펴고 있다 — 즉, 공부하고 있는 장면을 연상시키며, "La criada estaba lavando sus ropas sucias."라 하면 여자 하인이 더러운 옷을 세탁 중이었다, 즉 세탁 그릇 앞에서 손을 움직이고 있는 모습 따위를 상상시키는 것이다.

Compárense las frases siguientes:(다음의 단문을 비교하라)

(1) ¿Qué lengua estudia Munsu este año? — Estudia el español.
   문수는 올해 무슨 말을 연구합(하고 있습)니까? 에스파냐어를 연구합(하고 있습)니다.

(2) ¿Qué está estudiando Munsu en este instante? — Está estudiando historia. (「estudiar」다음에 오는 일반학과목 이름에는 보통 정관사

를 생략한다.)

문수는 이 순간에 무엇을 공부하고 있습니까? 역사를 공부중입니다.

(3) ¿Qué hacía el profesor cuando le visitó Vd. ayer? — Escribía una carta.

당신이 어제 방문했을 때 선생님은 무얼하고 계셨습니까? 편지를 쓰고 계셨습니다.

(4) ¿Estaban bailando cuando entró mi amigo en el salon?
—No, señor; estaban jugando al tenis en el jardín.

나의 친구가 살롱에 들어갔을 때 그들은 춤추고 있었습니까? 아니오, 선생(당신). 그들은 테니스를 하며 놀고 있었습니다. (놀면서 있었다.)

원래, 스페인어의 직설법현재는, 「무엇 무엇하다」의 뜻 외에, 우리말로 「무엇 무엇하고 있다」는 뜻도 가지고 있다. 그리고 직설법불완료과거가 반역적의미를 가져서 「무엇 무엇하고 있었다」를 뜻한다 함은 이미 배운대로 이다.

그러므로, "estar"와 현재분사(gerundio)가 이어진, 이른바 진행형은 「무엇 무엇하며(면서, 고) 있다」, 「무엇 무엇하며(면서, 고) 있었다」와 같이 매끄럽지 못한 표현으로 될 수밖에 없다. 스페인어에서는 영어에서와 같이 자주 쓰이진 않는다. 그러나 진행중의 동작이 표현됨으로써 「무엇 무엇하고 있는 중이다」, 「무엇 무엇하고 있는 중이었다」와 같은 뜻이 되므로, 그 동작을 명확하게 상상할 수는 있게 한다.

현재분사가 목적격 대명사나 여격대명사를 덧붙일 때는 그들 대명사가 현재분사의 뒤에 붙게 된다. 이 때는 물론 액센트가 있는 철음에 그 부호를 붙일 필요가 생긴다.

보기 Cantando el himno nacional, expiró el soldado valiente.
(국가를 부르면서 용감한 병사는 숨을 거두었다.)
Cantándolo, expiró el soldado valiente.
(그것〔국가〕을 부르면서 용감한 병사는 숨을 거두었다.)
Contando a su nieto el cuento, durmió la vieja.
(그녀의 손자에게 이야기를 하면서 노파는 잠들었다.)
Contándole el cuento, durmió la vieja.

(그에게 이야기를 하면서 노파는 잠들었다.)

그러나 현재분사에 "estar" 그 밖의 동사(이를테면 seguir〔계속하다〕, continuar〔계속하다〕, ir〔가다〕따위)가 붙을 때는 목적격대명사나 여격대명사는 현재분사의 뒤에 붙어도 좋고, 또 "estar" 그 밖의 동사의 앞에 내세워도 좋다.

보기 Estoy esperando el tranvía. Estoy esperándolo. Lo estoy esperando.
Va contando las noticias. Va contándolas. Las va contando.
El profesor seguía hablando a sus alumnos. El profesor seguía hablándoles. El profesor les seguía hablando.

현재분사의 용법은 여러 가지여서, 「…면서」의 뜻 외에도 때, 원인, 조건, 방법 따위 뜻을 나타내는 데로 쓰인다.

보기 (1) Mi tía, siendo niña, pasó con su madre a Busan.
(나의 숙모는 어린아이일 적에 나의 어머니와 함께 부산으로 이사갔다.)(때)
(2) Estando enferma, ella no sale decasa.
(그녀는 병들어 있으므로 집에서 안나온다.)(원인)
(3) Haciendo buen tiempo, el viejo da un paseo por la tarde.
(좋은 날씨면 노인은 오후에 산책한다.)(조건)
(4) Vamos andando.(우리들은 걸어갑니다.)(방법)

주의 (1) 스페인어에 있어서의 현재분사는 형용사로는 쓸 수 없는 것이 원칙이다. 다만 「arder」(타다=(연), 「hervir」(불등)하다)의 두 단어의 현재분사 「ardiendo」, 「hirviendo」만이 예외로서 형용사로 쓰인다.

보기 la casa ardiendo(타고 있는 집), el agua hirviendo(끓고 있는 물=온수)

주의 (2) 스페인어에서는 현재분사가 전치사 다음에 오는 일이 없다. 다만 하나의 예외로서「en」다음에 오는 일은 있다.「…하자마자」의 뜻이다.

보기 En llegando a casa, ella llamó a su madre llorando.
(집에 도착하자마자 그녀는 울면서 어머니를 불렀다.)

1. Dígnase el participio pasado y el gerundio de los verbos siguientes:(다음 동사의 과거분사와 현재분사를 말하라.)

(1) mirar.   (2) tener.   (3) partir.
(4) preguntar.   (5) cubrir.

2. Tradúzcanse al español las frases siguientes:(다음 문을 스페인어로 번역하라.)

(1) 그들 세 사람의 소년은 강 가운데서 수영중이다.
(2) 창을 열면서 그는 나를 불렀다.
(3) 그녀는 노래 부르면서 춤추었다.
(4) 나의 아내는 지금 그녀의 방에서 바느질하고 있습니다.
(5) 너의 아버지는 신선생(씨)과 이야기중이다.

Ⅱ. 형용사의 급(Grados de los adjetivos)

> 단어
> más(보다 많이, 보다 많은, 플러스), menos(보다 적게, 보다 적은, 마이너스), la rosa(장미), la obra(작품, 저작, 공사), guapo(미모의, 핸섬한), el grado(급, 도), el este(동), el oeste(서), el sur 또는 sud(남), el norte(북)

1. 원 급 (Grado positivo)

형용사에는 원급, 비교급 및 최상급의 세 개의 급이 있다. 「el libro hermoso」(아름다운 책)라든지, 「Este libro es hernmoso.」(이 책은 아름답다.)의 hermoso 같은 보통 형태를 원급이라고 한다.

2. 비교급 (Grado comparativo)

「더 아름답다」는 뜻을 나타내고자 할때는, 「hermoso」 앞에 「más」(보다 많이)라는 부사를 붙여 「más hermoso」라고 한다. 이것을 비교급이라고 한다. 그리고 「…보다도」의 뜻을 나타내기 위해서는 그 뒤에 「que」라는 단어를 붙인다.

보기 (1) 원급 un caballo hermoso(아름다운 말)
(2) 비교급 un caballo más hermoso(더 아름다운 말)
(3) 비교급 Este caballo es más hermoso que ése.
(이 말은 그것보다 더 아름답다.)
(4) 원급 Estos cuadros son hermosos.(이들 그림은 아름답다.)
(5) 비교급 Estos cuadros son más hermosos que aquéllos.

(이들 그림은 저것들 보다도 더 아름답다.)

한편 우리말로 하면 「…보다도 아름답지 않다」와 같이 부정형으로 말할 것에 대해 에스파냐어는 보통 「보다 적게 아름답다」(menos hermoso que …)는 형태를 취한다.

> **보기** un caballo menos hermoso(…보다도 아름답지 않은 말=마)
> Este caballo es menos hermoso que ése.
> (이 말은 그것보다도 아름답지 않다.)
> 「같은 정도로 아름답다」는, 「tan hermoso como …」(…같이 그 정도[만큼] 아름답다)는 형태로 나타낸다. 「como」는 「…같이」의 뜻.

> **보기** Este caballo es tan hermoso como ése.(이 말은 그것[그 말]만큼 아름답다. 이 말은 그에 뒤지지 않을 만큼 아름답다는 뜻이다.)

Apréndase el grado comparativo del adjectivo.(형용사의 비교급을 기억하라.)

más+adjetivo+que	(……보다 더 ……한)
menos+adjetivo+que	(……보다 ……않은)
tan+adjetivo+como	(……같이 그 만큼 ……한)

> **주의** 「tanto(a, os, as)」(그렇게 많은)라는 형용사 뒤에는 명사가 올 수 있음은 말할 나위도 없다.

> **보기** Tengo tantos discos como él.(나는 그와 같이 그렇게 많은[그에 뒤지지 않을 정도로 많은] 레코드를 가지고 있다.)

3. 최상급 (Grado superlativo)

세 개 이상 있는 중에서 「가장 아름답다」든지 「가장 아름답지 않다」는 뜻을 나타내고자 할 때는, 비교급 「más hermoso」「menos hermoso」 앞에 정관사를 붙인다. 이 형태를 최상급이라고 한다. 또 여기에다 「…중에서」라는 뜻을 덧붙이고자 할 때는 전치사 「de」를 그 뒤에 붙인다. 「en」이 아닌 점에 유의할 일이다.

> **보기** Este caballo es el más hermoso de todos. (이 말=마는 모든 것[모든 말] 중에서 가장 아름답다.)
> Este caballo es el menos hermoso de toda. (이 말은 모든 것[말] 중에서 가장 아름답지 않다. 가장 아름다움이 뒤진다는 뜻.)

La rosa es la más hermosa de todas las flores.(장미는 모든 꽃들 중에서 가장 아름답다.)
　　　Juana es la menos hermosa de la clase.(후아나는 클라스에서 아름다움이 가장 뒤진다.)

만약 형용사의 최상급이 명사에 붙어 쓰일 때는 정관사는 그 명사 앞에 온다.

[보기] el caballo más hermoso(가장 아름다운 말=마), Ésta es la rosa más hermosa de todos(이것 [이 장미의 뜻]은 모든 [장미] 중에서 가장 아름다운 장미이다. 그러나 소유형용사가 명사에 붙어서 쓰일 경우에는 정관사가 생략된다.

[보기] Éste es mi discípulo más inteligente.(이 사람이 가장 총명한 나의 제자입니다.)

[주의] 정관사 및 소유형용사는 비교되는 것이 둘일 경우에는 비교급도 나타낼 수 있다.

[보기] Me prestó la (또는 su) novela más interesante de las dos.
(그는 두 권의 책 중에서 더 재미있는 쪽을 나에게 빌려 주었다.)

4. 절대최상급 (Grado superlativo absoluto)

다른 것과 비교하여 말하는 것이 아니고, 다만 「아주(대단히) 용석한」이든지, 「아주 (대단히) 아름다운」이라고 말할 경우에는 형용사의 원급에 (만약 그 형용사가 모음으로 끝나 있으면 그 모음을 떼어버린 것에) 「-ísimo」를 붙여, 「facilísimo」, 「hermosísimo」로 한다. 이 형태를 절대최상급이라고 한다. 뜻은 「muy facil」, 「muy hermoso」와 같지만, 더 강조할 때에 쓰인다는 것이 다르다. 절대최상급은 보통의 최상급과 같이 반드시 정관사를 필요로 하는 것은 아니다. 즉, 관사의 보통 용법에 따르는 것이다.

[보기] un caballo hermosísimo(한마리의 대단히 아름다운 말)
　　　el caballo hermosísimo([그] 대단히 아름다운 말)
　　　La casa es hermosísima.([그] 집은 대단히 아름답다.)
　　　Las casas son hermosísimas.([그] 집들은 대단히 아름답다.)

절대최상급이 어미 「-ísimos」는 명사나 주어의 성이나 수에 맞추어 「-ísima」, 「-ísimos」, 「-ísimas」로 됨은 물론이다. 그리고 이 「-ísimo」 따위가 붙을 때는 그 형용사의 원급이 본디 가지고 있던 액센트의 위치가 변하여 모두 「-ísimo」로 된다.

보기 hermoso —hermosísimo, facil —facilísimo

또 「blanco」, 「largo」와 같이, 「-co」, 「-go」로 끝나는 형용사의 절대최상급은 발음상 관계로 「c」 및 「g」를 「qu」, 「gu」로 바꾸어서 「-ísimo」를 붙인다. 「feliz」와 각이 「-z」로 끝나는 것은 「c」로 바꾼 다음 「-ísimo」를 붙인다.

보기 blanquísimo(대단히 하얀), larguísimo(대단히 긴), felicísimo(대단히 행복한)

주의 (1) noble (고온한), afable (인가좋은, 애교 있는)와 같이 「ble」로 끝나는 형용사의 절대최상급은 「bilísimo」로 됨이 보통이다.

보기 nobilísimo, afabilísimo

주의 (2) 「몇보다 많이 (보다 적게)」 「절반 이상(이하)」와 같이, 어떤 수나 어떤 표준이 있어 가지고, 그것보다 「더 많이」 또는 「더 적게」라고 할 때에는 뒤에다 「que」가 아닌 「de」를 붙인다.

보기 Su tío tiene más de cinco mil libros.
(그의 숙부는 5천권 이상의 책을 가지고 있다.)
Su tía tiene menos de cincuenta años.(그의 숙모는 50세 이하이다.)
Vendí más de la mitad de mis libros.(나는 나의 책의 반·이상을 팔았습니다.)

그러나 「no ……mas……que」(다만……밖에…않다)는 「solamente」와 같은 뜻으로 쓰이므로 어떤 수 앞에서고 「que」가 쓰인다.

보기 No tengo más que diez pesetas.([나는 10페세타 이상은 가지고 있지 않다.], 나는 10페세타 밖에 안 가졌다.) Tengo solamente diez pesetas.와 같다. 그리고 이럴때의 「más」위에 액센트 부호를 안 붙이는 작가도 많이 있으나 붙이는 것이 원칙이다.

Tradúzcanse al español las frases siguientes:

(1) 나의 선생님은 어제 백권 이상의 책을 문예서림(la librería)에서 샀다.

(2) Felicitas는 클라스 중에서 가장 미모다.

(3) 수길은 민우보다 근면(aplicado)하다.

(4) 민우는 수길보다 근면하지 않다.

(5) 문수는 신남만큼 근면합니까?

(6) 오늘은 2백원밖에 가지고 있지 않습니다(안 가졌습니다).

(7) 이 소설은 대단히 재미있다.
(8) Juan은 Antonio보다 어리석습니까?
(9) 이 책들은 그것들 보다 무겁다.
(10) 우리들의 선생님은 이미 10권 이상의 저작(obra)을 썼다.

강 독(Lectura)

단어: la geografía(지리), la América del Sur(남미), ¿no es verdad?(그렇지는 않은가?), diga Vd.(당신 말하시오), siguió(그가 계속했다), gritar(소리치다), ¿qué tal?(어떻게?), extenso(광대한, 넓은)

La América del Sur

Ayer por la tarde entró mi amigo Shim en mi cuarto y me preguntó.

— ¡Hola, amigo! ¿Qué esta Vd haciendo ahí?

— Estoy estudiando la geografía de la América del Sur.—le contesté. Entonces siguió mi amigo preguntándome:

— ¡Diga Vd! ¿Cuál es más extenso, el Brasil o la Argentina?

— El Brasil es más extenso que la Argentina. El Brasil es extensísimo. Es el país mas extenso de la América del Sur

— Chile es más largo que el Ecuador, ¿no es verdad?

— ¡Ya lo creo! El Ecuador es pequenísimo. Chile es mas largo que la Argentina. Es un país larguísimo. Es un país tan largo como el nuestro.

— ¡A propósito! ¿Ha estudiado Vd. ya la lección para mañana?

— Todavía no. ¿Cómo es? ¿Es más difícil que la de hoy?

— Sí, es más difícil. Es una lección dificilísima ¡Oiga Vd! ¿Cuántos libros españoles tiene?

— Tengo más de veinte.

— ¿Qué tal son éstos?

— Son tan interesantes como éstos, pero son menos interesantes que aquéllos.

— ¿Son aquéllos muy interesantes?

— Sí, son interesantísimos. Son los más interesantes de todos mis libros.

복 습(Repaso)

1. Escríbase el gerundio de los verbos siguientes:

   (1) adelantar.

   (2) dar.

   (3) responder.

   (4) dividir.

   (5) limpiar.

2. Tradúzcanse al español las frases siguientes:

   (1) 그녀의 아버지는 아르헨티나에서 일하면서 에스파냐어를 공부했다.

   (2) 저 미국사람은 어제 오후 사과를 먹으면서 공원을 산책하고 있었다.

   (3) 병자는 그 순간 침대 속에서 소리치고 있었다.

   (4) 이 방은 저것보다 크지만 그것보다는 작다.

   (5) 이 연필은 그것에 뒤지지 않을만큼 좋다.(…같이 그만큼 좋다고 대답할 것)

   (6) 이들 소설은 그것들보다 재미 없었습니다 그려.(그렇지 않습니까?, 로 대답할 것)

(7) 에스파냐어는 대단히 아름다운 국어입니다.

(8) 남자아이가 뜰에서 울고 있다.

(9) Granados양(정관사를 붙이는 것을 잊지 말 것)은 그들 세 사람의 무용가(bailarina)중에서 젊다.

(10) 당신은 그 소설을 벌써 읽어 버렸습니까?

주의 문제 (10)에 나오는 leer의 과거분사는 leído로 할 것. 즉, 동사의 어근이 강모음(a, e, o)으로 끝나는 제2변화 및 제3변화의 규칙동사의 과거분사 (-ido)의 idml 위에는 강세부를 붙여야 하는 것이다.

보기 caer(떨어지다) — caído, creer(믿다) — creído, oir(듣다) — oído

제7일

 (Gramática)

I. 어근의 모음을 변화시키는 동사
(Los verbos que cambian la vocal radical)

에스파냐에서는 불규칙동사가 많이 있다. 그 가운데는 어떻게 분류할 까닭을 추릴 수 없는 것조차 있어서, 이런 것은 일일이 기억해 두지 않으면 안되는 것이다. 그러나 또 그 불규칙한 점이 쉽게 분류되는 것이므로 그것만 알고 있게 되면 의외로 쉽게 기억할 수 있기도 한 것이다.

다음에 보여 주는 이른바 「어근의 모음을 변화시키는 동사」같은 것은 바로 후자에 속한다.

어근의 맨 끝 철음의 모음은 「e」 또는 「o」로 하고 있는 동사중에는 그 모음 위에 강세가 있을 때에 한해서, 그 「e」나 「o」가 변화하는 것이 있다. 그러한 동사를 「어근의 모음을 변화시키는 동사」라고 한다. 이는 다시 모음변화의 형태에 의하여 다음 세종류로 나눌 수가 있다.

1. 제1종류(La primera clase)

제1종류의 「어근의 모음을 변화시키는 동사」는 어느 것이나 제1변화 또는 제2변화의 동사에 속해 있다. 그리고 강세(액센트)가 「e」 또는 「o」를 가진 철음 위에 올 때에 한해서 「e」는 「ie」로 변하고, 「o」는 「ue」로 변한다.

제1인칭복수 및 제2인칭복수에 있어서는 이들 어근모음의 변화는 일어나지 않는다. 왜냐하면 「e」 또는 「o」를 가진 철음위에 강세가 오지 않기 때문이다.

El presente de indicativo del verbo: cerrar(닫다)

 cierro   cerramos
 cierras   cerráis
 cierra   cierran

El presente de indicativo del verbo: contar(이야기하다)

 cuento   contamos
 cuentas   contáis
 cuenta   cuentan

El presente de indicativo del verbo: perder(잃다)

 pierdo   perdemos
 pierdes   perdéis
 pierde   pierden

El presente de indicativo del verbo: volver (되돌아오다, 돌아가다)

 vuelvo   volvemo
 vuelves   volvéis
 vuelve   vuelven

다음의 동사들도 제1종류의 어근의 모음을 변화시키는 동사이다.

(a) 제1변화 하는 것("cerrar", "contar"와 같이 변화하는 것)

 negar(부정하다), rogar(원하다), soltar(놓다), holgar(즐기다), acordar(생각해 내다), sonar(울리다, 울다), aprobar(시인하다), acostar(눕히다), soñar(꿈꾸다), probar(시험하다, 시식하다), despertar(눈뜨다, 눈뜨게 하다), encontrar(발견해내다), mostrar(보이다), sentar(앉히다), comenzar(시작하다, 시작되다), empezar(시작하다, 시작되다), manifestar(표명하다), recomendar(추천하다), temblar(떨리다), quebrar(분지르다, 파괴하다), tropezar(휘청거리다, 비틀거리다), costar(값있다, 가치있다), colgar(달아매다, 늘이다), pensar(생각하다), recordar(생각해 내다), confesar(고백하다, 실토하다), nevar(눈이 내리다[다만 이 동사는 3인칭단수형에만 쓰인다])

(b) 제2변화 하는 것 ("perder"나 "volver"와 동류)

querer(바라다, 필요하다, 사랑하다), tender(늘이다), extender(넓히다), devolver(되돌리다), encender(점화하다), llover(비가 내리다[다만 3인칭단수에만 쓰인다]), mover(움직이다, 움직이게 하다), verter(따르다, 옮기다), entender(이해하다, 알다), defender(막다), ascender(오르다), morder(물다), soler(…하곤하다)

주의 제1종류에 속하는 「어근의 모음을 변화시키는 동사」는 과거나 불완료과거 따위에서는 「e」나 「o」를 가진 철음 위에 강세가 오지 않으므로 규칙대로 변화(conjugar)한다.

2. 제2종류의(La segunda clase)

제2종류의 「어근의 모음을 변화시키는 동사」는 모두 제3변화의 동사이다.

보기 sentir(느끼다), dormir(잠자다)

변화하는 모음은 역시 「e」나 「o」이며, 강세가 모음 「e」나 「o」를 가진 철음(어근이 둘 이상의 철음으로 되어 있을 때는 나중 것) 위에 올 때에 한해서 어근모음 「e」가 「ie」h 되고 「o」가 「ue」로 됨은 제일변화 및 제2인칭복수는 하등 변화를 일으키지 않는다. 여기까지는 제1종류와 똑같다.

그런데 제2종류의 「어근의 모음을 변화시키는 동사」의 과거(preterito indefinido)가 제3인칭단수나 복수일 때, 「e」가 「i」로 되고 「o」가 「u」로 변화하게 된다. 다음을 보면 알게 될 것이다.

El presente de indicativo del verbo: sentir
(느끼다, 불쌍하게 생각하다)

siento	sentimos
sientes	sentís
siente	sienten

El pretérito indefinido del mismo verbo

sentí	sentimos
sentiste	sentisteis
sintió	sintieron

El presente de indicativo del verbo: dormir (잠자다)

duermo	dormimos
duermes	dormís
duerme	duermen

El pretérito indefinido del mismo verbo

dormí	dormimos
dormiste	dormisteis
durmió	durmieron

즉, 「e」나 「o」를 가진 강세위에 강세가 오지 않더라도, 강세에 걸리는 「-a」,「-ie」 또는 「-ió」(혹은 그러한 문자로써 시작되는 것)가 뒤 철음에 오게 되면, 「e」는 「i」로 「o」는 「u」로 변화하는 것이다. 이를테면, 과거의 3인칭 단수는 「-ió」가 뒤 철음속에 있고, 복수는 「-ieron」이 와 있기 때문이다. 또 제3변화의 동사의 현재분사(gerundio)는 「-iendo」로 끝나지만, 위에 말한 바와 같이 액센트가 있는 「ie」(설사 -ndo가 붙어 있더라도)가 그 뒤로 이어지기 때문에 어근의 「e」가 「i」로 되고 또 「o」가 「u」로 되면서 「sintiendo」, 「durmiendo」로 되는 것이다.

그렇긴 해도 그렇게 이론적으로 예를 들면, 힘들고도 효과는 적은 것이므로 독자들은 이런 이유에 너무 집착되지 말고 불규칙변화표를 가끔씩 소리내어 읽으면서 그것이 입에 달라붙도록 함이 훨씬 낫다. 그를 위해 이 책의 끝머리 (p.358)에 불규칙동사표를 부록으로 실어 두었다.

다음 동사는 모두 제2종류의 「어근의 모음을 변화시키는 동사」에 속한다. 하나하나 그것들을 직설법현재, 과거, 현재분사로 변화시켜 보라.

보기 despedir(해고하다), impedir(방해하다), competir(경쟁하다). medir(재다), repetir(되풀이하다), servir(봉사하다), vestir(입히다=사착), corregir(교정하다, 고치다 〔1인칭단류는 corrijo〕), gemir(신음하다), seguir(계속하다, 계속시키다), reñir(꾸짖다, 싸우다), elegir(선출하다)

문예

¿Qué quiere Vd.? — Quiero una tiza.
당신은 무엇을 갖고 싶어합(바랍)니까? 분필을 갖고 싶어합니다.
¿Abro la ventana? — No, señor, Vd. la cierra.
나는 창문을 엽니까? 아니오, 당신은 그것을 닫습니다.
¿Qué hace Vd.? — Cuento el dinero.
당신은 무엇을 합(하고 있습)니까? 돈을 세고 있습니다.
¿Qué pidieron Vds. a su padre? — Pedimos el dinero para ir al cine.
당신들은 아버지에게 무엇을 졸랐습니까? 우리들은 영화관에 가기 위한 돈을 졸랐습니다.
¿Cuál de los dos prefiere Vd., el cinema o el teatro?
두 개중 어느 쪽을 (보다 더) 좋아합니까? 영화? 그렇지 않으면 연극?
— Prefiero el cinema al teatro.
나는 연극보다 영화를 더 좋아합니다. (…가 한층[보다 더] 좋습니다의 뜻)
¿Durmió Vd. bien anoche? — Sí, señor, dormí muy bien.
당신은 어젯밤 잘 잤습니까? 예, 선생, 대단히 잘 잤습니다.

주의 「preferir」를 쓸 때의 「…보다」는 「que」가 아니고 「a」(…에)이다.

Ⅱ. 불규칙한 비교급 및 최상급을 갖는 형용사
(Los adjetivos cuyos comparativo y superlativo son irregulares)

원 급	비교급	최 상 급
bueno	mejor	el mejor, la mejor, etc.
malo	peor	el peor, la peor, etc.
grande	mayor	el mayor, la mayor, etc.
	más grande	el más grande, la más grande, etc.
pequeño	menor	el menor, la menor, etc.
	más pequeño	el más pequeño, la más pequeña, etc.

규칙적비교급인「más bueno」,「más malo」는 인간의 도덕적 미악을 비교할 때만 쓰인다. 또「más grande」,「más pequeño」는 형태가「보다 큰」,「보다 작은」을 나타낸다. 불규칙적비교급「mejor」,「peor」는 품질의 미악을 비교하는데 쓰인다.「mayor」,「menor」는 대개의 경우, 정신적으로「보다 큰」「보다 작은」을 나타낸다.「mayor」는 연상,「menor」는 연하를 뜻하기도 한다.

> Él es el hombre más bueno que conozco.
> 그는 내가 알고 있는 가장 선량한 남자입니다.(도덕적)
> Ésta es la mejor casa de este pueblo.
> 이것이 이 고을에서 가장 좋은 집입니다.(품질적)
> Sukilo es más grande que Munsu, pero éste es mayor que aquél.
> 수길은 문수보다 (몸이) 크다. 그러나 이자(후자, 즉 문수)는 저자(전자, 즉 수길)보다 연상이다.
> Munsu es el mayor de la clase.
> 문수는 클라스 중에서 가장 연상이다.

Tradúzcanse al español las frases siguientes:
(1) 이 펜은 그것보다 나쁘다.
(2) 그 의자가 가장 좋다.
(3) 너는 그 보다 연상이냐?
(4) 나는 가장 작은 상자를 가지고 있다.
(5) 임과 강은 클라스에서 최량의 학생(들)입니다.

Ⅲ. 비례비교(Comparativo proporcional)

「…면 …할수록, 더욱 …하다」고 하려면 다음과 같은 문형을 쓴다.
(1) cuanto (또는 mientras) más ……, tanto más ……
(2) cuanto (또는 mientras) menos ……, tanto menos ……

위에 보인 문형 중의 más나 menos가 바꿔 들어갈 경우가 있음은 물론이다. 또 tanto(그것만)를 생략하는 수도 있다.

[보기] Cuanto más ganan, (tanto) más gastan.(그들은 더 벌면 벌만큼[그 만큼] 더 많이 쓴다.) Cuanto más trabajamos, menos escribimos.(우리들이 더 일하면 일한만큼 편지를 쓰는 일이 적다.)

강 독(Lectura)

단어 (Vocabulario)

empezar a(…하기 시작하다), antes de(…하기 전에), el tranvía(전차), sacar(꺼내다, 잡아내다), el portamonedas(지갑), el frente(정면), en frente de(…의 정면에서), a través de(…을 통하여), el billete de entrada(입장티케트), la película(필림), sonoro(울림이 거센), la película sonora(음화, 토키), se titula(호칭되다, 표제붙이다), el tango(탱고), sera(…일 것이다, …이리라)(ser의 미래), dime(너 나에게 말하라), puedes(너는 할 수 있다), dicen(사람들은 말한다, …다더라), por primera vez(처음으로), además(더욱 그 위에), la compra(쇼핑), hacer compras(쇼핑하다), la tienda(점포), la tienda de comestibles(식료품점), de todos modos(어쨌든), la lidea(관념, 개념), buena idea(좋은 생각, 묘안), deber(…하지 않으면 안된다. …해야 한다), juntos(함께), a quien(그 사람에게)

El cine

Sukil piensa ir al cine. Por eso, almuerza a las doce menos cuarto. Sale de casa muy contento. Empieza a correr. Pero, antes de tomar el tranvia, recuerda que no tiene mucho dinero. Saca el portamonedas y cuenta el dinero. No hay bastante para tomar el billete de entrada. Vuelve a casa para pedir el dinero a su padre. En frente de su casa, encuentra a su madre, a quien pide doscientos wones. Ella le da el dinero y le pregunta:

— pero, ¿adónde quieres ir, Sukil?

— Quiero ir Shikongkwan para ver una película sonora hablada en español — le contesta Sukil

— ¿Cómo se titula la película?

— Se titula "La historia del tango."

— Será interesante. Pero, dime, ¿ya puedes entender el español?

— No, mamá, no lo entiendo bien, pero dicen que es una pelicula interesantísima. Además quiero oir el español por primera vez a través de película sonora.

— Muy bien, muy bien. Es una buena idea.

— Mamá, ¿no quieres verla tú también?

— Hoy no, hijo; debo hacer compras en la tienda de comestibles. De todos modos, vamos juntos hasta Shikongkwan.

복 습(Repaso)

[1] Conjúguense en el presente de indicativo los verbos siguientes:

(1) empezar.   (2) despertar.

(3) sentir.   (4) advertir.

(5) pedir.   (6) volver.

(7) perder.   (8) confesar.

(9) probar.   (10) pensar.

[2] Dígase el grado comparativo de los adjetivos siuguientes:

(1) bueno.   (2) tonto.   (3) grande.

(4) dificil   (5) malo

3 Tradúzcanse al coreano las frases siguientes:

(1) Enciendo la luz.

(2) La criada mueve la mesa.

(3) Los soldados sirven a su patria(조국).

(4) Pidieron agua

(5) No quiero este lápiz, sino ése.

4 Tradúzcanse al español las frases siguientes:

(1) 그는 일하면 일한 만큼 더욱(한층 더) 공부 않는다.

(2) 그들은 왜 고백(la verdad)을 하지 않는가?

(3) 이것이 가장 좋은 시계입니다.

(4) 옥란은 손수건을 테이블 위에 펼친다.

(5) 위선생(씨)는 나의 아버지보다 나이가 많다.

(6) 선생님은 학생들의 연습을 고쳤다.

(7) 말(마)이 너의 아들을 상처 내었느냐.

(8) 그들은 밤에 자지 않았다.

(9) 장관(el ministro)은 소식(la noticia)을 부정한다.

(10) 우리들은 공부하면 한만큼 잘 기억한다.

제3주

제1일

 (Gramática)

I. 음성의 억양에 대해서(De la entonación)

하나의 음성군에 있어서 둘 또는 그 이상의 단어는 그 음성에 서로 영향을 미치게 된다. 함은 벌써 말했었다. (p.88) 그런데 발음에 있어서 또 중요한 것은 억양이다.

더욱이 문이나 구에 있어서의 음성의 억양은 아주 복잡 미묘하여, 하나 하나의 문이나 구가 발음되는 여러 사정에 따라 또는 개인 개인의 기분에 따라서 까지 갖가지로 변화하는 것이다. 이러는 가운데도 몇 가지 정형이라 할 만한 것이 존재한다.

스페인어 회화에 있어 비교적 짧은 어구에서 찾아 볼 수 있는 주요한 특징은 다음과 같은 것이다.

Ⅰ. 단숨에 발음되는 서술문(단정문)에서는 최초의 강세음절까지 급하게 올라가고, 최후의 강세음절 뒤에서 급하게 내려간다.

보기 Nosotros estudiamos el castellano.(우리들은 스페인어를 연구하고 있다.)

Ⅱ. 서술문 도중에서 잠깐 숨을 끊을 때는, 그 음성군 뒤에서 소리를 조금 높인다. 그리고 최후에 가서 낮춘다.

보기 En la primavera. hace buen tiempo.(봄에는 날씨가 좋다.)

Ⅲ. 의문문에 있어서의 억양

(1) 문의 첫머리에 의문사가 오지 않는 보통 물음의 문에서는 그 문장의 최후의 강세음절 뒤에서 소리가 올라간다.

보기 ¿Habla usted español? (당신은 스페인어를 말합니까?)

　(2) 문의 첫머리에 의문사가 올 때는 문의 최초의 강세음절이 가장 높이 발음된다. 그 다음 소리가 차츰 내려가 최후의 강세음절에 이르러서 다시 조금 올라가는 것이 보통이다.

보기 Cómo está usted? (당신은 어떠합니까?)

　그러나 대답을 요구하는 등 좀 신문적인 또는 느닷없는 물음에 있어서는 처음만 높고, 나중에 가서는 내려간다.

보기 ¿Dónde vives? (너는 어디에 살고 있느냐?)

Ⅳ. 「……냐, 그렇잖으면 ……냐」일 때의 억양

　접역사 「o」 앞에서 올라가고 「o」 뒤에서 내려간다.

보기 ¿Es usted coreano o chino? (당신은 한국 사람입니까, 아니면 중국 사람입니까?)

　그러나 선택하여야 할 것이 세 개 이상 열거될 때는, 그 하나하나의 뒤쪽이 올라가고 「o」 다음이 내려간다.

보기 Qué prefiere usted, carne, pescado, legumbres, o frutas?
　　(당신은 무엇이 가장 좋습니까. 살코기(육), 바다고기(어), 야채, 아니면 과일?)

Ⅴ. 서술문에 있어서 문의 첫머리에 있는 하나의 음성군이 숨의 끊김에 의해서 m 문의 남아 있는 부분과 조금 떨어지게 될 때는 그 숨이 끊긴 곳에서 소리가 조금 올라간다.

보기 Antes de salir de casa, digo adiós a mis padres. (집을 나가기 전에 나는 나의 양친에게 안녕이라 말합니다.)

Ⅵ. 어나 구를 여럿 열거할 때는 그 하나 하나의 뒤에서 숨이 잠시 끊기면서 소리가 조금 내려가고, 열거되는 최후의 것이 문전체의 최후 것으로 되어 있지 않으면, 거기서 소리가 조금 올라간다.

보기 Hombres, mujeres y niños, cantaban y reían en el campo.
　　(남자도 여자도 어린애도, 들에서 노래하며 웃고 있었다.)

　다만, 열거된 최후의 어나 구가 전체 문가운데서 최후라면 하나하나 끝에 숨이 조금 끊기고 소리가 조금 내려가는 것은 위의 보기와 같지만 최후에서

두 번째 것 뒤에서 소리가 조금 올라가고 최후 것 뒤에서 내려간다.

보기 Yo paro delante de los carteles, los miro, cuento el dinero que tengo, tomo el boleto, y luego entro en el teatro. (나는 포스터 앞에 멈춰서서, 그것들을 바라보고, 가지고 있는 돈을 세고, 티케트를 구하고 나서 극장에 들어간다.)

Ⅶ. 감탄문에 있어서 억양

소리가 가장 높아진다. 그 정도는 감탄하는 경우에 따라 여러 가지로 변하지만 감탄사 그것이 다른 부분보다 높이 발음되는 것이 보통이다.

보기 ¡Qué buen tiempo! (좋은 날씨로군!)
¡Cuánto le agradezco! (나는 당신에게 얼마나 감사하고 있는 것인지!)

Ⅱ. 동사와 부정법(Los verbos con infinitivo)

단어 la deuda(차금), la voz(소리=성), sin decir(말한바 없이, 말없이), la jaula(우리=함, 새장=조롱), el, oso(곰), el favor(은혜) haga Vd.(당신 하시오), haga Vd. el favor de(당신 아무쪼록 ······해 주십시오), limpio(청결한), sucio(불결한)

뜻을 완전하게 하기 위해 종속적인 부정법을 수반할 수 있는 동사가 있다. 그것들은 전치사를 사이에 끼지 않고 동사바로 뒤에 부정법이 오는 것과 전치사「a」(···하도록)를 사이에 끼어 그 다음에 부정법이 오는 것, 두 종류가 있다.

(1) 전치사없이 곧바로 부정법을 수반하는 동사

querer(바라다=욕, 갖고 싶다), desear(원하다), pensar(생각하다, ···하려고 하다), poder(···할 수 있다), saber(알다, ···할 줄을 알다, ···할 수 있다), deber(···하여야 하다) soler(···함을 상례로 하다), esperar(기대하다), prometer(약속하다), lograr(달성하다), olvidar(잊다), necesitar(필요로 하다), procurar(힘쓰다), temer(두려워하다), etc.

Quiero comprar un piano. Deseamos aprender el español.
나는 피아노를 사고 싶다. 우리들은 에스파냐어를 배우고 싶다.
Ellas piensan viajar por Chirisan. Yo no puedo comprar aquella casa.
그녀들은 지리산을 여행하려고 생각하고 있다. 나는 저 집을 살수가 없다.
El muchacho murió en el mar, porque no sabía nadar. El profesor suele llegar a la escuela a las ocho menos diez. Debes pagar la deuda.
소년은 바다 가운데서 죽었다. 왜냐하면 헤엄치는 법을 몰랐으므로. 선생님은 여덟시에서 10분전에 학교에 도착함을 상례로 한다. 너는 차금은 갚아야 한다.

(2) 전치사 「a」와 부정법은 수반하는 동사

empezar a(…하기 시작하다), comenzar a(…하기 시작하다), principiar a(…하기 시작하다), aprender a(…하는 것을 배우다), enseñar a(…하는 것을 가르치다), volver a(다시 …하다), ir a(곧 …하려고 하다), invitar a(…하도록 하다), convidar a(…하도록 하다), obligar a(…하지 않을 수 없게 하다, 강제하다)

 El niño empezó a llorar. El alumno aprende a pronunciar las palabras españolas.
남자아이는 울기 시작했다. 남학생은 에스파냐어의 단어를 발음하는 것을 배운다.
El señor kim me enseñó a nadar Voy a escribir una carta. El profesor volvió a leer la lección en voz alta. Iban a salir, cuando los visitó el señor Hwangbo. Él vuelve a cantar.
김씨가 나에게 헤엄치는 것(법)을 가르쳤다. 나는 편지를 쓰려하고 있다. 선생님은 레슨을 높은 소리로 다시 읽었다. 그들은 나가려 하고 있었다. 그때 황보씨가 그들을 방문했다. 그는 다시 한번 노래한다.

이상 (1) 및 (2)와 같은 특별한 동사가 아닌 보통 동사에도 여러 가지 전치사와 그 다음에 부정법을 가져 올 수 있음은 물론이다. 요컨대 전치사다음에 오는 동사는 부정법을 쓸 수 있다. 한가지 유일한 예외로서 「en llegando」(도착하면 곧)와 같이 「en」다음에 현재분사가 쓰인다 함은 이미 말한 대로이다.

(1) Salimos sin decirle nada.
우리들은 그에게 아무말도 않고 나왔다.

(2) Haga Vd. el favor de cerrar la ventana.
당신은 아무쪼록 창을 닫아 주십시오.

(3) Entró en la tienda para comprar un bastón.
그는 단장을 사기 위하여 점포에 들어왔다.

(4) Mi hermano mayor viene a buscar el libro
나의 형이 책을 찾으려 온다.

(5) El oso trataba de salir de la jaula.
곰은 우리에서 나오려고 힘쓰고 있었다.

(6) Dejé de leer la novela.
나는 소설을 읽는 것을 그만 두었다.

(7) Acaban de llegar.
그들은 이제 막 도착했다.

주의 (1) 「tratar de+infinitivo」는 「무엇무엇 하려고 힘쓰다.」의 뜻. 「dejar de+infinitivo」는 「무엇무엇하는 것을 그만두다」의 뜻 「acabar de+infinitivo」는 「방금~했다」의 뜻이다. (2) 부정법과 함께 쓰이는 목적격대명사 및 여격대명사는 부정법 뒤에 붙어서 한 단어와 같이 함이 보통이다. 그러나 주동사앞에 내세워도 좋다.

보기 ¿Quiere Vd. comprar el libro?—Si, señora, quiero comprarlo. (Sí, senora, lo quiero comprar.)

¿Va Vd. a escribir a sus amigas?—Sí, señorita, voy a escribirles. (Si, señorita, les voy a escribir.)

주의 (3) 「al+infinitivo」는 「~할 때」의 뜻

보기 Al entrar en el cuarto, abro la ventana. (방에 들어갈 때 나는 창을 연다.)

1. Tradúzcanse al japonés las frases siguientes:
   (1) Pienso comprar un reloj de oro.
   (2) Aquel trabajador viejo no sabe escribir su nombre.
   (3) El tren iba a partir.
   (4) Volvimos a leer las palabras nuevas.
   (5) ¿Acabas de llegar?

2. Tradúzcanse al español las frases siguientes:
   (1) 너희들은 파고다 공원에 가고 싶니?
   (2) 당신은 잉크로(con tinta) 편지를 써야 합니다.(쓰지 않으면 안 됩니다.)
   (3) 우리들은 스페인어의 알파베토를 발음하는 것을 배운다.
   (4) 그는 독일어를 연구하기 시작했다.
   (5) 선생님은 분필을 갖지 있지 않아 칠판에 쓸 수가 없다.

Ⅲ. 불규칙 동사의 직설법 과거(Pretérito indefinido de algunos verbos irregulares)

(1) andar(걷다) : anduve, anduviste, anduvo, anduvimos, anduvisteis, anduvieron.
(2) caber(들어갈 수 있다) : cupe, cupiste, cupo, cupimos, cupisteis, cupieron.
(3) dar(주다) : di, diste, dio, dimos, disteis, dieron.
(4) decir(말하다) : dije, dijiste, dijo, dijimos, dijisteis, dijeron.
(5) estar(있다) : estuve, estuviste, estuvo, estuvimos, estuvisteis, estuvieron.
(6) haber(조동사) : hube, hubiste, hubo, hubimos, hubisteis, hubieron.
(7) hacer(하다, 만들다) hice, hiciste, hizo, hicimos, hicisteis, hicieron.
(8) ir(가다) : fui, fuiste, fue, fuimos, fuisteis, fueron.
(9) poder(할 수 있다) : pude, pudiste, pudo, pudimos, pudisteis, pudieron.
(10) poner (두다) : puse, pusiste, puso, pusimos, pusisteis, pusieron.

⑾ producir(생산하다) : (그밖에 ucir로 끝나는 동사) produje, produjste, produjo, produjimos, produjisteis, produjeron.
⑿ querer(바라다, 갖고 싶어하다, 사랑하다) : quise, quisiste, quiso, quisimos, quisisteis, quisieron.
⒀ saber(알다) : supe, supiste, supo, supimos, supisteis, supieron.
⒁ ser(…이다) : fui, fuiste, fue, fuimos, fuisteis, fueron.
⒂ tener(가지다) : tuve, tuviste, tuvo, tuvimos, tuvisteis, tuvieron.
⒃ traer(가져오다) : traje, trajiste, trajo, trajimos, trajisteis, trajeron.
⒄ venir(오다) : vine, viniste, vino, vinimos, vinisteis, vinieron.

Ⅳ. 부정어의 용법(El uso de las palabras negativas)

단어

nunca(결코, 한번도 …않는다), jamás((nunca와 같음)결코), nada(아무것도), ni(…도 않는다), ni …ni(…도(않고)…도(않는다)), tampoco(도 또 …않는다), nadie(누구도), ninguno(어떠한 …도 …않는다)

(부정의 부사 및 대명사)

(1) No he estado nunca en Busan.(Nunca he estado en Busan.)
　나는 전에 광주에 있었던 일 (간 일)은 없다.
(2) ¿He estado Vd. en Gwangchu? — Nunca.
　당신은 광주에 갔던 일이 있습니까 — 결코(한번도 없다)
(3) No le vimos jamás.(Jámas le vimos.)
　우리들은 결코 그를 보지 않았습니다.
(4) No la encontró nadie.(Nadie la encontro.)
　누구도 그녀를 발견해 내지 않았다.
(5) ¿Quién va a Mukyodong? — Nadie.
　누가 무교동에 갑니까? 누구도(가지 않습니다.)

(6) Vd. no encontró a nadie.
당신은 누구도 발견해 내지 않았다.

(7) No teníamos ni lapiz ni pluma.(Ni lápiz ni pluma teníamos.)
우리들은 연필도 펜도 가지고 있지 않았다.

(8) No teníamos nada.(Nada teníamos.)
우리들은 아무것도 가지고 있지 않았다.

(9) ¿No tiene Vd. dinero? ― Yo no tengo. Él no tiene tampoco.
(Tampoco él.)
당신은 돈을 가지고 있지 않습니까? 나는 가지고 있지 않습니다. 그도 가지고 있지 않습니다.

주의 위의 문예에서 볼 수 있는 바와 같이 영문법에서의 「이중부정」의 형태로 나타내는 것이다.

이상과 같은 부정어는 그것을 강조하기 위해서는 동사앞에 내세울 수가 있다. 그 때는 부정의 부사인 「no」를 붙이면 안된다. 또, 위 문예에서 볼 수 있는 바와 같이 동사를 생략해 버릴 수도 있다. 여격이나 목적격으로 되는 것이 인간일 때는 「a」를 붙여, 「a nadie」또는 「a ninguno」라 해야 한다.

V. 여성 단수명사 앞에 붙여지는 정관사 "el"(El articulo determinado *el* puesto delante de un nombre femenino singular)

명사 ama(여주인), alma(넋, 얼), asa(자루=병, 잡고), arma(무기), agua(물), hacha(도끼), hada(요정), hambre(굶주림), álgebra(대수), águila(독수리)

위에 든 명사는 모두 여성이므로 이들의 단수명사 바로 앞에는 정관사 「la」를 안 붙이고 「el」을 붙인다. 즉 정관사 「la」는 강세가(그 부호가 있고 없고에 관계없이) 걸리는 「a」 또는 「ha」로써 시작되는 여성단수명사바로 앞에 올 때는 운이 맞지 않기 때문에 (스페인 사람의 귀에는 그렇게 느껴지는 것이다.), 편의상 남성단수의 정관사 「el」을 붙이게 되어 있다. 그때 명사에 형용사가 붙으면 그 형용사는 물론 여성형으로 된다.

보기 el alma, el ama hermosa, el arma pesada, el águila pequeña, el agua limpia.

주의 정관사의 여성복수형 「las」가 붙으면, 최후의 「s」음이 있기 때문에 다음에 강세가 걸리는 「a」 또는 「ha」가 와도 운이 나쁘지 않게 되어 이를 바꿀 필요는 없다.

보기 las almas, las amas hermosas.

또 「acera」(보도), 「alfombra」(깔개), 「habitación」(방) 따위는 어두의 「a」나 「ha」에 액센트가 와 있지 않으므로 「el」로 바꿀 필요 없이 「la」를 쓴다.

보기 la acera, la alfombra, la habitación.

또 「ancho」(넓은)와 같이 액센트가 있는 「a」나 「ha」로 시작되는 형용사앞에서는 「el」로 바꾸지 않는다.

보기 la ancha calle(넓은 거리)

Póngase el articulo determinado a los nombres siguientes:

(1) hacha.   (2) álgebra(대수).

(3) anguila(장어).   (4) águila.

(5) armas.   (6) almohada(베개).

(7) asas.   (8) acera.

(9) hada.   (10) ama.

강 독(Lectura)

단어 (Vocabulario)

pasado mañana(모레=명후일), anteayer(그저께), aprender con el profesor(선생님을 따라 배우다), hábilmente(잘, 솜씨 있게, 훌륭하게), rápidamente(빨리), tener que+infinitivo(…하지 않으면 안된다), Vd. vendrá(당신은 오겠지요), el agrada(희열, 희심), lo que(…하는 바의 일), el recuerdo(회상), ¡recuerdos a su familia!(집안 식구에게 안부를!), algo(무엇인가)

El profesor y su alumno

Sukil piensa ir a la América del Sur y aprende el castellano con el profesor Mhin, quien acaba de volver de España. Empezó a aprenderlo hace dos semanas. El profesor le enseña muy hábilmente a pronunciar, a leer y a escribir el español. Cuando pregunta algo el profesor Skil debe contestarle también en castellano.

Como espera adelantar rápidamente, estudia mucho y ya sabe hablarlo bastante bien. Empieza a olvidar el inglés, pero no deja de estudiarlo, porque es tan importante como el español Esta tarde, cuando visitó Sukil a su profesor en su casa, preguntó éste a aquél:

— ¿Ha estado Vd. en Méjico?

— No, señor: no he estado nunca allá. — le contesto Sukil.

— Pero Vd. ha estado en Filipinas, ¿verdad?

— No, senor; jamás he estado en Méjico ni en Filipinas.

— ¿Quién sabe hablar español en su familia?

— Nadie sabe hablarlo; solamente yo lo hablo.

— ¿Qué tiene Vd. ahora en la mano derecha?

— No tengo nada.

— ¿No tiene Vd. nada?

— No, señor; nada, ¿y Vd.?

— Yo tampoco. Oiga Vd., ¿a quién encontró Vd. esta mañana en el jardín?

— No encontré a nadie.

— Muy bien. Veo con agrado que Vd. ha entendido perfectamente lo que le expliqué anteayer. ¡Bueno! Tengo que salir ahora. Vd. vendrá pasado mañana. ¿verdad?

— Sí, señor.

— Entonces, hasta pasado mañana. ¡Recuerdos a su familia!

— Muchas gracias. ¡Adiós, señor profesor!

— ¡Adiós!

복 습(Repaso)

1. Tradúzcanse al coreano las frases siguientes:

    (1) Dejaron de hablar y salieron de casa.

    (2) Haga Vd. el favor de decirme qué hora es.

    (3) Él va a tocar el himno nacional de España.

    (4) Él ladrón trató de huir.

    (5) Él no volvió a escribirme.

2. Tradúzcanse al español las frases siguientes:

    (1) 내가 집에 도착했을 때 아버지는 외출하려 하고 있었다.

    (2) 그들은 학교에 지각하는 것을(늦게 도착하는 것을 llegar tarde) 예사로 하고 있다.

    (3) 당신은 아무쪼록 작은칼(펜 나이프)을 빌려 주십시오.

(4) 형은 우리들에게 아무 말도 하지 않고 나갔다.
(5) 그들은 사전도 공책도 가지고 있지 않다.
(6) 나는 가난하므로 연극에 가지 못한다.
(7) 그 도끼는 내것이 아니라 그의 것이다.
(8) 대수는 산수보다 어렵니?
(9) 우리들은 더러운 물을 마시지 않았다.
(10) 나는 여름 휴가(las vacaciones de verano)로 계룡산을 여행하려고 생각한다.

Proverbios

En boca cerrada no entran moscas.
(닫힌 입에는 파리가 안들어 간다)
입이 화근

Cara de beato y uñas de gato
(성인 얼굴하고 고양이 발톱)

제2일

 (Gramática)

I. 재귀 동사(Verbos reflexivos)

단어 (Vocabulario)

acostarse(눕다, 취침하다), bañarse(목욕하다), desayunarse(아침을 먹다), desnudarse(탈의하다, 벌거벗다, 잠옷으로 갈아입다), vestirse(옷 입다, 치장하다), la chimenea(굴뚝, 스토브), declarar(선언하다), la guerra(전쟁), pasearse(산책하다), peinarse(머리 빗다), sentarse(앉다), levantarse(일어서다), ponerse(몸에 ……하다, 장신하다), colocarse(몸 붙이다), contra(……에 반대하여, ……을 향하여), el cabello(두발), la orilla(강기슭)

1. 재귀대명사(Pronombres reflexivos)

단 수	복 수
me	nos
te	os
se	se

재귀대명사는「나 자신을」,「나 자신에게」,「너 자신을」,「너 자신에게」와 같이「자기 스스로를」,「자기 스스로에게」따위 뜻을 갖는다. 그리고 형태상으로는 제3인칭 단수, 복수 말고는 목적격이나 여격의 인칭대명사와 똑같다. 또 재귀대명사의 제3인칭은 단수, 복수, 남성, 여성, 목적격, 여격

의 어느 것을 막론하고 한결 같이 「se」이다.

2. 재귀동사(Verbos reflexivos)

재귀동사란 「자기 자신을」 또는 「자기 자신에게」 무엇무엇 한다는 동사 ― 즉, 동작이 자기 자신에게 다시 되돌아 간다는 데서 이와 같이 불리게 된 것이다. 그 부정법(infinitivo)은 항상 뒤에 「se」를 붙여서 재귀동사임을 밝힌다.

보기 levantarse(일어나다), bañarse(목욕하다)

다시 말하면, 재귀동사에 있어서는 문장의 주어와 동사의 직접목적어 또는 간접목적어가 같은 인칭같은 수에 속해 있다.

보기 Me levanto.(내가 내 자신을 일으킨다. 즉 〔내가 일어난다〕),
　　　Me digo.(나는 나 자신에게 말한다. 즉 〔내가 혼잣말한다〕),
　　　Te levantas.(네가 너 자신을 일으킨다. 즉 〔너 자신이 일어난다〕), Te dices.
　　　(네가 너 자신에게 말한다. 즉 〔네가 혼잣말한다〕), 이하 생략.

다음 표를 보라.

El presente de indicativo de **levantarse**(일어나다)	
me levanto	nos levantamo
te levantas	os levantáis
se levanta	se levantan

재귀동사의 과거, 불완료과거, 그 밖의 시제는 그 동사의 어미의 변화에 의할 뿐, 재귀대명사에는 하등의 변화가 없음을 말할 나위 없다.

보기 Me levanté temprano.(나는 일찍 일어났다.), Vd. se bañaba.(당신은 목욕하고 있었다.), Nos hemos bañado ya.(우리들은 벌써 목욕을 끝내었다.)

3. 재귀대명사의 위치(Posición de los pronombres reflexivos)

재귀대명사의 위치는 보통 동사의 목적격이나 여격대명사와 똑같다.

보기 Él se levantaba a las seis. Ayer nos levantamos muy tarde.
　　　Quieren levantarse temprano mañana. Quiero bañarme.
　　　(Me quiero bañar.) Él está bañandose en el río.(Él se está bañando en el río)

4. 재귀대명사의 여격의 용법(El uso del dativo de los pronombres reflexivos)

위에 말한 바와 같이 재귀명사의 여격은 목적격과 형태가 같다. 이 여격은 자신의 신체 또는 신체에 붙이고 있는 것을 무엇무엇 한다고 할 경우에 쓰이는 일이 있다.

> **보기** Me lavo la cara.(나는 나의 얼굴을 씻는다. → 나는 얼굴을 씻는다.) Te limpias los dientes.(너는 너의 이를 닦는다. → 너는 이를 닦는다.) Ella se pone el sombrero.(그녀는 그녀 자신의 모자를 쓴다. → 그녀는 모자를 쓴다.) Él se quita el sombrero.(그는 그 자신의 모자를 벗는다. → 그는 모자를 벗는다.) 이때의 「me」, 「te」 따위는 여격(을 격)이라는 점에 유의할 것. 또 신체의 일부나 신체에 붙이는 것을 나타내는 목적격의 동사에는 소유형용사가 아니라. 정관사을 붙인다.

「Él se quita el sombrero」라는 문장 안에서, 「se quita」는 우리말로 하면 「그 자신으로부터는 떼어버린다.」고도 할 수 있는 대목이다. 그러나 스페인어에서는 반드시 재귀동사에 국한되지 않고, 분리를 나타내는 동사를 쓸 때에는 「누구누구에게」하는 여격을 쓰게 된다. 이것을 「분리의 여격」(Dativo de separación)이라고 한다.

> **보기** Le doy el libro.(나는 그에게 책을 준다.) Le hurto el libro.(나는 그에게서 책을 훔친다(도), hurtar, (절도하다.)
> Le vendí la casa.(나는 그에게 집을 팔았다.) Le compré la casa.(나는 그에게서 집을 샀다.)

5. 재귀동사의 용법(El uso de los verbos reflexivos)

재귀동사의 용법은 아주 복잡하다. 간단하게 분류하면 다음과 같이 된다.

(1) 참뜻으로서의 재귀동사로 쓰이는 경우

이에 대해서는 이미 설명한 바와 같이, 「자기 자신을」 또는 「자기 자신에게」 무엇무엇 한다고 할 때에 쓰인다.

> **보기** (1) Te levantas tarde.(나는 늦게 일어난다.) (2) Ella se colocó cerca de la chimenea.(그녀는 스토브 가까이 몸을 두었다.) (3) Me lavé las manos.(나는 두손을 씻었다.) (4) El muchacho se rompió el chaleco.(소년은 [자기의] 조끼를 찢었다.) 처음 둘은 목적격의 보기이고 나중 둘은 여격의 보기이다.

(2) 수동태로서 쓰이는 경우

대상이 사람이 아니고 물건이나 사건일 때는, 재귀동사는 보통 수동태

대신으로 쓰인다. 이럴 때는 앞서 배운「ser+과거분사」의 형태보다도, 일반적으로 재귀동사가 그 뜻으로 대용된다.

> **보기** Se perdió mi sombrero.(나의 모자가 분실 당했다.) Aquí no se venden libros españoles.(여기서는 스페인어의 책은 팔리지 않습니다.) 〔책이 복수이므로 동사도 복수인「se venden」으로 된다.〕

(3) 무인칭적으로 쓰이는 경우

재귀대명사의 제3인칭단수형「se」는 무인칭적으로 쓰이는 일이 있다. 즉, 「누구누구가」하는 것을 명백히 하지 않고 그냥 막연하게「사람이」,「세상이」무엇무엇 한다는 뜻으로 쓰이는 것이다.

> **보기** Se dice que el profesor Mhin va a partir pronto para América.(민교수는 곧 미국으로 향하여 출발하려 하고 있다는 이야기다.) Se cree que es verdad. (그것은 정말이라고 〔사람은, 세상은〕 믿고 있다.) Aquí se come bien.(여기 식사는 좋다.〔여기서 사람들이 잘 먹는다.〕) Aquí se habla español.(여기서는 스페인어 통용.)

또「특정한 사람을 ……하다」고 할 경우는 물론「a」(을)를 필요로 한다.

> **보기** Se registró al pasajero.(〔사람은〕여객을 조사했다.)
> Se registró a los pasajeros.(〔사람은〕여객들을 조사했다.)

목적격명사를 대명사로 바꾸려면 다음과 같은 형태로 된다.

> **보기** Se le (los) registró.(〔사람은〕 그 〔그들〕를 조사했다.)

(4) 재귀대명사를 수반하여 조금 뜻이 변하는 경우

이를테면「como」,「bebo」는「내가 먹는다」,「내가 마신다」는 뜻이지만, 그것에 재귀대명사를 붙여서,「me como」,「me bebo」라 하면「내가 (다)」 먹어버린다.」,「내가 (다) 마셔버린다.」는 뜻으로 된다.

> **보기** Me comí el melón.(나는 멜론을〔다〕먹어버렸다.) ¿Cuántas botellas de cerveza te bebiste?(나는 몇 번의 맥주를 마셔 버렸느냐?)

이 때의「comer」나「beber」는 타동사지만, 어떤 종류의 자동사에도 재귀대명사를 수반하는 일이 있다. 이를테면, morir, dormir, ir, marchar(진행하다) 따위로서, 그것들에 재귀대명사가 붙으면「무엇무엇 해버린다」,「무엇무엇 하여 간다」란 뜻이 된다.

> **보기** (1) La vieja se murió.(노파는 〔다〕 죽어갔다.) (2) Me dormí.(나는 잠들어 버렸다.) (3) ¿Ya se va Vd.?(당신은 벌써 가버리는 것입니까?, 벌써 돌아가시겠

다는 겁니까?) (4) Se marcharon muy contentos.(그들은 대단히 만족하여 떠났다. 돌아가 버렸다.)

(5) 「상호」의 뜻을 나타내는 경우

재귀대명사의 복수 「no」, 「os」, 「se」는 참뜻으로서의 재귀동사의 뜻을 갖는 경우는 「서로 무엇무엇 한다」는 뜻을 갖는 경우가 있다.

보기 (1) Nos amamos. (우리들은 자애한다.) 또는 (우리들은 서로 사랑한다.)

(2) Se alabaron. (그들은 자찬했다.) 또는 (그들은 서로 칭찬했다.)

이럴때 뜻이 모호하게 될 우려가 있으면, 전자의 경우 「a nosotros(-as) mismos(-as)」, 「a vosotros(-as) mismos(-as)」, 「a si mismos(-as)」를 덧붙인다. 전자의 경우 「uno a otro」(서로. 양쪽이 다 남자), 「el uno al otro」(서로. 그 두 사람의 남자가 서로 누구누구라는 걸 알고 있을 경우), 「una a otra」(서로. 두 사람 다 여자), 「la una a la otra」(서로. 두 사람의 여자가 서로 누구누구라는 걸 알고 있을 경우), 「uno a otra」(서로. 한사람은 남자 한사람은 여자),「el uno a la otra」(서로. 한사람은 남자, 한사람은 여자인데 양쪽이 누구누구라고 정해져 있을 때), 도 그들 복수형을 붙인다. ·

보기 Nos amamos a nosotros mismos.(우리들은 자애한다.)
Os odiáis a vosotros mismos.(너희들은 자기를 미워하고 있다.)
Se alabaron uno a otro.(그들 〔두 사람〕은 서로 칭찬했다.)
Se alabaron unos a otros.(그들 〔두 사람 이상〕은 서로 칭찬했다.)

1. (재귀대명사를 말하라)

2. Tradúzcanse al coreano las frases siguientes:

    (1) Vds. se sientan

    (2) Él no se quitó el sombrero.

    (3) Yo me ponía el abrigo, cuando me llamó mi amigo.

    (4) El mendigo se comió todo el pan.

    (5) Se dice que la noticia es verdadera.

3. Tradúzcanse al español las frases siguientes:

    (1) 우리들은 자애하지 않으면 안된다.

    (2) 나의 누님은 걸터앉지 않았다.

    (3) 너희들은 어디서 낯을 씻었느냐?〔얼굴은 각자 하나씩이므로 단

수형으로 충분하다.]
(4) 그때 그는 정각 10시에 취침하는 것이었다.
(5) 그의 제자는 손을 다쳤다.

Ⅱ. 재귀 대명사의 전치사격
(Preposicional de los pronombres reflexivos)

전치사의 보기로서 「para」를 택해서 나타내어 보면 다음과 같다.

(para) mí   (para) nosotros (-as)
(para) ti   (para) vosotros (-as)
(para) sí   (para) sí

주의 재귀대명사의 전치사격의 경우에만 한정되지 않고, 「mí」, 「tí」, 「sí」가 전치사 「con」(…과 함께, …에 대해서)과 쓰일 때는 각기 「conmigo」, 「contigo」, 「consigo」로 된다.

보기 Él va conmigo.(그는 나와 갑니다.)
Ella lleva el paraguas consigo.(그녀는 우산을 몸에 지니고 간다.)

Ⅲ. 정자법상의 변화를 받는 동사
(Verbos que sufren cambios ortográficos)

단어 (Vocabulario)

colgar(걸다, 달아매다), atacar(공격하다), apagar(불을 끄다), alcanzar(닿다, 뒤따르다), alzar(올리다=양), cargar(지우다=사부, 쌓다), cazar(사냥하다), cruzar(가로지르다), tropezar(부딪치다), escoger(선택해 취하다), pegar(붙이다=첩, 때리다), practicar(실습하다, 실지로 응용하다), fregar(마찰하다), mascar(씹다, 깨무르다), obligar(……하지 않을 수 없게 하다), proteger(보호하다), elegir(선출하다, 선거하다), dirigir(인도하다, 지시하다), es decir(즉, 곧)

스페인어의 동사에 어근의 최후의 자음은 모든 시제에 있어 같은 음(문자와 혼동하지 말 것)을 갖는다. 그 본디의 음을 보존케 하기 위해 어떤 종류의 동사에 있어서는 그 자음자를 다른 문자로 바꾸어야 하는 일이 이따금씩 있다.

1. 「-car」, 「-gar」 및 「-zar」로 끝나는 동사의 정자법상의 변화

이 세개의 동사에 대해서는 이미 설명한 바와 같이, 과거(pretérito indefinido)의 제1인칭 단수의 어미의 모음 「é」의 앞에서는, 「c」를 「qu」로, 「g」를 「gu」로, 「z」를 「c」로 바꾸어 써야 한다.

> **보기** (sacar) : saqué, sacaste, saco, sacamos, sacasteis, sacaron.
> (pagar) : pagué, pagaste, pago, pagamos, pagasteis, pagaron.
> (alzar) : alcé, alzaste, alzo, alzamos, alzasteis, alzaron.

> **주의** 「ze」와 「ce」와는 동음이지만, 근대의 에스파냐 정자법에 따르면, 「z」는 「a」, 「o」, 「u」 앞에만 쓰이고, 「ze」, 「zi」는 동사의 활용에 있어서는 반드시 「ce」, 「ci」로 바꾸어 쓰도록 규정되어 있다.

2. 「-ger」 및 「-gir」로 끝나는 동사의 정자법상의 변화

직설법현재의 제1인칭단수의 어미의 모음 「o」의 앞에서는 「g」는 「j」로 바뀌어야 한다.

> **보기** (coger) : cojo, coges, coge, cogemos, cogéis, cogen.
> (dirigir) : dirijo, diriges, dirige, dirigimos, dirigís, dirigen.

3. 「-guir」로 끝나는 동사의 정자법상의 변화

직설법현재 1인칭단수 어미의 모음 「o」 앞에서는 「go」의 음을 내기 위해 그 안의 「u」를 버리게 된다. 「u」가 있으면 「guo」로 되기 때문이다.

> **보기** (distinguir, 구별하다) : distingo, distingues, distingue, distinguimos, distinguís, distinguen.

4. 「-quir」로 끝나는 동사의 정자법상의 변화

역시 직설법현재 1인칭단수, 어미의 모음 「o」 앞에 올 때는 「c」로 바꾸어서 「co」로 한다. 에스파냐어에서는 「qu」는 「e」나 「i」 이외의 모음 앞에 오는 일이 없다는 것, 그리고 「k」는 본디의 스페인 문자가 아니고 오직 외국어나 외래어를 표기하는 데만 쓰인다는 것에 대해서는 이미 말한 바 있다. 따라서 「k」자를 쓰지 않고 「c」자를 쓴다.

> **보기** (delinquir, 위법하다) : delinco, delinques, delinque, delinquimos,

delinquís, delinquen.

5. 「-iar」 및 「-uar」로 끝나는 동사의 정자법상의 변화

「-iar」, 「-uar」로 끝나는 동사가운데는, 직설법현재에 있어서 그 제1인칭 복수 및 제2인칭복수를 제외하고는 「i」나 「u」 위에 강세부를 붙여야 하는 것이 있다.

보기 (enviar, 보내다) : envío, envías, envía, enviamos, enviáis, envían.
(continuar, 계속되다, 계속하다) : continúo, continúas, continúa, continuamos, continuáis, continúan.

다음 동사들은 「enviar」와 같이 「i」 위에 액센트가 붙는다.

(1) contrariar(위반하다)   (2) fiar(보증하다)
(3) confiar(신임하다, 맡기다)   (4) desconfiar(불신임하다)
(5) criar(기르다, 사육하다)   (6) enfriar(차게하다)
(7) espiar(정제하다, 스파이하다)   (8) guiar(안내하다)
(9) liar(잇다, 잡아매다)
(10) porfiar(집요하게 원하다, 버티다)
(11) telegrafiar(전보를 치다)
(12) vaciar(공허하게 하다)
(13) variar(갖가지로 변화시키다, 변화하다)
(14) desviar(길을 엇나가게 하다)

다음 동사들은 「continuar」와 같이 「u」 위에 액센트가 붙는다.

(1) acentuar(액센트를 붙이다, 강조하다)
(2) actuar(행하다, 행동하다)
(3) exceptuar(예외로 하다, 제외하다)
(4) graduar(등급을 매기다, 졸업자격을 주다)
(5) insinuar(힌트를 주다, 살짝 비추다)
(6) situar(고정시키다, 달라 붙이다)

주의 다음 동사들은 「i」, 「u」 위에 액센트를 붙일 수 없다.
(1) estudiar(연구하다) (2) anunciar(광고하다, 알리다) (3) apreciar(평가하다)
(4) cambiar(바꾸다, 바뀌다) (5) despreciar(경멸하다) (6) diferenciar(상위하다) (7) negociar(거래하다, 교섭하다) (8) odiar(미워하다) (9) presenciar(목

격하다) ⑩ pronunciar(발음하다) ⑪ principiar(시작하다) ⑫ remediar(치료하다, 대책을 강구하다) ⑬ averiguar(조사하다)

강 독(Lectura)

단어: fui(나는 갔다), el cuarto de baño(욕실, 목욕탕), estar de pie(서 있다), saludar(인사하다), charlar(잡담하다), como sigue(뒤에 계속되는 것과 같이, 다음과 같이), encontrarse(자기 자신을 발견해 내다, 있다), admirable(감탄할), puse(poner의 과거, 나는 두었다), la gorra([챙이 없는]모자), celebrar(거행하다, 개최하다, 축하하다)

Mi vida diaria

Me despierto generalmente a las seis y media, pero esta mañana me desperté a las seis. Me levanté en seguida, fui al cuarto de baño, donde me limpié los dientes y me lavé la cara. Volví a mi alcoba, me peiné los cabellos y me vestí. Salí al jardín y me paseé por él.

Cuando entré en el comedor, encontré a mi padre que estaba de pie mirando el jardín a través de la ventana. Nos saludamos diciendo como sigue:

—Buenos días, papá. ¿Cómo te encuentras?

—Muy bien. ¿Y tú?

—Yo también. Ya me he paseado por el jardín. Tengo buen apetito

—Pues yo tengo siempre un apetito admirable.

Así nos hablábamos, cuando entraron mi madre y mi hermana menor. Nos sentamos todos a la mesa y empezamos a desayunarnos.

Hacía bastante frío. Me puse el abrigo y la gorra, y salí de casa para la escuela.

Al entrar en nuestra sala de clase, me quité la gorra y el abrigo. Las lecciones terminaron a las dos, pero me quedé en la escuela una hora más, jugando al tenis. Cuando volví a casa, toqué el piano un rato, y luego empecé a preparar las lecciones para mañana. Por la noche fui al concierto que se celebró en Shikongkwan, porque me gusta mucho la música.

Llegué a casa a eso de las nueve y media, y después de charlar un rato, me retiré a mi alcoba, me desnudé, me acosté en la cama, y apagué la luz. Me dormí en seguida.

복 습(Repaso)

1. Conjugúense en el presente de indicativo los verbos siguientes:

    (1) seguir. (2) proteger. (3) negar.

    (4) despertarse. (5) guiar.

2. Conjúguense en el pretérito indefinido de indicativo los verbos siguientes:

    (1) fregar. (2) obligar. (3) sacar.

    (4) acostarse. (5) comenzar.

3. Tradúzcanse al coreano la frases siguientes:

    (1) Esta mañana me corté las uñas(손톱).

    (2) Se sabe que la lengua rusa es difícil.

    (3) Mi primo se comió el biftec(비프스테이크).

    (4) Mi tío no se acuesta nunca antes de las doce.

    (5) El niño se marchó llorando.

    (6) Se visitaron uno a otro.

(7) Él se alaba siempre a sí mismo.

(8) Se dice que ellos son ladrones.

(9) Aquí se habla inglés.

4 Tradúzcanse al español las frases siguientes:

(1) 나는 일어서서 등(la luz)을 껐다.

(2) 당신은 언제 잠자리에 듭(취침합)니까?

(3) 나는 천원 지불하고서 점방을 나왔다.

(4) 그들은 프랑스어를 계속 배우고 있습니까?

(5) 그는 내에서 발을 씻고 있습니다.

(6) 나는 일찍 눈이 뜨였지만, 6시까지 일어나지 않았다.

(7) 그들은 서로 미워하고 있었다.

(8) 한 사람의 도둑이 나에게서 돈을 빼앗았다(robar).

(9) 우리들은 신(los zapatos)을 신는다.

(10) 나는 배고파서 죽겠다. (굶주려서 [de hambre] 죽어간다, 고 대답할 것)

Proverbios (속담)

El ejercicio hace maestro.

연습은 달인을 만든다.

A quien madruga Dios le ayuda.

일찍 일어나는 사람을 신이 돕는다.

La costumbre es otra naturaleza.

습관은 또 다른 (제2의) 천성.

La ociosidad es madre do todos los vicios.

아무 일도 하지 않음은 모두 악덕의 어머니.

Galgo que muchas liebres levanta, ninguna mata.

많은 토끼를 쫓아내는 사냥개는 아무것도 못 죽인다.

제3일

 (Gramática)

Ⅰ. 의문 대명사와 의문 형용사
(Pronomres y adjetivos interrogativos)

1. 의문대명사

¿quién?(누구?), ¿qué?(무엇?), ¿cuál?(어느 것)의 셋을 의문대명사라고 한다. 같은 철자이면서 뜻을 달리하는 말과 구별하기 위해서, 의문대명사에는 액센트 부호를 붙인다.

(a) ¿quién?은 「누구?」의 뜻으로서 물론 사람에 한해 적용된다. 「누구를?」, 「누구에게?」라 할 경우에는 전치사 「a」를 붙인다는 것은 이미 설명한 바와 같다. 그리고 ¿quien?은 남성여성 똑같지만, 복수형은 ¿quiénes? (누구누구?)이다.

보기 ¿Quién habla español? ¿A quién busca Vd.? ¿A quién da Vd. este libro? ¿A quiénes da Vd. estos libros? ¿De quién es este libro? ¿De quiénes son estos sombreros?

(b) ¿qué?는 「무엇?」의 뜻으로 물건에만 적용된다. ¿qué?에는 남성여성이나 단수복수의 구별이 없다.

보기 ¿Qué es hermoso? ¿Qué busca Vd.?

(c) ¿cuál?은 「어느 것」의 뜻으로 사람에게도 물건에게도 적용된다. 남성여성에 대해서는 동형이지만 복수형 ¿cuáles? (어느 어느 것)은 있다.

보기 ¿Cuál es el libro de Vd.?(어느 것이 당신의 책입니까?)

¿Cuáles son las libros de Vd.?(어느 것 어느 것이 당신의 책들입니까?)

¿Cuál de estos libros quiere Vd.?
(당신은 이 책들 중에 어느 것이 갖고 싶습니까?)
¿Cuáles de estos libros quiere Vd.?
(당신은 이 책들 중에 어느 어느 것이 갖고 싶습니까?)
¿Cuál de estos alumnos es el primo de Vd.?
(남학생들 중에 어느 쪽이 당신의 종형입니까?)
¿Cuáles de estas alumnas son las hermanas de Vd.?
(여학생들 중에 어느 어느쪽이 당신의 제매입니까?)

2. 의문형용사

의문형용사에는 ¿qué ― ?(무엇 ― ?)과, ¿cuánto ― ?(어느 만큼의 ― ?, 몇 개의 ― ?)와의 두 개가 있다.

(a) 의문형용사 ¿qué ― ? 는 (무엇 ― ?)이란 뜻으로 사람에도 물건에도 적용된다. 남성여성, 단수복수 모두 같은 꼴이다.

보기 ¿Qué país es rico? (어느 나라가 부유한 나라인가?)
¿Qué flores busca Vd.? (무슨 꽃들을 당신은 찾고 있습니까?)
¿Qué ministro va a Busan? (무슨 장관이 부산에 가는가?)
¿Qué ministros van a Busan?(무슨무슨 장관이 부산에 가는가?)

주의 우리말로 「어느 나라」 「어느 나라들」이라고 할 때는 「¿qué pais?」 「¿qué países?」라 하는 것이 좋다. 현대문에서는 「¿cuál país?」 「¿cuáles países?」라고는 보통 쓰지 않는다. 다만 의문대명사로 해서 ¿Cuál de los países es rico?, ¿Cuáles de los países son ricos?라 함이 보통이다.
또 우리말로 「어떤」이라고 할 때는 보통 「¿qué tal ― ?」을 쓴다.

보기 ¿Qué tal tiempo hace hoy (오늘은 어떤 날씨입니까?)
또 「어떤 종류의」라는 뜻으로 ¿qué clase de ― ?라 하기도 한다.

보기 ¿Qué clase de persona es el señor An?
(안씨〔선생〕는 어떤 사람〔사람됨〕입니까?)

(b) ¿cuánto?는 「어느(얼마) 만큼의」, 「몇개 (얼마)의」라는 뜻으로, 다음에 오는 명사의 성과 수에 따라 ¿cuánto?(남성단수), ¿cuánta?(여성단수), ¿cuántos?(남성복수), ¿cuántas?(여성복수)로 된다.

보기 ¿Cuánto vino hay en esta botella?
(이 병에는 얼마만큼의 포도주가 있습니까?)
¿Cuánta agua cabe en esta botella?(이 병에는 얼마만큼의 물이 들어갑니까?

caber, 들어갈 수 있다.)
¿Cuántos libros tiene Vd.?(당신은 몇권의 책을 가졌습니까?)
¿Cuántas plumas compra Vd.?(당신은 몇 개의 펜을 삽니까?)

1. Tradúzcanse al coreano las frases siguientes:
   (1) ¿De quién son estos cuadernos?
   (2) ¿Quiénes hablan italiano?
   (3) ¿Cuál es el infinitivo de este verbo?
   (4) ¿Cuánta agua bebió Vd.?
   (5) ¿Cuáles de los lapices son los tuyos?

2. Tradúzcanse al español las frases siguientes:
   (1) 당신은 무엇 무엇을 샀습니까?
   (2) 당신들은 누구와 익산에 갑니까?
   (3) 소년은 몇 개의 분필을 분질렀는가(romper를 쓰다)?
   (4) 이 사전들 가운데 어느 것이 가장 좋은가?
   (5) 당신은 무엇을 찾고 있습니까?

Ⅱ. 도량형(Medida peso)

단어 (Vocabulario)
un centímetro(1센티미터), un metro(1미터), un kilómetro(1킬로미터), una pulgada(1인치), un pie(1피트), una yarda(1야드), una milla(1마일), un litro(1리터), un gramo(1그램), un kilo (kilógramo)(1킬로그램), una onza(1온스), una libra(1파운드), un grado(1도〔도〕), la distancia(거리), pesar(무게가 나가다)

   (a) 길이, 넓이, 높이는 보통 「tener(또는 ser de) ……de largo(길이는), de ancho(넓이는), de alto(높이는)」의 형태로 나타낸다.
   보기 (1) ¿Cuántas millas tiene el río de largo? — Tiene aproximadamente doscientas de largo(강은 길이가 몇마일이 됩니까? — 길이는 대체로 2백마일

됩니다.)

(2) ¿Cuántos metros tiene de alto la torre? —Tiene(또는 Es de)unos rescientos metros de alto.(탑의 높이는 몇미터가 됩니까? — 높이는 약 3백미터 됩니다.)

(b) 면적을 나타내는 데는 보통 다음 형태를 취한다.

보기 El jardín tiene una area(면적) de quinientos kilometros cuadrados(평방). (정원은 5백평방 킬로미터 된다.)

(c) 중량과 거리는 다음과 같은 형태로 나타낸다.

보기 (1) ¿Cuanto pesa usted — Peso setenta kilos?(당신은 무게가 얼마만큼 나갑니까? — 나는 70키로 나갑니다.)

(2) ¿Qué distancia hay desde aquí hasta Ulsan? — Pues hay más de diez millas.(여기서 울산까지 얼마만큼의 거리가 됩니까? — 그렇군요, 10마일 이상 됩니다.)

Ⅲ. "-cer" 및 "-cir"로 끝나는 동사
(Los verbos que terminan en *-cer* y *-cir*)

단어 traducir(번역하다), vencer(이기다), esparcir(살포하다), cocer(삶다, 찌다), obedecer(복종하다), zurcir(이어 붙이다), parecer(생각되다, 보이다, …것 같다), las medias(여자 양말), permanecer(그치다), ofrecer(변함없이 있다)

1. 그 「cer」나 「cir」앞에 모음이 와 있는 것은 직설법현재의 제1인칭단수에서 「c」앞에 「z」를 넣어 「zco」로 한다.

보기 conocer(상통하다, 서로 사귀다) : conozco, conoces, ……(이하 규칙대로), traducir(번역하다) : traduzco, traduces, ……agradecer(감사하다) : agradezco, agradeces,……

(a) 「conocer」와 같은 변화를 하는 동사. nacer(태어나다), crecer(성장하다), aparecer(나타나다), merecer(〔…을 받을〕가치가 있다), etc.

(b) 「taducir」와 같은 변화를 하는 동사. conducir(이끌다, 인도하다), introducir(인도해 드리다, 소개하다), producir(생산하다), etc.

2. 「-cer」나 「-cir」 앞에 자음이 와 있으면 직설법현재 제1인칭단수에서 이미 설명한 바 정자법상의 원칙에 따라 「c」를 「z」로 바꾼다.

보기 vencer(이기다) : venzo, vences(이하규칙대로) : esparcir(살포하다) : esparzo, esparces(이하 규칙대로)

(a) 「vencer」와 같은 변화를 하는 동사. torcer(비틀다, 짜다, 단, 이것은 어근모음변화동사이다.), etc.

(b) 「esparcir」와 같은 변화를 하는 동사. zurcir(이어 붙이다.), ect.

주의 「cer」나 「cir」로 끝나는 동사라도, 위 두 가지 규칙대로 변화하지 않는 예외적인 것들이 있다.

보기 cocer(삶다. 어근모음변화동사) : cuezo, cueces, etc.
mecer(흔들다) : mezo, meces, etc.
decir(말하다) : digo, dices, etc.
hacer(하다, 만들다) : hago, haces, etc.

1. Conjúguense los verbos siguientes en el presente el pretérito imperfecto y el pretérito perfecto:

   (1) conocer.   (2) vencer.   (3) esparcir.
   (4) obedecelr.   (5) torcer.

2. Tradúzcanse al coreano las frases siguientes:

   (1) El mal muchacho no obedece a su padre.
   (2) Traduce al coreano una novela española.
   (3) Zurzo mis medias
   (4) No conozco a ese señor.
   (5) Permanezco aquí dos horas.

IV. 함께 쓰이는 여격 대명사와 목적격 대명사
(Pronombres dativos y acusativos usados juntos)

1. 두 개의 대명사의 위치

하나의 문장 안에서 여격(에게 격)과 목적격(을 격)의 두 개의 대명사가 함께 있을 경우에는 여격대명사가 목적격대명사의 바로 앞에 온다.

보기 Juan encuentra el libro y me lo da.(후안이 책을 발견해 내서 나에게 그것을 준다.)

Nuestro padre sacó de su maleta libros y cuadernos y nos los entregó.(우리들은 아버지는 그의 가방에서 책과 공책을 꺼내어 그것들을 우리에게 주었다.)

주의 이들 대명사가 현재분사(gerundio)나 부정법(infinitivo)에 붙을 때도 물론 여격이 목적격의 앞에 온다. 이럴 때는 그 동사의 액센트가 있는 곳에 그 부호를 붙일 필요가 있다.

보기 El profesor está dictándome la carta.
(선생님은 나에게 편지를 받아쓰게 하고 있다.)
El profesor está dictándomela.(선생님은 나에게 그것을 받아쓰게 하고 있다.)
El profesor va a dictarnos la carta.
(선생님이 우리들에게 편지를 [지금부터] 받아쓰게 하려 하고 있다.)
El profesor va a dictárnosla.
(선생님은 우리에게 그것을 받아쓰게 하려 하고 있다.)

2. 제3인칭에 있어서의 두 개의 대명사

하나의 문장에서 여격도 목적격도 다 제3인칭 대명사일 때는 여격대명사 「le」, 「les」는 「se」로 바뀐다. 이는 le(또는 les) lo(또는 la, los, las)와 같은 음이 이어짐으로써 매끄럽지 못하게 되므로 그를 피하기 위한 방편에 지나지 않는다.

보기 Juan encuentra el libro y se lo da (a él), (후안이 책을 발견해 내어 그에게 그것을 준다.)

이 문장 중의 「se」는 「le」 대신이므로 「그에게」의 뜻이다.

Obsérvese con cuidado la tabla siguiente:(다음 표를 주의하여 관찰하라.)

me lo, me la me los, me las	nos lo, nos la nos los, nos las
te lo, te la te los, te las	os lo, os la os los, os las
se lo, se la se los, se las	se lo, se la se los, se las

주의 (1) 여격대명사를 내세운 뒤, 다시 대명사나 명사를 뒤에 붙여도 관계없다.
보기 Le entrego la llave a ella.
　　　　Les entregué el dinero a sus padres.

이때 첫머리에 나온 「le」, 「les」만으로는 「누구에게」, 「누구누구에게」인지 명확하지 않다고 생각되면 뒤에 「a ella」, 「a sus padres」를 붙이게 된다.

주의 (2) 만약 여격이나 목적격이 모두 사람일 때는 목적격대명사만을 동사앞에 내고, 「누구에게」는 전치사 「a」로써 나타내는 것이 통례이다.
보기 El señor Valera me presentó a ella.(발레라씨는 나를 그녀에게 소개했다.)
　　　　Ella nos presentó a ellos.(그녀는 우리들을 그들에게 소개했다.)

Examínense con cuidado las frases siguientes:

(1) Sukil me da el lápiz. Sukil me lo da.
(2) Munsu te da la goma. Munsu te la da.
(3) Sukil da el papel al niño. Sukil le da el papel. Sukil lo da al niño. Sukil se lo da(a él).
(4) Oksun le da las plumas a ella. Oksun se las da(a ella).
(5) Sinnam le da el tintero a Vd. Sinnam se lo da(a Vd.).
(6) Munsu nos entrega el cuaderno. Munsu nos lo entrega.
(7) Ilhwan os entrega la llave. Ilhwan os la entrega.
(8) Suwok les regala las cajas(a ellas). Suwok se las regala(a ellas).
(9) Yo les doy las carbatas(a Vds.) . Yo se las doy(a Vds.).

V. 목적격을 수반하는 자동사
(Verbo intransitivo con el acusativo)

직접목적어를 갖지 않으면 뜻이 완전하게 될 수 없는 동사를 타동사(verbo transitivo)라 하며, 그것을 수반하지 않아도 뜻이 완전하게 되는 것을 목동사(verbo intransitivo)라 한다. 그런데 그 목동사와 같은 뜻을 갖는 직접목적어를 수반하는 경우가 있다. 이는 타동사와 같이 취급된다.

보기 (1) Vivo una vida tranquila.(나는 평정한 생활을 하고 있다.)
　　　　(2) Soñé sueños extraños.(나는 몇 개의 기괴한 꿈을 꾸었다.)

강 독(Lectura)

단어

honrado(정직한), recto(똑바른), es decir(즉), la alabanza(칭찬), mismo …que(과 같은 …), demasiado(너무, 너무 많은), amable(사랑할, 친절한), carecer de(…을 결하다, …이 모자라다), llevarse(몸에 지니고 가다), uno muy bueno(대단히 좋은 하나), gana(의욕), maña(소개), otorgar(승인하다)

Es Vd. muy amable

—¿Conoce Vd. al señor Pyon? —Sí, señor, le conozco muy bien, porque es un vecino nuestro.

—¿Qué clase de persona es? —Es un señor honrado y recto.

—¿Cuántos hijos tiene? —Tiene tres hijos y dos hijas.

—¿Cámo se llama su hijo mayor?—Se llama Chonghak, tiene la misma edad que yo, es decir, diez y siete años. Es uno de mis mejores amigos. Él también estudia el español. Hace unos días le presté el libro que Vd. me regaló la semana pasada.

—¿Lo ha leído Vd.?—Si, señor, lo he leído ya y se lo presté a mi amigo.

—Veo que Vd. ha hecho grandes adelantos en español. Vd. lo habla casi como un español.

—Muchas gracias. Vd. me da demasiadas alabanzas, pero sé bien que no las merezco. Todos los días traduzco un cuento español a nuestra lengua. Quiero traducir más, pero no puedo, porque carezco de un buen diccionario.

—Pues tengo uno muy bueno. Se lo ofrezco a Vd., porque yo no lo necesito ya. Vd. puede llevárselo a casa.

—¡Oh! Muchísimas gracias. Es Vd. muy amable. Se lo agradezco infinito.

주의 「Es vd. muy amable.」(〔당신은 대단히 친절합니다.〕친절을 감사하게 생각합니다)의 뜻. 또 강조하기 위해서 es를 Vd. 앞에 내세운 것이다.

복 습(Repaso)

1. Tradúzcanse al coreano las frases siguientes:

   (1) ¿Cuáles de estos relojes quiere Vd. comprar?

   (2) Sr. Hyon, ¿no quiere Vd. traerles a las señoras dos abanicos?—Sí, señor, voy a traérselos con mucho gusto.

   (3) ¿Dónde perdió Vd. su diccionario?—Lo perdí en la escuela.

   (4) ¿No les regalaron a Vds. los libros?—No, señor, no nos los regalaron.

   (5) ¿A quiénes encontró Vd. en la iglesia?—A nadie.

   (6) Los nuevos aviones(비행기) de esta compañía(회사) son dos veces más grandes que otros.

   (7) Tiene 230 pies de ancho de un extremo(끄트머리) al otro.

   (8) Esta caja es de un metro cúbico(입방).

   (9) ¿No tiene Vd. pluma?

   (10) Llegó sin abrigo(오바)

   주의 존재부정의 관념 뒤에서는 부정관사는 생략됨이 보통이다. 문제 (9)나 (10)의 경우가 그러한 보기이다.

2. Tradúzcanse al español las frases siguientes:

   (1) 무엇이 검은가? — 칠판이 검다.

   (2) 나는 나의 적수(rival)을 이긴다.

   (3) 나는 이 타올(la toalla)을 짠다(비튼다).

   (4) 나의 숙부는 한권의 에스파냐 소설을 꺼내어서 그것을 나에게 주었다.

   (5) 당신은 벌써 그에게 편지를 썼습니까? — 지금 그에게 그것을 쓰고 있는 주입니다.

   (6) 너는 그에게 그 펜나이프(소력)를 주느냐? — 아니오, 아가씨, 나는 그에게 그것을 주지 않습니다.

(7) 아버지는 우리에게 모자와 오바를 건네주었다.

(8) 나는 나의 부모(padres)에게 복종합니다.

(9) 저 노인은 그의 손자들에게 한권의 큰책을 보이고(보이며) 있다. 그들에게 그것을 보이고 있다.

(10) 나는 그에게서 집을 샀다. 그에게서 그것을 샀다.

Proverbios

Donde hay gana hay maña.
의욕 있는 곳에 방책이 있다.

Quien calla otorga.
가만 있는 사람은 승인한다.

제4일

문법 (文法) (Gramática)

I. 관계 대명사(Pronombres relativos)

> 단어
>
> el general(장군), descarrilar(탈선하다), olvidar(잊다), el documento(문서, 서류), quemar(태우다), el aspecto(광경, 외관), antipático(호감이 안가는), la belleza(아름다움, 미) la función(상연, 상영), lindo(깨끗한), cobarde(비겁한)

　관계대명사란 어떤 명사나 대명사와의 관계를 나타내는 대명사이다. 우리말로는 보통 「무엇무엇하는 바의 무엇무엇」할 때 같이, 명사나 대명사의 뒤에 오지만 스페인어에서는 앞에 나오므로 그 명사나 대명사를 「antecedente」(선행사)라고 부른다.

　스페인어에 있어서의 관계대명사에는 「que」, 「quien」, 「cual」, 「cuyo」의 네 종류가 있다. 이중에서 「que」, 「quien」, 「cual」의 세 개는 의문대명사에도 같은 꼴의 것이 있으면서 액센트 부호가 붙지만 관계대명사의 그것들에는 액센트 부호가 붙지 않는다.

1. 「que」에 대해서

　「que」는 「무엇무엇하는 ……」, 「무엇무엇하는 바의……」를 뜻하면서 사람이나 물건이나 모두 적용된다. 또 선행사로서 명사나 대명사의 성이나 수에 관계없이, 항상 「que」라는 하나의 형태를 갖는다. 이는 동사의 주격으로서도 목적격으로서도 쓰이지만, 사람의 경우에 있어서는 전치사를 쓸 수 없다.

> **문예**
> (a) El muchacho que está aquí es aplicado.
>   여기에 있는 소년은 근면하다.
> (b) Aquellas cajas que están sobre la mesa son de mi hermana menor.
>   테이블 위에 있는 저 상자들은 나의 누이동생 것이다.
> (c) Esa es la caja que busco.
>   그것이 내가 찾고 있는 상자입니다.
> (d) Éstos son los muchachos que yo buscaba.
>   이들은 내가 찾고 있던 소년들입니다.
> (e) El hombre que ve Vd. allí es mi tío.
>   당신이 거기에서 볼 수 있는[보시는] 남자는 나의 숙부입니다.

이상 다섯 개의 문예 중 처음 (a)와 (b)에서는 「que」가 주격으로 쓰이고 있다. 즉, 「El muchacho que esta aqui es aplicado.」는 「소년 — 그것은 여기에 있다 — 은 근면하다」는 뜻이며 (c) (d) (e)의 세 개에 있어서의 「que」는 목적격으로서 쓰이고 있다. 즉, 「Esa es la caja que busco.」는 그것은 상자—그것을, 내가 찾고 있다 — 입니다」의 뜻이다.

주의 문예 (e)와 같이 「El hombre que……」 「사람 — 그 사람을 …하다」와 같이 목적격이어도 사람을 나타내는 선행사를 「que」로 받을 때는, 「a que」라 할 수 없음에 대해 이미 설명했다.

2. 「quien」에 대해서

「quien」은 오직 사람에게만 적용된다. 남성여성의 구별은 없으나 복수형 「quienes」가 있다.

주격으로서 쓰일 때는 「quien」(그 사람은), 「quienes」(그 사람들은)이지만, 여격이나 목적격으로 쓰일 때는 전치사 「a」를 붙여서 「a quien」(그 사람에게, 그 사람을), 「a quienes」(그 사람들에게, 그 사람들을)라고 한다.

(a) El doctor Kim, quien llegó ayer a Seúl, me visita esta tarde.
어제 서울에 도착한 김박사는 오늘 오후 나를 방문한다.

(b) El señor Kang y su hija, quienes partieron para Europa el primero de julio, llegaron anteayer a París.
7월 1일 유럽으로 떠난 강씨(선생)와 그의 자녀와는 그저께 파리에 도착했습니다.

(c) Quien habla mucho piensa poco.
많이 지껄이는 사람은 생각하는 바가 적다(그렇게 사고 않는다).

(d) El caballero a quien entregó Vd. la carta está en la sala de espera.
당신이 편지를 건네드린 신사는 대합실에 계십니다.

(e) Aquellos ingleses a quienes llamé viven en Mokpo.
내가 부른 저 영국인들은 목포에 살고 있습니다.

주의 (c)에 있어서와 같이 선행사이 쓰이는 「quien」은 「무엇 무엇하는 사람」을 뜻한다.

3. 「cuyo」에 대해서

관계대명사 「cuyo」는 선행사인 명사나 대명사와의 관계를 나타냄과 동시에 그 소유도 함께 나타낸다. 또 「cuyo」는 소유되는 명사의 성과 수에 맞추어 「cuyo」, 「cuya」, 「cuyos」, 「cuyas」로 변화한다. 선행사의 성과 수에 맞추어 변화하지 않는 점에 주의하라.

(a) La muchacha cuyo padre partió para Méjico el mes pasado se casó ayer. (그 사람의)아버지가 지난달 멕시코로 향해 출발한 딸이 어제 결혼했습니다.(지난달 멕시코로 향해 떠난 사람의 딸이 …의 뜻이다).

(b) Aquí está el alumno cuya casa se quemó anoche.
(그 사람의)집이 어젯밤 엽실된 학생이 여기에 있다.

(c) Yo contemplo aquella casa cuyo aspecto me gusta.
나는 그 집을 바라보고 있다. 그 외관이 나는 좋은 것이다.

(d) Esta mañana encontré en Ulsan al pintor famoso a cuyos hijos conocí en Pagoda el verano pasado.
지난 여름 내가 그의 아들들과 울산에서 서로 알게 된 유명한 화가를 나는 오늘아침 파고다에서 발견했다.

4. 「el cual」(la cual, los cuales, las cuales, lo cual)에 대해서

「cual」 및 복수 「cuales」에 정관사를 붙인 형태, 「el cual」, 「la cual」, 「los cuales」, 「las cuales」, 「lo cual」도 관계대명사이다. 이 뜻으로 쓰이는 「cual」은 정관사없이 쓰이는 일이 결코 없다. 「que」와 뜻같이, 사람에도 물건에도 적용되는 복수형 「cuales」가 있으나 남성여성에 대해서는 동일형이다. 다만 선행사의 성과 수에 맞추어서 정관사가 변화한다. 동사의 주격으로도 목적격으로도 된다. 이 「el cual」, 「la cual」따위 용법은 「que」와 같지만, 뜻을 한층 강화할 때에 쓰인다. 또 문장 가운데서, 선행사라고 생각되기 쉬운 것이 두 개 있을 때, 그 가까운 쪽을 받지 않고 앞쪽에 있는 선행사를 받고 있다는 것을 가리키기 위해서 쓰이는 경우가 많다. 중성형 「lo cual」에 대해서는 다음 페이지에서 설명하고자 한다.

(a) ¿Conoce Vd. a la hija del señor Perez, la cual se casó con mi amigo?
당신은 뻬레스씨의 따님을 알고 있습니까? 그 따님은 나의 친구와 결혼했습니다.

(b) Mi tia habla con la prima de mi amigo, la cual es una muchacha muy simpática.
나의 숙모는 나의 친구의 종매와 말하고 있습니다. 그 종매는 대단히 호감을 주는 여자 입니다.

(c) Ella me presentó a los dos hijos de su amiga, los cuales me saludaron muy cortésmente.
그녀는 그녀의 여자친구의 두 아들에게 나를 소개했습니다. 그들은 대단히 정중하게 나에게 인사했습니다.

주의 「el cual」, 「la cual」따위 앞에는 커머 (,)를 붙이는 것이 보통이다. 그리고 「그 사람은」「그 사람을」이라고 하면서 거기서 문장을 끊어 번역해도 좋다.

5. 「el que」(la que, los que, las que, lo que)에 대해서

「que」에 정관사를 붙인 형태인 「el que」, 「la que」, 「los que」, 「las que」, 「lo que」도 관계대명사이다. 그 용법은 「el cual」, 「la cual」, 「las cuales」, 「las cuales」, 「lo cual」과 똑같다. 전치사를 수반할 때 많이 쓰

인다.

> **보기** Mi tía habla con la prima de mi amigo, la que es una muchacha antipática.
> (나의 숙모는 나의 친구의 종매와 말하고 있습니다. 그 사람〔종매〕은 호감이 안가는 여자입니다.)
>
> Éata es la casa de la que yo le hablaba a Vd. el otro día.
> (이것이 전날 내가 당신에게 말했던 집입니다. de la que에 대해서)

> **주의**「el que」,「la que」,「los que」,「las que」는「무엇 무엇하는 것(사람이나 물건)」을 뜻하는 때도 쓰이니까 혼동하지 않도록.

> **보기** El que estudia mucho aprende mucho.(많이 공부하는 자는 많이 기억한다. 이때의「el que……」는「quien……」〔무엇 무엇하는 사람〕과 같은 뜻이다.)
>
> Esta muchacha es la que estudia más.
> (이 소녀가 가장 공부하는 사람〔소녀〕입니다.)
>
> Esta plumas no son las que busco.(이들 펜은 내가 찾고 있는 것〔펜〕이 아니다.)

6.「lo cual」과「lo que」에 대해서

「cual」및「que」에 중성의 정관사「lo」를 붙인「lo cual」,「lo que」는「el cual」,「la cual」,「los cuales」,「las cuales」,「el que」,「la que」,「los que」,「las que」와는 달라서 이미 서술된 바 정리된 사실이나 개념을 받아「그 일」을 뜻한다. 양자가 다 용법은 같다.

> **보기** Los alumnos estudian mucho, lo cual (lo que) la agrada a su profesor(학생들은 많이〔대단히〕공부한다. 이일은 그들의 선생님을 즐겁게 한다.)
>
> Salí de casa sin paraguas, lo que (lo cual)era imprudente.
> (나는 우산을 갖지 않고서 집을 나왔다. 그것은 경솔한 짓이었다.)
>
> Mi hijó rompió el juguete de su hijo, lo que sentí mucho.(나의 아들이 그의 아들 노리개를 부셨다. 그것을 나는 마음 아프게 생각했다.)

> **보기**「lo que」는 또「무엇 무엇하는 바의 일」,「무엇 무엇하는 바의 물건」을 뜻한다. 그러므로 관계대명사로서의「lo que」와 혼동하면 안된다.

> **보기** Él no sabe lo que ha hecho.(그는 자기가 한 일을 모른다.)
>
> No olvido lo que Vd. me ha dicho.
> (당신이 나에게 말한 것을 나는 잊지 않습니다.)

7.「cuanto」에 대해서

「cuanto」는 또 관계대명사같이 쓰인다. 즉,「todo lo que」(…하는 바의 모두)라는 뜻을 갖는다.

보기 Yo le doy cuanto tengo.

(내가 가지고 있는 일체 [todo lo que tnego]를 그에게 준다.)

「cuanto」는 또 바로 뒤에 명사를 수반하는 일이 있다.

보기 (1) Bebieron cuanta agua había.

(그들은 있는 한의 물을 마셨다. toda el agua que habia의 뜻이다.)

(2) Perdí cuantas casas tenía en Wonsan por una bomba.

(한 발의 폭탄에 의해서 내가 원산에 가지고 있던 모든 집을 잃었다. todos las casas que tenía의 뜻이다.)

즉, 다음에 오는 명사의 성이나 수에 맞추어 cuanto, cuanta, cuantos, cuantas로 되는 점에 주의 할 것.

8. 관계대명사와 전치사

갖가지 관계대명사에 갖가지 전치사가 수반되는 경우가 있음은 말할 나위 없다. 다음 보기들을 보라.

El tren en que iba mi padre descarrilo.(나의 아버지가 [그 안에] 타고 있던 기차가 [탈선했다.)

Mi tió compró una casa de dos pisos, detrás de la cual corría un río.(나의 숙부는 2층 건물의 집을 샀다. 그의 뒤에 냇물이 흐르고 있었다.) [그의 뒤에 냇물이 흐르고 있는 2층 건물의 집을 나의 숙부가 샀다.]

Ésta es el muchacho de quien yo te hablaba a veces.(이 사람이 때때로 내가 [그 사람에 대해서] 너에게 말했던 소년이다.)

El lápiz con que escribo es corto.([그걸 가지고] 내가 쓰고 있는 연필은 짧다.)

Tradúzcanse al coreano las frases siguientes:

(1) Los hombres a quienes ven Vds. son españoles.

(2) El lapiz que está sobre la mesa no es mío. El que está en el suelo es mío.

(3) Yongkwon regaló a su hermano Sinman un libro de inglés que ya no necesitaba.

(4) Mi tía llevó a Midopa a sus hijas, para quienes compró sombreros.

(5) El abogado perdió su maleta, en la cual tenía unos documentos

muy importantes.

(6) Los niños con los cuales juegan mis hijos son los nietos del doctor Ahn.

(7) Lo que dice mi amigo no es verdad.

(8) Quien come mucho aprende poco.

(9) Es la española de cuya belleza yo le hablaba a Vd. muchas veces.

(10) Hay una mesa grande sobre la que está puesto un florero hermoso.

II. "-uir", "-ñer", "-ñir", "-llir", "-chir"로 끝나는 동사 (Verbos que terminan en -uir, -ñer, -ñir, -llir o -chir)

1. 「-uir」로 끝나는 동사

이를테면 「concluir」(완결하다)와 같이 「-uir」로 끝나는 동사는 직설법의 현재 및 과거(pretérito indefinido)에 있어서 불규칙변화를 한다. 현재에 있어서는 제1인칭복수 및 제2인칭복수를 제외하고는 어근에 자음 「y」를 덧붙인다.

보기 직설법현재 : concluyo, concluyes, concluye, concluimos, concluís, concluyen.

또 과거에 있어서도 「i」가 두 개의 모음사이에 올 때는 「y」로 바뀐다.

보기 직설법과거 : concluí, concluiste, concluyó, concluimos, concluisteis, concluyeron.

현재분사 : concluyendo

다음 동사를 직설법현재 및 과거로 활용 시켜라.

(1) contribuir(공헌하다, 기부하다).

(2) construir(건설하다).

(3) destruir(파괴하다).

(4) distribuir(분배하다).

(5) incluir(포함하다).

(6) excluir(제외하다)

2. 어근이 모음으로 끝나는 동사

이를테면 「caer」(떨어지다=낙)와 같이 어근이 모음으로 끝나는 제2변화 및 제3변화의 동사는 「uir」로 끝나는 동사와 같이 「i」두개의 모음사이에 올 때는 그 「i」를 「y」로 바꾼다.

보기 직설법현재 : caí, caíste, cayó, caímos, caísteis, cayeron.

현재분사 : cayendo

3. 「-ñer」「-ñir」, 「-llir」, 「-chir」로 끝나는 동사

이들 동사는 과거의 3인칭, 단수어미「ió」및 복수어미「-ieron」에서는 「i」를 떼어낸다. 현재분사에서도 같다.

보기 tañer(울리다=편명), 직설과거법 : tañí, tañiste, tañó(tañió가 아니다), tañendo(tañiendo가 아니다), tañimos, tañisteis, tañeron(tañieron이 아니다).

현재분사 : tañendo(tañiendo가 아니다).

reñir(싸우다, 꾸짖다) [pedir와 같은 종류의 동사]

직설법과거 : reñí, reñiste, rinñó, reñimos, reñisteis, riñeron.

현재분사 : riñendo

bullir(삶다) 직설법과거 : bullí, bulliste, bulló, bullimos bullisteis, bulleron.

현재분사 : bullendo.

henchir(팽창하다, 가득히하다) [pedir와 같은 종류의 동사]

직설법과거 : henchí, henchiste, hinchó, henchimos, henchisteis, hincheron.

현재분사 : hinchendo.

III. 감탄문(Oracion exclamativa)

「정말 …하구나!」「얼마나……인가!」하는 감탄문은 「que」 다음에 명사, 형용사 또는 부사를 갖다 놓고서 문장의 앞뒤에 감탄부(¡!)를 붙여 만든다.

(a) ¡Qué hombre!(뭘 한다는 사내인가!)

(b) ¡Qué linda es la flor!(꽃은 정말 아름답구나!)

(c) ¡Qué bien habla usted!(당신은 정말 잘도 말씀하시는구료!)

만약 명사에 형용사를 붙일 때는 「qué」다음에 형용사를 붙인다.

보기 ¡Qué mala música!(얼마나 엉터리 음악인가!)

또 명사뒤에 「tan+형용사」 또는 「más+형용사」를 붙이기도 한다.

(a) ¡Que chicas tan guapas!(얼마나〔이렇게〕아름다운 소녀인가!)

(b) ¡Que chicas más guapas!
    (얼마나〔이 이상 없게〕아름다운 소녀들인가!)

Ⅳ. 감각의 동사와 부정법
(Verbos de percepción y el infinitivo)

El pretérito indefinido de indicativo y el gerundio del verdo irregular "Oir" (불규칙동사 "oir"〔듣다〕의 직설법과거 및 현재분사)

(Pretérito indefinido)		(Gerundio)
oí	oímos	
oíste	oísteis	oyendo
oyó	oyeron	

불규칙동사 "oir"는 직설법현재에 있어서도 「uir」로 끝나는 동사와 대단히 비슷하다. 이미 배운 바와 같이 현재의 제1인칭단수만이 "oigo"로 된다.

「oir」(듣다), 「ver」(보다), 「sentir」(느끼다)같이 감각을 나타내는 동사를 써서 「무엇 무엇이 무엇 무엇하는 것을」듣다 (보다, 느끼다)고 하는 뜻을 나타내기 위해서는, 그 주동사의 바로 뒤에 부정법을 두고, 그 뒤에 목적격명사를 붙인다. 목적격의 대명사를 쓰려면 물론 주동사의 앞에 내세워야 한다. 즉 우리말로는 「무엇 무엇이」로 될 것인데도 스페인에서는 목적격으로 되는 것이다. 다음 문예를 보라.

(1) No he oído cantar a la alumna.(나는 그 여학생이 노래 부르는 것을 들은 일이 없다.)(No la he oído cantar.)
(2) Veo pasar un barco.(나는 배가 지나가는 것을 본다.)(Lo veo pasar.)
(3) Vimos correr al muchacho.(우리들은 그 소년이 달리는 것을 보았다.)(Le vimos correr.)
(4) Sentí pasar una mano sobre mi espalda.(나는 하나의 손이 나의 등위를 지나감을 느꼈다.)(La sentí pasar sobre mi espalda.)

Tradúazcanse al creano las frases siguientes:
(1) Nunca hemos visto llorar al niño,
(2) Vds. ven volar(하늘을 날다) dos pájaros.
(3) ¿No siente Vd. tocarle una cosa dura?(duro, 굳은, 단단한)
(4) No oí hablar a aquel señor.
(5) He oído decir que Corea es hermoso.(…이라고 〔세상사람들이〕 말하는 것을)

V. "-nte", "dor"로 끝나는 단어
(Palabras que terminan en *-nte* y *-dor*)

(1) 옛날의 에스파냐에는 「gerundio」와는 형태를 달리하는 「participio presente」(현재분사)라 불리는 형태가 존재하여 다음의 어미를 가지고 있었다.

-ar 동사 → -ante 보기 : hablante(말하고 있는〔바의〕)

-er 동사 → -iente 보기 : comiente(먹고 있는〔바의〕)

-ir 동사 → -iente 보기 : viviente(살고 있는〔바의〕)

그 중 어떤 것은 아주 형태가 없어지기도 했지만 어떤 것은 오늘날까지 남아서 명사, 형용사, 전치사, 그 밖의 것으로 되었다.

보기 amante(애인, 사랑하는 바의), vendiente(산매자), durante(…동안 내내), tocante a(…관해서)

(2) 동사의 어근에 「ador」, 「edor」, 「idor」를 붙여 「…하는 바의」의 뜻을 나타내는 형용사가 만들어진다. 또 「…하는 자」를 뜻하는 명사로도 된다.

보기 trabajador(노력하는 바의, 노동자), perro mordedor(무는〔버릇이 있는〕개), oidor(듣는 바의, 〔말할 때의〕듣는 쪽)

강 독(Lectura)

단어 (Vocabulario)

Apréndanse de memoria las palabras siguientes:

tardar(짬내다), la villa(별장), retirado(은퇴한, 퇴역의), fue(ir의 직설법과거, 그는 갔다), tranquilo(조용한), alegrarse de(…을 기뻐하다), el ébano(흑단), acercarse(다가가다), la mendiga(여자거지), la limosna(포시, 자선), dio(그는 주었다), anochecer(저물다), el pasajero(승객), el panorama(전경, 파노라마), la vista(조망, 시상), demostrar(보이다=시), está situado(위치하고 있다, 있다), el lugar(장소), embarcar(승선하다), el barco de recreo(유람선), borracho(술 취한), insultarse(서로 모욕하다, 서로 치도하다), pegarse(서로 때리다), emborracharse(주정하다), la compañía(약회사, 약해서 C.ia라 쓴다)

Un día en Namisom

Mi abuelo es un funcionario retirado. Como ha estado enfermo, vive ahora en Namisom.

El domingo pasado le visité por primera vez en su villa. Ya está completamente bien. La villa de mi abuelo es pequeña, pero es muy bonita. Además tiene una vista maravillosa. Mi abuelo se alegró de verme, y me llevó inmediatamente a su habitación en que había una mesa grande de ébano, sobre la cual estaban puestos unos libros chinos que le envió el otro día mi padre.

Desde la habitación se dominaba el panorama de Namisom, lo que demuestra que está situada la casa en un lugar alto. Después de almorzar, me llevó mi abuelo al lago Sanchong de cuya belleza me hablaba tanto mi madre.

Embarcamos en un barco de recreo. Este paseo sobre el agua azul y tranquila era muy agradable. Pero antes de llegar a la otra orilla, empezaron a reñir dos hombres borrachos quienes se hallaban entre los pasajeros. Los dos riñeron insgultándose y pegándose, lo cual me enseñó bien los daños de emborracharse.

Al subir a tierra, se acercó una mendiga vieja tañendo su *guitarra*. Nos pidió limosna y mi buen abuelo le dió cien wones, por lo cual le dio la vieja muchas gracias.

Ya anochecía cuando llegamos a casa. Mi abuelo estaba muy cansado, lo cual sentí mucho.

복 습(Repaso)

[1] Tradúzcanse al coreano las frases siguientes:

(1) La señorita que está cantando es mi prima.

(2) Los muchachos qus están en el jardín son mis sobrinos.

(3) Las niñas a quienes mira Vd. son mis nietas.

(4) El alumno cuya pluma tiene Vd. es inteligente.

(5) La muchacha a quien doy el libro se llama Yonmi.

(6) Los muchachos a quienes reñí ayer son malos.

(7) La tiza con (la) que yo escribía se rompió.

(8) El que habla mucho una lengua la aprende pronto.

(9) El señor Valera lee en voz alta lo que ha escrito su discípulo.

(10) Hablamos del padre de la niña, el cual partió ayer para la Argentina.

2 Tradúzcanse al español las frases siguientes:

(1) 그녀와 이야기하고 있던 신사는 누구냐?

(2) 네가(그 사람과) 말을 한 신사는 누구냐?

(3) 이 시계는 그가 찾고 있는 것(시계)이 아니다.

(4) (위에) 나의 만년필이 얹혀 있는 책은 누구의 것입니까?

(5) 학생들은 선생님이 그들에게 설명하는 것을 이해 못한다.

3 Díganse el presente, el pretérito indefinido de indicativo y el gerundio de los verbos siguientes:

(1) creer.   (2) reñir.

(3) bullir.   (4) tañer.

(5) oir.   (6) contribuir.

(7) leer.   (8) instruir (교육하다)

(9) henchir.   (10) influir(영향을 미치다)

 (Gramática)

I. 전치사(Preposiciones)

단어 (Vocabulario)

a(에, 을), ante(의 앞에, 에 대해서), bajo(의 아래), con(와, 함께), contra(에 대항해서), de(의, 부터, 에 관해서), desde(부터), en(의 가운데), hacia(의 쪽에), hasta(까지), para(을 위하여, 에 대해서), por(에 의해서, 에 대해서, 을 위해서), según(에 의하면, 대로, 에 따라서), sin(없이), sobre(의 위에, 에 관해서), tras(뒤에), entre(의 사이에)

II. 직설법 대과거(Pretérito pluscuamperfecto de indicativo)

El pretérito pluscuamperfecto de indicativo)

1. había tomado (comido, vivido)   habíamos tomado (comido, vivido)
2. habías tomado (comido, vivido)   habíais tomado (comido, vivido)
3. había tomado (comido, vivido)   habían tomado (comido, vivido)

대과거(pretérito pluscuamperfecto)는 완료과거(pretérito perfecto)와 같이 이른바 복합시제 (tiempo compuesto)이다. 즉 조동사 "haber"의 직설법 부완료과거(había, habías, etc.)와 동사의 과거분사와를 이어서 만든다.

이 대과거는 특정한 하나의 과거시보다 이전에 완료되어 있었던 행위나 상태를 나타내기 위하여 쓰인다. 영문법에서 말하는 과거완료(past perfect)

에 해당한다.

Obsérvense con cuidado las frases siguientes:

(a) Yo había estudiado la lección cuando llegó mi amigo.
나의 친구가 도착했을 때 나는 레슨을 받고 있었다.
(b) Habíamos comido ya cuando volvió nuestra madre.
우리 어머니가 돌아왔을 때 우리들은 벌써 식사를 끝내 버리고 있었다.
(c) Cuando llegué a la estacion, había salido el tren.
내가 역에 도착했을 때 기차는 출발해 버리고 있었다.
(d) Habían abierto la puerta antes de llegar el profesor.
선생님이 도착하기 전에, 그들은 문을 열어 두었다.

주의 (d)에서와 같이, 부정법의 주어를 나타낼 필요가 있을 때는 부정법의 뒤에다 붙인다.

Ⅲ. 인칭 대명사의 중성(Neutro del pronombre personal)

제3인칭에만 존재하는 중성인칭대명사 「ello」는, 이미 말하여진 사실 또는 추상적 개념을 나타내기 위하여 쓰인다. 따라서 그 용법은 다른 인칭대명사와는 성질을 달리하기 때문에 이 책 p.60에 보인바 「주격인칭대명사」의 표에서는 일부러 생략해 두었지만, 제3인칭단수에 들어가야 할 성질의 것이다. 여기서 새삼스럽지만, 격의 형과 그 용례를 들기로 한다.

(1) 주격 ello(그일[그것]은) (2) 여격 le(그 일에) (3) 목적격 lo(그 일을) (4) 전치사격 ello(그 일에 관해서 그 일에 의해서, 그 일 때문에), (5) 소유격 su(그 일의)

문예
(1) Ello es que no tengo dinero hoy.([실은] 나는 오늘 돈을 가지고 있지 않다.)
(2) No le doy gran importancia.(그 일에 나는 크게 중요성을 두지 않는다.)
(3) Él quiere levantarse, pero no lo hace.
(그는 일어나고 싶으나 그것을[일어나는 것을] 하지 않는다.)
(4) No hablamos de ello ayer.(우리들은 어제 그 일에 관해서 이야기하지 않았다.)

Ⅳ. 직전 과거(Preterito anterior)

El pretérito anterior de indicativo

1. hube tomado (comido, vivido)   hubimos tomado (comido, vivido)
2. hubiste tomado (comido, vivido)   hubisteis tomado (comido, vivido)
3. hubo tomado (comido, vivido)   hubieron tomado (comido, vivido)

　이 직전과거(preterito anterior)도 복합시제로서, 조동사 "haber"의 직설법과거(hube, hubiste, hubo, hubimos, hubisteis, hubieron)와 동사의 과거분사와를 이어서 만든다. 그리고 어떤 특정한 과거시의 직전에 완료한 행위를 나타내게 된다. 「anterior」(앞의)라는 말에 「직전」의 뜻은 없지만 그 용법을 생각하여 이 책에서는 「직전과거」라 부르기로 한다. 또 「직전과거완료」라 해도 괜찮겠다. 그러므로 일시적인 짧은 시간에 밖에 적용 안되며, 항시 다음과 같은 어구의 뒤에만 쓰이게 된다.

　después (de) que…(…해 버린 뒤에 바로) 〔de는 생략해도 좋다〕

　luego que, así que, tan pronto como, en cuanto.(이상은 어느 것이나 「……해 버리자마자」의 뜻인데 우리말로는 보통 「해 버리자마자 …무엇무엇했다.」고 할 때 같이 앞쪽을 현재로 말하는 것이다.)

　apenas, no bien(두 쪽이다. 「…해 버렸을까 말았을까 하는 동안(사이)에」의 뜻.)

　cuando(…해 버렸을 때에)

　antes de que(…해 버리기 전에)

> **주의** 직전과거는 항시 이러한 어구들 앞에서 쓰이는 것이 사실이지만, 이 어구들 뒤에는 항시 직전과거만이 쓰이는 것이 아니라 다른 시제가 쓰이기도 함은 말할 나위 없는 일이다.

Obsérvense con cuidado las frases siguientes:

(a) Después (de) que me hubo hablado esto, salió de mi cuarto.

　　그는 이일을 나에게 말하여 버린 뒤(곧) 나의 방을 나갔다.

(b) Luego que hubo llegado mi padre, empezamos a andar hacia el parque de Pagoda.

나의 아버지가 도착하자마자 우리들은 파고다 공원쪽으로 걷기 시작했다.
(c) Apenas hubieron entrado en la sala, cerramos la puerta.
그들이 방에 들어 왔을까 말았을까 한 사이에 우리들은 도어를 닫았다.
(d) Cuando les hube avisado la noticia, empezaron a llorar en voz alta.
내가 그 소식을 그들에게 알려 버렸을 때(바로=곧)그들은 큰 소리로 울기 시작했다.

현대문에서는, 이 직전과거 형태 대신 직설법의 보통과거(pretérito indefinido)가 대용되기도 한다. 에스파냐의 아카데미아도 이를 인정하는 터이므로 어느 쪽을 써도 상관없다.

Después (de) que me habló esto, salió de mi cuarto.
Luego que llegó mi padre, empezamos a andar hacia el parque de Pagoda.

V. 부사(Adverbio)

부사란, 말할 것도 없이 동사나 형용사의 뜻을 한정하는 것이다. 또 다른 부사의 뜻을 한정하는 수도 있다.

보기 Ella canta bien.(그녀는 잘 〔훌륭하게〕 노래한다.)
El libro está aquí.(책은 여기에 있다.)
Un hombre muy alto cayó en la calle.
(대단히 키가 큰 남자가 거리에서 쓰러졌다.)
El muchacho llegó demasiado tarde.(소년은 너무 늦게 도착했다.)

이들 문장중에서 「bien」, 「aquí」, 「muy」, 「demasiado」, 「tarde」가 부사이다. 다음에 가장 보편적으로 쓰이는 부사들을 들어본다.

단어 (Vocabulario)

1. 장소에 관한 부사
aquí(여기에), acá(이쪽에), ahí(거기에[말을 듣는 사람쪽 가까이에]), allí(저기에[두 사람에게서 다 떨어져 있는 곳에]), allá(저쪽에, 멀리 떨어져서, 저쪽), cerca(가까이에), lejos(멀리에), dentro(안에), fuera(밖에), arriba(위쪽에), abajo(아래쪽에), delante(앞에), detrás(뒤에), encima(위에), ¿dónde?(어디?)

2. 때에 관한 부사
hoy(오늘), ayer(어제), mañana(내일), ahora(지금), antes(이전에), después(나중에), tarde(늦게, 늦어서), temprano(일찍, 조기에), pronto(곧), siempre(항상), nunca(결코, 한번도…않다), jamás(한번도[nunca와 같음]), ya(이미, 벌써), mientras(…하는 동안에, 그 사이에), áun(아직), todavia(아직), ¿cuando?(언제?)

3. 태양에 관한 부사
bien(잘, 훌륭히), mal(나쁘게, 서투르게), así(그와 같이, 그렇게), apenas(다행하게도, 거의 …않다), quedo(고요히), recio(굳게, 강하게), claramente(명백히[그 밖에 -mente가 붙는 것은 거의]), ¿cómo?(어떻게?)

4. 양에 관한 부사
mucho(많이, 크게), más(보다 많이, 가장 많이), poco(조금, 그렇게…않다), menos(보다 적게, 가장 적게), casi(거의), bastante(상당히), muy(대단히), ¿cuanto?(얼마만큼?)

5. 순서에 관한 부사
primero(먼저, 첫째로), primeramente(먼저, 첫째로), sucesivamente(속속, 잇대어), últimamente(최후에), antes(앞에), después(나중에)

6. 배정의 부사
sí(그렇다), cierto(확실히), ciertamente(확실히), verdaderamente(정말로), también(도 또…[하다])

7. 부정의 부사
no(아니,…않다), nunca(결코 …않다), jamás(결코…않다), tampoco(도 도…[않다])

8. 의문에 관한 부사
acaso(잘못하면, 만일), quizá[도는 quizás] (아마, 모르면 몰라도)

Ⅵ. "muy"와 "mucho"(*muy y mucho*)

「muy」(대단히)라는 부사는 본디 「mucho」에서 온 것으로 형용사나 다른 부사또는 부사구 앞에 붙여진다. 그러나 그런 것들을 떠나 단독으로 쓸 때는 「mucho」로 된다.

> 보기 ¿Es muy interesante esta novela? — Sí, mucho.(이 소설은 대단히 재미있습니까? — 예, 대단히〔재미있습니다〕.)

그리고, 형용사나 부사로서의 「mucho」에 「muy」를 붙여서 쓰는 일은 없으며, 절대최상급 「muchísimo」를 쓰는 것이 관례이다.

Ⅶ. 부사를 만들기 위해 형용사에 붙여지는 접미어 "mente"에 대하여(Del sufijo *-mente* añadido al adjetivo para formar un adverbio)

형용사의 여성단수형에 「-mente」라는 접미어를 붙여서 부사를 만들 수가 있다. 그 거의는 태양의 부사로 된다. 그리고 그 형용사가 지니는 액센트는 그대로 보존된다. 따라서 「-mente」를 수반하는 부사는 액센트를 두군데에 가지고 있게 된다. 하나는 그것이 형용사 였을때 가졌던 것이고 다른 하나는 「mente」의 「men」위에 있게 된다. 그러므로 「-mente」가 붙은 부사는 설령 액센트 부호가 없더라도 그 「mente」의 앞부분(본디의 형용사)에도 하나의 액센트를 붙여서 발음해야 한다.

> 보기 claro(명백한)   claramente 끌라-라멘-떼. (명백히)
> atento(주의 깊은)   atentamente 아뗀-따멘-떼. (주의 깊게)
> lento(완만한)   lentamente 렌-따멘-떼. (완만하게)
> rapido(빠른)   rapidamente 르라-삐다멘-떼. (빨리)

「명백히, 그리고 완만하게」와 같이 「-mente」가 붙는 부사가 둘 또는 둘 이상 겹치는 경우에는 나중 것에만 「-mente」를 붙인다. 이 때 「-mente」를 붙이지 않은 것도, 형용사의 원급이 「o」로 끝나 있는 것은 그 형용사를 여성형으로 바꾸지 않으면 안된다.

> 보기 El hablo clara y lentamente.(그는 명백히 그리고 천천히 이야기했다.)
> El hablo clara, lenta y habilmente.(그는 명백히 천천히 그리고 교묘하게 이야기 했다.)

VIII. 불규칙한 비교급 및 최상급을 갖는 부사
(Adverdios cuyo comparativo y superlativo es irregular)

원 급	비 교 급	최 상 급
(1) bien	mejor	mejor
(2) mal	peor	peor
(3) mucho	más	más
(4) poco	menos	menos

IX. 증대사와 축소사 (Aumentativos y diminutivos)

명사에는 갖가지 접미어를 붙여서, 「큰」 「작은」의 뜻을 갖게 할 수가 있다. 이것을 증대사, 축소사라고 한다. 문장중에서 보다도 회화할 때에 더 많이 쓰이는 경향이다. 또 단순히 모양의 크고 작음 뿐 아니라 존경, 신용, 위엄, 중요성 등의 대소를 나타내는 일도 있다.

1. 가장 보편적으로 쓰이는 증대접미어

masculino(남성)	femenino(여성)
— ón	— ona
— ote	— ota
— azo	— aza

보기) hombre — hombrón(큰 남자), hombrazo(큰 남자)
animal — animalón(거대한 동물), animalote(거대한 동물)
mujer — mujerona(큰 여자)

주의) 「-ón」은 사람이나 동물 이외의 것을 나타내는 여성 명사에도 붙일 수 있다. 그 경우에는 그 증대사가 남성으로 된다. 뜻도 조금 변하는 것이 통례이다.

보기) una máscara(가면), un mascarón(건물이나 뱃머리 따위에 붙여지는 큰 가

면), una sala(방), un salón(큰 방, 큰 대청, 싸롱)

2. 축소접미어

masculino(남성)	femenino(여성)
─ ito (-cito, -ecito) ─ illo (-cillo, -ecillo) ─ uelo (-zuelo -ezuelo) ─ ico	─ ita (-cita, -ecita) ─ illa (-cilla, -ecilla) ─ uela (-zuela, -ezuela) ─ ica

보기 hombre ─ hombecito(작은 남자), hombrecillo(작은 남자), hombrezuelo(작은 남자)
mujer ─ mujercita(작은 여자), mujercilla(작은 여자), mujerzuela(작은 여자)
chico(어린이) ─ chiquillo(작은 어린이), chiquito(작은 어린이)
mesa ─ mesita(작은 탁자), mesilla(작은 탁자)
mano ─ manita(작은 손), manecita(작은 손)
cántaro(그릇) ─ cantarico(작은 그릇), cantarillo(작은 그릇), cantarito(작은 그릇)

이 밖에도 「ete」(보기 : pobre ─ pobrete 불행자), 「-ín」(보기 : espada ─ espadin 소검), 「-ejo」(보기 : animal ─ animalejo 소동물)등이 있다. 또 모든 축소사는 친애의 뜻을 나타낸다.

보기 papaíto(아버지), abuelita(할머니)

그리고 「aldea」(마을), Lucia(인명)과 같이 「-ea」나 「-ía」로 끝나는 명사에 축소접미어 「-uela」가 붙을 때는 「h」를 더해서 「aldehuela」(작은 마을, 한촌), Lucihuela(루시아〔친애하는〕)로 된다.

주의 「-ue」로 시작되는 음절(철음)은 모두 「h」를 붙여 적도록 되어 있다.

보기 huele(그는 냄새 맡다), huevo(달걀)

또 엄밀한 뜻에서의 증대사도 아니고 축소사도 아니면서, 조소나 경멸을 나타내기 위해서 갖가지 접미어를 붙이는 일이 있다. 이른바 경멸사(despectivo)가 그것이다. 「-uco, -uca」「-ucho, -ucha」, 「-astro, -astra」따위 어미로 나타낸다.

보기 casa ─ casuca(루옥), poeta ─ poetastro(엉터리 시인)

증대사와 축소사는 주로 명사로 붙여지지만, 때에 따라서는 형용사, 분사, 부사에도 붙여지는 일이 있다.

> 보기 un hombre cobardón(크게 비겁한 사내), Él es tontuelo.(그는 좀 어리석다.), Estoy cansadito.(나는 좀 지쳤다.), Vino callandito.(그는 말없이 왔다.), Llegó tardito.(그는 좀 늦게 도착했다.)

> 보기 증대사와 축소사는 상당히 어학실력이 붙기 전에는 함부로 쓰지 않는 것이 좋다. 적어도 한번 책에서 봤다든지 귀로 들었다든지 하는 형태 외에, 스스로 만들어 쓸 생각을 삼가는 것이 좋다는 뜻이다. 이론으로 따지자면 위에 든 접미어는 어느 명사에 붙여도 좋다 하겠으나, 오랜 관습에 의해서 이 명사(그밖에도)에는 이 접미어, 저 명사에는 저 접미어하는 식으로 대체로 정해져 있기 때문이다.

X. 형용사의 위치(Posicion de los adjetivos)

뜻을 한정하는 형용사, 이를테면 소유형용사, 지시형용사, 수량형용사(mucho, poco, vario, bastante, demasiado 따위), 구별적형용사(otro, demás 따위)나, 형용사로서 쓰이는 경우의 기수 따위는 명사 앞에 붙여진다. 다만, 품질형용사는 이미 말한 바와 같이 이름 뒤에 붙이는 것이 통례이지만 앞에 붙여도 상관없다. 특히 bueno, malo 따위는 가끔 명사앞에도 붙는 수가 있다. 또 순서수는 앞뒤 어디고 상관이 없다. 또 그 명사의 본질을 나타내는 형용사는 항상 명사앞에 붙는다.

> 보기 el hermoso sol(아름다운 태양)
> la blanca nieve(백설)

강 독(Lectura)

단어

Apréndanse de memoria las palabras siguientes:

fuimos(우리들은 갔다), despedirse de(헤어지다), de ida y vuelta(왕복), el andén(플랫홈), la partida(출발, 발차), la campanilla(벨), numeroso(수많은), el muelle(부두), el vapor(증기, 기선), el movimiento(움직임, 잡답), la animación(활기), el camarote(선실), el conocido(아는 사람), la

단어 (Vocabulario)

cesta(광우리), el ramillete de flores(꽃묶음), animadamente(원기 있게), a la vez(동시에), de repente(갑자기), el corredor(복도), estrepitosamente(시끄럽게), pintoresco(증화적인, 이색적인), el gong(징), la señal(신호), la atención(주의, 친절, 후정), cuídate(내 몸에 주의해라), estudia(너 공부해라), ¿eh?(뭐? 알았는가?), por supuesto(물론), a menudo(가끔, 이따금), ¡buen viaje!(안녕!, 평안히!), la pasarela(건널판), la portezuela(작은도어, 현문), puso(두었다), se puso en marcha(진행하기 시작했다), agitar(흔들다)

¡Buen viaje!

Anteayer partió para Japón mi tío, por lo cual fuimos a Busan para despedirnos de él y de su familia.

Tomamos el tranvía para ir a la estación de Seúl, adonde llegamos a la una en punto. No encontramos a mi tío ni a su familia. Creímos que habían partido ya para Busan. Después que hubimos sacado billetes de ida y vuelta para Busan, pasamos al andén donde estaba todavía el tren. Apenas hubimos subido a él, sonó la campanilla de partida. En la estación de Chonan compré unos *sandwiches*, porque no habíamos almorzado.

Cuando hubo llegado el tren a la estación de Busan, tomamos un taxi para ir al muelle. Al acercarse el automóvil a él, se pudo ver el hermoso vapor "Feri-ho", en el cual iba la familia de mi querido tío. En el muelle había mucho movimiento y mucha animación. Luego que hubimos subido al vapor, buscamos el camarote de mi tío, el cual encontré en seguida. Éste estaba hablando alegremente con numersos amigos y conocidos suyos. Todo el camarote estaba lleno de humo de tabaco, y de cestas de frutas, cajas de dulces y ramilletes de flores que le habían traído sus amigos.

Mi tío hablaba con una mujerona extranjera que tenía unos ojazos negros. Era la señora de un diplomático chileno. Los dos hablaban rápida y animadamente, gritando y riendo a la vez.

De repente pasó por el corredor un hombrecito tocando estrepitosamente un instrumento pintoresco que se llama *gong*.

—Ya deben Vds. irse —dijo mi tío—. Suena la ultima señal.

El vapor no tardará mucho en salir. ¡Bueno, señores, muchísimas gracias por sus atenciones! ¡Recuerdos a sus familias!

¡Hola, Sukil! Cuídate y estudia mucho, ¿eh?

—Sí, sí, por supuesto. Nos escribirás a menudo, ¿verdad?

—Ya lo creo. Y a ti te escribiré en español.

—Muy bien. Yo también te escribiré en esa lengua hermosa.

—Bueno. ¡Adiós, Sukil!

—Muchas gracias.

Así que hube pasado la pasarela al muelle, cerraron las portezuelas. Poco después el vapor se puso en marcha lentamente.

Nosotros gritamos y agitamos los pañuelos para decirle el último adiós, a lo cual contestó mi tío también agitando su sombrero.

복 습(Repaso)

[1] Conjúguense los vorbos siguientes en el pretérito pluscuamperfecto de indicativo:

(1) olvidar. (2) cubrir. (3) morir. (4) temer. (5) salir.

[2] Conjúguense los verbos siguientes en el pretérito anterior de indicativó

(1) saludar. (2) seguir. (3) soñar. (4) sufrir. (5) contribuir.

[3] Tradúzcanse al coreano las frases siguientes:

(1) ¿Había salido él cuando llegaron Vds. a su casa?

(2) Cuando el señor Sukil hubo echado al buzón la carta, se arrepintió de

ello.(arrepentirse 후회하다. se arrepintió 후회했다. de ello 그 일에 대해서. 한 것을 가리키다.)

(3) Después que hubo comido la manzana, el niño se acostó.

(4) Los alumnos habían borrado lo escrito cuando entró el profesor.

(5) Así que hube recibido la carta, empecé a leerla.

(6) Esta pluma me costó $ 2,30. (dos dólares treinta 이라고 읽는다) en Nueva York.

(7) Aquella casa se compró en el año 192 …(mil novecientos veinte y tantos 이라고 읽는다)

(8) Tengo mucho gusto (기쁨) en conocerle a Vd.

(9) El gusto es mío

(10) ¿Qué distancia hay desde aquí hasta Sokongdong?

4 Tradúzcanse al español las frases siguientes：

(1) 나는 집에 도착하자마자 자리에 쓰러졌다.(caer를 쓸 것)

(2) 민우씨가 도착하자마자 우리들은 출발했다.

(3) 그들이 우리들을 방문했을 때에 나는 편지 쓰기를 끝내고 있었다.

(4) 그의 아버지가 방에 들어간 뒤(곧) 수길은 외출했다.

(5) 박은 명료하게 그리고 천천히 발음했다.

5 Fórmense adverbios añadiendo "-mente"a los adjetivos siguientes y léanse correctamente.(형용사에 "-mente"를 붙여서 부사를 만들라. 그리고 바르게 읽으라.)

(1) fácil.   (2) torpe(우둔한, 엉터리의).   (3) antiguo.

(4) negativo.   (5) franco(솔직한, 감추지 않는)

Proverbios

Poderoso caballero es Don Dinero.
황금 나으리야말로 유력한 신사
Si te he visto no me acuerdo.
가버린 자는 날도 멀어진다.

제6일

 (Gramática)

I. 접속사(Conjunciones)

> **요약**
>
> y(i- 또는 hi-의 앞에서는 e로 한다.)(와, 및, 그리고), o(o 또는 ho- 앞에서는 u 로 한다)(또는, 혹은), pero(그러나), mas(그러나), aunque(……하지마는), pues(…는 까닭은, 그 까닭은), porque(왜냐하면), si(……다면, ……지 어쩐지 를), que(……하는 바를), como(……하는 까닭에)

「y」는 「i-」나 「hi-」로 시작되는 단어 앞에서는 어운관계상 「e」로 바꿔지 만, 「hie-」로 시작되는 단어 앞에서는 역시 「y」그대로이다.
「o-」나 「ho-」로 시작되는 단어 앞에서는 「u」로 된다.

(1) mar e isla(바다와 섬), entre padre e hijo(부자사이에) cobre y hierro(동과 철)
(2) siete y ocho(일곱이거나 여덟), ayer y hoy(어제거나 오늘)

Ⅱ. 직설법 미래(Futuro imperfecto de indicativo)

El futuro imperfecto de indicativo		
	단 수	복 수
tomar	tomaré tomarás tomará	tomaremos tomaréis tomarán
comer	comeré comerás comerá	comeremos comeréis comerán
vivir	viviré vivirás vivirá	viviremos viviréis vivirán

보기 스페인의 아카데미아 발행 문법책에는 보통의 미래를 「futuro imperfecto」라 부르고 있으나 이 책에서는 그냥 「미래」라 부르기로 한다. 직설법의 미래는 제1변화, 제2변화, 제3변화의 구별 없이 어느 것이고 부정법에 (어근이 아닌 점에 조심할 것), -é, -ás, -á, -emos, -éis, -án이라고 어미를 붙여서 만든다. 그리고 이 미래형의 어미는 예외 없이 모든 동사에 붙여지는 것이다.

직설법의 미래는 미래에 있어서의 행위나 상태를 나타내기 위하여 쓰인다. 또 현재에 있어서의 전망이나 추량을 나타내기 위해 쓰인다.

보기 (a) Compraré mañana el libro.(나는 내일 책을 살 것이다.)
　　(b) Él aprenderá el español pronto.
　　　 (그는 얼마 있지 않아서 스페인어를 익히게 될 것이다)
　　(c) Partiremos esta noche para Osan.
　　　 (우리들은 오늘밤 마산을 향하여 출발할 것이다.)
　　(d) ¿Dónde estará ahora el profesor?(선생님은 지금 어디에 계실까요?)
　　(e) El niño tendrá cinco años.
　　　 (남자아이는 다섯일 것입니다. tendrá는 tener의 미래)

주의 이미 설명한 바와 같이 「스페인어」「한국어」할 때와 같이 하나의 국어를 나타내고자 할 때는 국적을 나타내는 형용사에 「el」을 붙인다. 다만, 「hablar」라는 동사의 바로 뒤에(부사를 끼우는 일 없이) 올 때와 전치사 「en」 다음에 올 때에는 「el」을 안 붙이는 것이 관례이다. 또 「스페인어의 선생님」 할 때와 같이, 「선생님」이 주고, 「스페인어」가 그것을 한정하고 있을 때는 「español」앞에 정관사를 안 붙인다. 이는 「la sala de clase」따위 경우에 있어서도 마찬가지이다.

보기 Hablo coreano. Hablo muy mal el español.
Escribo en español. La carta en español.
El profesor de español está enfermo.
Entro en la sala de clase.

Obsérvense con cuidado las frases siguientes:

(1) Escribiré la carta en seguida.
나는 곧 편지를 쓸 것입니다.

(2) ¿Qué estudiará esta noche?
그는 오늘 밤 무엇을 공부할 것일까?

(3) Mañana ya estaremos en Busan.
내일이면 벌써 우리는 부산에 있을 것입니다.

(4) Nos levantaremos temprano mañana.
우리는 내일 일찍 일어날 것입니다.

(5) ¿Quien será aquel hombre que nos mira?
우리들을 보고 있는 저 남자는 누구일까?

(6) ¿Cuándo partirán Vds.?
당신들은 언제 출발할 것입니까?

(7) El libro estará sobre la mesa.
책은 테이블 위에 있을 것이다.

Ⅲ. 불규칙한 미래를 갖는 동사(Verbos cuyo futuro imperfecto de indicativo es irregular)

앞에서도 말한 바와 같이, 모든 동사의 미래는 -é, -ás, -á, -emos, -éis, -án으로 끝난다. 그러므로 불규칙한 미래형은 어미가 불규칙한 것이 아니라, 어근이 변화한다는 것을 뜻하게 된다. 다음 동사의 미래는 불규칙이다.

제1종류. saber(알다) : sabré, sabrás, sabrá, sabremos, sabréis, sabrán.

즉, 불정법의 어미 「-er」속의 「e」를 잃게 되는 것이다. 다음의 동사들은 「saber」와 같은 변화를 한다. 하나하나 변화시켜 보라.

caber(들어갈 수 있다), haber(있다, 또는 조동사), poder(…할 수 있다), querer(갖고 싶어하다, 바라다)

제2종류. venir(오다) : vendré, vendrás, vendrá, vendremos, vendréis, vendrán.

즉, 불정법 어미의 모음대신 자음 「d」가 들어간다. 다음 동사들은 「venir」와 같이 변화한다. 변화시켜 보라.

poner(두다), tener(가지다), salir(나가다), valer(…할 가치가 있다.)

제3종류. hacer(하다, 만들다) : haré, harás, hará, haremos, haréis, harán.

즉, 부정법중의 두 글자를 잃게 되는 것이다.

주의 「decir」도 「hacer」도 같은 변화를 하지만, 어근의 「e」를 「i」로 바꾸는 점이 다르다. 즉, diré, dirás, dirá, diremos, diréis, dirán으로 된다. 그런데, 그것에 접두사가 붙은 「bendecir」(축복하다), 「maldecir」(저주하다)는 직설법미래에 있어서는 규칙적으로 변화한다.

Obsérvense con cidado las frases siguientes:

(1) ¿Cuándo podrá Vd. prestarme su libro?
   당신은 언제 책을 나에게 빌려주실 수 있겠습니까?

(2) Mañana sabré el resultado de los exámenes.
   내일 나는 시험의 결과를 알 것입니다.

(3) El señor Sukil vendrá a mi casa el domingo próximo.
   수길씨는 다음 일요일에 우리집으로 올 것입니다.

(4) Saldremos de casa a las dos en punto.
정각 2시에 우리들은 집을 나설 것입니다.
(5) No dirán nada.
그들은 아무 말도 안 할 것이다.

Ⅳ. 부사의 비교급과 최상급
(Comparativo y superlativo de los adverbios)

부사에 más 또는 menos 따위를 붙이는 것은 형용사의 경우와 똑같다. 그리고 비교급이나 최상급이나 같은 형태가 되므로, 문의 앞뒤관계를 살펴서 판단해야 한다.

그러나, 최상급 뒤에 그 뜻을 한정하는 어구가 붙을 때는 최상급형 앞에 중성의 정관사 「lo」를 붙인다.

보기 (1) lejos(멀리에, 멀찌기) (2) más lejos(더욱 멀찌기) (3) más lejos(가장 멀찌기) (4) lo más lejos posible(되도록 멀찌기) (5) menos pronto(보다 적게 빨리) (6) menos pronto(가장 적게 빨리) (7) lo más pronto posible(되도록 빨리) (8) lo más lejos que pudo(그의 힘이 미치는 한껏 멀리)

Ⅴ. 직설법 현재의 특별용법
(Usos especiales del presente de indicativo)

(1) 상대방의 의견이나 지시를 요구하기 위해 일인칭단수 및 복수를 쓰는 일이 있다.

보기 ¿Qué hago?(나는 무엇을 할까요?〔지시를 바랍니다.〕)
¿Abrimos la ventana?(우리들은 창을 열까요?〔그래도 괜찮겠습니까?〕)

(2) 「por poco」(조금 더 했다면……할 판이었다)의 뒤에 쓰는 일이 있다.

보기 Por poco se cae el automóvil en el río.(조금 더 했다면 자동차는 냇물에 추락할 판이었다.)

(3) 미래의 일이라도 결정된 것으로서 말할 때는 현재형을 쓴다.

보기 Voy pasado mañana.(나는 모레 갑니다.)

Ⅵ. 직설법의 완료 미래(Futuro perfecto de indicativo)

El futuro perfecto de indicativo	
habré tomado(comido, vivido)	habremos tomado(comido, vivido)
habrás tomado(comido, vivido)	habréis tomado(comido, vivido)
habrá tomado(comido, vivido)	habrán tomado(comido, vivido)

직설법의 완료미래(영문법에서 이르는 「미래완료」에 상당)에 형태는, 조동사 "haber"의 미래(habré, habrás, habrá, habremos, habréis, habrán)에 동사의 과거분사를 이어서 만든다. 미래에 있어서의 어느 특정한 때보다 이전에 그 완료되어 있는 행위나 상태를 나타낸다. 또 완료과거에 대한 추량, 상상을 나타내기도 한다.

Obsérvense con cuidado las frases siguientes

(1) Habré terminado el trabajo antes de las ocho.
    8시 이전에 나는 일을 끝내 버리고 있을 것이다.

(2) Iré a buscarle a Vd. a las siete. Habrá comido, ¿verdad? ─ Sí, señor, ya habré comido.
    나는 7시에 당신을 마중하러 가겠습니다.(그때까지는) 식사를 끝내고 계시겠지요? ─ 예, 식사를 끝내고 있겠습니다.

    주의 ¿verdad? 대신, ¿no es verdad? 또는 그냥 ¿no?를 써도 좋다.

(3) El profesor llegará a las diez, pero los alumnos habrán borrado antes lo escrito en la pizarra.
    선생님은 10시에 도착할 것이다. 그러나 그전에 학생들은 칠판에 쓰여 있는 것을 지워 버리고 있을 것이다.

(4) Ya son las nueve. Habrá empezado la lección.
    벌써 9시다. 과업은 시작되었을 것이다.

Ⅶ. Más(menos)…del(de la, etc.) que …로 쓰이는 형의 비교급(Más(menos))…del, de la etc. que …)

절의 요소가 명사일 때는 del que, de la que, de los que, de las que로 받고, 형용사나 부사라면 de lo que로 받는다. 그리고 그 절의 요소 앞에 「más」나 「menos」를 붙여 비교급을 만들 수 있다.

(1) Él ha ganado más dinero del que perdió.
   (그는 잃어버린 돈 이상의 돈을 벌었다.)
(2) Ella tiene ahora menos amigas de las que tenía antes.
   (그녀는 전에 가지고 있던 것(여자친구)보다 적은 여자친구를 지금 가지고 있다.)
(3) Él es más pobre de lo que parece.(그는 보기보다 가난하다.)
(4) Ellos llegaron más temprano de lo que se esperaba.
   (그들은 예정되어 있었던 것보다 일찍 도착했다.)

강 독(Lectura)

단어(Vocabulario)

Apréndanse de memoria las palabras siguientes:

amigo íntimo(친우), hacer falta(필요하다), el inconveniente(불편, 부자유), la adaptación(순응, 개작), la adaptación cinematográfica(영화화), la sangre(피=혈), la arena(모래), célebre(유명한, 저명한), la traducción(번역), admirablemente hecho(훌륭하게 하여진), para el sábado(토요일까지는), la costumbre(습관)

Lo que haré esta tarde

Hoy tengo que estudiar mis lecciones antes de la comida, porque esta noche no tendré tiempo para hacerlo. Quiero ir al cine con mi amigo íntimo Sukil que vendrá a buscarme a las seis. No hará falta tomar un taxi, porque habrá bastante tiempo si comemos a las cinco y media. Mi hermano menor también querrá ir con nosotros y no tendremos inconvenientes en llevarle. Saldremos de casa a eso de las seis y media. De esta manera podremos llegar al Teatro Piccadilly un poco antes de las siete, la hora en que empieza la función.

Me gusta mucho el cine. El sábado próximo iré a ver la famosa película norteamericana "Sangre y arena", adaptación cinematográfica de la célebre novela del inmortal escritor Blasco Ibáñez. Para mí esta novela es todaría un poco difícil, pero la he leído a través de la traducción admirablemente hecha del profesor Mhin. Es una historia interesantísima. La prestaré hoy a mi amigo. Él la habrá leído para el sábado y sabrá mejor las costumbres españolas.

복 습(Repaso)

[1] Pónganse las frases siguientes en el futuro imperfecto y el futuro perfecto de indicativo:

(1) Escribimos el cuento.

(2) Hago una pregunta en español.

(3) Como la manzana.

(4) Vds. abren la ventana.

(5) Puedo traducir esta carta a nuestra lengua.

2 Tradúzcanse al coreano las frases siguientes:

(1) Mañana podré ir.

(2) La niña querrá la flor.

(3) Vds. no tendrán bastante tiempo.

(4) Ellos nos dirán la verdad.

(5) Este libro no vale nada.

(6) Yo habré salido de casa.

(7) Vendré aquí manana tambien.

(8) Habrá recibido mi carta.

(9) Habremos preparado nuestras lecciones antes de las seis.

(10) Serán las tres ya.

3 Tradúzcanse al español las frases siguientes:

(1) 그들은 내일 그 소식을 알 것이다.

(2) 9시에 우리들은 역에 벌써 도착해 있을 것이다.

(3) 나는 선생님께 몇 개인가의 질문을 하리라.(몇 개인가의 질문을 한다. hacer unas preguntas)

(4) 나의 숙모는 42~3세일 것입니다.

(5) 그는 오늘 밤 8시에 군산에 도착할 것이다. 그러나 그의 할아버지는 벌써 익산을 향해서 출발하고 있을 것이다.

(6) 당신은 내월 군산에 가게 되겠습니까?

(7) 내일 나는 무엇을 할까?

(8) 나는 아무말도 않겠다.

(9) 10시까지에는 (para las diez) 나는 3통의 편지 쓰기를 끝내고 있을 것이다.(편지를 써버리고 있을 것이다)

(10) 정각 4시에 아버지는 출발할 것입니다.

Proverbios

Barco que mandan muchos pilotos pronto se va a pique.
(많은 선원이 명령하는 배는 곧 가라앉는다.)
사공이 많으면 배는 산으로 간다.
Bienes mal adquiridos a nadie han enriquecido.
(부정하게 얻어진 재산은 자고로 그 누구도 부자가 되지 못했다.)
쉽게 번 돈은 재산이 안된다.
El que quiere a la col quiere a las hojas de alrededor.
(캐비지를 사랑하는 사람은 주위의 이파리도 사랑한다.)
아내가 예쁘면 처가집 말뚝까지 예쁘다.

주의 캐비지나 이파리(엽)에 의인법을 써서「a」를 붙인 것.

 (Gramática)

Ⅳ. 접속법의 현재(Presente de subjuntivo)

EL Presente de subjuntivo

tomar	
tome	tomemos
tomes	toméis
tome	tomen

주의 어미 -e, -es, -e, -emos, -éis, -en.

comer	
coma	comamos
comas	comáis
coma	coman

주의 어미 -a, -as, -a, -amos, -áis, -an

vivir	
viva	vivamo
vivas	viváis
viva	vivan

주의 어미는 제2변화동사와 같이, -a, -as, -a -amos, -áis, -an. 접속법 현재의 어미는, 위 표에서 보이는 바와 같이, 제1인칭단수와 제3인칭단수가 동형이다. 그것을 명백하게 할 필요가 있을 때에는 주격대명사를 생략하지 않는다.

보기 yo tome, él tome. yo viva, ella viva.

1. 접속법의 용법

　지금까지 배워 온 직설법은, 현존하는 사실, 과거에 있어서 존재했던 사실, 미래에 있어서 존재할 것이라고 예상하는 사실을 있는 그대로 말하는 것이었다. 즉, 확실하고 의심이 없는 것을 말하는 것이었다. 그러나 접속법은 이에 반하여 현실과 결정지을 수 없는 「가공」의 행위나 상태를 말하게 되는 것이다. 이를테면 「Compra el libro.」(그는 책을 산다.)고 할 때는 그가 책을 산다고 하는 사실이 존재하게 된다. 그래서 그 사실을 있는 그대로 말하고 있는 것이다. 그런데, 「Yo le mando que compre el libro.」는 「나는 그에게 (그가) 책을 살 것을 명령한다.」는 뜻이 되는 것인데 여기서는 그가 지금 당장 책을 산다는 사실도 없고, 또 그렇다 해도 장래에 반드시 사게 되어 있는 것도 아니다. 왜냐하면, 나는 명령했다 뿐이지, 그가 살지 어떨지는 알 수 없기 때문이다. 요컨대 이 경우에서 「그가 책을 산다」는 것은 적어도 현재로서는 현실을 초월한 가상의 사실인 것이다. 접속법은 주로 이럴 때에 쓰인다.

　Obsérvense con cuidado las frases siguientes:

　(1) Creo que él estudia el español.
　　 그는 에스파냐어를 연구하고 있다고 나는 믿는다.
　(2) Creo que él estudió el español.
　　 그는 에스파냐어를 연구했다고 나는 믿는다.
　(3) Creo que él estudiaba el español.

그는 에스파냐어를 연구하고 있었다고 나는 믿는다.
(4) Creo que él ha estudiado el español.
그는 스페인어를 연구해 버렸다(또는 연구한 일이 있었다)고 나는 믿는다.
(5) Creo que él estudiará el español.
그는 에스파냐어를 연구하리라고 나는 믿는다.

이 문장들 중의 「estudia」, 「estudió」, 「estudiaba」, 「haestudiado」, 「estudiará」는 직설법이다. 어느 것이나 사실을 있는 그대로 말하고 있는 것이다. 맨 끝 (5)의 미래형 「estudirá」까지도, 「그가 장래 연구한다」고 말하는 사람이 마음속으로 결정하여 확실하고 의심할 바 없이 말하고 있는 것이다. 그러나 다음 문장 중의 「estudie」는 접속법이다. 그가 스페인어를

Dudo que él estudie el español.
그가 스페인어를 연구한다는 것을 나는 의심한다.

연구하고 있는지 어떤지, 또 장래에 연구할 것인지 어떤지를 의심하고 있는 터이므로 물론 현실을 있는 그대로 말하고 있는 것으로는 못된다. 「내가 의심한다」(Dudo)는 것은 사실이지만 「그가 연구하는 것」(que él estudie)은 불확실한 것이다. 접속법은 항상 이 「불확실한 것」이 붙어 다니게 마련이다.

2. 접속법은 원망, 명령, 의혹 그 밖의 의지를 갖는 동사뒤에 쓰인다.

스페인어에 있어서의 접속법의 용법은 광범위하고도 복잡하므로 독자는 유의하여 공부해야 한다. 여러 가지 있는 용법중 하나는 종속절 중의 용법이다. 그 종속절에도 여러 가지가 있으나 맨 먼저 알아야 할 것은 의지를 갖는 동사의 목적격 명사절 중에 있어서의 용법이다. 이를테면 앞에 든 문예에 있어서, 「que compre el libro」(그가 책을 사는 것을)는 「mando」 (나는 명령한다)의 목적격명사절이다. 똑같이 「que el estudie el español」 (그가 스페인어를 연구하는 것을)은 「dudo」(나는 의심한다)의 목적격명사절이다. 이럴 때의 「que」(……하는 것을)은 접속사로서, 그 이하가 하나의 절을 이루고 있음을 나타내기 위하여 쓰인다. 그리고 어떤 종류의 동사, 이를테면 「mandar」나 「dudar」같은 동사의 목적격명사절안에 있는 동사는 접속법을 쓰지 않으면 안되게 된다.

(1) Yo le mando que compre el libro.
(2) Dudo que él estudie el español.

그리고 목적격명사절속에서 동사의 접속법이 요구되는 어떤 특종의 동사란 원망, 희망, 구성, 명령, 시인, 허용, 권고, 금지, 요구, 그밖에도 이와 비슷한 의지를 갖는 동사들이다. 구체적으로 보기를 들어 보자면 다음과 같은 것들이다 rogar(바라다, 원하다), querer(갖고 싶어하다, 바라다), desear(원망하다), suplicar(간원하다), preferir(먼저 선택하다 ······하는 쪽을 택하다), pedir(청하다), solicitar(절원하다), aprobar(시인하다), esperar(희망하다), mandar(명령하다), ordenar(명령하다), perdonar(용서하다), permitir(허용하다), conceder(양보하다, 승인하다), recomendar(추천하다), aconsejar(충고하다, 조언하다), impedir(방해하다), prohibir(금지하다), reclamar(요구하다), demandar(청원하다, 요구하다) etc. 바꾸어 말하면 이상과 같은 동사 다음에 목적격 명사절로서 오는 종속절중의 동사에는 접속법이 쓰이는 것이다. 위에 든 것과 같은 동사의 직설법현재 또는 미래다음에 오는 「que」 이하의 종속명사절 중의 동사는 접속법현재형을 취한다.

Obsérvense con cuidado las frases siguientes:

(1) Le ruego que me preste la pluma.
   그가 나에게 빌려 줄 것을 원한다.
(2) El profesor quiere que yo abra la ventana.
   선생님은 내가 창을 열 것을 바란다.
(3) Mi tío desea que yo le escriba en español.
   나의 숙부는 내가 그에게 스페인어로 [편지를] 쓸 것을 바란다.
(4) Nos suplicarán que les prestemos mil pesetas.
   우리들이 그들에게 1천 뻬세타 빌려줄 것을 그들은 우리들에게 간원 할 것이다.
(5) Les pido a Vds. que me den un vaso de agua.
   나에게 한잔의 물을 주십사고 나는 당신들에게 부탁합니다.

(6) El pobre muchacho me solicita que le compre un ejemplar del periódico.
가엾은 소년이 신문 1부를 사달라고 나에게 청한다.

(7) Aprobarán que Vd. aprenda el ruso.
당신이 러시아어를 배우는 것을 그들은 시인할 것이다.

(8) Mi madre me permitirá que compre el libro.
나의 어머니는 내가 책을 살 것을 나에게 허락할 것이다.

(9) El médico le aconseja a Vd. que beba mucha agua.
의사는 당신에게 많은 물을 마실 것을 충고한다.

(10) Les prohibo a Vds. que fumen en la clase.
교실에서 담배 피우는 것을 나는 당신들에게 금한다.

주의 문예 (6)에 있는 「pobre」라는 형용사는 명사앞에 올 때는 「가엾은」을 뜻하고, 뒤에 오면 「가난한」을 뜻한다. 덧붙여 말해 두거니와 형용사 「grande」는 명사 앞에 있을 때는 「위대한, 훌륭한」의 뜻인데, 뒤에 붙게 되면 「큰」을 뜻하게 된다.

이들 문예 중에서 접속사 「que」(……하는 것을)의 앞에 있는 동사를 주동사라고 하며, 「que」이하의 종속절 중에 있는 동사를 종속동사라고 한다.

앞에 든 원망, 명령, 그 밖의 뜻을 나타내는 동사를 주동사로 하는 경우라도 다음에 접속법을 요구하게 되는 것은 그 문장의 주동사와 종속동사가 주격의 인칭을 달리할 때에 한정된다. 만약 주동사의 주격이 종속동사의 주격과 동일하면 접속법중에 접속법을 쓰지 않고 바로 뒤에 부정법을 쓴다는 것은 이미 배운 바이다.

보기 Deseo estudiar el español.(나는 스페인어를 연구하기를 원한다. 즉, 원하는 것도나, 연구하는 것도 나, 이다.)
Quieren hablar español.(그들은 스페인어로 말하기를 바란다.)

주의 (1) 「decir」, 「escribir」에는 「말하다」, 「쓰다」고 하는 뜻 외에 명령의 뜻을 갖게 하여 「본부(명령)하다」, 「편지로 써서 보내다(주다)」같은 경우가 있다. 종자의 경우는 의지를 갖고 있으므로 「que」이하의 종속절 중의 동사에는 접속법을 쓰지 않으면 안된다.

보기 Te digo que abras el libro.(나는 네가 책을 펼칠 것을 너에게 명령한다.)
Mi padre me escribe que estudie mucho.(나의 아버지는 나에게 힘써〔열심히〕 공부하도록 편지를 써서 보낸다.」

주의 (2) 「esperar」라는 동사에는 「기다리다」, 「기대하다」, 「희망하다」의 뜻이 있다. 만약 주동사로서 「희망하다」란 뜻으로 쓰이게 되면, 종속절 중의 동사에는 접속법을 쓴다. 그러나, 「그렇게 될 것이라고 정해진 기대」의 뜻이라면, 종속절 중의 동사는 직설법을 쓴다.

(a) Espero que partan mañana.(그들이 내일 출발할 것을 나는 희망한다.)
(b) Espero que partirán mañana.
 (그들은 내일 출발할 것이라고 나는 기대하고 있다.)

주의 (3) 먼저 다음 문예를 보라.

(a) Permito al muchacho que aprenda el español.
 (스페인어를 배울 것을 나는 소년에게 허가한다.)
(b) Nos manda que escribamos los ejercicios.
 (연습을 쓸 것을 그는 우리들에게 명령한다.)

위 두 개의 문예 중에서 「al muchacho」와 「nos」는 여격이며, 「que」이하의 종속절 전부가 목적격이다. 즉 「누구누구가……하는 것을」의 뜻이므로 목적격명사절이라고 한다. 그리고 「al muchacho」나 「nos」가 앞에 나와 있으니까 「que」이하의 종속절 중에서는 「el」이라든지 「nosotros」라 하지 안해도 알 수 있게 되고 따라서 생략하는 것이 통례이다.

보기 (a) Le mando que hable en español.
 (스페인어로 말할 것을 그에게 명령한다.)
 Le mando hablar en español.(동상)
(b) Le dejo que hable en coreano.(그에게 한국어로〔제맘대로〕말 시킨다.)
 Le dejo hablar en coreano.(동상)
(c) Nos permite que le acompañemos.
 (그를 따라 갈 것을 그는 우리들에게 허락한다.)
 Nos permite acompañarle.(동상)
(d) Me aconseja que me quede en casa.
 (내가 집에 남아 있을 것을 그는 나에게 충고한다.)
 Me aconseja quedarme en casa.(동상)

Ⅱ. 불규칙 동사의 접속법 현재
(Presente de subjuntivo de los verbos irregulares)

접속법 현재는 대게 그 동사의 직설법현재의 제1인칭단수형에서 나와서 그 어미가 접속법적으로 변화하여 명인칭단수복수로 뻗쳐 나간다고 생각하면 된다.

El presente de subjuntivo de poner("poner"의 접속법현재)	
ponga	pongamos
pongas	pongáis
ponga	pongan

El presente de subjuntivo de salir("salir"의 접속법현재)	
salga	salgamos
salgas	salgáis
salga	salgan

El presente de subjuntivo de venir("venir"의 접속법현재)	
venga	vengamos
vengas	vengáis
venga	vengan

참고 tener: (tenga, tengas, etc.); hacer: (haga, hagas, etc); decir: (diga, digas, etc.); caer: (caiga, caigas, etc.); traer: (traiga, traigas, etc.); valer: (valga, valgas, etc.)

Ⅲ. 중성 "lo"의 특수 용법(Usos especiales del neutro *lo*)

이미 배운 바와 같이, 중성의 정관사는 「lo」이지만, 중성의 대명사에도 「lo」라는 형태가 있다. (p.63 및 p.219 참조)

(1) (a) 중성대명사 「lo」는 문의 앞부분에 나와 있는 형용사나 과거분사를 되풀이하여 서술하는 대신으로 쓰인다.

> 보기 Este libro es interesante, pero ése no lo es.
> (이 책은 재미있으나, 그것은 그렇지않다.)
> Esas casas son grandes y estas lo son tambien.
> (그 집들은 크다. 그리고 이들도 또 그렇다.)

(b) 또 「ser」, 「estar」, 「parecer」의 술어명사나 보어명사로 되어 있는 것을 「lo」로 받을 수가 있다.

> 보기 ¿Eres amigo mío? — Lo soy.(너는 나의 편이냐? — 그렇다.)
> Parecía un santo, pero no lo era.(그는 성자같이 보였던 것인데 그렇지 않았다.)

위 보기에서 알 수 있는 바와 같이, 이러한 뜻으로 쓰이는 「lo」도 또 동사 바로 앞에 내세운다.

(2) (a) 중성의 정관사 「lo」 뒤에 형용사, 과거분사, 부사, 또는 「de」를 수반하여 「중성명사」로 된다.

> 보기 lo barato(싼거리, 싸구려), lo dicho(말하여진 것), lo pasado(지나간 것〔일절〕, a lo lejos(멀찌기에), lo de Suez(수에즈 문제)

(b) 「lo+형용사 또는 부사+que」의 형태로, 「어떻게 (얼마나)……인가, 어떻게 (얼마나)……하는가」와 같이 그 정도를 나타낸다. 이 때의 형용사는 형용되는 말의 성과 수에 맞추어야 한다.

> 보기 No sabe usted lo contento que está.
> (그가 얼마나 만족하고 있는가 당신은 모른다.)
> No puede usted figurarse de lo hermosas que son ellas.(그녀들이 얼마나 아름다운가에 대해서 당신은 상상할 수가 없습니다.)
> ¡Lo bien que baila ella!(그녀의 춤 솜씨의 훌륭함이여!)

Ⅳ. 불규칙 동사 "dar", "estar", "haber", "ir", "saber" 및 "ser"의 접속법 현재(Presente de subjuntivo de los verbos irregulares dar, estar, haber, ir, saber y ser)

앞에 말한 바와 같이 불규칙동사의 접속법현재는 대개 그 동사의 직설법현재 제1인칭단수의 형태에서 나와서 어미만이 변하는 것이지만, 다음 6개의 불규칙동사만은 예외로서 특종의 변화를 한다.

dar		estar		haber	
dé	demo	esté	estemos	haya	hayamos
des	deis	estés	estéis	hayas	hayáis
dé	den	esté	estén	haya	hayan

ir		saber		ser	
vaya	vayamos	sepa	sepámos	sea	seamos
vayas	vayáis	sepas	sepais	seas	seáis
vaya	vayan	sepa	sepan	sea	sean

주의 「dar」의 접속법현재 제1인칭단수 및 제3인칭단수의 「dé」에는 전치사 「de」와 구별하기 위하여 액센트 부호를 붙인다.

Ⅴ. 어근모음을 변화시키는 동사의 접속법 현재
(Presente de subjuntivo de los verbos que cambian la vocal radical)

직설법현재에 있어서 어근의 모음을 변화시키는 동사들은, 접속법현재에 있어서도 역시 같은 변화를 받는다. 왜냐하면 접속법에 있어서도 같은 철음(음절)위에 강세(액센트)가 오기 때문이다.

1. 제1변화 및 제2변화의 동사

보기 (cerrar) : cierre, cierres, cierre, cerremos, cerréis, cierren.
(contar) : cuente, cuentes, cuente, contemos, contéis, cuenten.
(perder) : pierda, pierdas, pierda, perdamos, perdáis, pierdan.
(mover) : mueva, muevas, mueva, movamos, mováis, muevan.

2. 제3변화의 동사

직설법현재에 있어서와 똑같은 어근모음변화를 할 뿐만 아니라, 제1인칭 복수 및 제3인칭복수에 있어서(즉, 강세를 갖고 「a」를 포함하고 있는 철음 앞에서는, 「e」를 「i」로, 「o」를 「u」로 바꾼다.

보기 (sentir) : sienta, sientas, sienta, sintamos, sintáis, sientan.
(dormir) : duerma, duermas, duerma, durmamos, durmáis, duerman.

3. 정자법상의 변화를 받는 동사

「-car」, 「-gar」, 「-zar」, 「-cer」, 「-cir」, 「-ger」, 「-gir」로 끝나는 동사의 접속법현재에 있어서도 정자법상의 규칙에 의하여 바꿔 써야 함은 말할 나위 없다.

보기 (sacar) : saque, saques, saque, etc.
(llegar) : llegue, llegues, llegue, etc.
(vencer) : venza, venzas, venza, etc.
(esparcir) : esparza, esparzas, espzarza, etc.
(coger) : coja, cojas, coja, etc.
(dirigir) : dirija, dirijas, dirija, etc.

주의 「colgar」, 「empezar」, 「corregir」따위는 접속법현재에서 어근모음변화와 정자법상의 변화를 함께 받는다.

보기 (colgar) : cuelgue, cuelgues, etc. (empezar) : empiece, empieces, etc.
(corregir) : corrija, corrijas, etc.

Obsérvense con cuidado las frases siguientes.

(1) Espero que encuentre Vd. su reloj perdido.
당신이 당신의 잃어버린 시계를 발견해 낼 것을 나는 희망한다.

(2) Los padres piden que vuelvan sus hijos con el profesor.
아들들이 선생님과 함께 돌아올 것을 양친은 바라고 있다.

(3) Él espera que Sukil le devuelva el libro.

　　수길이 책을 돌려 줄 것을 그는 희망하고 있다.

(4) El señor Kim manda a su sobrino que parta inmediatamente.

　　김씨는 그의 조카에게 곧 출발할 것을 명령한다.

(5) Te ruego que cierres la ventana.

　　창을 닫을 것을 나는 너에게 바란다.

(6) Espero que lleguen a tiempo a la estación.

　　그들이 역의 시간에 (맞추어)도착할 것을 나는 희망한다.

(7) Le mandaré que traduzca al coreano la carta.

　　나는 그에게 편지를 한국말로 번역할 것을 명령하리라.

(8) El capitán manda a un marinero que alce la bandera de su patria.

　　선장은 한 선원에게 그의 조국의 기를 달 것을 명령한다.

(9) Os mandaré que pongáis los libros sobre la mesa.

　　나는 너희들에게 책을 테이블 위에 둘 것을 명령할 것이다.

(10) Deseamos que vengan esta tarde.

　　그들이 오늘 오후 올 것을 우리들은 바란다.

Ⅵ. "gustar"의 용법(Uso del verbo gustar)

　　이미 설명한 바와 같이, 좋고 싫음을 나타내는 데는 「gustar」(마음에 든다)라는 동사를 쓴다. 그리고 이 동사는 여격을 요구한다. 즉 「무엇 무엇이 누구 누구의 마음에 든다」는 화법을 쓰게 된다. 우리말로 「그는 그 꽃을 좋아한다.」 「우리들은 그 꽃들을 좋아한다.」고 할 것을 스페인어로는 「꽃이 그의 마음에 든다.」 「꽃들이 우리들의 마음에 든다.」는 식으로 표현하게 된다. 그리고 문의 주어는 「gustar」의 뒤에 붙이는 것이 보통이지만 앞에 내세우는 수도 있다.

(1) Le gusta esa flor.

(2) Nos gustan esas flores.

(3) No les gusta el café.(그들은 커피를 싫어한다.)

(4) Esto me gusta más.(나는 이것이 가장 좋다.)

또 우리말로 「누구누구가 좋다(싫다)」고 할 때, 그것이 「사랑한다」는 뜻일 때는 「querer」를 쓴다.

보기 Te quiero. (I love you. 나는 당신이 좋습니다.)

강 독(Lectura)

단어 (Vocabulario)

Apréndanse de memoria las palabras siguientes:
el método directo(직접방식), infinito(무한히), guardar(보유하다, 지키다), guardar cama(잠자리에 들어가다), por lo cual(그 까닭에), es bueno comer(먹는 것이 좋다), la legumbre(야채), cuanto antes(조금 일찍), secar(말리다=사건). exigir(요구하다, 강청하다), repetidas veces(재삼재사), gastar(소비하다), ¿Cómo no?(물론 [주로 중남미에서 쓰인다])

El metodo directo

Mi profesor de español desea que sea yo aplicado y aprenda pronto el español, y me manda que le hable siempre en español. No me permite que hable nuestra lengua delante de él. Me ordena también que le escuche atentamente cuando me habla, y que repita las palabras nuevas que me da, pronunciándolas correctamente. Me aconseja que lea en voz alta el libro de español que él me regaló, y que aprenda de memoria todas las palabras que se encuentran en él. También me recomienda que vaya al cine repetidas veces para ver y oir películas sonoras habladas en español, lo cual me gusta infinito.

Hace ya dos semanas que no le veo, porque está enfermo.

Su médico le manda que guarde cama y no permite a su familia que le den carne y pescados. El médico cree que no es bueno comer demasiada carne, por lo cual nos aconseja que comamos muchas legumbres y muchas frutas.

Mi profesor está ya bastante bien y quiere levantarse. Pero el médico no quiere que lo haga.

Ruego a Dios que esté mi profesor completamente bien cuanto antes.

복 습(Repaso)

[1] Conjúguense en el presente de subjuntivo los verbos siguientes:
(1) preguntar.   (2) temer.   (3) dividir.   (4) secar. (말리다)
(5) pagar.   (6) creer.   (7) coger.   (8) distinguir.
(9) exigir.   (10) conducir.
(11) enviar(i위에 액센트 부호 붙일 것을 잊지 말 것)   (12) odiar.
(13) trabajar.   (14) negar.   (15) morir.   (16) herir.
(17) destruir.   (18) caer.   (19) estar.   (20) decir.
(21) haber.   (22) ser.   (23) ver.   (24) subir.
(25) saber.   (26) ir.   (27) sentir.   (28) tener.
(29) andar.   (30) sentarse.

[2] Tradúzcanse al coreano las frases siguientes:
(1) Juan me dice que tome la tiza.
(2) ¿Qué quiere Sukil que yo haga?
(3) Deseamos que los alumnos nos comprendan.
(4) Deseamos comprender al profesor.
(5) Les prohibo que vayan al café.
(6) Mi padre me escribe que vuelva inmediatamente a Kunsan.

(7) La criada pide a su ama que le dé las camisas viejas

(8) Dudan que ella sepa nadar.

(9) Él no aprueba que yo lea la novela.

(10) Le permitiré que compre un sombrero nuevo.

3. Póngase la forma correcta del verbo en las frases siguientes:
   (다음 문자에 동사의 바른 형태를 써넣어라.)

   (1) No quiero que Vd. (gastar) mucho dinero.

   (2) El profesor les prohibe que (hablar) coreano en la clase.

   (3) El señor Shin manda a su discípulo Kim que (venir) temprano a la escuela.

   (4) Los alumnos piden a su profesor que les (cantar) una canción española.

   (5) Te aconseja que (leer) las frases en voz alta.

4. Tradúzcanse al español las frases siguientes:

   (1) 그는 우리들이 마포에 갈 것을 명령한다. (이 대목은 두 가지 형태로 답변하여 볼 것).

   (2) 수길은 문수가 문을 열 것을 바란다.

   (3) 옥순은 커피를 좋아한다.

   (4) 너, 나와 영화 보러 가지 않겠니?(가는 것을 바라지 않는가?) — 물론 (¿cómo no?)

   (5) 나의 숙부숙모(mis tíos)는 내가 외국에 가는 것을 바라지 않는다.

제4주

제 1 일

 (Gramática)

I. 무인칭 표현 뒤에 쓰이는 접속법
(Subjuntivo detrás de las expresiones impersonales)

Apréndanse de memoria los verbos impersonales:

amanecer(날이 새다), anochecer(날이 저물다), escarchar (서리가 내리다), granizar(싸락눈이 내리다), helar (얼다)(어격모음변동사), llover(비가 내리다)(어격모음변화동사), lloviznar(보슬비가 내리다), nevar(눈이 내리다)(어격모음변화동사), relampaguear(번개 치다), tronar(천둥치다)(어격모음변화동사), hay una aldea(하나의 마을이 있다), hace calor(날씨가 덥다), hace una semana que……(……하기 1주간이 된다), parece que……(……이라 생각되다, ……것 같다), dicen([사람들이, 세상이] 말하다, ……라더라), llaman a la puerta(문 앞에서 [누군가가] 부르고 있다.)

주의 hay는 타동사「haber」의 현재형.「hace」는 물론 동사「hacer」의 3인칭단수이지만, 이런 때는 무인칭적으로 쓰이고 있다.「parece」도 같다.「dicen」,「llaman」은 동사「decir」,「llamar」의 3인칭복수지만, 누구라고 정해진 주어가 없을 때에는 역시 무인칭으로 취급된다. 이는 다른 어떤 동사에 있어서도 똑 같다.

무인칭동사란,「내가」라든지「네가」라는 따위 인칭이 없고 다른 보통 동사의 제3인칭단수 형태만이 존재하는 것을 말한다.

보기「llover」(비가 내리다) 라는 동사는 인칭없이 쓰이며 직설법현재는「llueve」, 과거는「llovió」, 불완료과거는「llovía」로 되어 하나의 시제에 단 하나의 형태

(보통 동사의 제3인칭단수형)밖에 없다. 이러한 자연현상에 관한 동사나 「haber」(을 갖다, 가 있다)를 단1인칭동사라고 부르는 사람도 있다.

이러한 무인칭적동사는 상당히 많이 있으나 이들 모든 무인칭동사 다음에는 항시 접속법이 쓰인다는 것은 아니다. 다음과 같은 특수한 무인칭동사나 무인칭적 표현 뒤에 오는 「que」이하의 종속절중에는 접속법이 쓰인다.

1. 「convenir」(적당하다, 형편이 좋다), 「bastar」(자라다, 충분하다), 「importar」(중요하다)

    보기 Conviene que Vd. compre ahora el piano.
    (당신이 지금 피아노를 사는 것이 적당하다.)
    Basta que vaya su hijo(그의 아들이 가면〔가는 것이〕충분하다.)
    Importa que los alumnos comprendan a su profesor.(학생들이 그들의 선생님〔이 말하는 것〕을 이해하는 일이 중요하다.)

2. 「ser」와 어떤 형용사로 이루어지는 무인칭적표현.

「ser」와 특수한 형용사와 이어진 무인칭적 표현 안에서 접속법이 쓰인다. 그러나 이를테면 es cierto que(……하는 것은 확실하다)와 같이 확실성이 나타나게 되면 물론 직설법이 쓰이게 되므로 그렇지 않은 경우에 한한다.

그건 그렇고, 나중에 이어지는 「que」이하 절 가운데서 접속법이 요구되는 특수한 형용사중 가장 보편적인 것은 다음과 같은 것들이다.

es preciso que(……하는 것이 필요하다), es necesario que(……하는 것이 필요하다), es indispensable que(……하는 것이 불가결하다), es posible que(……하는 것은 있을 수 있다, ……할지도 모른다), es incierto que(……하는 것은 확실하지 않다), es imposible que(……하는 것이 중요하다), es probable que(……하는 것이 있을 법한 일이다), es bueno que(……하는 일은 좋다), es malo que(……하는 일은 나쁘다), es extraño que(……하는 것은 기능이다), es dudoso que(……하는 것은 의심스럽다), es fácil que(…하는 것은 용이하다), es difícil que(……하는 것은 어렵다)

> **Ejemplos**
>
> Es preciso que Vds. vuelvan en seguida.
> 당신들이 곧 돌아가는 것이 필요하다.
> No es necesario que vendamos nuestra casa.
> 우리들이 우리들의 집을 파는 것은 필요하지 않다.
> Es posible que lleguen tarde.
> 그들이 늦게 도착할지도 모른다.
> Es dudoso que él me pague la deuda.
> 그가 나에게 부금을 갚는다는 것은 의심스럽다.

3. 「ser」와 명사로 되는 무인칭적 표현

es menester que(……하는 일이 필요하다), es lástima que(……하는 것은 섭섭〔한 일〕하다), es hora (de) que(……하는 시간이다), es tiempo(de) que(……할 때이다)

주의 괄호 안의 「de」는 생략해도 좋다.

> **Ejemplos**
>
> Es menester que Vd. aprenda el baile.
> 당신이 무용(춤)을 배우는 것은 필요하다.
> Es lástima que tú no seas aplicado.
> 네가 근면하지 않은 것은 섭섭한 일이다.
> Ya son las ocho. Es hora(de) que se acuesten los niños.
> 벌써 8시다. 아이들은 잠잘 시간이다.

주의 무인칭적 표현 다음에 접속사대신 부정법을 쓰는 일이 있다. 그것은 다음 두 가지 경우이다.
(1) 「누구누구가 무엇무엇하는 일이」하지 않고 그냥 「무엇무엇하는 일이」 할 때에 쓰인다. 다음 글을 비교해 보라.
Es bueno que nos levantemos temprano.
(우리들이 일찍 일어나는 것은 좋다〔좋은 일이다〕).

Es bueno levantarse temprano.(일찍 일어나는 것은 좋다〔좋은 일이다〕).

(2) 「que」이하의 구 중에서 동사의 주격을 여격으로 하여, 부정법을 쓸 수도 있다. 이를테면 「누구누구가 무엇무엇하는 것이 필요하다.」고 할 것을 「무엇무엇하는 것이 누구에게〔로서〕필요하다.」로 바꾸어 말하는 것이다. 다음 글을 비교해 보도록.

Es necesario que aprendan el español.
(그들이 에스파냐어를 배우는 것이 필요하다.)
Les es necesario aprender el español.
(스페인어를 배우는 것이 그들에게 필요하다.)

(3) 「es posible que」와 똑같은 뜻을 나타내면서 「puede ser que」(……할지도 모른다)의 형태가 쓰이기도 한다.
Puede ser que sea verdadera la noticia.(뉴스는 정말일지도 모른다.)

Ⅱ. 감탄사 ¡Ojalá!(바라건대 …하길)의 뒤에 쓰이는 접속법(Subjuntivo detrás de la interjección *¡Ojalá!*)

달성될 가능성이 있는 원망은 보통 ¡Ojala! (바라건대……할 것을)라는 말 다음에 접속법현재를 써서 나타낸다.

Ejemplos

¡Ojalá que yo llegue a tiempo!
(바라건대 내가 시간 안에 도착하게 되기를!)
¡Ojalá que tengamos bastante dinero para hacer un viaje alrededor del mundo!
(바라건대 세계일주 여행을 하기에 충분한 돈을 우리들이 가질 것을!)

주의 때로는 ¡Ojalá!를 생략하고 「que」 이하만을 쓰는 일도 있다. 또 ¡Ojala!와 「que」를 다 생략하기도 한다.
Ejemplos ¡Que vivan los estudiantes aplicados!(근면 학생 만세!) vivan(「살것을!」의 뜻, 만세! 를 뜻한다.) ¡Viva el Emperador!(황제 만세!「황제가 살 것을!」)

Ⅲ. 감동을 나타내는 동사 뒤에 쓰이는 접속법
(Subjuntivo detrás de los verbos de emocion)

기쁨, 만족, 슬픔, 놀라움, 두려움, 기이한 생각 따위—즉, 감동을 나타내는 주동사 다음에 오는 종속절중의 동사에는 접속법이 쓰인다.

Ejemplos

Me alegro de que Vd. esté ya completamente bien.
(당신이 이젠 전쾌하시게 된 것을 나는 기뻐한다.)

Siento que su padre de. esté enfermo.
(당신의 아버지가 병들어 계신 것을 나는 유감스럽게 생각한다.)

Temo que no puedan llegar a tiempo.
(그들이 시간 안에 도착 못하게 될 것을 나는 두려워한다.)

Me extraño de que siempre salga bien de los exámenes aquel muchacho tan perezoso.
(저런 게으른 소년이 언제나 시험에 합격하는 것을 나는 이상하게 생각한다. salir bien de ……성공하다. 합격하다. 「de」를 en으로 대신하는 수도 있다.)

Ⅳ. 의혹이나 부정의 표현 뒤에 쓰이는 접속법(Subjuntivo detrás de las expresiones de duda o de negación)

Ejemplos

Dudo que puedan pagarme la deuda.
(그들이 나에게 부금을 갚을 수 있을 것을 나는 의심한다.)

Sospecho que sea ladrón.
(나는 그가 도둑이라고 주목한다. sospechar 의심을 품는다. ……이리라고 생각한다.)

Negamos que él sea inteligente.
(그가 영리하다는 것을 우리들은 부정한다.)

의혹이나 부정의 뜻을 갖지 않는 「creer」(믿다), 「pensar」(생각하다), 「decir」(분부하다〔명령하다〕는 뜻이 아닌 보통의 "말하다") 따위가 긍정문에서 주동사로 될 때는, 「que」이하의 종속절중의 동사는 물론 직설법이 쓰이게 된다. 그러나 부정문에 있어서는 그들 동사를 주동사로 할 경우라도, 종속절중의 동사는 접속법을 쓰지 않으면 안된다. 또 의문문에서 상대가 부정의 「no」로 대답하리라고 이쪽에서 예상할 때, 즉 의문이나 부정의 뜻이 있을 때는 접속법을 쓴다.

Ejemplos

Creen que somos ricos.(그들은 우리들이 부자라고 믿고 있다.)
No creen que seamos pobres.(그들은 우리들이 가난하다고 믿지 않는다.)
¿Cree Vd. que sea yo millonario?(당신은 내가 백만장자라고 믿고 있을까?)〔설마하니 그렇게 믿고 있지 않으리라고 생각합니다만.〕
Pienso que se marchará pronto el mendigo.
(거지는 곧 떠나리라고 나는 생각한다.)
No pienso que se marche pronto el mendigo.
(거지가 곧 떠나리라고는 나는 생각하지 않는다.)
¿Piensa Vd. que se marche pronto el mendigo?(거지가 곧 떠나리라고 당신은 생각하고 있습니까?)〔설마하니 그렇게 생각할 순 없습니다.〕
Digo que es verdad lo que dice él.
(그가 말하는 것은 진실이라고 나는 단언합니다.)
No digo que sea mentira, pero creo que hay exageración en esa noticia.(그것이 거짓이라고 나는 말하지 않습니다만, 그 소식에는 과장이 있다고 믿습니다.)
¿Dice Vd. que seamos cobardes los coreanos?
(우리들 한국 사람이 비겁하더라고 당신은 말하는 겁니까?
〔설마하니 그런 말을 하지 않았으리라고 나는 생각하는데.〕

주의 ¿Dice Vd. que seamos cobardes los coreanos?는, 그 대답으로서 "No digo que ……"라고 하는 부정의 대답을 예상함으로 해서 접속법을 쓴 것이지만, 직설법을 써서 ¿Dice Vd. que somos cobardes os coreanos? 하고 묻는 경우도 있을 수 있음은 말할 나위 없다.

Ⅴ. "para"와 "por"의 구별(Distinción entre *para y por*)

두 가지다 「위해서」로 번역해야 될 경우가 있어서 그 구별이 까다로우므로 여기서 설명하기로 한다.

(1) 「para」는 다음과 같은 때에 쓰인다.

(a) 목적(…하기 위해서)이나 이익(…하기 위함을 꾀하여)
Comemos para vivir.(우리들은 살기 위해서 먹는다.)
Lo pedimos para los pobres.
(우리들은 가난한 사람들을 위해 그것을 바랍니다.)

(b) 목적지, 가는 곳, 받는 쪽(…로 향하여, …한테)
El avion salió para Caracas.(비행기는 카라카스로 향해 출발했다.)
Esta carta es para usted.(이 편지는 당신한테 온 것이오.)

(c) 용도(……용의, ……용으로)
una taza para café.(커피용 주전자)

(d) 행위의 접근(곧 ……하려 하고 있다.)
Estamos para salir.(우리들은 이제부터 출발하려는 참이다.)

(e) 지정된 미래(……까지는)
Mi traje estará hecho para el jueves.
(나의 옷은 목요일까지는 만들어져 있을 것이다.)

(f) 비교(……간에는, ……로서는)
El chico es alto para su edad.(어린이는 그의 나이로서는 키가 크다.)

(2) 「por」는 다음과 같이 쓰인다.

(a) 이유 또는 동기(…… 때문에, ……의 원인으로)
No fui por mi enfermedad.(나의 병 때문에 나는 가지 않았다.)

(b) 교환(……과 바꾸어, ……에 대해서)
Pagaré un millón de *wones* por esta casa.
(이 집에 대해서 나는 백만원 지불하겠다.)

(c) 대행(누구누구 대신으로)
Escribí una carta por el ciego.(소경대신 나는 편지를 썼다.)

(d) 행위의 목적(……을 ……하기 위해)

Mandamos por médico.(우리들은 의사를 부르러 사람을 보낸다.)

(e) 비율(……에 비겨)

diez por ciento(10퍼센트), cincuenta kilos por hora(시속 50킬로)

(f) 「에 의해서」

Antonio fue pegado por Juan.(안토니오는 후안에 의해〔에게〕맞았다.)

(g) 「……이라고 생각한다」, 「……이라고 잘못 생각한다」

Lo tengo por hecho.(그것은 된 것이라고 나는 생각하고 있다.)

Los tomaron por filipinos.(그들은 필리핀 사람으로 잘못 생각되었다.)

(h) 「어디어디 (장소)를 통해서」, 「……언저리에」

Doy un paseo por el parque.(나는 공원을 산책한다.)

Los ladrones entraron por la ventana.(도둑들은 창으로 들어왔다.)

Hay por allí un puente de piedra, ¿verdad?

(그쪽 언저리에 돌다리가 있지요?)

(i) 「(시간)에 걸쳐」, 「(시간)동안」

Juego por la tarde y estudio por la noche.

(나는 오후에 놀고 밤에 공부한다.)

Estarán aquí por tres días.(그들은 여기에 사흘동안 있을 것입니다.)

강 독(Lectura)

단어 (Vocabulario)

Apréndanse de memoria las palabras siguientes:

el plan(계획), hacerse(……으로 되다), el examen de ingreso(입학시험, 입사시험), hacer oposición a(……에의 경쟁시험을 치르다), la universidad(대학), delicado(델리키트한, 허약한), está delicado de salud(건강을 해치고 있다), el trimestre((3개월)학기), tener cuidado(주의하다, 조심하다), recobrar(회복하다, 되돌리다), al mes(한달에), a máquina(구두직공), la zapatería(구둣방), el pescado((포획된)생선=어), el pescadero(생선집 사람=생선 파는 사람), la pescadería(생선가게), la circunstancia(사정), impulsar(충동하다)

Mi íntimo amigo

Mi mejor amigo se llama Sukil Mhin. Él y yo estudiamos ahora en la misma escuela. Sin embargo, tenemos planes muy distintos para el futuro.

Él es hijo de un médico rico, pero mi amigo no quiere hacerse médico, sino diplomático. Por eso es necesario que estudie mucho, pues el examen de ingreso en la Universidad Nacional de Seúl es bastante difícil. Después de salir de ella, es probable que haga oposición a diplomático. Es un muchacho inteligentísimo, pero es lástima que esté ahora un poco delicado de salud, porque estudió demasiado en el último trimestre. Siento mucho que no podamos jugar juntos al tenis.

Conviene que mi amigo vaya este verano al mar o a la montaña y descanse bien durante todas las vacaciones. Yo le aconsejo siempre que tenga mucho cuidado de su salud.

¡Ojalá que recobre cuanto antes la salud completamente!

복 습(Repaso)

[1] Tradúzcanse al coreano las frases siguientes:

(1) El padre impide que vaya su hijo al teatro.

(2) Importa que pronuncien correctamente las palabras.

(3) Es muy probable que él parta mañana por la noche.

(4) Es dudoso que gane tanto al mes.

(5) Es menester que aprendan de memoria todas las palabras nuevas.

(6) ¡Ojalá que salgan bien del examen de ingreso!

(7) Me extraño de que no lleguen todavía.

(8) Basta que sepa escribir a máquina.(기계로 쓰다, 타이프 치다)
(9) Nos alegramos de que tu padre esté mejor.
(10) Temo que esa muchacha olvide echar al buzon la carta.

2 Tradúzcanse al español las frases siguientes:
(1) 그가 나의 집에 오는 것이 중요하다.
(2) 문수가 창을 여는 것이 필요하다.
(3) 수길이 더욱 공부 않는 것은 섭섭하다(유감스럽다).
(4) 재봉을 배우는 것은 옥순에게 필요하리라.
(5) 그와 같이 게으른 학생이 스페인어를 말하도록 이르는 것(llegar a hablar)은 어렵다.
(6) 바라건대 그가 그의 잃어버린 시계를 찾게 되기를!
(7) 당신은 내가 말하는 것이 거짓이라고 말씀하시는 겁니까?
(8) 그가 나에게 돈을 빌려주는 것은 불가능하리라.
(9) 아이들은 잠잘 시간이다.
(10) 오늘밤 나는 동생과 영화 보러 갈지도 모른다(영화에 갈 수가 있다).

Proverbios

Obra empezada, medio acabada.
착수된 일은 반은 완성(된 것과 같다.)
Más vale saber que haber.
아는 것은 갖는 것보다 낫다.
Por dinero baila el perro.
돈 때문이라면 개라도 춤춘다.
Quien busca halla.
구하는 사람은 찾아낸다.
Del dicho al hecho hay gran trecho.
말과 행동 사이에는 큰 거리가 있다.
(말하긴 쉬워도 행하긴 어렵다.)

제2일

 (Gramática)

I. 규칙 동사의 명령법(Imperativo de los verbos regulares)

본래의 명령법은 제이인칭의 단수복수에만 있다. 즉 제1변화의 동사에는 그 어근에 「a」, 「ad」를 붙이며, 제2변화으 동사에는 「e」, 「ed」를 제3변화의 동사에는 「e」, 「id」를 붙여서 각기의 명령법을 만든다. 다시 말하면, 명령법의 단수는 원칙적으로 그 동사의 직설법 현재 제3인칭단수와 같은 꼴이며, 복수는 그 동사의 부정법에 있어서 어미중의 모음과 「d」를 어근에 덧붙인다.

El imperativo de los verbos regulares

tomar 2.ª persona	toma(tú)(너 잡아라), tomad(vosotros)(너희들 잡아라)
comer 2.ª persona	come(tú)(너 먹어라), comed(vosotros)(너희들 먹어라)
vivir 2.ª persona	vive(tú)(너 살아라), vivid(vosotros)(너희들 살아라)

주의 어근의 모음을 변화시키는 동사의 명령법에 있어서는 단수는 그 동사의 직설법현재 제3인칭단수와 꼴이 같다. 복수는 위에 말한 규칙대로이다.

> **Ejemplos**
>
> (cerrar) : cierra tú(너 닫아라), cerrad vosotros(너희들 닫아라)
> (dormir) : duerme tú(너 잠자라), dormid vosotros(너희들 잠자라)

이 본래의 명령법은 이2칭단수복수에 밖에 없는 것이므로 이 형태는 가족, 가까운 친척, 친한 친구, 클라스메이트, 어린이들에 대해서 그것도 「무엇무엇하라)고 하는 긍정의 명령에만 쓰일 뿐이다.「무엇무엇하지 말라」고 하는 부정의 명령은 동사의 접속법현재에 부정의 동사 「no」를 붙여 나타낸다.

또 긍정이고 부정이고 간에, 명령에 있어서는 주격대명사를 붙일 필요가 있을 때면 동사의 앞이 아니라 뒤에 붙이게 된다.

> **Ejemplos**
>
> Toma (tú) el libro.(너 책을 잡아라.)
> No tomes (tú) el libro.(너 책을 잡지 말라.)
> Tomad (vosotros) los libros.(너희들 책을 잡아라.)
> No toméis (vosotros) los libros.(너희들 책을 잡지 말라.)

II. 불규칙한 명령법을 갖는 동사
(Los verbos cuyo imperativo es irregular)

불규칙한 명령법을 갖는 동사는 극히 적어서 다음 단어들이 그렇다. 그러나 불규칙한 것은 단수뿐이고 복수는 모두 규칙적이다.

(decir): di(tú), decid(vosotros). (hacer): haz(tú), haced(vosotros). (ir): ve(tú), id(vosotros). (poner): pon(tú), poned(vosotros). (salir): sal(tú), salid(vosotros). (satisfacer): satisfaz(tú), satisfaced (vosotros). (ser): sé (tú), sed(vosotros). (tener): ten(tú), tened(vosotros). (valer): val o vale(tú), valed(vosotros). (venir): ven(tú), venid(vosotros). (yacer)(가로 놓이다, 가로눕다): yaz o yace(tú), yaced(vosotros).

> **주의** 사람이나 물건을 남에게 보일 때 쓰는 특수한 표현인 「he」를 옛 스페인어에 있었던 유인칭타동사 「haber」의 이인칭단수명령형(너 가지라, 너 잡으라)이라고 말하는 문법학자도 있다. 그리고 그 복수형은 「hebed」였다. 그러나 옛날 「tener」와 같은 뜻으로 쓰였던 이 유인칭타동사 「heber」는 현대에 이르러 거의 쓰는 일이 없기 때문에 위 표에 쓰지 않았다. 이 「he」는 본래 아라비아어에서 전화한 것으로써 사람이나 물건을 나타낼 때 쓰는 「에, 여기에」의 「에」라고 하는 설을 주장하는 사람도 있다. 그건 어쨌든 이 「he」는 항상 뒤에 「aquí」나 「ahí」 따위 장소를 나타내는 부사를 덧붙게 된다. 또 목적격대명사 me, te, le, lo, la, los, las를 「he」에 덧붙이는 일이 있다. 그러한 용법에서 미루어 생각한다면, 지난날 쓰였던 유인칭타동사 「haber」는 무인칭에 밖에 쓰이지 않게 되었으므로, 「he」에는 2인칭단수라는 생각을 하지 않게 되었다. 또 본디의 2인칭복수의 명령형 「habed」도 쓰이지 않게 된 것이다.
> He aquí mi libro.(여기에 나의 책이 있다.)
> Helo aquí.(예, 여기에 그것〔나의 책〕이 있습니다.)
> ¡Henos aquí!(예, 여기에 우리들이 있습니다.)

Obsérvense con cuidado las frases siguientes:

(1) Cerrad(vosotros) las ventanas.

너희들 창을 닫아라.

(2) No cerréis(vosotros) las ventanas.

너희들 창을 닫지 말라.

(3) Vuelve(tú) en seguida.

너 곧 돌아가라.

(4) No vuelvas(tú) en seguida.

너 곧 돌아가지 말라.

(5) Pon (tú) el libro sobre la mesa.

너 책을 테이블 위에 두라.

(6) No pongas(tú) el libro sobre la mesa.

너 책을 테이블 위에 두지 말라.

(7) Di(tú) la verdad.

너 사실을 말하라.

(8) No digas(tú) la verdad.
   너 사실을 말하지 말라.

Ⅲ. 명령법으로서 쓰이는 접속법
(Subjuntivo empleado como imperativo)

본디의 명령법은 제2인칭의 긍정에 밖에 안 쓰였다고 이미 말했다. 그 밖의 인칭에 대한 명령에는 접속법현재로써 대용한다. 그러나 「나는 무엇무엇 하라」는 말은 있을 수 없으므로 제1인칭 단수에는 명령법이 없다. 제1인칭 복수 「우리들은 무엇무엇하라」는 「우리들은 무엇무엇하지 않으려는가」의 뜻으로 쓰인다. 명령자와 명령을 받는 자의 양자가 같은 장소에서 상대할 때, 즉 직접의 명령에서는 「Vd.」,「Vds.」가 쓰인다. 간접의 명령, 즉 「Vd.」, 「Vds.」이외의 3인칭의 명령에 대해서는 별항에서 설명하려고 한다.

El imperativo de todas las personas(전인칭의 명령형)

	단 수	복 수
1.ª persona	없 음	tomemos (comamos, vivamos) nosotros
2.ª persona	toma (come, vive) tú	tomad (comed, vivid) vosotros
3.ª persona	tome (coma, viva) Vd.	tomen (coman, vivan) Vds.

부정의 명령법은 모든 인칭을 통해 접속법 앞에 「no」를 덧붙여서 만든다.

> **Ejemplos**
>
> Tome Vd. el libro.(당신 책을 잡으시오.)
> No tome Vd. el libro.(당신 책을 잡지 마시오.)
> Tomemos los libros.(우리들은 책을 잡지 않으려는가.)
> No tomemos los libros.
> (우리들은 책을 잡지 않겠다.〔잡지 않기로 하자.〕)
> Tomen Vds. los libros.(당신들 책을 잡으시오.)
> No tomen Vds. los libros.(당신들 책을 잡지 마시오.)

IV. 명령법에 있어서의 여격 및 목적격의 대명사의 위치
(Posición de los pronombres dativos y los acusativos en el imperativo)

  1. 긍정의 명령에 있어서는 여격 및 목적격의 대명사는 명령법의 어미에 붙인다. 만약 여격과 목적격 두 개의 대명사가 있으면, 이미 설명한 바와 같이 여격쪽을 먼저 내세운다. 그때 액센트가 있는 곳에는 그 부호를 붙일 필요가 생긴다.

> **Ejemplos**
>
> (1) Habla tú español a los mejicanos. Háblalo a los mejicanos. Háblales español. Háblaselo.
> (2) Tomad los libros. Tomadlos.
> (3) Entregue Vd. la carta a su hermano. Entréguele la carta. Entréguesela.
> (4) Di la verdad al juez. Dile la verdad. Dila al juez.
>   Dísela. (el juez. 재판관, 판사)

2. 부정의 명령에 있어서는 「no」를 맨 앞에 내세우고 여격이나 목적격의 대명사를 동사의 바로 앞에 내세운다. 여격대명사와 목적격대명사가 있을 때는 물론 여격대명사를 목적격대명사 바로 앞에 내세운다.

> **Ejemplos**
>
> (1) No hables inglés al mejicano. No le hables inglés No lo hables al mejicano. No se lo hables.
> (2) No presten Vds. dinero a aquellos abogados. No les presten Vds. dinero. No lo presten Vds. a aquellos abofgados. No se lo presten Vds.
> (3) No digas la verdad a tu amigo. No le digas la verdad. No la digas a tu amigo. No se la digas.

3. 재귀동사의 명령법에 대해서

재귀대명사는 본디 여격 아니면 목적격이므로, 위에 말한바 규칙에 따를 것임은 말할 필요도 없겠다. 다만 주의해야할 점은 긍정명령의 제1인칭복수에 있어서 재귀대명사 「nos」의 앞에 오는 「s」를 잃게 되고 긍정명령 제2인칭복수에 있어서는 재귀대명사 「os」 앞의 「d」를 잃게 된다.

> **Ejemplos**
>
> (1) Levantémonos. [levantémosnos는 아니다.]
> (우리들은 일어나지 않으려는가.)
> (2) Lavémonos la cara. [lavémosnos는 아니다.]
> (우리들은 얼굴을 씻지 않으려는가.)
> (3) Vámonos. [vámosnos는 아니다.] (우리 가버리지 않으려는가)
> 〔동사 「ir」에 한해서 접속법현재형 「vayamos」대신 직설법현재형 「vamos」를 쓴다.〕
> (4) Levantaos. [levantados가 아니다.] (너희들 일어나라.)
> (5) Lavaos la cara. [lavados가 아니다.] (너희들 얼굴을 씻어라.)
> (6) Marchaos [marchados가 아니다.] (너희들 가버려라.)

주의 (1) 「irse」라는 재귀동사만이 유일한 예외로서 제2인칭 복수형의 긍정명령에 있어서는 재귀대명사 「os」 앞의 「d」를 잃지 않는다. 즉 「idos」(너희들 가버려라, 가거라)로 된다.

(2) 수동태로 쓰이는 재귀동사의 명령형에 있어서도 재귀대명사 「se」는 동사의 어미에 물론 붙을 수 있다.

보기 (1) Tradúzcase al coreano la oración siguiente.(다음 문장이 한국말로 번역되어라. 〔다음 문장을 한국말로 변역하라. 의 뜻〕)

(2) Conjúguense en el futuro de indicativo los verbos siguientes. (다음 동사들이 직설법미래로 활용되어라.)

참고 「아무쪼록……하여(하지 말아) 주시오」는 다음과 같이 표현한다.
  (1) Haga usted el favor de (no) sentarse.
  (2) Tenga usted la bondad de (no) sentarse.
  (3) Sírvase usted sentarse.
  (4) Siéntese (No se siente) usted, por favor.
  (5) Favor de (no) sentarse.

주의 Sírvase 뒤에서는 「no+infinitivo」를 못쓴다.

V. 간접의 명령에 대해서(Del mandato indirecto)

지금까지 다루어 온 것은 명령하는 자와 받는 자가 상대하여 있을 경우, 즉 직접의 명령이었지만, 「Vd.」 「Vds.」를 제외한 다른 삼인칭에의 명령을 간접의 명령이라고 한다. 이를테면, 「학생들은 에스파냐어를 배우게 하라.」와 같은 경우이다 그러한 간접의 명령에 있어서는 문장 첫머리에 「que」를 쓰고 그 뒤에 오는 동사는 접속법현재를 쓴다.

Ejemplos

(1) Que aprenda el español el alumno.
  (학생으로 하여금 스페인어를 배우게 하라.)
  Que aprendan el español los alumnos.
  (학생들로 하여금 스페인어를 배우게 하라.)

이것을 글자 뜻대로 번역한다면, 「학생(학생들)이 에스파냐어를 배울 것을」이다. 「que」 앞에 「mando」나 「mandamos」가 생략되어 있다고 생각하면 된다.

여격이나 목적격의 대명사는 물론 동사앞에 나오게 된다.

Ejemplos

(1) Que Sukil tome el libro. Que Sukil lo tome.
(2) Que Sukil dé los libros a Munsu. Que Sukil le dé los libros. Que Sukil los dé a Munsu. Que Sukil se los dé.

주의 (1) 간접의 명령 때도 「que」를 안 붙이고서 표현하는 일이 없는 건 아니지만, 독자는 항상 붙여서 표현하는 것이라고 기억해 두는 것이 좋다.

Ejemplos

Que vaya ella en seguida.(그녀는 곧 가라, 그녀를 곧 가게 하라.)
Vaya ella en seguida.(위와 같음)

Ⅵ. 부정 대명사(Pronombres indefinidos)

막연한 것을 나타내는 대명사다. 그 중요한 것들은 다음과 같다.

(1) uno(하나, 사람〔누구든지〕)
(2) alguien(누군가, 어떤 사람),
(3) alguno(〔……중의〕어느 것인가, 〔……중의〕누군가)
(4) cualquiera(어느 것이든지)
(5) quienquiera (누구든지)
(6) nadie(누구도, 어떤 사람도)〔…않다〕)
(7) ninguno(〔…중의〕어느 것도, 〔……중의〕누구도〔……않다〕)
(8) algo(얼마쯤, 뭔가, 어떤 자)
(9) poco(조금, 소량)
(10) mucho(많이, 다량)

⑾ demasiado(너무 많이, 과량)

⑿ harto(충분)

⒀ todo(모두)

⒁ nada(아무것도 없음, 아무것도〔……않다〕)

⒂ otro(별개, 별개의 사람)

이상의 단어 중 동사「querer」와의 혼성형「cualquiera」,「quienquiera」의 두 복수형은「quiera」앞에「-es」를 덧붙여서 각기「cualesquiera」,「quienesquiera」로 된다.

또「cualquiera」는 형용사로서 단수명사 앞에 붙게 될 대는 어미「-a」를 잃어「cualquier」로 된다.

보기 Cualquier hombre(어느 남자라도), cualquier casa(어느 집이라도)

복수의 명사에 붙을 때는「cualesquiera」그대로이다.

보기 cualesquiera libros(어떠 어떠한 책이라도),
cualesquiera plumas(어떠 어떠한 펜이라도)

주의 (1) 위에 든 부정대명사중「alguien」,「algo」,「nada」,「nadie」를 제외한 것들에는 남성여성, 단수복수가 있으며 형용사로도 쓰인다.

보기 unos(약간의 것〔남성의 것, 이를테면 책〕, 어떤 사람들, 몇 개인가의), otras(몇 개인가의 별개의 것〔여성의 것, 이를테면 집들〕, 어떤 여자들), 또「alguno」,「ninguno」가 형용사로서 남성단수의 명사앞에 붙을 때는「algún」,「ningún」으로 된다.

주의 (2) 부정대명사중「algo」와「nada」에 형용사가 따를 때는「algo」,「nada」와 형용사와의 사이에 전치사「de」를 끼우는 것이 통례이다.

보기 (1) ¿Hay algo de interesante?(뭔가 재미있는 것이 있습니까?)
(2) No hay nada de particular.(특별한 아무것도 없습니다.)

또 의문대명사「qué」의 경우도 같다. 그러나「qué」다음에 동사가 오고 그 다음에 de + 형용사가 온다.

보기 (1) ¿Qué hay de nuevo(어떤 새로운〔변한〕일이 있습니까?)
(2) No hay nada de nuevo.(아무것도 새로운 일은 없습니다.)

여기서,「de nuevo」가 위와 같은 대명사를 떠나 단독으로 쓰일 때는「새로이」를 뜻하는 부사구이다.

강 독(Lectura)

단어 (Vocabulario)

Apréndanse de memoria las palabras siguientes:

la papelería(종이 집, 문방구 집), los tenemos muy buenos(대단히 좋은 그것들을 우리들은 가지고 있다), un momento(일순간, 잠깐) parece muy bueno(대단히 좋게 생각된다), quedarse con(자기 것으로 하다, 사버리다), envolver(싸다=포), al momento(지금 곧) a ver, a ver(어디, 어디?[조금 보자꾸나]), vaya Vd. con Dios(당신 신과 가시오.[안녕히!]), todo derecho(똑바로), es verdad(정말이다, 그대로다), el timbre(벨), resfriado (감기 들어서), gran cosa(대단한 일), el sillón(안락의자), asomarse a(엿보다), ahora mismo(지금), molestarse(스스로 고민하다), no se moleste Vd.(당신 관계[개념]치 말고), advertir(알리다, 주의하다), ¡que no!(안돼!), entre los dos(둘이서), todo lo ocurrido(모두 일어난 일).

La visita

Ayer por la tarde, mi amigo Yongsu y yo fuimos a una papelería.

— Buenas tardes — dijimos al entrar en la tienda.

— Muy buenas — contestó amablemente un dependiente y nos preguntó — :¿Qué deseaban Vds.?

— ¿Tienen Vds. cortaplumas? — dijo mi amigo.

— Sí, señorito, los tenemos muy buenos. Siéntense Vds. un momento y se los enseñaré.

— Enséñeme unos cortaplumas buenos y baratos.

— Muy bien — contestó el dependiente y sacó varios. Le gustó a mi amigo uno de ellos.

— Éste me parece muy bueno, pero dígame Vd. cuánto cuesta.

—Ochenta *wones*. Es el mejor que tenemos.

—Bueno, me quedaré con él, aunque es un poco caro para mí. Envuélvamelo Vd.

—Al momento, señorito —contestó el dependiente y empezó a envolverlo.

—A ver, a ver, espere Vd. un momento —dije—. Enséñemelo antes. Sí, éste es muy bueno. Parece que corta bien. Ten mucho cuidado y no te cortes los dedos. Bueno, haga el favor de envolverlo ahora.

El dependiente lo envolvió en seguida y se lo entregó a mi amigo. Cuando éste pagó el dinero, dijo el dependiente:

—Muchas gracias. Vayan Vds. con Dios

Al salir nosotros de la tienda, pregunté a Yongsu.

—¿Quieres ir a casa todo derecho?

—Sí, amigo, ¿y tú?

—Yo quiero visitar a nuestro amigo Minu. No vino a la escuela ni hoy. No sé qué tiene. Temo que esté enfermo.

—Es verdad. Anteayer estaba muy pálido. Es muy probable que esté malo. Bueno, yo también quiero ir a verle. Vamos.

Llegamos a casa de Minu y tocamos el timbre. La criada nos abrió la puerta y dijo:

—Buenas tardes, senoritos.

—muy buenas. Oiga Vd., ¿qué tiene nuestro amigo?

—Está un poco resfriado. Pero no es gran cosa. Se alegrará mucho de ver a Vds. Pasen por aquí.

Cuando entramos en su alcoba, dormía. Pero se despertó en seguida y se alegró mucho de vernos.

—¡Hola, amigos! ¿Qué tal? Sentaos. Yongsu, siéntate en esta silla, y tú, Wonki, toma ese sillón. Yongsu, haz el favor de tocar el timbre que esta cerca de ti.

La criada se asomó a la puerta y preguntó:

—¿Qué quiere, señorito?

—Trae algunas frutas a mis amigos y dile a mamá que están aquí mis amigos Yongsu y Wonki

—La señora acaba de salir.

—Bueno, entonces trae las frutas pronto.

—Sí, ahora mismo.

—Pero no te molestes, nos vamos en seguida—le advertimos.

—¡Que no! Quedaos mucho tiempo y contadme lo que ha ocurrido en la escuela.

Entre los dos se lo contamos todo. Después nosotros los tres hablamos de todo y discutimos sobre muchas cosas.

Al despedirnos de nuestro amigo, le dijimos:

—Cuídate mucho, ¿eh? No te levantes y no salgas de tu alcoba. Duerme bien esta noche. Adiós.

—¡Hasta la vista! Muchas gracias por vuestra atenta visita.

Volved a visitarme pronto. Decid a nuestro profesor y a nuestros amigos que estoy mucho mejor. ¡Adiós!

복 습(Repaso)

[1] Dígase el imperativo afirmativo de los verbos siguientes y póngase después en el imperativo negativo:(다음 동사의 긍정명령법을 말하고 다음에 그것을 부정의 명령으로 고쳐라.)

(1) pronunciar.   (2) leer.   (3) subir

(4) pensar.   (5) encender.   (6) mover.

(7) levantarse.   (8) hacer.   (9) irse.   (10) ser.

[2] Tradúzanse al coreano las frases siguientes:

(1) Ven tú pasado mañana.   (2) Ve tú al parque.

(3) Acuéstate.   (4) No digas nada a nadie.

(5) Vámonos.
(6) Explíqueme Vd. la lección.
(7) Sé bueno.
(8) Abramos la ventana.
(9) No os sentéis.
(10) Cualquiera de los vecinos lo sabe.

3 Tradúzcanse al español las frases siguientes:

(1) 너 이 공책을 선생님께 드려라.
(2) 너희들이 물로 얼굴을 씻어라.
(3) 당신들 교실에 들어오시오.
(4) 당신 아무쪼록 교실에 들어오시오.
(5) 우리들은 교실에 들어갑시다.
(6) 너희들 열심히(크게) 일하라.
(7) 너희들 과식하지 말아라.(너무 많이 먹지 말라).
(8) 너 곧장 서울역으로 가거라.
(9) 당신 이 시계를 사십시오.
(10) 너희들 이 책들을 나에게 팔라. 그것들을 나에게 팔라.
(11) 나에게 책을 한권 빌려 주시오.—어떤 책을 빌려 드릴까요?—아무 것이나.
(12) 소설을 몇 권인가 가져오시오. — 어느어느 것입니까?—아무것이나(복수).
(13) 당신은 누가 여기에 오는 것을 바랍니까? — 누구라도(좋다).
(14) 너희들 가버려라.
(15) 우리들은 천천히 갑시다.

Proverbios

Ya que la casa se quema, calentémonos.
집이 탄다면, (하다 못해) 따뜻해지겠지.

No es oro todo lo que reluce.
번쩍이는 것 모두다 황금이랄 수는 없다.

제3일

 (Gramática)

I. 접속법의 과거(Pretérito imperfecto de subjuntivo)

접속법의 과거(preterito imperfecto)에는 제1형(-ra형)과 제2형 (-se형)의 두 종류가 있다. 접속법의 과거(preterito imperfecto)는 직설법의 과거 (preterito indefinido)의 제3인칭복수에서 끝에 세자「ron」을 떼어낸 버린 것, 이를테면「toma(ron)」,「comie(ron)」,「vivie (ron」에「ra」,「ras」,「ra」, 「ramos」,「rais」,「ran」을 덧붙인 것을 제1형이라 하고,「se」,「ses」,「se」, 「semos」,「seis」,「sen」을 덧붙인 것을 제2형이라고 한다.

El preterito imperfecto de subjuntivo

	1.ª forma(제1형)		2.ª forma(제2형)	
tomar	tomara	tomáramos	tomase	tomásemos
	tomaras	tomarais	tomases	tomaseis
	tomara	tomaran	tomase	tomasen
comer	comiera	comiéramos	comiese	comiésemos
	comieras	comierais	comieses	comieseis
	comiera	comieran	comiese	comiesen
vivir	viviera	viviéramos	viviese	viviésemos
	vivieras	vivierais	vivieses	vivieseis
	viviera	vivieran	viviese	viviesen

주의 스페인의 아카데미아의 문법이나 그 밖에서는 「pretérito imperfecto de subjuntivo」(접속법의 불완료과거)라 부르고 있으나, 이 책에서는 「접속법의 과거」라 부르기로 한다.

Ⅱ. 불규칙 동사의 접속법 과거(Pretérito imperfecto de subjuntivo de los verbos irregulares)

접속법의 과거는 규칙동사건, 불규칙동사건, 모든 동사의 직설법과거의 제3인칭복수형에 그 끄트머리 세자 「-ron」을 떼어버린 것에 앞에 적은 어미를 덧붙인다. 바꾸어 말하자면, 직설법과거가 불규칙한 것은 접속법과거 또한 불규칙하다.

> **Ejemplos**
>
> tener(tuvieron):yo tuviera(-se), tú tuvieras(-ses), etc. ser (fueron):yo fuera(-se), tú fueras (-ses), etc. sentir(sintieron):yo sintiera(-se), tú sintieras(-ses), etc. dormir(durmieron):yo durmiera(-se), tú durmieras(-ses), etc.

주의 어떤 문법학자는 「-se」형을 제1형이라 부르고 「-ra」형을 제2형이라 부르기도 한다. 그러나 이 두 가지형의 용법은 같은 것이니 어느 쪽을 택해도 관계는 없다. 또 한가지 「-ra」형은 옛날에는 직설법의 대과거의 뜻으로 쓰였다. 그러므로, 오늘날에 있어서도 관계절속에서 직설법대과거의 뜻으로 쓰이는 일이 있다. 그러나 이것도 예스러운 문학적 표현일 경우이다.

보기 Aquella casa en que viviéramos felices se quemó anoche.
(우리들이 행복하게 살았던 저 집이 어젯밤 탔다.)

Ⅲ. 접속법의 완료 과거(Pretérito perfecto de subjuntivo)

접속법의 완료과거(영문법에서 말하는 「현재완료」)는 조동사 「haber」의 접속법현재(haya, hayas, haya, hayamos, hayáis, hayan)에 동사의 과거분사를 이어 붙여 만든다.

El pretérito perfecto de subjuntivo

haya tomado(comido, vivido)	hayamos tomado(comido, vivido)
hayas tomado(comido, vivido)	hayáis tomado(comido, vivido)
haya tomado(comido, vivido)	hayan tomado(comido, vivido)

Ⅳ. 어떤 종류의 형용사의 어미 탈락
(Apocope de algunos adjetivos)

형용사의 동사중 bueno, malo, uno, alguno(어떤, 어느 쪽인 가의), ninguno(어떠한, 어떤 것이든지〔부정〕), primero, tercero, postrero 따위는 남성 단수 명사 앞에 붙을 때 어미「o」를 잃게 된다. 또 grande, ciento는 남성이건 여성이건 단수명사 앞에 올 때는 각기 끄트머리 두 자를 잃어 gran, cien으로 된다 함은 이미 배운 바와 같다.

「santo」(성스러운)이라는 형용사는 남성형에 한해서 「To-」, 「Do-」로 시작되는 것을 제외한 사람 이름 앞에서는 끄트머리 두 자 「-to」를 잃고 「san」으로 된다.

보기 San Juan, San Francisco
　　　Santo Tomás, Santo Domingo.

그러나 여성인 사람 이름이나 명사 앞에서는 항상 「santa」로 된다.

보기 Santa Teresa, Santa Cruz(성십자가)

또 cualquiera〔복수형은 cualesquiera〕(어느 것이나)라는 부정대명사가 형용사로서 쓰일 때는, 단수명사 앞일 경우에 한해서 어미 「-a」를 잃어 「cualquier」로 된다.

보기 cualquier libro(어느 책이든지), cualquier casa(어느 집이든지)

복수명사 앞에 붙을 때는 「cualesquiera」 그대로인 것이 보통이다. 이 때는 「cualesquier」는 안 쓰는 것이 좋다.

V. 접속법의 대과거
(Pretérito pluscuamperfecto de subjuntivo)

접속법의 대과거는 조동사 「haber」의 접속법과거 [hubiera(-se), hubieras(-ses), hubiera(-se), hubiéramos(semmos), hubierais(-seis), hubieran (sen)] 에 동사의 과거분사를 이어 붙여서 만든다.

El preterito pluscuamperfecto de subjuntivo	
1.ª forma(제1형)	
hubiera tomado(comido, vivido)	hubiéramos tomado(comido, vivido)
hubieras tomado(comido, vivido)	hubierais tomado(comido, vivido)
hubiera tomado(comido, vivido)	hubieran tomado(comido, vivido)
2.ª forma(제2형)	
huviese tomado(comido, vivido)	hubiésemos tomado(comido, vivido)
hubieses tomado(comido, vivido)	hubieseis tomado(comido, vivido)
hubiese tomado (comido, vivido)	hubiesen tomado (comido, vivido)

VI. 종속절 중에 있어서의 접속법의 시제의 관련
(Sucesión de tiempo de subjuntivo en cláusulas dependientes)

한 문장에서 주동사와 종속동사가 있을 경우, 그 양자의 시제의 관련은 여러 가지다. 즉, (1) 종속동사는 주동사의 시제와 같은 시제에 일어나고 있는 행위를 나타내는 일이 있고, (2) 주동사의 시제 뒤에 계속되는 행위를 나타내는 일이 있으며, (3) 주동사의 시제에 앞서 버린 행위를 나타내는 일이 있다.

1. 종속절에 있어서, 주동사의 시제와 함께 또 그에 계속되어 일어나는 행위는 어떻게 나타내는가?

(a) 만약 주동사가 직설법현재나 미래이든가 명령법일 때는 종속절중의 동사 즉, 종속동사에는 접속법현재가 쓰이게 된다.

> **Ejemplos**
>
> (1) Mando al alumno que estudie la lección.
>   (나는 학생에게 과제를 공부하도록 명령 합니다.)
> (2) Mandaré al alumno que estudie la lección.
>   (나는 학생에게 과제를 공부하도록 명령할 것입니다.)
> (3) Manda tú (Mande Vd.) al alumno que estudie la lección.
>   (너는[당신은] 학생에게 공부하도록 명령하여라[시오].)

(b) 만약 주동사가 직설법과거(pretérito indefinido)든지, 불완료과거(pretérito imperfecto)든지, 대과거(preterito pluscuamperfecto)든지, 또는 앞으로 배우게 될 가능법단절형(p.293 참조)일 때는, 종속동사에는 접속법과거가 쓰인다.

> **Ejemplos**
>
> (1) Ayer mandé al alumno que estudiase (estudiara) la lección.
>   (어제 나는 학생에게 과제를 공부하도록 명령했습니다.)
> (2) Siempre mandaba yo al alumno que estudiase (estudiara) la lección.
>   (나는 학생에게 과제를 공부하도록 항상 명령했던 것입니다.)
> (3) Había mandado al alumno que estudiase (estudiara) la lección.
>   ([지금보다 앞서] 나는 학생에게 과제를 공부하도록 명령해 두었습니다.)

주의 회화에 있어서는 종속동사의 행위가 아직 행해지고 있지 않으면, 주동사는 설사 과거라 하더라도 종속동사에 접속법현재를 쓰는 일이 있다.

보기 Le mandé que lo haga algún día.
   (언젠가는 그렇게 하라고 나는 그에게 명령했다.)

2. 주동사의 시제에 앞서 있는 행위는 어떻게 표현하는가?

(a) 만약 주동사가 직설법현재라면, 종속동사에는 그때 그때의 뜻 여하에 따라 접속법과거(pretérito imperfecto)나 완료과거(pretérito perfecto)가 쓰인다.

Ejemplos

(1) Siento que él no llegase(llegara) a tiempo ayer.
  (어제 그가 시간에 대어 도착하지 않은 것을 나는 유감으로 생각한다.)
(2) Siento que él no haya llegado todavía.
  (그가 아직 도착하여 있지 않음을 유감으로 생각한다.)

(b) 만약 주동사가 직설법과거나 불완료과거라면, 종속동사에는 접속법의 대과거가 쓰인다.

Ejemplos

(1) Me alegré de que ellos hubiesen (hubieran) llegado ya.
  (그들이 이미 도착하여 있었던 것을 나는 기뻐했다.)
(2) Temíamos que nuestro padre hubiese(hubiera) muerto ya.
  (우리들은 아버지가 벌써 돌아가신 건가하고 두려워하고 있었다.)

주의 주동사에 직설법의 완료과거(pretérito perfecto)를 쓸 때에는 종속절중에서는 접속법현재가 쓰이는 일도 있고 또 과거(pretérito imperfecto)가 쓰일 때도 있다. 왜냐하면 완료과거는 행위가 과거에 취해진 것이지만 그 결과가 현재까지 미치고 있기 때문에, 결과(현재)를 두고 말하자면, 종속동사에 접속법현재를 쓰고, 행위(과거)를 두고 말하자면 종속동사에 접속법과거를 쓰는 것으로 되기 때문이다.

Ejemplos

(1) He mandado al alumno que estudie la leccion.
  (나는 학생에게 과제를 공부하도록 명령해 두고 있다.)
(2) He mandado al alumno que estudiase(estudiara) la leccion.
  (나는 학생에게 과제를 공부하도록 명령해 두었다.)

Obsérvese la sucesión de tiempo en las frases siguientes:(다음 문장중의 시제의 관련을 관찰하라.)

(1) El profesor nos manda siempre que hablemos español en la clase.
   선생님은 우리들에게 교실에서 스페인어로 말하도록 항상 명령한다.

(2) El profesor nos mandará mañana que escribamos una carta en español.
   내일 선생님은 우리들에게 스페인어로 한 통의 편지를 쓰도록 명령할 것이다.

(3) Mande Vd. a los alumnos que entren en la clase.
   당신, 학생들에게 교실로 들어오도록 명령하시오.

(4) Entonces nuestro profesor nos mandaba que recitásemos un cuento español todos los días.
   그 즈음 우리들의 선생님은 우리들에게 날마다 하나의 에스파냐의 이야기를 외우도록 명령하는 것이었습니다.(recitar. 암송하다.)

(5) Nuestro profesor nos mandó que recitásemos un cuento español.
   우리들의 선생님은 우리들에게 하나의 에스파냐의 이야기를 암송하도록 명령했다.

(6) Nuestro profesor nos había mandado que hablásemos español en la clase.
   우리들의 선생님은 교실에서 에스파냐어를 말하도록 그전부터 명령해 두었다.

(7) Se alegra de que hayamos comprado aquella casa.
   우리들이 저 집을 (이번에) 산 것을 그는 기뻐하고 있다.

(8) Se alegra de que comprásemos aquella casa.
   우리들이 저 집을 (그때) 산 것을 그는 기뻐하고 있다.

(9) Yo temía que alguien hubiese comprado ya aquella casa.
   누군가가 벌써 저 집을 사버린 것이나 아닌가 하고 나는 두려워하고 있었다.

강 독(Lectura)

단어 (Vocabulario)

Aprendanse de memoria las palabras siguientes:

de una manera(하나의 방법으로), de una manera muy práctica(대단히 실제적으로), obedecer(복종하다, 따르다, 준수하다), estar contento de(…에 대해서 만족하고 있다), el asiento(자리), la orden(명령), la corrección(정정, 교정), dicho(말하여진, 전술의), alabar(칭찬하다).

La clase de castellano

El profesor nos enseña el castellano de una manera muy práctica. Siempre nos prohibe que hablemos coreano en la clase, y nos manda que hablemos solamente el castellano. Se alegra de que obedezcamos sus órdenes, y está contento de que hayamos hecho grandes adelantos en dicho idioma.

Ayer me mandó el profesor que me levantase y leyera la ección veinte y una. Después nos ordenó a todos los alumnos que cerráramos nuestros libros y nos hizo unas preguntas, a las cuales respondimos bien. Entonces dijo a Minsu que pasase a la pizarra y escribiese un cuento corto que le dictó. Cuando volvió él a su asiento, el profesor nos exigió que mirásemos la pizarra, y nos preguntó:

—¿Quién sabe corregir los errores que se encuentran en lo escrito?

Casi todos los alumnos alzaron la mano. El profesor permitió a Wonki que pasara a la pizarra e hiciese las correcciones.

Antes de salir de la clase, el profesor alabó que hubiésemos preparado la lección en casa.

복 습(Repaso)

1 Conjúguense en el pretérito imperfecto de subjuntivo los verbos siguientes:

(1) quedar.   (2) apagar.   (3) concluir.   (4) pedir.
(5) dormir.   (6) seguir.   (7) sentir.   (8) pensar.
(9) tener.   (10) confesar.

2 Conjúguense en el preterito perfecto de subjuntivo los verbos siguientes:

(1) dictar.   (2) gozar(향수하다, 즐기다).   (3) abrir.
(4) recoger.   (5) morir.   (6) ordenar.   (7) dirigir.
(8) escribir.   (9) empezar.   (10) oir.

3 Conjúguense en el preterito pluscuamperfecto de subjuntivo los verbos siguientes:

(1) firmar.   (2) imprimir.   (3) contar.   (4) cubrir.
(5) poner.   (6) aprobar.   (7) buscar.   (8) hacer.
(9) conocer.   (10) decir.

4 Póngase la forma correcta de los verbos en las frases siguientes:

(1) Ayer queríamos que ellos nos (visitar).

(2) Les aconsejé que (escribir) correctamente.

(3) Mándeles Vd. que (venir) mañana.

(4) Yo dudaba que ellos (venir).

(5) Mi padre me permitió que (ir) al teatro.

(6) Me rogaron que (apagar) la luz.

(7) Te mandaremos que (ir) temprano a la estación.

(8) Él me ha mandado que (escribir) los ejercicios.

(9) Os habíamos prohibido que (gastar) mucho dinero.

(10) Les mandaré que (abrir) sus libros.

5 Pónganse en el presente las frases siguientes:

(1) Deseábamos que Vd. buscase el libro perdido.

(2) Ellos me mandaron que les entregase el bastón.

(3) Mi primo me pidió que abriese la ventana.

(4) Mi tío me ordenó que tradujese la carta al coreano.

(5) Rogué a Sukil que viniese a mi casa a las ocho.

6 Tradúzcanse al español las frases siguientes:

(1) 나는 그에게 나의 만년필을 되돌려 주도록 요구했다.

(2) 우리들은 그가 방에서 나가는 것을 금했다.

(3) 나의 형은 나에게 일찍 일어나도록 권고했다.

(4) 할아버지는 그에게(를 위해) 신문을 읽어 주도록 나에게 바란다.

(5) 그들은 우리들이 에스파냐어를 말할 수 있음을 의심했다.

(6) 나의 백부는 용권에게 창을 열도록 말했다.

(7) 그들이 평안한 것을 우리들은 기뻐했다.

(8) 나의 아버지는 나에게 곧 돌아오도록 지난주 편지를 썼다(써서 보냈다).

(9) 너, 여자 심부름 군에게 곧 오도록 말해라.

(10) 빨리 차금을 갚도록 나는 그에게 말하다.

Proverbios

Antes que te cases mira lo que haces.
네가 결혼하기 전에 자기 행위를 되돌아 보라.
Cortesía de boca, mucho vale y poco cuesta.
인사말의 값은 많지만, 비용은 안든다.
Más vale pájaro en mano que ciento que vuelan.
손안에 새 한 마리는 날고 있는 백 마리보다 났다.

제4일

 (Gramática)

I. 무인칭 표현과 함께 쓰이는 접속법 과거
(Pretérito imperfecto de subjuntivo con las expresiones impersonales)

시제의 관련이 원칙은 물론 무인칭적표현에도 적용된다. 즉 무인칭적표현 중의 동사가 직설법과거나 불완료과거일 때는 「que」이하 절중의 동사에는 접속법과거 (pretérito imperfecto)가 쓰인다.

Ejemplos

(1) Anoche fue necesario que yo estudiara(estudiase) hasta muy tarde.(어젯밤 나는 대단히 늦게까지 공부하는 것이 필요했다.)

(2) En aquella época era necesario que yo estudiase(estudiara) hasta muy tarde todas las noches.
(그 즈음에 나는 밤마다 대단히 늦게까지 공부하는 것이 필요했다.)

(3) Fue imposible que nos levantásemos tan temprano.
(우리들이 그렇게 일찍 일어나는 것은 불가능했다.)

(4) En aquella época era imposible que nos levantásemos tan temprano.
(그 시대에 우리들이 그렇게 일찍 일어나는 것은 불가능했다.)

(5) Fue lástima que ellos no llegaran a tiempo.
(그들이 시간에 [대어] 도착하지 않은 것은 유감스러웠다.)

(6) En aquellos días lluviosos era menester que llevásemos paraguas todos los días.
(비가 많이 올 때에는 우리들은 날마다 우산을 가져가는 것이 필요했다.)

Ⅱ. 가능법(Potencial)

동사의 법에는 부정법(infinitivo), 직설법 (indicativo), 접속법(subjuntivo), 명령법(imperativo)외에 또 하나 가능법(potencial) 이라는 것이 있다. 이 명령법을 조건문 (condicional)이라 부르기도 한다.

어떤 동사의 가능법(조건문)은 그 동사(규칙동사건 불규칙동사건 간에)의 직설법미래의 제1인칭단수의 맨끄트머리 글자 「e」를 떼어버린 것〔이를테면 tomar(e), comer(e), vivir(e), tendr(e), dir(e)〕에, ía, ías, ía, íamos, ían 붙여 만든다.

El potencial simple de los verbos regulares		
tomar	tomaría tomarías tomaría	tomaríamos tomaríais tomarían
comer	comería comerías comería	comeríamos comeríais comerían
vivir	viviría vivirías viviría	viviríamos viviríais vivirían

El potencial simple de los verbos irregulares

(tener) : tendría, tendrías, tendría, tendríamos, tendríais, tendrían.

(poner) : pondría, pondrías, pondría, pondríamos, pondríais, pondrían.

(decir) : diría, dirías, diría, diríamos, diríais, dirían.

Ejercicios:

Conjúguense en el potencial simple los verbos siguientes:
(1) saber.   (2) venir.   (3) hacer.   (4) caber.   (5) poder.
(6) querer.   (7) salir.   (8) valer.   (9) suponer.   (10) haber.

위에 말해 온 가능법을 가능법의 단절형(potencial simple)이라고도 하며, 가능법의 불완료형(potencial imperfecto) 혹은 가능법의 완료형(potencial perfecto)이라 불리는 형태가 있다. 그것은 조동사 "haber"의 가능법단절형과 동사의 과거분사와를 이어 붙인 것이다.

El potencial compuesto (o perfecto)
(가능법의 복합형, 별명 완료형)

habría tomado (comido, vivido)   habríamos tomado (comido, vivido)
habrías tomado (comido, vivido)   habríais tomado (comido, vivido)
habría tomado (comido, vivido)   habrían tomado (comido, vivido)

Ⅲ. 가능법의 용법(Usos de potencial)

가능법은 조건문에 있어서 접속법과 함께 쓰이는 일이 가장 많은 것이지만, 그는 다음 항에서 설명하기로 하고, 이 항에서는 그 이외의 용법에 대해서 말하려고 한다.

1. 가능법단절형은 과거의 어느 특정한 시에서 보았을 때의 미래의 관념을 나타낸다. 다음 문례에서 시제의 관련을 관찰하라.

   (a) Dice que comprará mañana el libro.
       (그는 내일 책을 사겠다고 말하고 있다.)
   (b) Dijo que compraría el libro al día siguiente.
       (그는 이튿날 책을 사겠다고 말했다.)
   (c) Decía que compraría la casa al año siguiente.
       (그는 다음해에 집을 사겠다고 말하고 있었다.)

(d) Había dicho que compraría la casa.

　　(그는 집을 사겠다고 진작 말해 두었다.)

　직접화법의 표현이 아니고, 간접화법의 표현에 있어서는 종속법중의 동사의 미래의 관념을 나타내려면 주동사가 현재일때는 직설법미래형이 쓰이고 주동사가 과거(어떤 종류의 과거이든 간에) 일 때는 종속절중의 동사에는 가능법단절형이 쓰인다. 다음 문예를 보라.

　Me dijo el día cinco que partiría para Chile el quince. (15일 칠레를 향해 떠난다고〔떠나게 되리라고〕5일 그는 나에게 말했다.)

　그러나 현대문(특히 통상 회화)에 있어서는 과거의 어떤 특정한 시에서 보아 미래이고, 지금으로 보아 과거에 속하게 되면 위에 말한 바와 같은 가능법단절형을 쓸 수밖에 없지만, 지금으로 보아도 여전히 미래에 속해 있을 때는 직설법과거(어떤 종류 건간에)의 주동사 다음에 오는 종속절중의 동사에도 직설법미래형을 쓰며 현재의 일에 관계될 때는 직설법현재형을 쓰는 이들이 많다.

Ejemplos

(1) Él me dijo anteayer que vendrá mañana.
　　(〔말하고 있는 날에서 보아〕내일 오겠다고 그는 그저께 나에게 말했다.)
(2) Él me dijo anteayer que viene hoy.
　　(오늘〔말하고 있는 그날〕오겠다고 그는 그저께 나에게 말했다.)

2. 가능단절형을 과거의 일에 대한 상상이나 예측을 나타낸다.

Ejemplos

(1) Serían ya las ocho cuando llegó a casa.
　　(그가 집에 도착했을 때는 벌써 8시였으리라.)
(2) Ella tendría siete u ocho años cuandó murio Su padre.
　　(그녀의 아버지가 죽었을때 그녀는 일곱이나 여덟 살이었으리라.)
(3) Ayer estarían en casa.(어제 그들은 집에 있었으리라.)

3. 가능복합형은 과거에서 보았을 때의 완료미래의 관념 또는 과거에 있어서의 완료에 대한 상상을 나타낸다.

> **Ejemplos**
>
> (1) Él me dijo que habría leído el libro para el domingo.
>   (일요일까지에는 책을 독파하고 있으리라고 그는 그에게 말했다.)
> (2) Habrían llegado al lago.
>   (그들은〔그때까지는〕 호수에 도착하여 있었으리라.)

Ⅳ. 조건문(Oracion condicional)

어떤 조건을 나타내는 말과 그 조건을 받아 맺고 있는 말(결구)이 함께 붙어 있는 문장, 이를테면 「만약…한다면…할 것이다」와 같은 문장을 조건문이라고 한다. 이 조건문은 또 현실적조건문과 가정적조건문의 두 종류로 나누어 생각할 수가 있다.

1. 현실적조건문이란 현실의 반대를 가정하지 않는 것을 이른다. 이때에는 조건구에 있어서나 직설법에 있어서나 직설법이 쓰인다.

> **Ejemplos**
>
> (1) Si él habla en español, le comprendemos.
>   (만약 그가 스페인어로 말한다면 우리들은 그〔가 하는 말〕을 이해한다.)
> (2) Si él habla en español, le comprenderemos.
>   (만약 그가 스페인어로 말한다면 우리들은 그를 이해할 것이다.)
> (3) Si él hablaba en español, le comprendíamos.
>   (그가 스페인어로 말한다면 〔말했을 때에는〕 우리들은 그가 하는 말을 이해했습니다.)

결구안에 직설법현재나 미래가 쓰일 때는 「si」 이하의 조건구중에는 접속법현재가 아닌 직설법현재가 쓰이게 된다. 「만약……이라면」의 뜻으로 쓰이는 「si」다음에는 직설법미래도 접속법현재도 결코 쓰이지 않는다.

2. 조건적조건문이란 현실의 반대를 가정하는 것을 말한다. 다시 이것을 현재 사실의 반대의 가정과 과거의 사실 반대의 가정이라는 두 가지로 나눌 수가 있다.

(a) 현재의 사실의 반대의 가정

이 때에는 「si」 이하의 조건구중에 접속법의 과거 (pretérito imperfecto)가 쓰이며 결구중에는 가능법단절형이 쓰인다. 엄밀한 뜻에서의 현재 사실의 반대는 아니더라도, 미래에 있어 실현이 의심스러운 것의 반대의 경우도 똑같다.

> **Ejemplos**
>
> (1) Si yo tuviese(tuviera) dinero, compraría este reloj.
>   (만약 내가 돈을 가지고 있다면 [또는 앞으로 가질 것 같지 않지만, 만약 가진다면] 이 시계를 사는 것인데.)[돈을 가지고 있지 않으므로 사지 않는다.]
> (2) Si tú buscases(buscaras) en este momento tu reloj perdido, lo encontrarías.
>   (만약 네가 이 순간에 너의 잃어버린 시계를 찾는다면 그것을 발견해 낼 수 있을 것인데.) [찾지 않으므로 발견 해낼 수 없다.]

(b) 과거의 사실의 반대의 가정

이 때에는 「si」이하의 조건구중에 접속법의 대과거(preterito pluscuam perfecto)가 쓰이며 결구중에는 가능법복합형이 쓰인다.

> **Ejemplos**
>
> (1) Si yo hubiese(hubiera) tenido dinero ayer, habría comprado el libro.(만약 내가 어제 돈을 가지고 있었다면[가지고 있었다고 한다면] 그 책을 샀던 것인데.)[가지고 있지 않았기 때문에 사지 못했다.]
> (2) Si tú hubieses(hubieras) buscado en aquel momento tu reloj perdido, lo habrías encontrado.(만약 네가 그 순간에 내 잃어버린 시계를 찾았다고 한다면 그것을 발견해 내었을 것을.)[찾지 않았으니까 발견해 내지 못했다.]

주의 조건구중에 쓰이는 접속법의 과거 및 대과거는 그 제1형 (-ra형), 제2형 (-se형)의 어느 것을 써도 관계없다는 것은 이미 말했지만, 결구중의 가능법 (단절형 및 복합형) 대신 접속법의 제1형 (-ra형)을 써도 좋다. 이것이 제1형 (-ra형)과 제2형 (-se형)과의 용법상의 거의 유일한 상이점이다.

Ejemplos

(1) Si ellos tuviesen dinero ahora, compraran los libros.
Si hubiesen tenido dinero ayer, hubieran comprado los libros.

그러나 조건구에서도 「-ra형」을 쓰고 결구에서도 「-ra형」을 쓰는 것은 피하는 것이 좋을 것 같다.
또 문장의 첫머리에 결구를 내세우고 조건구를 뒤로 돌려도 좋다.

Ejemplos

(2) Yo compraría el libro, si tuviese(tuviera) dinero.

(c) 조건구가 과거의 사실의 반대이고 결구가 현재의 사실의 반대를 나타내는 문장.

조건구가 과거 사실의 반대를 가정하고, 결구는 현재 사실의 반대를 나타내는 때가 있다. 그러한 경우에는 조건구에 접속법대과거를 쓰고 조건구에는 가능법단절형을 쓴다.

Ejemplos

Si vosotros hubieseis comido ayer aquel melón, estaríais todos enfermos hoy.
(만약 너희들이 어제의 그 멜론을 먹었다고 한다면 오늘은 모두 병들어 있으리라.) [먹지 않았기 때문에 모두 평안하게 있다.]

주의 (1) 「como si」(마치…한 것 같이) 다음에 현재의 일을 말할 때는 물론 이려니와 과거의 일을 말할 때도 접속법과거를 쓴다. 주절에 있어서의 동사는 과거일지라도 como si 다음에 오는 사실은 역시 현재의 반대이기 때문이다.

보기 (1) Él da mucho dinero a los pobres como si fuese muy rico.
(그는 마치 큰 부자이기라도 한 듯이 가난한 사람들에게 많은 돈을 준다.)

(2) Él dió mucho dinero a los pobres como si fuese muy rico.
(그는 마치 큰 부자이기라도 한 듯이 가난한 사람들에게 많은 돈을 주었다.)〔가는 하다고 하는 현상의 반대 가정 때문〕 다만 como si 다음에 오는 사실이 과거의 반대가정이라면 접속법대과거가 쓰인다.

[보기] Él y yo nos abrazamos, como si nos hubiésemos conocido desde antes.
(그와 나와는 이전부터 마치 서로 알고 있었던 것 같이 서로 포옹했다.)

[주의] (2) 어떤 바램(원망)을 겸손한 기분으로 정중하게 나타내기 위해서는 「quisiera」, 「querría」 또는 「desearía」를 부정법 앞에 덧붙인다.

[보기] (1) ¿No quisiera(또는 querria) Vd. prestarme dinero
(당신은 나에게 돈을 빌려 주지 않으시렵니까?)
(2) Desearía acompañarle a Vd.(당신과 동반을 하고 싶은 것입니다.)

[주의] (3) 현재에 있어서 성취 불가능한 일에의 바램은, ¡Ojalá!에 이어지는 종속절에 접속법과거를 써서 나타낸다.

[보기] ¡Ojalá que yo tuviese mucho dinero!
(나는 듬뿍 돈을 갖고 싶구나!(〔바래보았자 성취 불가능한 일이지만〕)
또 과거에 있어서 성취 불가능했던 일에의 바램(원망)은 ¡Ojala!에 이어지는 종속절에 접속법대과거를 써서 나타낸다.

[보기] ¡Ojalá que yo hubiera tenido dinero en aquella época! (그 즈음 나는 돈을 안 가졌었지!)〔이제 이르러 말해봤자 쓸데없는 일이지만.〕
두 가지 다 사실의 반대에 대한 원망이다.

강 독(Lectura)

단어 (Vocabulario)

Apréndanse las palabras siguientes:

Oksun, nuestra criada(우리들의 여자 심부름꾼, 옥순), de manera que(그러한 것이니까), algo(무언가), naturalmente(당연), examinar(시험하다, 조사하다), de esta manera(이래서, 이렇게 하여), olvidadizo(잊기 쉬운, 잊는 버릇의), el despertador(알람시계), dar cuerda(태엽을 감다), prometer(약속하다), hoy mismo(오늘 곧), tardar en+infinitivo(……함에 시간을 벌다)

El despertador

Yo me despierto generalmente a las seis, pero ayer me desperté bastante tarde. Serían ya cerca de las siete. Es lástima que Oksun, nuestra criada, olvidase despertarme. Si me hubiera llamado, me habría levantado en seguida.

De todos modos, fue preciso que saltase de la cama y fuese corriendo al cuarto de baño para limpiarme los dientes y lavarme la cara. Cuando entré en el comedor, eran ya las siete y veinte. Era hora de que saliese de casa. De manera que salí sin desayunarme, pensando comer algo en el comedor de la escuela. Desgraciadamente tardó mucho el tranvía en venir y yo tuve que esperar casi diez minutos. Abrí mi portamonedas y examiné el dinero que tenía. No había en él más que doscientos *wones*. Si hubiese tenido más dinero, habría tomado un taxi, porque no quería llegar tarde.

Por fin llegó el tranvía, pero venía tan lleno de gente que tuve que esperar otro. De esta manera llegué a la escuela a las ocho y pico. No había tiempo de comer algo en el comedor. Si hubiera hubido tiempo, habría comido algo. Ya era hora de que llegase el profesor. Cuando entré en la clase, el profesor ya estaba pasando lista. Todos los alumnos me miraron sonriendo. Después de pasar lista, me preguntó el buen profesor, tambien con una sonrisa en la cara:

— Buenos días, señor Shin. Esta mañana Vd. se levantó un poco tarde, ¿verdad?

— Sí señor — le contesté —, porque nuestra criada se olvido de llamarme. Es una muchacha muy olvidadiza.

— Pero, ¿no tiene Vd. despertador?

— No, señor, no tengo. Si lo tuviera, nunca llegaría tarde a la escuela.

— Pero, ¿no es Vd. también tan olvidadizo como su criada. Si Vd. se olvida de darle cuerda, el despertador no sonará.

— Naturalmente. Pero yo no soy tan olvidadizo como la criada.

— Pues pida Vd. a su padre que compre para Vd. un buen despertador.

— Sí, señor, sí; se lo pediré hoy mismo, y le prometo a Vd. que no volveré a llegar tarde.

— Muy bien, muy bien. Bueno, señores, vamos a empezar la lección.

Cuando volvió a casa mi padre, le pedí que comprase para mí un despertador. Entonces me dijo que me llevaría a Myong dong para comprarlo el domingo próximo.

복 습(Repaso)

1. Tradúzcanse al coreano las frases siguientes:

   (1) Tráigame Vd. cualesquiera novelas.

   (2) Hace cinco días él me decía que pasaría el domingo en su pueblo natal(향리).

   (3) Era menester que cerrásemos las ventanas.

   (4) ¡Ojalá que viniesen a verme!

   (5) Tú podrías comprender a tu profesor si estudiases tus lecciones.

   (6) El viejo abrió el libro como si supiese leer.

   (7) Ayer por la tarde habríamos ido al parque si no hubiese hecho tanto calor.

   (8) Mi primo tendría solamente unos diez mil *wones* cuando vino a Seúl.

   (9) Les dijo que traduciría la carta al coreano

   (10) Sírvanse Vds. esperar un momento.

(11) Hacía tres horas que nosotros los esperábamos cuando llegaron.

(12) Me gusta el baile más que nada.

(13) He leído algunas novelas suyas.

(14) No tenemos casa.

(15) Él anda siempre sin sombrero.

2 Tradúzcanse al español las frases siguientes:

(1) 어제 내가 그를 만났을 때 오늘 여기에 오겠다고 말하고 있었다.

(2) 나는 종이를 갖고 있지 않다. 만약 가지고 있다면 아버지께 편지를 쓰는 것인데.

(3) 그 날밤 그들은 호텔에 있었던지도 몰랐다.

(4) 그저께 그들은 돈을 가지고 있지 않았다. 만약 가지고 있었다면 대단히 기꺼이 (con mucho gusto) 나에게 빌려 주었을 것을.

(5) 그는 내월 초하루 아르헨티나로 향하여 출발한다(하리라)고 말하고 있었다.

(6) 작년에 나는 그 집을 팔았다면 좋았을 것인데.

(7) 그녀는 오늘 병들어 있으므로 바다에 들어가지 않는다. 만약 병들어 있지 않다면 들어가는 것인데.

(8) 나는 어제 병들어 있었으므로 바다에 들어가지 안했다. 만약 병들어 있지 않았다면 들어갔을 것인데.

(9) 모레 비가 내리지 않으면 나는 남이섬에 갈 것이다.

(10) 그날 서기(el escribiente)는 사무소에 있었으리라.

Proverbios

Del plato a la boca se pierde la sopa.
접시에서 입까지 사이에서 스프가 쏟아진다(고심대적)

Amor con amor se paga.
사랑은 사랑으로 갚아진다.

En la tardanza va el peligro.
지체속에 위험이 스며든다.

제5일

 (Gramática)

I. 접속사 뒤에 쓰이는 접속법
(Subjuntivo detrás de conjunciones)

접속법의 용법은 지금까지 말해온 것으로써 다한 것은 아니다. 때, 목적, 조건, 양보등을 나타내는 접속사를 갖는 부사절중에 접속법이 쓰이는 일이 있다.

1. 때를 나타내는 접속사

때를 나타내는 부사절중의 동사가 「부정의 미래」에 관한 것일 때는 다음과 같은 접속사 위에 접속법이 쓰인다. 「cuando」 이외는 「que」를 수반하는 복합접속사인 점에 주의 할 것.

cuando(…할 때), antes(de) qe(…하기 전에), después(de) que(…한 뒤에), hasta que(…하기까지), mientras(que)(…하는 동안), así que, luego que, tan pronto como, en cuanto(이상 넷은 어느 것이나 「…하자마자」의 뜻), siempre que(…할 때는 언제나), a medida que(…함에 따라) etc.

Ejemplos

(1) Tengo un libro muy raro. Se lo mostraré cuando Vd. venga a mi casa.(나는 대단히 진기한 책을 가지고 있습니다. 당신이 나의 집에 왔을 때 그것을 당신에게 보여 드리겠습니다.

(2) Estén Vds. en la estación antes de que llegue el tren.
　　(기차가 닿기 전에 당신들은 정거장에 〔가〕계십시오.)

(3) Lea Vd. el libro después que yo lo haya leído.(내가 독파한 뒤에 당신, 그 책을 읽으시오.) 〔완료과거의 형태를 쓴 것은 「독파(읽어버림)」의 뜻을 나타내게 하기 위해서임.〕

(4) Llamaré al señor Kim luego que llegue.
　　(김씨가 도착하자마자 나는 그를 부리겠습니다.)

(5) Así que venga su amigo, entréguele Vd. esta carta.
　　(당신의 친구가 오자마자 이 편지를 그에게 주시오.)

(6) Se quedarán alli hasta que Vd. llegue.
　　(당신이 도착할 때까지 그들은 저기에 머물러 있을 것입니다.)

주의 이와 같은 부사적종속절중의 동사가 부정의 미래를 나타낼 때에만 접속법이 쓰인다는 것을 잊어서는 안된다. 이러한 부사절중 동사가 만약 현재나 과거에 관한 것이라면 불확실성을 수반하는 것이 아니므로 당연히 직설법이 쓰이게 된다. 다음 보기들을 보라.

(1) Me quito el sombrero cuando eutro en la clase.
(2) Cuando entré en la clase, ellos cantaban.
(3) Se quedaba allí hasta que llegó su amigo.
(4) Así que hubo recibido el dinero, él se marchó muy contento.

2. 목적을 나타내는 접속사

다음과 같은 목적을 나타내는 접속사뒤에는 접속법이 쓰인다. 어느 것이고, 「누구누구가 ……하기 위해서」, 즉 「누구누구로 하여금 …하게 하기 위해서」의 뜻이다.

　　a fin de que(…할 목적으로, …하도록)
　　de manera que(…하도록)
　　de modo que(…하도록)
　　para que(…하기 위해서, …하도록)
　　por que(…하기 위해서, …하도록)

> **Ejemplos**
>
> (1) El profesor habla despacio para que los discípulos le comprendan.
> (선생님은 학생들이 그를 이해하도록 천천히 말한다.)
> (2) Pondré aquí su libro a fin de que él lo encuentre fácilmente, cuando entre en la clase.
> (그가 교실에 들어갔을 때 쉽게 발견하도록, 나는 그의 책을 여기에 두겠다.)
> (3) Preste Vd. al señor Kim su cortaplumas para que afile el lapiz.
> (당신은 김씨에게 연필을 깎도록 당신의 칼을 빌려주시오. afilar, 날카롭게 하다, 갈다.)
> (4) El profesor hablaba siempre despacio para que los discípulos le comprendiesen.
> (선생님은 학생들이 그(가 말한 것)를 이해하도록 항상 천천히 말하는 것이었다.)
> (5) Alcé mi bastón de manera que me encontrasen mis amigos.
> (나의 친구들이 나를 발견하도록 지팡이를 올렸다.)
> (6) Hagamos muchos esfuerzos por que sea grande y próspero nuestro país.
> (우리나라를 위대하고 또 번영되게 하기 위해 우리들은 많은 노력을 하지 않으려는가.)

주의 (1) 주동사와 종속절중의 동사와의 시제의 관련에 조심할 일이다. 또 이 두 개의 동사가 주어를 달리하고 있는 점에 주의해야 한다. 만약 주어가 같을 경우에는 종속절속에 접속법을 쓰는 대신 부정법을 쓰게 된다.

(1) Compro una gramática española para estudiar el español.(나는 스페인어를 연구하기 위하여 한 권의 스페인 문법책을 산다.)
(2) Miraré bien la casa antes de comprarla.
(나는 사기전에 그 집을 잘 보겠다.)
(3) Después de almorzar se marcharon.(점심을 먹은 뒤에 그들은 떠났다.)
(4) Le prestaré el libro después de haberlo leído.(나는 독파한 뒤에 책을 그에게 빌려 주겠소.〔여기서는 완료를 나타내기 위하여 부정법복합형(haber leido)으로 했으나, 부정법단절형 (leer)을 쓰기도 한다.〕

주의 (2) 「de manera que」와 「de modo que」는 「그러니까」의 뜻으로 쓰이는 일이 있다. 그 때는 직설법이 쓰이게 된다.

3. 조건이나 방법을 나타내는 접속법

다음에 드는 접속사 다음에는 접속법이 쓰인다.

a menos que(…하는 것이 아니면), a no ser que(…하는 것이 아니면), dado que(…하면, …한다면), siempre que(…하기만 하면), en caso que (…할 경우〔때〕에는), en el caso de que(…할 경우〔때〕에는), con tal que (…한다는 조건부로), como(…같이)

Ejemplos

(1) A menos que yo hable coreano muy despacio, estos extranjeros no me comprenderán.
(내가 아주 천천히 한국말을 말하는 것이 아니라면, 이들 외국인은 내가 하는 말을 이해하지 못하리라.)

(2) Te prestaré este libro con tal que me devuelvas mañana.
(내일 네가 나에게 되돌린다는 조건으로 이 책을 너에게 빌려 주겠다.)

(3) En el caso de que venga mi amigo, iré con él al cine esta noche.
(나의 친구가 올 경우에는 오늘밤 나는 그와 영화관에 가겠다.)

(4) Hágalo usted como quiera.(당신하고 싶은 대로하시오.)

4. 양보, 잠정 그 밖의 뜻을 나타내는 접속사

「설사 …하더라도」와 같은 양보나 잠정의 뜻을 지니면서, 현재 불확실하고 또 미래에 일어날지도 모르는 일을 나타낼 때는 다음과 같은 접속사뒤에 접속법이 쓰인다.

aunque(설사 …하더라도), a pesar de que(…함에도 불구하고, …한다더라도), aun cuando(…할 때마저도, …설사 …하더라도), por+(adjetivo, adverbio 또는 participio pasado)+que(아무리 …하더라도), sin que(〔누구누구가〕…함이 없이)

> **Ejemplos**
>
> (1) Aunque los alumnos escuchen muy atentamente, no comprenderán la conferencia del novelista español.
> (학생들이 설사 아주 주의 깊게 경청한다더라도 그 에스파냐 소설가의 강연을 이해 못하리라.)
>
> (2) No tengo dinero. Aun cuando lo tenga, no compraré este terreno.
> (나는 돈을 가지고 있지 않다. 가지고 있을 때라도[가지고 있다해도] 이 땅을 사지 않으리라.)
>
> (3) Por fuerte que sea él, no podrá levantar esta piedra.
> (그가 아무리 강하다 해도, 이 돌을 들어올리지 못하리라.)
>
> (4) Por más dinero que gane él, no lo ahorrará.
> (그는 아무리 많은 돈을 벌지라도, 그것을 저축하지 않으리라.)
>
> (5) Salieron de casa sin que los viese su padre
> (그들의 아버지가 그들을 못 보는 사이에[아버지의 눈에 띄지 않고], 그들은 집을 나갔다.)

주의 위의 든 접속사뒤에서도, 사실을 서술할 경우에는 직설법이 쓰임은 말할 필요도 없다.

Ⅱ. 관계 대명사 "que" 뒤의 접속법
(Subjuntivo det rás del pronombre relativo que)

부정실행사를 받는 「que」 다음에 접속법이 쓰이는 일이 있다. 다만 실행사인 사람이나 물건의 존재가 불확실하다거나 부정될 때에 한한다.

> **Ejemplos**
>
> (1) Se necesita un muchacho que hable español.
> (스페인어를 말하는 소년이 한 명 필요.)
>
> (2) Busco un libro que trate de las costumbres madrileñas del siglo XVⅢ.
> (18세기 마드리의 습관을 취급하고 있는 책을 나는 찾고 있다.)

(3) Haré lo que Vd. me mande.
    (나는 당신이 명령하시는 것을[무엇이나] 하겠습니다.)
(4) ¿Hay alguien que sepa esto?(이것을 알고 있는 누군가가 있느냐?)[이것을 알고 있는 사람이 누군가 있느냐?]
(5) No hay nadie que sepa esto.(이것을 알고 있는 사람은 아무도 없다.)
    [이것을 알고 있는 사람은 한 사람도 없다.]
(6) Présteme Vd. cualquier libro que compre.
    (당신이 사는 어떤 책이든지 나에게 빌려 주십시오.)
(7) Quienquiera que diga que la nación coreana es belicosa no la conoce.
    (한국국민을 호전적이라고 말하는 어떤 사람도[…라고 말하는 사람은 누구라도] 한국국민을 알고 있지 못한 것이다.)
(8) Adondequiera que Vd. vaya, yo le acompañaré.
    (당신이 가는 어디라도[어디에 가든 가는 곳에] 나는 당신을 따라 가겠습니다.)
(9) Hay muchos sombreros en la tienda, pero no hallo ninguno que me guste.
    (상점에는 많은 모자가 있으나, 나의 마음에 드는 것은 하나도 발견 안된다.)
(10) Pase lo que pase.(일어날 건 뭐든지 일어나라.)

다만 「스페인어를 말하는 소년」이나 「18세기의 마드리의 습관을 취급하고 있는 책」의 존재가 벌써 확실하면서 그것을 가리킬 경우에는 설사 부정 관사가 붙어 있다해도 「que」 다음에 직설법이 쓰이게 된다.

Ejemplos

(1) Conozco a un muchacho que habla español.
    (나는 스페인어를 말하는 모소년을 알고 있습니다.)
(2) Tengo un libro que trata de las costumbres madrileñas del siglo XVIII.
    (나는 18세기의 마드리의 습관을 취급하고 있는 한 책을 가지고 있습니다.)
(3) Haré lo que Vd. me manda.
    (당신이 나에게 명령하고 있는 [그] 일을 하겠습니다.)

이 마지막 문예에서, 「당신이 지금 명령하고 있는 일」로써 어떠한 것인가가 정해져 있으므로 물론 직설법이 쓰인다.

Ⅲ. 접속법의 미래(Futuro imperfecto de subjuntivo)

접속법미래는 그 동사의 직설법과거(pretérito indefinido)의 제3인칭복수형에서 끄트머리 세자 「-ron」을 떼어버린 것에 「-re」, 「-res」, 「-re」, 「-remos」, 「-reis」, 「-ren」을 붙여 만든다.

> **주의** 본디 이름은 「접속법의 불완료미래」이지만, 이 책에서는 그냥 「접속법의 미래」라 부르기로 한다.

El futuro imperfecto de subjuntivo		
tomar	tomare tomares tomare	tomáremos tomareis tomaren
comer	comere comeres comere	comiéremos comiereis comieren
vivir	viviere vivieres viviere	viviéremos viviereis vivieren

접속법의 미래는 현재의 사실이나 과거의 사실의 반대를 가정하여서가 아니라, 미래의 일에 대해서 「만약 무엇무엇한다면」이라고 할 때와 같이 주로 조건을 나타낼 때에 쓰인다.

> **Ejemplos**
>
> (1) Si Vd. viniere mañana a mi casa, le prestaré la novela.
> (만약 내일 당신이 나의 집에 온다면 소설을 빌려 드리겠습니다.)
> (2) Le escribiré mañana si tuviere tiempo.
> (시간이 있으면 나는 내일 그에게 편지를 쓰겠습니다.)
> (3) Como fuere(또는 sea) posible demorar mi viaje, los visitaré pasado mañana.
> (만약 나의 여행을 연장할 수가 있다면 나는 모레 그들을 방문할 것이다. 이 때의 「como」는 「…다면‥」의 뜻.)
> (4) Cuando necesitares(또는 necesites)dinero, avísame.
> (너, 돈이 필요하다면, 나에게 알려라, 이 때의 「cuando」는 「si」「…다면」과 같은 뜻.)

주의 이미 설명한 바와 같이, 「만약…한다면」을 뜻하는 「si」 다음에는 관습상 접속법의 현재를 쓸 수 없고 직설법의 현재를 써서 표현하는 것이 보편적이다.

또 조건이 「si」 이외의 단어 (이를테면 위 문예에서의 「como」나 「cuando」따위)로 되어 있을 때는 접속법의 미래 대신 접속법의 현재를 써도 상관없다. 또 현대에서는 그 쪽이 더 보편적이기도 하다. 바꾸어 말하면 접속법의 미래는 쓰지 않고도 된다는 말이다. 또 사실에 있어 현대에서는 접속법의 미래는 법률조문이나 예로부터 전해 내려오는 속담·민요 따위 외에는 거의 사용되지 않고 있는 실정이다. 그러므로 현재나 미래의 일에 대해서 「만약…한다면」 하고 쓰고자 할 때는 항상 「si」 다음에 직설법현재를 씀이 좋다.

Ⅳ. 접속법의 완료 미래(Futuro perfecto de subjuntivo)

조동사 「haber」의 접속법미래에 동사의 과거분사를 이어 붙여서 만든다.

El futuro perfecto de subjuntivo

hubiere tomado(comido, vivido)   hubiéremos tomado(comido, vivido)
hubieres tomado(comido, vivido)   hubiereis tomado(comido, vivido)

hubiere tomado(comido, vivido)   hubieren tomado(comido, vivido)

역시 조건문에서 쓰이며 완료미래를 나타낸다. 법률문 외에는 거의 쓰이지 않는다.

> **Ejemplos**
>
> (1) Si para el fin del año no me hubiere pagado la deuda, le apremiare. (만약 그가 연말까지에 나의 차금을 갚아버리지 않는다면, 나는 그에게 강제할 것이다.)
>
> (2) Si, pasados tres meses desde esta fecha, no hubiere aparecido ningún otro heredero, toda su fortuna pasará a mi amigo.(이 날짜부터 3개월 지나서 다른 어떠한 유산 상속인도 나타나지 않는다면, 그의 전 재산은 나의 친구에게 넘어갈 것이다.)

그러나 현대문에서는 접속법의 완료미래 대신 직설법완료과거를 쓰는 것이 통례이다. 다음을 보라.

Si para el fin del año no me ha pagado la deuda, le apremiaré(뜻은 위에 보인 (1)과 같다.)

현대문에 있어서는 접속법완료미래를 쓰는 일은 극히 드물고 거의 필요가 없는 것이기도 하다.

V. 부정법의 특별 용법(Usos especiales del infinitivo)

1. 관계대명사 「que」 직후에 부정법

관계대명사 「que」 직후에 부정법을 붙이면 우리말로 「무엇무엇해야 할」이라는 뜻으로 된다. 이 때의 동사는 타동사에 한한다.

Ejemplos

(1) Tengo muchos libros que leer.
　　(나는 읽어야 할 많은 책을 가지고 있다.)
(2) Tengo una carta que escribir.
　　(나는 써야 할 한통의 편지를 가지고 있다.)
(3) Ya no hay nada que vender.
　　(이젠 매각해야 할 아무것도 없다.)

물론 「que」앞에 전치사를 붙이는 일도 있다.

Ejemplos

Vd. tiene ahí una pluma con que escribir.
　(당신은 거기에〔그것을 가지고〕써야 할 펜을 가지고 있다.)

2. 의문사직후의 부정법

또 「qué」, 「cómo」, 「adónde」 같은 의문사 다음에 부정법(타동사 만이 아니다)이 오면, 「무엇을 …해야 할 것인가를」, 「어떻게 …해야 할 것인가를」, 「어디에 …해야 할 것인가를」의 뜻으로 된다.

Ejemplos

(1) Yo no sabía qué hacer.
　　(나는 무엇을 해야 할 것인지를 몰랐다.)
(2) Yo no sabía cómo excusarme.
　　(나는 어떻게 변명해야할 것인지를 몰랐다.)
(3) No sabíamos adónde ir.
　　(우리들은 어디에 가야할 것인가를 몰랐다.)

3. 무인칭동사 「haber que」 다음의 부정법

haber que + infinitivo는 필요함이나 의무를 뜻하면서 「…하지 않으면 안된다」는 관념을 표시한다.

> **Ejemplos**
>
> (1) Hay que buscar ese libro.(그 책을 찾지 않으면 안된다.)
> (2) Había que buscar ese libro.(그 책을 찾지 않으면 안되었다.)

이것들은 무인칭이기 때문에 누가 찾지 않으면, 안되는 것인지 찾지 않으면 안되었던 것인지가 표시되어 있지 않다. 이때 누구라는 것이 정해져 있다면 이미 배운 바와 같이 「tener」를 써야 한다.

> **Ejemplos**
>
> (1) Tengo que escribir una carta.
>   (나는 한통의 편지를 쓰지 않으면 안된다.)
> (2) En aquella época teníamos que levantarnos muy temprano.
>   (그 즈음 우리들은 대단히 일찍 일어나지 않으면 안되었다.)

4. 조동사 「haber de」 다음에 오는 부정법

haber de + infinitivo는 「누구누구는…해야 한다」, 「…하게 된다」, 「…하는 것으로 된다」, 「…할 셈이다」, 「…하지 않으면 안된다」 따위의 뜻을 갖는다. 다만 이 경우의 「…하지 않으면 안된다」는 「가까운 미래에 있어서의 의무」를 뜻하면서 앞에 든 「haber que + infinitivo」나 「deber + infinitivo에 비겨 그 관념이 훨씬 약하다.

> **Ejemplos**
>
> (1) Él ha de ir.
>   (그는 가야 한다. 갈 셈이다. 가기로 되어 있다. 가지 않으면 안된다.)
> (2) Habíamos de ir.(우리들은 가야 할 터였다. 가기로 되어 있었다. 갈 셈이

었다. 가지 않으면 안 되었다.)

(3) El cónsul, que había de venir al Corea, murió en Francia.
(한국에 올 셈이었던〔오기로 되어 있었던〕 영사가 프랑스에서 죽었다.)

5. 「deber de」다음에 오는 부정법

「deber de+infinitivo」는 추정, 추단을 뜻하게 되어 「꼭 …하리라」, 「꼭 …함에 틀림없다」고 할 때 쓰인다.

Ejemplos

(1) Mi tío debe de estar paseando a estas horas.
(나의 숙부는 이 시각에 산책하고 있음에 틀림없다.)

(2) Debieron de salir a pasear.
(그들은 산책하러 나갔음에 틀림없었다.)

6. 문자로 나타내는 명령에 쓰이는 부정법

보기 Empujar(누르다, 누르라〔눌러야 한다〕), Tirar(당기다, 당기라). No fumar(담배 피우지 말 것, 금연)

VI. 편지의 양식(Fórmula de una carta)

용지의 오른쪽 위에 먼저 발신지의 이름, 커머를 찍고 년, 월, 일을 쓴다. 줄을 바꾸어 왼쪽에 받을 사람의 이름을 경칭을 붙여 쓴다. 받을 사람이 성인일 때는 señor(señora) 뒤에 다시 경칭인 don(doña)을 붙이는 것이 통례이다. 즉, 다음과 같이 쓴다.

Señor Don Antonio Valera〔약해서 Sr. D. Antonio Valera라고도 쓴다.)

Señora Doña María Pérez(Sra. Da. Maria Perez라고 약해서 써도 된다)〔Don, Doña의 「D」는 소문자로 써도 된다.〕

또 don, doña의 경칭은 개인 이름의 바로 앞에만 붙이는 것이지 성앞에 붙이지는 않는다. 이 경칭은 상당히 나이의 사회적 지위에 있는 사람에게만 붙인다.

보기 Don Chongpil Kim. Doña Yunsuk Mo.
이는 Señor Chongpil Kim 이나 Senora Yunsuk Mo 보다 한층 더 경의를 나타낸다.

그러나 편지를 쓸 때는 그 사람의 사회적 지위에 관계없이 어떠한 사람에 대해 써도 좋다. 또 편지 수취인 (받는 사람) 이름에서 한줄 내려 그 주소(사교상의 편지에서는 마을 이름만으로도 좋다)를 쓰는 것이 보통이다. 「계」에 해당하는 말 (p.318) 다음에 도스 · 푼토스(:)를 붙인다.

본문은 그 바로 오른쪽에서 시작해도 좋고 줄을 바꾸어도 좋다.

「경구」에 해당하는 말 (p.318) 뒤에는 「q.b.s.m」이나 「q.e.s.m.」이라는 약어를 붙이는 일이 가끔씩 있다. 이것은 「que besa(n) su mano」 즉 「당신의 손에 키스하는 바의」, 「que estrecha(n) su mano」 「당신의 손을 쥐는 바의」 라는 뜻이다.

발신인의 성명은 본문이 끝난 다음 조금 낮추어 용지의 오른쪽에 붙여서 쓴다.

강 독(Lectura)

단어 (Vocabulario)

Apréndanse de memoria las palabras siguientes:
querido(친애하는), aguas termales(온천), Ahi tiene Vd. mi vida(그것이 나의 생활이다), el término(끝장), agradar(즐겁게 하다), a la vez(동시에), mejorar(잘되다, 병이 나아가다), a principios de(…의 상순에), a mediados de(…의 중순에), a fines de(…의 하순에), se trata de…(…으로서 취급되다, 그것은…이다), la enfermedad(병), grave(무거운, 중대한), muy señor mío(배계. muy 다음에 queridosr. estimado(존경하는)가 생략되어 있다고 생각하면 된다), quedar(…이외다, …이다), de Vd.(당신은 su로 바꾸어 써도 된다. 현지에서는 명사앞에 내 세움이 통례이다), atento y seguro servidor(간절하고 확실한 봉사자), subscribirse(아래에 서명하다, 기명하다(아래 기명하는 자는…이다, 의 뜻), afecto(애정 깊은, 정의에 찬)

Carta de Sukil a un amigo suyo

Onchong, 24 de marzo de 1971.

Sr. Munsu Pak.
    Seúl

Mi querido amigo:

    Hace ya más de dos semanas que no nos vemos. ¿Cómo pasa Vd. estos días en Seúl? Me alegro de poder decirle a Vd. que me encuentro bien. Estudio el español dos horas al día, me baño dos o tres veces en las aguas termales de este hotel y paseo por la playa y por las calles. Ahí tiene Vd. mi vida en Onchong.

    Las vacaciones van acercándose al término cada día más, lo cual no me gusta y me agrada a la vez, porque pienso que está acercándose el día en que podremos vernos. Si mejora mi madre que está enferma desde hace cuatro días, volveremos a Seúl a fines de este mes, pero como se trata de una enfermedad bastante grave la suya, no creo que pueda levantarse tan pronto. En este caso, deberemos permanecer aquí hasta que se restablezca completamente.

    ¿No quiere Vd. venir aquí a pasar unos días conmigo, antes de que yo vuelva a Seúl? Creo que su padre le concederá el permiso, si Vd. se lo pide.

    De todos modos, escríbame Vd. luego que reciba esta carta para que yo sepa cómo la pasa Vd. en Seúl.

    Adiós, mi querido amigo; muchos recuerdos a su familia. Quedo de Vd. afectísimo amigo.

Sukil Mhin.

참고 (1) 「배계」에 상당하는 용어는 여럿 있지만 가장 보편적인 것은 다음과 같다.
Muy señor mío:(개인이 개인에게 할 때

Muy señor nuestro:(단체〔이를테면 회사〕가 개인에게 할 때)
Muy señores míos:(개인이 단체에게 할 때)
Muy señores nuestros(단체가 단체에게 할 때)
편지를 받는 쪽이 부인이라면 Muy señora mía와 같이 되고, 미혼의 여자라면 Muy señorita mía:와 같이 됨은 말할 나위도 없다.
(2) 「경구」에 해당하는 용어.
Quedo de Vd. atento y seguro servidor(개인이 개인에게)
Quedamos de Vds. atentos y seguros servidores(단체가 단체에게)
Me subscribo de Vds. afectísimo amigo(개인이 단체에게)
Nos subscribimos de Vd. afectísimos amigos(단체가 개인에게)

복 습(Repaso)

1 Tradúzcanse al coreano las frases siguientes:

(1) Busco un libro español que no sea demasiado difícil.

(2) ¿Conoce Vd. a alguien que quiera prestarme mil *wones*?

(3) Ella llegó sin que nosotros la viésemos.

(4) Esperen Vds. hasta que yo llegue.

(5) Por muy rico que sea él, no podrá comprar toda la isla.

(6) Vendrá aunque hace mal tiempo.

(7) Vendrá mañana aunque haga mal tiempo.

(8) A menos que ocurra algún accidente, el vapor llegará a Busan el 12 de mayo.

(9) Se necesita un joven que sepa escribir a máquina.

(10) Pase Vd. por mi oficina cuando venga a Munsan.

2 Tradúzcanse al español las frases siguientes:

(1) 어제 비가 내리고 있었지만 나는 목포에 갔다.

(2) 나는 무엇을 해야 좋을지 모른다〔무엇을 해야 할 것인지를 모른다〕.

(3) 설사 내가 그에게 물어도 그는 나에게 아무것도 대답하지 않으리라.

⑷ 너희들이 과제를 익히지 않으면〔익히는 것이 아니면〕선생님은 너희들을 칭찬하지 않으리라.
⑸ 내가 아무리 바쁘더라도(por ocupado que yo esté), 나의 동생은 나에게 이야기하리라.
⑹ 나는 그 즈음 에스파냐어를 할 줄 아는 청년을 한 사람 찾고 있었다.
⑺ 그가 당신에게 명령하는 것을(무엇이든지) 당신은 하시오.
⑻ 시험이 아무리 쉽더라도, 그는 합격 못하리라.
⑼ 당신이 나에게 소설을 빌려주실 때 나는 그것을 읽겠습니다(읽으리라).
⑽ 어쨌든, 당신이 나의 편지를 받을 때까지 출발하지 말아 주십시오.

proverbios

Vísteme despacio, que estoy de prisa.
(나는 서두르고 있으니 천천히 옷을 입혀 달라. 이 때의 que는 porque를 뜻함)
급하게 돌아라.
Aunque la mona se vista de seda, mona se queda.
암원숭이가 비단옷 둘러도 역시 암원숭〔로서 남는다〕이다.
No hay caballo, por bueno que sea, que no tropiece.
아무리 좋아도 주춤거리지 않는 말 없다. tropezar, 주춤거리다, 머뭇거리다
Ganar el cielo con rosario ajeno.
남의 염주로 〔기도 드려서〕 천국을 얻는다.
No hay quince años feos.
미운 15세 없다.

제6일

 (Gramática)

I. 불구 동사(Verbos defectivos)

아래에 보이는 동사들은 지금까지 배워온 동사와 같이 모든 법(modo)의 각 시제(tiempo)에 있어서의 활용(conjugacion)을 갖추고 있지 않고, 다만 그 일부분만이 쓰이게 된다. 어떤 것은 같은 시제에 둘 또는 세가지 활용형을 가지고 있기도 하다. 이렇게 특수한 불규칙성을 가진 동사를 불구동사라고 한다. 그 불구동사 중에서 보통 쓰이는 것만을 다음에 든다.

(1) abolir(폐지하다) 활용어미가 「i」로 시작되는 인칭에서만 쓰인다.

○ 직설법현재 : abolimos, abolís.
○ 직설법과거 : abolí, aboliste, abolió, etc.
○ 직설법불완료과거 : abolía, abolías, abolía, etc.
○ 직설법미래 : aboliré, abolirás, abolirá, etc.
○ 접속법과거 : aboliera(aboliese), abolieras(abolieses), etc.
○ 접속법미래 : aboliere, abolieres, aboliere, etc.
○ 현 재 분 사 : abolido.
○ 과 거 분 사 : aboliendo.

(2) incoar(시작하다) 1인칭단수형이 없다.

(3) placer(기쁘게 하다) conocerdhk 같은 활용을 하는 외에 특별한 활용형을 갖고 있기 때문에 불구동사속에 포함시켜둔다.

○ 직설법현재 : plazco, places, place, placemos, placéis, placen.

- 직설법과거 : plací, placiste, plació, o plugo; placimos, placisteis, placieron o pluguieron.
- 직설법불완료과거 : placía, placías, placía, placíamos, placíais, placían.
- 직설법미래 : placeré, placerás, placerá, etc.
- 가 능 법 : placería, placerías, placería, etc.
- 접속법현재 : plazca, plazcas, plazca, plegue o pleg; plazcamos, plazcáis, plazcan.
- 접속법과거 : (1) placiera, placieras, placiera o pluguiera placiermos, placierais, placieran. (2) placiese, placieses, placiese o pluguiese; placiésemos, placieseis, placiesen.
- 접속법미래 : placiere, placieres, placiere o pluguiere; placiéremos, placiereis, placieren.
- 명 령 법 : place, placed.
- 과 거 분 사 : placido.
- 현 재 분 사 : placiendo.

참고 plegue a Dios que…, pluguiera a Dios que…는, …ojalá que…「신에게 바라건대 …할 것을」을 뜻한다.
Plegue a Dios que así suceda.(신에게 바라건대 그렇게 되옵기를)
Pluguiera a Dios que así sucediera.(신에게 바라건대 그렇게 되옵기를〔실현 불가능한 것에의 바람〕)

(4) yacer(가로놓이다, 뻗치다)
- 직설법현재 : yazco, yazgo y yagó yaces, yace, yacemos, yacéis, yacen.
- 직설법과거 : yací, yaciste, yació, etc.
- 직설법불완료과거 : yacía, yacías, yacía, etc.
- 직설법미래 : yaceré, yacerás, yacerá, etc.
- 가 능 법 : yacería, yacerías, yacería, etc.
- 접속법현재 : yazca, yazga o yaga; yazcas, yazgas o yagas; yazca, yazga o yaga; yazcamos, yazgamos o yagamos; yazcáis, yazgáis o yagáis; yazcan, yazgan o yagan.

○ 접속법과거 : (1) yaciera, yacieras, yaciera, etc. (2) yaciese, yacieses, yaciese, etc.
○ 접속법미래 : yaciere, yacieres, yaciere, etc.
○ 명　영　법 : yace o yaz; yaced.
○ 과 거 분 사 : yacido.
○ 현 재 분 사 : yaciendo.

(5) concernir([에]관계하다) 3인칭에서만 쓰인다. 그리고 다음에 보이는 경우 외에는 거의 쓰이지 않는다.
○ 직설법현재3인칭단수 및 복수 : concierne, conciernen.
○ 직설법불완료과거3인칭단수 및 복수 : concernía, concernían.
○ 접속법현재3인칭단수 및 복수 : concierna, conciernan.
○ 현재분사 : concerniendo.

(6) atañer([에]관계하다, 속하다) 무인칭으로서만 쓰인다.

(7) raer(깎다, 긁다, 스쳐 떨어뜨리다) 보통은 「caer」와 똑같이 활용한다. 그러나 때로는 다음과 같은 불규칙한 형으로 쓰이는 일이 있다.
○ 직설법현재 : raigo 또는 rayo, raes, rae, raemos, raéis, raen.
○ 접속법현재 : raiga, raigas, raiga, etc. 또는 raya, rayas, raya, etc.

(8) roer(깨물다) 활용어미 「-o」나 「-a」앞에서는 직설법 및 접속법의 현재에서 세 개의 어근을 가질 수가 있다. 그 밖의 곳에서는 규칙대로 활용한다.
직설법현재 : roo, roigo 또는 royo; roes, roe, roemos, roéis, roen.
접속법현재 : roa, roiga 또는 roya; roas, roigas, 또는 royas, etc.

(9) soler(…함을 상례로 하다, 항상 …하다) 주로 직설법의 현재 및 불완료과거에서 쓰이고, 접속법의 현재 및 직설법과거에서는 거의 쓰이지 않는다. 또 과거분사「solido」는 직설법완료과거 (he solido has solido etc.)에서만 쓰인다.

(10) reponer(대답하다) 이 동사는 직설법과거(repuse, repusiste, repuso, repusimos, repusisteis, repusieron)에서만 「대답했다」는 뜻으로 쓰인다.

　주의　「본래대로 하다」는 뜻으로 쓰일 때는 「poner」와 같은 활용을 한다.

Ⅱ. 부사로서 쓰이는 형용사
(Adjetivos usados como adverbios)

형용사나 과거분사는 동사에 대해서 부사나 보어로 쓰일 때가 있다. 그때 그 형용사나 과거분사는 주어의 성과 수에 맞추어져야 한다.

보기 Los muchachos corrían muy rápidos. (소년들은 대단히 빨리 뛰고 있었다.)
　　　Estas señoras quendan sentadas aquí hablando más de dos horas. (이들 부인네들은 두시간 이상 지껄이면서, 여기에 앉은 채 있다.)
　　　La niña dejó de llorar y se marchó contenta. (여자아이는 울음을 그쳤다. 그리고 만족하며 떠났다.)

만약 타동사가 목적어를 수반할 때라면, 형용사나 과거분사를 타동사 바로 뒤에 두고 목적어의 성과 수에 맞추어야 한다.

보기 Encontré interesante el documento.(나는 서류를 흥미 있는 것으로 발견했다〔것이라고 생각했다〕.)
　　　Dejaré abiertas las ventanas.(나는 창들을 열어 놓겠소.)
　　　Las dejaré abiertas.(그것들〔창〕을 열어 놓겠소.)
　　　Vimos cerrada la puerta.(우리들은 문이 닫혀 있는 것을 보았다.)
　　　Tengo escritas dos cartas.(나는 두통의 편지를 정서하고 있다.)
　　　Las tengo escritas.(나는 그것들을 정서하고 있다.)

Ⅲ. 전치사와 다른 품사로 만들어지는 부사구
(Frases adverbiales formadas por una preposición y otra parte de oración)

(1) con + 명사

보기 con tranquilidad(침착을 가지고, 침착하게, tranquilamente), con facilidad(용이함을 가지고, 쉽게, fácilmente), con claridad(명료함을 가지고, 명료하게, claramente)

예문 No lo sé con exactitud.(나는 정확히는 그것을 모릅니다.)

(2) de un modo + 형용사(남성단수형), 또는 de una manera + 형용사(여성단수형)

보기 de un modo claro. claramente(명확히)와 같음.

de una manera exacta. exactamente(정확히)와 같음.

예문 Ella bailó de una manera maravillosa.(그녀는 놀랄 만큼 잘 춤추었다.)

(3) a lo menos(적어도), de antemano(앞서서, 먼저), para siempre(영구히), por si acaso(만일을 생각하여, 까닥 잘못하여), sobre todo(그 중에서도, 특히), etc.

Ⅳ. 감탄사(Interjecciones)

스페인어에서의 주요한 감탄사는 다음과 같다.

¡ah!(아!), ¡ay!(아! [슬프다, 즐겁다, 아프다]), ¡bah!(어리석은!), ¡ca!(천만에! 뭐!), ¡caramba!(이거 놀라운데!), ¡caspita!(헤! [놀랐는걸]), ¡ea!(잘해!, 힘을 내!), ¡eh!(여보세요 [남의 주의를 끌기 위해]), ¡hola!(야! 여!), ¡huy!(아이 아파!, 싫어), ¡oh!(오!), ¡ojala!(바라건대 …하길) ¡puf!(제기랄!, 싫은걸!), ¡quia!(¡ca!와 같다 뭐! [그럴리 없어]), ¡sus! (덤벼!), ¡uf!(아, 피곤해!, 죽을 지경이군!)

예문 ¡Ay, qué alegría!(아, 즐겁구나!)

¡Hola, señores!(야, 여러분!)

¿No le ha gustado a usted la corrida de toros? — ¡Quiá! De ninguna manera.(당신은 투우가 마음에 들었습니까? 천만에, 결코!)

Ⅴ. 형용사의 상이한 의미 (Significación distinta de los adjetivos)

품질형용사의 위치는 이미 배운 바와 같이 명사 뒤에 붙는 것이 보통이지만, 다음에 드는 것들은 명사앞에 붙는 일들이 더러 있다. bueno, malo, bonito, lingo(고운, 아름다운), hermoso, pequeño, etc.

보기 un lindo libro(아름다운 책), buenas casas(좋은 집들), etc. 그러나 위치의 앞뒤에 따라 뜻이 달라지는 건 아니다.

또 그 명사에 본래 갖추고 있는 특성을 나타낼 때나, 비유적으로 형용할 경우에는 반드시 명사앞에 붙여야 한다. 또 어떤 고유명사의 특성을 나타낼 때는 정관사를 붙여 앞에 내세운다.

보기 la blanca nieve(흰눈, 눈은 본래 흰 것으로 정해져 있으니까.)
el ciego amor(맹목적인 사랑), la negra melancolía(검은 우수)
el manso Juan(점잖은 후안), la humilde María(겸손한 마리아)

cada, demás(그 밖의), mero(단순한), otro, tal(그와 같은), 기수(형용사로 쓰일 경우의) 및 mucho, poco, alguno, cuanto(몇 개인가의), tanto 같이 수량을 나타내는 형용사는 명사앞에 붙는다.

보기 muchos relojes, poca agua, algún árbol, unas cuantas sillas(몇 개인가의 의자)

그리고 다음에 드는 형용사는 명사앞에 붙여질 때와 뒤에 붙여질 때 각기 뜻이 달라진다.

1. (a) una pobre mujer(가련한 여자),
   (b) una mujer pobre(가난한 여자)
2. (a) cierta noticia(어떤 뉴스, 모뉴스),
   (b) una noticia cierta(확실한 뉴스)
3. (a) varios libros(여러 권의 책),
   (b) libros varios(갖가지 책)
4. (a) diferentesclases (여러 가지 종류, clases varias와 같음)
   (b) un libro diferente(별개의[다른] 책)
5. (a) un nuevo libro(별개의 책, otro libro와 같음)
   (b) un libro nuevo(새 책)
6. (a) un gran hombre(위대한 사람),
   (b) un hombre grande([몸이]큰 사람)
7. (a) el mismo alumno([그] 같은 남학생),
   (b) el alumno mismo([그] 남학생 자신)
8. (a) Tengo algunos libros(나는 몇 권인가의 책을 가지고 있다.)
   (b) No tengo libros algunos(나는 어떠한 책도 가지고 있지 않다.) 형용사 alguno(-a, -os, -as)가 명사뒤에 붙여질 때는 부정을 뜻한다. 즉, ninguno(-a, -os, -as)의 뜻으로 쓰인다.

보기 sin duda alguna(하등의 의문도 없이)

강 독(Lectura)

Expresiones usuales. No.1

(1) En los países de habla castellana se dice "Buenos días" hasta el mediodía, y "Buenas tardes" hasta el anochecer. (주)habla castellana 카스틸랴 말.

(2) Hola, amigo, ¿qué tal? (주)커머 다음에 오는 의문부 뒤의 qué는 물론 소문자로 써도 좋다.

(3) ¿Cómo(또는 Qué tal) están los hermanos de Vd.?

(4) Todos(están은 생략해도 좋다) muy bien, gracias.

(5) Me alegro mucho de verle a Vd., Don Francisco. (주)don, 그 여성형인 doña는 이미 배운바와 같이 사회적 지위가 있는 사람의 이름 바로 앞에 붙인다. señor, señora 보다도 한층 더한 존경의 뜻이 담겨 있게 된다. 그러나 편지에 있어서는 사회적 지위의 어떠함에 관계없이 어떤 사람에게 붙여도 좋다는 것도 이미 배운대로다.

(6) Celebro infinito que se halle Vd. muy bien.

(7) Mi esposa(또는 mujer) se alegraría mucho, si Vd. quisiese venir conmigo a casa mañana por la noche para cenar con nosotros.

(8) Acepto con mucho gusto su amable invitación.

(9) Bueno, ya tengo que despedirme de Vd.

(10) Que Vd. lo pase bien. (주) Vaya Vd. con Dios.라고도 한다.

(11) Doña María, permítame Vd. que le presente a Vd. al Sr. Pak.

(12) Mucho gusto en conocer a Vd. — Encantada de conocerle a Vd.(El gusto es mío.라고 해도 좋다.)

(13) ¿Qué se ha hecho de la Srta. Álvarez? Hace mucho tiempo que no he sabido nada de ella. — Dicen que se ha casado recientemente con un millonario de Busan.

(14) Siempre se presenta la persona de menor a la de mayor categoriá; el caballero a la señora.

⒂ Generalmente se da la mano al saludar, tanto a señoras como a caballeros.

⒃ No se preocupe Vd. por una cosa tan insignificante(같잖은, 사소한), Eso no tiene importancia alguna.

⒄ Le felicito a Vd. en las pascuas de Navidad.

⒅ Felicidades.(축하합니다) — Igualmente.(마찬가집니다.)

⒆ Mi más cordial(마음에서 우러나는), enhorabuena(축의), Don José. Me han dicho que es Vd. padre desde ayer.

⒇ Sr. Pérez acabo de enterarme de(에 대해서 알다) que le ha tocado el premio gordo(일등 당첨), de la lotería(복권). Le felicito sinceramente. Hay que celebrarlo; supongo que me convidará Vd.

(21) ¡Pues no faltaba más! Entremos en esa cervecería(비어홀) y bebamos para celebrar la buena suerte(운). (주) no faltaba mas(물론이다)

(22) ¿Vamos a reunirnos mañana¿ — Bueno, conforme(찬성) ¿Quiere Vd. que vaya yo a buscarle a Vd.

(23) Lo siento mucho, pero tengo un compromiso(약속) anterior.

(24) ¿Quiere Vd. venir a casa dentro de ocho días? dentro de는 본래 「이내」라는 뜻이지만, 회화문에서는 「[지금부터]……뒤」의 뜻으로 쓰이게 된다. 또 ocho días는 당일을 넣어서 「1주간」을 뜻한다.

(25) Con mucho gusto, si ello no le causa molestia.

복 습(Repaso)

[1] Tradúzcanse al coreanól las frases siguientes:

(1) Él me saludó de un modo muy cortés(공손한).

(2) Explíquemelo Vd. con más exactitud.

(3) El asno es más inteligente de lo que se cree.

(4) Ganan menos dinero del que ganaron el mes pasado.

(5) Entre los dos existía una estrecha amistad.

(6) Vuelva Vd. aquí dentro de tres horas. El amo ya estará de vuelta.

(7) Este cuarto tiene 60 pies de ancho.

(8) Ellos van al cine a menudo(가끔씩); yo muy raras veces.

(9) Teresa y Francisca corren veloces.

(10) No tenemos inconvenientes algunos en ir con ellos.

(11) El niño aprende el castellano con facilidad.

(12) En el edificio vivían felices varias familias.

(13) Creí que usted era rico.—No lo soy, ¡ca!

(14) El pobre hombre se rompió a llorar amargamente(훌쩍훌쩍).

(15) ¿Qué tal, Don Antonio?—Perfectamente, gracias.

2 Tradúzcanse al español las frases siguientes:

(1) 오늘밤 나는 영화구경 갈 생각이다. 동부극장에서 스페인의 좋은 토키를 상영하고 있다.

    (poner una buena película sonora hablada en español)

(2) 주인께서는 댁에 계십니까? 잠깐 주인과 이야기하고 싶습니다만(quisiera).

(3) 해 가진 뒤에는 "Buenas noches"라고 말합니다

    (después de puesto el sol).

(4) 나는 자기소개를 받습니다(me permito presentarme).

(5) Doña Teresa, 무고하십니까

(6) 아주 건강합니다. 참으로 고맙습니다. 당신은 어떠십니까, 돈·토마스?

(7) 당신은 나에 대해 기억하지 않으실 것으로 생각하고 있었습니다.

(8) 당신이 작년에 사고 싶다고 말하고 있던 집은 어찌 되었습니까?

(9) 당신을 뵙게 되어 나는 정말로 기쁘오.

(10) 당신, 곧 (en breve)결혼하게 된다고.

(11) 그래, 3개월 뒤에. 이것이 내 약혼녀의 사진이야.

(12) 미인이로구나! 결혼식에는 나를 초대해 주시겠지.

(13) 물론.

(14) 당신, 내일 오후 이야기하러 나의 집에 오지 않겠소?—그래 가지요, 만약 방해가 되지 않는다면.

(15) 새해 복 많이 받으십시오!(¡Feliz Año Nuevo!)

제7일

연습(演習)

I. 현대 문학초(그1)
(Trozos literarios contemporáneos. No.1)

단어 (Vocabulario)

Apréndanse las palabras siguientes:

la muerte(죽음), cada uno(각자), inmortal(죽지 않는, 불사의 것이라고), sordo(귀머거리), el tal mañana lo(그 다음날에는 이것을), los demás(타인들), sublevarse(반란을 일으키다, 떠들어대다), imaginar(상상하다), corresponder(상당하다, 상응하다), contar con(목표로 하다, 예기하다), diariamente(나날이, 날로), basado(기초가 두어진), el presente(지금, 현재), conocer con toda su verdad(전진실을 가지고 알다, 진상을 알다), su vez(그들의 차례), así(이리하여), rodar(뒹굴다), irán rodando(뒹굴어 갈 것이다), generaciones y generaciones(대대로, 대를 이어), la humanidad(인류), basa en(…의 안에 기초를 두다), la creencia(신앙), religioso(종교적인), convencerse de(…에 대해 이해하다, 확신하다), gozar de(…을 향락하다)

Sobre la muerte

Cada uno se considera inmortal. Sabe que morirá, pero jamás cree que esto puede ocurrir en el día presente; su muerte sólo es posible mañana, y el tal mañana lo prolonga en el infinito. Nos parece natural que los demás mueran, pero cada uno se subleva cuando le llega su hora, y se imagina que esta desgracia debe corresponder a otro. Yo mismo, que digo esto, no quiero morir, y hago planes diariamente basados en lo futuro, como si contase con una vida infinita. Somos sordos para la muerte, y sin embargo, hablamos de ella a todas horas.

Los jóvenes del presente, si nos escuchasen, no nos escuchasen, no nos en tenderían. Necesitan ser viejos para conocer con toda su verdad la miseria de nuestra existencia. Pero cuando les llegue a ellos su vex, tampoco les enenderán los jóvenes de entonces. Y así irán rodando como olas generaciones y generaciones de esta humanidad que basa en la muerte sus creencias religiosas y continúa viviendo sin querer convencerse de que existe la muerte mientras goza de salud.

Vicente Blasco Ibáñez, *Puesta de sol*.

죽음에 대해서

사람은 각각 자기를 죽지 않는 것이라고 생각하고 있습니다. (언젠가는) 죽으리라는 것을 알고 있습니다만, 이 일이 오늘에 일어날지도 모른다는 것은 결코 믿지 않습니다. 즉 자기의 죽음은 내일에 있어서만 있을 수 있는 것이고, 그 내일을 무한히 연장시켜 갑니다. 타인이 죽는 것은 당연한 것 같이 우리들에게는 생각됩니다. 그러나 자기가 죽을 시간이 오면 누구든지 떠들어댑니다. 그리고 이 불행은 다른 사람이 신상에 가야 할 것이라고 상상합니다. 이렇게 말하는 나 자신도 죽고 싶진 않습니다. 그러니까, 마치 무궁한 생명을 얘기하고 있는 것처럼 날마다 미래에 기초를 둔 계획을 세우고 있는 것입니다. 우리들 인간은 죽음에 대해서 귀머거리입니다만 그런 주제에 종일 죽음에 대한 것을 입에 올리고 있습니다. 오늘날의 청년들이 우리들의 이야기를 들었다면 우리들이 말하는 것을 이해하지 않을 것입니다. 인간 생활의 비참한 진상을 깡

그리 알기 위해서는 그들 청년이 나이를 먹는 것이 필요합니다. 그러나 그들이 차례가 오게 될 때에는 그 시대의 청년들도 또 그들이 말하는 것을 이해하지 않을 것입니다. 그 종교적 신앙의 기초를 죽음에 두면서도 건강을 누리는 동안은 죽음이라는 것이 존재한다는 것을 믿으려면 생각하지 않고 살아나가고 있는 이 인류는 이렇게 하여 대대로 물결과 같이 (뒤를 이어) 밀려 나갈 것입니다.

(비센테·블라스코·이바네스작 「낙일」에서 발췌)

Ⅱ. 현대 문학초 (그2)
(Trozos literarios contemporaneos. No.2)

단어 (Vocabulario)

Apréndanse las palabras siguientes:

la nube(구름), la sensación(느낌, 감개), la inestabilidad(무상, 불안정), la eternidad(영원), mirándolas(그들을 바라보면서), la nada(허무), en tanto que(…하는 동안에, …하는 데에), fugitivo(덧 없은), a estas nubes(이들 구름을, 이라고 의인법을 쓰고 있다), la pasion(정열, 고뇌), el ansia(바람, 마음씀, 고민), aprisionar(포로로 하다), tener aprisionado(사로잡아 갖다), la ventura(행운, 행복), caminar(길가다, 나아가다), henchido(부푼), brillante(빛나는, 번쩍이는), el blanco(흰색), destacar(뚜렷이 나타나다), translúcido(빛이 통하는), el cendal(순사), tenue(엷은), perfilar(윤곽을 그리다, 측면을 보이다), el fondo(땅, 바탕), lechoso(젖과 같음), la lejanía(먼 곳), el carmin(양강), el ocaso(해질때, 일몰시), inacabable(다하지 못한, 끝나지 않은), la llanura(평원), el velloncito(작은 양모덩치, vellon의 축소사), el claro(틈새), el peazo(조각), pausado(천천히), la ceniza(석회=회), el firmamento(하늘), opaco(불투명한), tamizado(체로친), el encanto(매력), el espectáculo(광경, 상), sino(…외의, …이 아니고), el retorno(복귀), la angustia(고뇌), condensar(응결시키다), fugaz(순간으로서 쓰러지다), inmutable(부동의, 불변의), la imagen(상), lo porvenir(미래)

Las nubes

Las nubes nos dan una sensación de inestabilidad y e eternidad. Las nubes son — como el mar — siempre varias y siempre las mismas. Sentimos mirándolas como nuestro ser y todas las cosas corren hacia la nada, en tanto que ellas — tan fugitivas — permanecen eternas. A estas nubes que ahora miramos, las miraron hace doscientos, quinientos, mil, tres mil anos, otros hombres con las mismas pasiones y las mismas ansias que nosotros. Cuando queremos tener aprisionado el tiempo — en un momento de ventura — vemos que han pasado ya semanas, meses, anos. Las nubes, sin embargo, que son siempre distintas, en todo momento, todos los días, ven caminando por el cielo. Hay nubes redondas, henchidas de primavera sobre los cielos tranclucidos. Las hay como cendales tenues, que se perfilan en un fondo lechoso. Las hay grises sobre una lejanía gris. Las hay de carmin y de oro en los ocasos inacabables, profundamente melancólicos, de las llanuras. Las hay como velloncitos iguales e innumerables, que dejan ver por entre algún claro un pedazo de cielo azul. Unas marchan lenta, pausadas otras pasan rápidamente. Algunas, de color de ceniza, cuando cubren todo el firmamento, dejan caer sobre la tierra una luz opaca, tamizada, gris, que presta su encanto a los paisajes otoñales.

Las nubes — dice el poeta (Campoamor) — nos ofrecen el espectaculo de la vida. La existencia, ¿qué es sino un juego de nubes? Diríase que las nubes son "ideas que el viento ha condensado" ellas se nos representan como un "traslado del insondable porvenir". "Vivir — escribe el poeta — es ver pasar."Sí ; vivir es ver pasar ver pasar, alla en lo alto, las nubes. Mejor diríamos; Vivir es *ver volver.* Es ver volver todo en un retorno perdurable, eterno; ver volver todo angustias, alegrias, esperanzas — como esas nubes que son siempre distintas y siempre las mismas, como esas nubes fugaces e inmutables.

Las nubes son la imagen del Tiempo. ¿Habrá sensación más trágica que aquélla de quien sienta el Tiempo, la de quien vea ya en el presente el pasado y en el pasado lo porvenir?

Azorín, *Las nubes*.

구 름

구름은 우리들에게 무상과 영겁과의 느낌을 준다. 구름은 — 바다와 똑 같이 — 끊임없이 갖가지로 변화하고 있으면서도 항상 같은 것이다. 우리들은 구름을 바라보고 있노라면 저렇게 덧없는 구름이 영원히 남아 있는 것에서, 우리들의 삶이나 만물이 허무의 세계로 향하여 어떻게 질주하고 있는가를 느끼게 된다. 지금 우리들이 바라보고 있는 이 구름은 2백년, 5백년, 1천년, 3천년의 옛날에, 다른 사람들이 우리들과 똑같은 고뇌와 번민으로 바라보았던 것이다. 우리들은 행복의 찰나에 시간이라는 것을 사로잡아 두고 싶다고 생각할 때, 명주, 몇 달, 몇 년이 어느새 인지 벌써 지나가 버린 것을 알게된다. 그런데도 구름은 항상 모습은 변했다 할지라도 날마다 언제 보아도 하늘을 건너간다. 봄날 아침녘 맑게 갠 하늘에 우뚝(뚜렷이) 나타나는 둥글게 부푼 흰빛의 구름이 있다. 젖빛 바탕에 그 윤곽을 그려내는 우수와 같은 구름이 있다. 회색의 먼 하늘을 뒤에 한 쥐색의 구름이 있다. 깊은 우수에 잠긴 채 언제까지고 저물지 않는 평원의 해질녘에 나타나는 양홍색과 금빛의 구름이 있다. 어느 것이고 똑같은 형태를 한, 수 없는 작은 양모의 덩치 같이 뭉게뭉게 겹쳐져 있으면서도 어느 틈새에서 푸른 하늘의 한 조각을 보이게 해주는 구름이 있다. 유유하게 고요히 흘러가는 것이 있는가 하면 서둘러 지나가는 것도 있다. 그런가 하면 또 어떤 것은 회색을 띠고서 하늘 모두를 덮을 때, 불투명한, 체로 거른 것 같은 쥐색 빛깔을 땅위에 떨구는 것도 있으나 이 빛깔이야말로 가을 경치에 말할 수 없는 풍취를 더하게 되는 것이다.

그 시인(캄포아모르)는 노래하여 가로대「구름은 우리에게 인생의 모습을 보여준다.」고 아, 그렇다. 생존이란 구름의 희롱이 아니고 무엇이겠는가 구름은「바람 불 때 몰려 붙어 엉켜진 관념」이라고 말한다면 할 수도 있으리라 구름은「예측할 수 없는 미래의 판박이 그림」으로서 우리 앞에 나타나게 된다. 시인은 또 노래하여 가로대「산다는 것은 물건이 지나감을 보는 일.」이라고. 그렇다. 산다는 것은 물건이 지나감을 보는 일이다. 저 훨씬 높은 곳의 구름이 지나가는 것을 보는 일이다. 아니, 산다는 것은 물건이「복귀하는 것을 보는 일」이라고 말하는 편이 한층 적절한 것이리라. 산다는 것은 끊임이 없는 영원의 순환을 이루면서 만물이 반복유전하는 것을 보는 일이다. 항상 다른 존재이면서 그러나 항상 같은 것인 그 구름과 같이 수유에 쓰러지면서도 상

가부하는 그 구름과 같이 고뇌나 희열이나 희망 따위 모든 것이 반복, 왕래함을 보는 일, 그것이 인생이라고 하는 것이다.

구름은 「때 (시)」의 모습이다. 아, 「때」라고 하는 것을 느끼는 사람의 감개, 현재 속에 벌써 과거를 간파하고, 과거속에 미래를 달관하는 사람의 그 감개에도 그를 넘어서는 괴로움이 과연 있을 일이겠는가?

(아소린 작 「구름」에서 발췌)

II. 현대 문학초 (그3)
(Trozos literarios contemporáneos. No.3)

단어 (Vocabulario)

Apréndanse las palabras siguientes:

el amanecer(새벽), la gasa(사), la niebla(안개), luminoso(빛나는, 번쩍이는), el signo(표적), llenar(가득 채우다), la calma(고요), el crepúsculo(박명), a lo lejos(멀리에), el murmullo(속삭임), sosegado(고요한, 평화로운), el monte(산), la bruma(연애), húmedo(촉촉한, 습기 있는), tibio(미지근한), lleno de(…로 가득찬), el olor(냄새), acre(날카로운), el eflubio(발산, 후덥지근함), exhalar(뱉다, 발산하다), a veces(때때로), la bocanada(한입의 양), el marisco(바다의 무척주동물, 주로 조개류), indicar(보이다=시), la presencia(존재, 거기 있는 것), confuso(혼란된), el contorno(윤곽), fijar(정하다), la costa(해안), guipuzcoano(기푸스코아 주의), el caserío(작은 부락), aparecer(나타나다), asentarse(앉다), agrupado(엉켜서, 떼지어), de soslayo(비스듬히), verdoso(푸르름이 짙은), agitar(흔들다, 움직이다, 소란 피우다), inmenso(거대한, 막대한), fosco(음험한, 인상 나쁜), murmurador(투덜투덜 불평을 말하다), erizar(서다, 거꾸로 세우다), la espuma(거품), desarrollarse(전개하다, 발전하다), con lentitud(천천히), a la izquierda(왼쪽으로), la roca(바위), la carretera(왕복, 거리), a la derecha(오른쪽으로), dibujar(그리다=묘), suave(완만한, 부드러운), la curva(커브), el penon(바위), la marea(조수), destacarse(뚜렷이 나타나다), a flor de agua(수면에),

el monstruo(괴물), marino(바다의), el toque(소리), reposado(침착한), la oración(기도), alba[성은 여성](새벽), empañado(흐린), vibrar(진동하다), angustioso(고뇌에 찬, 고뇌를 일으키는), el labrador(백성), el ganado(가축), el pesebre(축사), el mugido(우는 소리), la delicia(쾌미, 즐거움)

Playa de otoño

···El amanecer era de otoño. Una gasa de niebla luminosa llenaba el aire; ni un ruido ni un signo de vida rompía la calma del crepúsculo. A lo lejos se oía el murmullo del mar lento, tranquilo, sosegado. El pueblo, el mar, los montes, todo estaba borrado por la bruma gris, que empezaba a temblar por e viento de la mañana ···El viento era de tierra, húmedo y tibio, lleno de olores acres, de efluvios de vida exhalados de las plantas. A veces, una bocanada de olor a marisco indicaba la presencia del viento del mar. La luz de la mañana empezaba a esparcirse por entre los grises cendales de la niebl; luego ya las formas confusas y sin contornos claros se iban fijando, y el pueblo, aquel pueblecito de la costa guipuzcoana, formado por negros caseríos, iba apareciendo sobre la colina en que se asentaba, agrupado junto a la vieja torre de la iglesia, mirando de soslayo al mar verdoso del norte, siempre agitado por inmensas olas, siempre fosco, murmurador y erizado de espumas. Se desarrollaba con lentitud el paisaje de la costa; veíanse a la izquierda montes, de rocas, sobre las cuales pasaba la carretera; a la derecha se dibujaba vagamente la línea de la playa, suave curva que concluía en grandes peñones negros y lustrosos, que en las bajas mareas se destacaban a flor de agua como monstruos marinos nadando entre nubes de espuma. Ya el pueblo comenzaba a despertar. El viento traía y llevaba el sonido de la campana de la iglesia, cuyos toques, reposados y lentos, de la oración del alba, vibraban en el aire empañado del angustioso crepúsculo. Se abrían las ventanas y las puertas de las casas; los labradores sacaban el ganado de los pesebres a la calle, y en el silencio del pueblo sólo se oían los mugidos de los bueyes, que, con las cabezas hacia arriba y las anchas narices abiertas, respiraban con delicia el aire fresco de la mañana.

Pío Baroja, *Playa de otoño*.

가을의 바닷가

…동틀 녘은 가을의 그것이었다(그것은 가을다운 동틀 녘이었다.) 사와 같은 빛나는 안개가 사방(의 공기)을 가득 채우고 있었다. 소리도 들리지 않고 생식의 표적도 없고 박명의 고요를 깨뜨리는 것이라곤 아무것도 없었다. 멀리에, 완만하고 고요하며 평화로운 바다의 속삭임이 들리고 있었다. 마을도 바다도 산들도 모두, 아침바람에 흔들리기 시작한 회색 연애에 쓰러지고 있었다. 바람은 뭍바람으로 습기차고 미지근하고, 진한 취기와 식물이 발산하는 후덥지근함으로 가득 차있었다. 때때로 씽 코를 건드려오는 조개류의 냄새가 바닷바람이 섞였음을 알려주고 있었다. 아침 햇빛이 안개속 회색 박사이에서 사방으로 비추기 시작했다. 이윽고 희미하여 뚜렷한 윤곽을 안 보였던 물건의 형체가 정해져 갔다. 그 다음, 마을이, 기푸스코아 해안의 검은 집집으로 이루어진 그 작은 마을이, 그 토대로 되어 있는 언덕 위에 도드라져 나갔다. 마을은 교회의 낡은 탑쪽 가까이 엉켜 있어, 북쪽의 녹색 짙은 바다를 비스듬히 내려다보고 서 있었다. 그것은 언제고 큰 물결쳐 시끄럽고, 언제고 언짢은 것 같이 투덜대면서 거품을 일으키고 있는 바다였다. 해안의 경치가 천천히 전개되고 있었다. 왼쪽으로는 포개어 겹쳐진 바위산이 보이고 그 위에 거리가 나 있었다 오른쪽으로는 해안선이 어슴프레 그려지고 있었다. 그것은 완만한 향곡을 이루고, 그 끄트머리는 검은 빛나는 큰 바위로 되어 끝나고 있었다. 이 큰 바위는 간조때에는 흰 거품의 구름 속을 헤엄치는 괴물과 같이 수면에 쭈볏 모습을 나타내는 것이었다. 다음은 이제 잠을 깨어나고 있었다. 바람은 교회의 종소리가 날아오고 날아가고 있었다. 려명의 기도를 알리는 침착하고도 느릿한 그 소리는 고뇌로운 박명의 흐린 대기 속에 떨리고 있었다. 집집의 창이나 도어가 열리고 있었다. 농부는 가축을 축사에서 거리로 끌어내고 있었다. 그리고 마을의 침묵 속에서 들리는 것이라고는 머리를 위로 치켜 코를 벌름하게 벌리고서, 아침의 신선한 공기를 기분 좋게 호흡하면서 울어대는 암소소리 뿐이었다.

(피오·바로하 작「가을의 바닷가」에서 발췌)

강 독(Lectura)

Expresiones usuales. No.2

(1) Gracias. Muchas gracias. Muchisimas gracias. — No hay de qué.

(2) Mil gracias. Un millón de gracias. — De nada.

(3) Es Vd. muy amable. Le agradezco mucho.

(4) Le quedo(또는 estoy) a Vd. reconocidísimo(대단히 감사하여). No encuentro palabras para expresarle lo agradecido que le estoy a Vd.(얼마나 감사하고 있는지를)

(5) ¡Cuánto le agradezco! No sé cómo agradecerle a Vd. tal amabilidad(친절).

(6) Gracias a Dios(신의 덕택으로), mis negocios van muy bien.

(7) ¿Quiere Vd. hacer el favor de darme el cenicero(재떨이)?—Si, senor, con mucho gusto.

(8) ¿Tiene Vd. la bondad de darme lumbre(또는 furgo) — ¿Cómo no?(물론. 주로 중남미에서 쓰인다.)

(9) Voy a pedirle a Vd. un favor. — Dígamelo Vd.

(10) ¿Me permite Vd. utilizar su teléfono? — Naturalmente, hombre.

(11) ¿No quiere Vd. fumar?—No, muchas gracias. No fumo.

(12) ¿Puedo servirle a Vd. en algo? — Le agradeceré me eche al buzón esta carta. (주) agradeceré 다음에 오는 que가 생략되어 있다.

(13) Siento de veras(정말로) que no me lo dijese antes. Ya es demasiado tarde.

(14) Lamento mucho enterarme de su desgracia. Le compadezco a Vd.(당신을 동정한다)

(15) ¡Qué lástima! Siento tener que decirle a Vd. que mañana por la tarde me marcho a Venezuela.

(16) Lamento de todo corazon el perjuicio(손해) tan enorme. Pero no es culpa mía.

(17) Lo siento mucho. Le ruego a Vd. que me dispense(또는 perdone)

(18) No tenía intención de molestarle. Haga Vd. el favor de perdonarme.

(19) Me parece que Vd. ha interpretado mal mis palabras. No tenía propósito de criticarle(비난하다) a Vd.

(20) Espero que sabrá Vd. disculparme.

(21) Buenas tardes, queridos amigos. — Hola, muy buenas(tardes는 생략해도 좋다), señor Rodríguez.

(22) Buenas noches, que Vd. descanse. Espero que nos veremos mañana en el aeropuerto(공항).

(23) Me entristece que se marcha Vd. por tan largo tiempo. — Venga Vd. también a Buenos Aires luego que termine su carrera de la Universidad. Le espero allá.

(24) No se olvide Vd. de escribirme en cuanto llegue a su destino(목적지). Parece que ya es hora de subir al avión. Bueno, querido amigo. ¡Buen viaje! — Muchas gracias. Recuerdos a su familia.

(25) Salude Vd. de mi parte a todos nuestros amigos que trabajan en la Argentina. ¡Feliz viaje!

복 습(Repaso)

1. Tradúzcanse al coreano las frases siguientes:

   (1) Estas maletas(수츠케이스) las llevo yo.

   (2) Los viejos suelen abominar de(을 싫어하다) los tiempos modernos y decir que los antiguos eran mejores.

   (3) Ese muchacho y yo estudiamos en la misma clase.

   (4) Tus amigos y tú tendreis que partir en seguida.

   (5) La mayoria de los perros no muerde.

   (6) Le ruego a Vd. que hable con claridad.

   (7) Cuando no se sabe qué decir, se habla del tiempo.

   (8) ¿Cuánto tiempo lleva Vd. en Corea?—No llevo más que dos semanas.

(9) Quisiera hablar con el Sr. Jimenez. ¿Está en casa hoy?

(10) Tome Vd. asiento. Voy a anunciarle(중계하다, 접수하다) en seguida.

(11) He oido hablar tanto de Vd. que ya no es para mí un desconocido(미지의 사람).

(12) ¿Ha visitado Vd. ya al profesor Guzman? — Sí, fui a verle hace tres dias, pero no estaba en casa. La criada me dijo que acababa de salir.

(13) No deje Vd. de ver la película mejicana titulada "El sombrero". Vale la pena de verla.

(14) Unos hombres andan lento; otros pasan veloces(빨리)

(15) Hacía mucho tiempo que queriá comprar un piano.

(16) Tienen ahorrado el dinero para ir a Sudamérica.

(17) Ella había estado en España año y medio cuando su esposo murió.

(18) Todo lo oyó Miguel.

(19) ¿Quiere Vd. venir de hoy en ocho días?(오늘부터 1주일 지나서)

2 Tradúzcanse al español las frases siguientes:

(1) 가난한 사람에게는 친구가 적다.

(2) 가엾은 사나이가 전사했다.

(3) 그의 아버지는 고급 관리(alto funcionario)입니다.

(4) 나는 노동자들에게 임금(el salario)을 선불했다(adelantar).

(5) 그들은 내가 생각하고 있던 것보다는 선량했다.

(6) 상당히 오랫동안 당신을 뵈올 수 없습니다.

(7) 나는 사흘만에(걸러큼씩, cada tres días) 목욕합니다.

(8) 옳거니(지당합니다).

(9) 나의 친우 김군은 벌써 차가운 땅 아래 영구히 잠들고 있다.

(10) 돈·후안은 겉보기(lo que parece)보다 나이가 들었습니다.

(11) 작은 마리아는 그녀의 양친이 얼마나 그녀를 사랑하고 있는가를 (lo mucho que la quieren sus padres) 모른다.

(12) 나는 손이 차다(차가운 손을 갖는다).

(13) 내가 한달 전에 그에게 빌려준 돈보다 더한 돈을 그는 나에게 줄 것이다.

(14) 모든 학생들이 손을 들었다.

⒂ 그는 가지고 있는 책 모두를 우리에게 제공했다.

⒃ 당신은 비행기로(en avión) 여행한 일이 있습니까 — 물론(no faltaba más).

⒄ 비행기로 서울 — 광주간을 한시간 이내에(en menos de dos horas) 뜬다고 하는 것은 정말 입니까

⒅ 오늘밤 나하고 영화관에 안갈래? — 오늘밤은 안돼. 스페인어 공부를 하지 않으면 안되니까.

⒆ 정말야(Es verdad). 내일 우리들은 「서반어 4주간」의 마지막 부분(la parte)을 공부하기로 되어 있어. 이 책의 덕택으로(gracias a este libro) 우리들은 스페인어로 회화할 수 있게 된 것을 즐겁게 생각해(nos alegramos de que…).

부 록 (Apéndice)

신정자법에 대해서

이 책이 채용한 정자법(ortografía)은, 1952년에 스페인의 아카데미아 (Real Academia Española)가 새로 제정하여 그 간행물인 "Nuevas Normas de Prosodia y Ortografía (Madrid, 1952)"(정음법 및 정자법의 새규준. 1972년 마드리 발행)에 발표한 규칙에 따른 것이다. 다음에 보이게 될 동사변화일람표 중의 액센트의 존폐도 이 신정자법에 따른 것이다.

동사변화일람표
(Sinopsis de conjugaciones de verbos)

1. 규칙동사

1(제1변화동사)	2(제2변화동사)	3(제3변화동사)
	부정법(Infinitivo)	
tomar	comer	vivir
	현재분사(Gerundio)	
tomando	comiendo	viviendo
	과거분사(Participio pasado)	
tomado	comido	vivido
	직설법현재(Presente de indicativo)	
tomo	como	vivo
tomas	comes	vives
toma	come	vive
tomamos	comemos	vivimos
tomáis	coméis	vivís
toman	comen	viven
	직설법불완료과거(Pretérito imperfecto de indicativo)	
tomaba	comía	vivía
tomabas	comías	vivías
tomaba	comía	vivía
tomábamos	comíamos	vivíamos

| tomabais | comíais | vivíais |
| tomaban | comían | vivían |

직설법과거(Pretérito indefinido de indicativo)

tomé	comí	viví
tomaste	comiste	viviste
tomó	comió	vivió
tomamos	comimos	vivimos
tomasteis	comisteis	vivisteis
tomaron	comieron	vivieron

직설법완료과거(Pretérito perfecto de indicativo)

he tomado	he comido	he vivido
has tomado	has comido	has vivido
ha tomado	ha comido	ha vivido
habéis tomado	habéis comido	habéis vivido
han tomado	han comido	han vivido

직설법대과거(Pretérito pluscuamperfecto de indicativo)

había tomado	había comido	había vivido
habías tomado	habías comido	habías vivido
había tomado	había comido	había vivido
habíamos tomado	habíamos comido	habíamos vivido
habíais tomado	habíais comido	habíais vivido
habían tomado	habían comido	habían vivido

직설법직전과거(Pretérito anterior de indicativo)

hube tomado	hube comido	hube vivido
hubiste tomado	hubiste comido	hubiste vivido
hubo tomado	hubo comido	hubo vivido
hubimos tomado	hubimos comido	hubimos vivido
hubisteis tomado	hubisteis comido	hubisteis vivido
hubieron tomado	hubieron comido	hubieron vivido

직설법미래(Futuro imperfecto de indicativo)

tomaré	comeré	viviré
tomarás	comerás	vivirás
tomará	comerá	vivirá
tomaremos	comeremos	viviremos
tomaréis	comeréis	viviréis
tomarán	comerán	vivirán

직설법완료미래(Futuro perfecto de indicativo)

habré tomado	habré comido	habré vivido
habrás tomado	habrás comido	habrás vivido
habrá tomado	habrá comido	habrá vivido
habremos tomado	habremos comido	habremos vivido
habréis tomado	habréis comido	habréis vivido
habrán tomado	habrán comido	habrán vivido

가능법(불완료형) (불완료형) (Potencial simple o imperfecto)

tomaría	comería	viviría
tomarías	comerías	vivirías
tomaría	comería	viviría
tomaríamos	comeríamos	viviríamos
tomaríais	comeríais	viviríais
tomarían	comerían	vivirían

가능법복합형 (또는 완료형) (Potencial compuesto o perfecto)

habría tomado	habría comido	habría vivido
habrías tomado	habriías comido	habrías vivido
habría tomado	habría comido	habría vivido
habríamos tomado	habríamos comido	habríamos vivido
habríais tomado	habríais comido	habríais vivido
habrían tomado	habrían comido	habrían vivido

접속법현재(Presente de subjuntivo)

tome	coma	viva
tomes	comas	vivas
tome	coma	viva
tomemos	comamos	vivamos
toméis	comáis	viváis
tomen	coman	vivan

접속법과거(Preterito imperfecto de subjuntivo)

(1) Forma "-ra"(-ra 형)

tomara	comiera	viviera
tomaras	comieras	vivieras
tomara	comiera	viviera
tomáramos	comiéramos	viviéramos
tomarais	comierais	vivierais
tomaran	comieran	vivieran

(2) Forma "-se"(-se 형)

tomase	comiese	viviese
tomases	comieses	vivieses
tomase	comiese	viviese
tomásemos	comiésemos	viviésemos
tomaseis	comieseis	vivieseis
tomasen	comiesen	viviesen

접속법완료과거(Preterito perfecto de subjuntivo)

haya tomado	haya comido	haya vivido
hayas tomado	hayas comido	hayas vivido
haya tomado	haya comido	haya vivido
hayamos tomado	hayamos comido	hayamos vivido
hayáis tomado	hayáis comido	hayáis vivido
hayan tomado	hayan comido	hayan vivido

접속법대과거(Pretérito pluscuamperfecto de subjuntivo)

(1) Forma "-ra"(-ra형)

hubiera tomado	hubiera comido	hubiera vivido
hubieras tomado	hubieras comido	hubieras vivido
hubiera tomado	hubiera comido	hubiera vivido
hubiéramos tomado	hubiéramos comido	hubiéramos vivido
hubierais tomado	hubierais comido	hubierais vivido
hubieran tomado	hubieran comido	hubieran vivido

(2) Forma "-se"(-se형)

hubiese tomado	hubiese comido	hubiese vivido
hubieses tomado	hubieses comido	hubieses vivido
hubiese tomado	hubiese comido	hubiese vivido
hubiésemos tomado	hubiésemos comido	hubiésemos vivido
hubieseis tomado	hubieseis comido	hubieseis vivido
hubiesen tomado	hubiesen comido	hubiesen vivido

접속법미래(Futuro imperfecto de subjuntivo)

tomare	comiere	viviere
tomares	comieres	vivieres
tomare	comiere	viviere
tomáremos	comiéremos	viviéremos
tomareis	comiereis	viviereis
tomaren	comieren	vivieren

접속법완료미래 (Futuro perfecto de subjuntivo)

hubiere tomado	hubiere comido	hubiere vivido
hubieres tomado	hubieres comido	hubieres vivido
hubiere tomado	hubiere comido	hubiere vivido
hubiéremos tomado	hubiéremos comido	hubiéremos vivido
hubiereis tomado	hubiereis comido	hubiereis vivido
hubieren tomado	hubieren comido	hubieren vivido

<table>
<tr><td colspan="4">명령법(Imperativo)</td></tr>
<tr><td>2.ª persona singular.</td><td>toma</td><td>come</td><td>vive</td></tr>
<tr><td>2.ª persona plural.</td><td>tomad</td><td>comed</td><td>vivid</td></tr>
</table>

2. 정자법상의 변화를 받는 동사

다음에 드는 것은 그러한 동사의 견본에 지나지 않는다.

(1) sacar(꺼내다)

　직설법과거 : saqué, (sacaste, sacó, etc.)

　접속법현재 : saque, saques, saque, saquemos, saquéis, saquen.

(2) pagar(지불하다)

　직설법과거 : pagué, (pagaste, pagó, etc.)

　접속법현재 : pague, pagues, pague, paguemos, paguéis, paguen.

(3) gozar(향수하다, 향락하다)

　직설법과거 : gocé, (gozaste, gozó, etc.)

　접속법현재 : goce, goces, goce, gocemos, gocéis, gocen.

(4) vencer(이기다)

　직설법현재 : venzo, (vences, vence, etc.)

　접속법현재 : venza, venzas, venza, venzamos, venzáis, venzan.

(5) zurcir(이어 붙이다)

　직설법현재 : zurzo, (zurces, zurce, etc.)

　접속법현재 : zurza, zurzas, zurza, zurzamos, zurzais, zurzan.

(6) coger(잡다)

　직설법현재 : cojo, (coges, coge, etc.)

　접속법현재 : coja, cojas, coja, cojamos, cojais, cojan.

(7) exigir(요구하다)

　직설법현재 : exijo, (exiges, exige, etc.)

　접속법현재 : exija, exijas, exija, exijamos, exijais, exijan.

(8) **averiguar**(조사하다)

　직설법과거 : averigüé, (averiguaste, averiguo, etc.)

　접속법현재 : averigue, averigues, averigue, averiguemos, averigueis, averiguen.

(9) **distinguir**(구별하다, 현저히 하다)

　직설법현재 : distingo, (distiugues, distingue, etc.)

　접속법현재 : distinga, distingas, distinga, distingamos, distingais, distingan.

(10) **delinquir**(법에 반하다)

　직설법현재 : delinco, (delinques, delinque, etc.)

　접속법현재 : delinca, delincas, delinca, delincamos, delincais, delincan.

(11) **caer**(떨어지다, 넘어지다)

　직설법과거 : (caí, caíste,) cayó, (caímos, caísteis), cayeron.

　접속법과거 : cayera, cayeras, etc. cayese, cayeses, etc.

　접속법미래 : cayere, cayeres, cayere, etc.

　현재분사 : cayendo.

　과거분사 : caído.

(12) **bullir**(끓다, 삶다)

　직설법과거 : 3인칭단수, bulló. 3인칭복수, bulleron.

　접속법과거 : bullera(-se), bulleras(-ses), etc.

　접속법미래 : bullere, bulleres bullere, etc.

　현재분사 : bullendo

(13) **tañer**(울리다)

　직설법과거 : 3인칭단수, taño; 3인칭복수, taneron.

　접속법과거 : tañera(-se), tañeras(-ses), etc.

　접속법미래 : tañere, tañeres, tañere, etc.

　현재분사 : tañendo.

(14) **reñir**(싸우다, 꾸짖다) (henchir[가득하게 하다] 에 대해서는 p.211참조)

　직설법과거 : 3인칭단수, rinó; 3인칭복수, riñeron.

　접속법과거 : riñera(-se), riñeras(-ses), etc.

　접속법미래 : riñere, riñeres, riñere, etc.

현재분사 : riñendo.

(15) **enviar**(보내다)

직설법현재 : envío, envías, envía, (enviamos, enviáis), envian.

접속법현재 : envíe, envíes, envíe, (enviemos, enviéis,) envíen.

명　령　법 : envía(enviad)

(16) **continuar**(계속하다)

직설법현재 : continúo, continúas, continúa, (continuamos, continuáis), continúan.

접속법현재 : continúe, continúes, continúe, (continuemos, continuéis,) continúen.

명　령　법 : continúe, (continuad)

3. 어근모음변화동사

다음에 나오는 동사는 불규칙동사속에 들어가야 할 것들이지만 분류의 편의상 별도로 하여 예거한다.

(a) 제1종류(제1변화 및 제2변화의 동사에 있다)

(1) **cerrar**(닫다=폐)

직설법현재 : cierro, cierras, cierra, (cerramos, cerráis,) cierran.

접속법현재 : cierre, cierres, cierre, (cerremos, cerréis,) cierren.

명　령　법 : cierra. (cerrad)

(2) **perder**(잃다)

직설법현재 : pierdo, pierdes, pierde, (perdemos, perdéis,) pierden.

접속법현재 : pierda, pierdas, pierda, (perdamos, perdáis,) pierdan.

명　령　법 : pierde, (perded)

(3) **contar**(세다, 이야기하다)

직설법현재 : cuento, cuentas, cuenta, (contamos, contáis,) cuentan.

접속법현재 : cuente, cuentes, cuente, (contemos, contéis,) cuenten.

명　령　법 : cuenta, (contad).

(4) mover(움직이다)

직설법현재 : muevo, mueves, mueve, (movemos, movéis,) mueven.

접속법현재 : mueva, muevas, mueva, (movamos, mováis,) muevan.

명 령 법 : mueve, (moved).

(b) 제2종류(제3변화동사에만 있다)

(1) sentir(느끼다, 유감으로 생각하다)

직설법현재 : siento, sientes, siente, (sentimos, sentís), sienten.

접속법현재 : sienta, sientas, sienta, sintamos, sintáis, sientan.

직설법과거 : (sentí, sentiste,) sintió, (sentimos, sentisteis,) sintieron.

접속법과거 : sintiera, sintieras, sintiera, sintiéramos, sintierais, sintieran.
　　　　　　sintiese, tintieses, tintiese, tintiesemos, sintieseis, sintiesen.

접속법미래 : sintiere, sintieres, tintiere, sintieremos, sintiereis, tintieren.

명 령 법 : siente, (sentid)

현재분사 : sintiendo.

(2) dormir(잠자다)

직설법현재 : duermo, duermes, duerme, (dormimos, dormís,) duermen.

접속법현재 : duerma, duermas, duerme, durmamos, durmáis, duerman.

직설법과거 : (dormí, dormiste,) durmio, (dormimos, dormisteis,) durmieron.

접속법과거 : durmiera, durmieras, durmiera, durmieramos, durmierais, durmieran. durmiese, durmieses, durmiese, durmiesemos, durmieseis, durmiesen.

접속법미래 : durmiere, durmieres, durmiere, durmiéremos, durmiereis, durmieren.

명 령 법 : duerme, (dormid)

현재분사 : durmiendo.

(c) 제3종류(제3변화동사에만 있다)

(1) pedir(청하다)

직설법현재 : pido, pides, pide, (pedimos, pedís) piden.

접속법현재 : pida, pidas, pida, pidamos, pidáis, pidan.
직설법과거 : (pedí, pediste,) pidio. (pedimos, pedisteis,) pidieron.
접속법과거 : pidiera, pidieras, pidiera, pidiéramos, pidierais, pidieran.
　　　　　　pidiese, pidieses, pidiese, pidiésemos, pidieseis, pidiesen.
접속법미래 : pidiere, pidieres, pidiere, pidiéremos, pidiereis, pidieren.
명 령 법 : pide, (pedid)
현재분사 : pidiendo.

4. -uir로 끝나는 동사

다음 표에 내논 것은 불규칙한 변화에 대한 것 만이다.

보기 huir(도망하다)
직설법현재 : huyo, huyes, huye, (huimos, huis,) huyen.
접속법현재 : huya, huyas, huya, huyamos, huyáis, huyan.
직설법과거 : (hui, huiste,) huyó, (huimos, huisteis,) huyeron.
접속법과거 : huyera, huyeras, huyera, huyéramos, huyerais, huyeran.
　　　　　　huyese, huyeses, huyese, huyésemos, huyeseis, huyesen.
접속법미래 : huyere, huyeres, huyere, huyéremos, huyereis, huyeren.
명 령 법 : huye, (huid)
현재분사 : huyendo.

5. 모음에 앞선 -cer, -cir로 끝나는 동사

보기 conocer(알다, 서로 알게 되다)
직설법현재 : conozco, (conoces, conoce, etc.)
접속법현재 : conozca, conozcas, conozca, conozcamos, conozcáis, conozcan.

주의 cocer(삶다, 요리하다), mecer(흔들다), hacer(하다, 만들다), decir(말하다) 따위는 예외이다.

6. 상용불규칙동사의 변화일람표

여기에 놓지 않은 것은 규칙적으로 변화한다고 생각하라.

(1) andar(걷다=보)
   직설법과거 : anduve, anduviste, anduvo, anduvimos, anduvisteis, anduvieron.
   접속법과거 : anduviera, (anduviese), anduvieras (anduvieses), anduviera, (anduviese), etc.
   접속법미래 : anduviere, anduvieres, anduviere, etc.

(2) asir(잡다)
   직설법현재 : asgo, (ases, ase, asimos, asís, asen.)
   접속법현재 : asga, asgas, asga, asgamos, asgáis, asgan.

(3) caber(들어갈 수 있다)
   직설법현재 : quepo, (cabes, cabe, cabemos, cabéis, caben.)
   접속법현재 : quepa, quepas, quepa, quepamos, quepáis, quepan.
   직설법과거 : cupe, cupiste, cupo, cupimos, cupisteis, cupieron.
   접속법과거 : cupiera, (cupiese), cupieras (cupieses), cupiera (cupiese), etc.
   접속법미래 : cupiere, cupieres, cupiere, etc.
   직설법미래 : cabré, cabrás, cabrá, cabremos, cabréis, cabrán.
   가능법단절형 : cabría, cabrías, cabría, cabríamos, cabríais, cabrían

(4) caer(떨어지다, 넘어지다)
   직설법현재 : caigo, (caes, cae, caemos, caeis, caen.)
   접속법현재 : caiga, caigas, caiga, caigamos, caigais, caigan.
   직설법과거 : (cai, caiste,) cayo, (caimos, caisteis,) cayeron.
   접속법과거 : cayera (cayese), cayeras (cayeses), cayera (cayese), etc.
   접속법미래 : cayere, cayeres, cayere, cayeremos, cayereis, cayeren.
   현재분사 : cayendo   과거분사 : caido.

(5) conducir(이끌다)
   직설법현재 : conduzco, (conduces, conduce, conducimos, conducís,

conducen.)
　　접속법현재 : conduzca, conduzcas, conduzca, conduzcamos, conduzcáis, conduzcan.
　　직설법과거 : conduje, condujiste, condujo, condujimos, condujisteis, condujeron.
　　접속법과거 : condujera (condujese), condujeras (condujeses) etc.
　　접속법미래 : condujera (condujese), condujeras (condujeses) etc.
　　접속법미래 : condujere condujeres, condujere, etc.

(6) **dar**(주다)
　　직설법현재 : doy, (das, da, damos, dais, dan.)
　　접속법현재 : dé, (des,) dé, (demos, deis, den.)
　　직설법과거 : di, diste, dio, dimos, disteis, dieron.
　　접속법과거 : diera, (diese), dieras (dieses), etc.
　　접속법미래 : diere, dieres, diere, dieremos, diereis, dieren.

(7) **decir**(말하다)
　　직설법현재 : digo, dices, dice, (decimos, decís,) dicen.
　　접속법현재 : diga, digas, diga, digamos, digáis, digan.
　　직설법과거 : dije, dijiste, dijo, dijimos, dijisteis, dijeron.
　　접속법과거 : dijera (dijese), dijeras (dijeses), etc.
　　접속법미래 : dijere, dijeres, dijere, dijéremos, dijereis, dijeren.
　　직설법미래 : diré, dirás, dirá, diremos, direis, dirán.
　　가능법단절형 : diría, dirías, diría, diríamos, diríais, dirían.
　　현재분사 : diciendo.
　　명 령 법 : di, (decid.)
　　과거분사 : dicho.

(8) **erguir**(꼿꼿이 세우다)
　　직설법현재 : yergo, yergues, yergue　　　　　　　yerguen.
　　　　　　　　　　　　　　　　　　　erguimos, erguís
　　　　　　　irgo, irgues, irgue　　　　　　　　　　irguen.
　　접속법현재 : yerga, yergas, yerga　　　　　　　　yergan.
　　　　　　　　　　　　　　　　　　　irgamos, irgáis
　　　　　　　irga, irgas, irga　　　　　　　　　　　irgan.
　　직설법과거 : (erguí, erguiste), irguió, (erguimos, erguisteis,) irguieron.

접속법과거 : 제1형 irguiera, irguieras, etc.
　　　　　　　　 제2형 irguiese, irguieses etc.
　　　접속법미래 : irguiere, irguieres, etc.
　　　명　령　법 : yergue
　　　　　　　　　　　　　(erguid)
　　　　　　　　　 irgue
　　　현재분사 : irguiendo

(9) estar(있다)
　　　직설법현재 : estoy, estás, está, (estamos, estáis), están.
　　　접속법현재 : este, etes, este, (estemos, estéis), estén.
　　　직설법과거 : estuve, estuviste, estuvo, estuvimos, estuvisteis, estuvieron.
　　　접속법과거 : estuviera, (estuviese), estuvieras (estuvieses), etc.
　　　접속법미래 : estuviere, estuvieres, estuviere, etc.
　　　명　령　법 : esta, (estad).

(10) haber(조동사, 타동사로서는「가지다」를 뜻한다)
　　　직설법현재 : he, has, ha, (무인칭 hay), hemos, (habeis,) han.
　　　접속법현재 : haya, hayas, haya, hayamos, hayais, hayan.
　　　직설법과거 : hube, hubiste, hubo, hubimos, hubisteis, hubieron.
　　　접속법과거 : hubiera (hubiese), hubieras (hubieses), etc.
　　　접속법미래 : hubiere, hubieres, hubiere, hubieremos, hubiereis, hubieren.
　　　직설법미래 : habre, habras, habra, etc.
　　　가능법단절형 : habria, habrias, habria, etc.
　　　명　령　법 : he, (habed)

(11) hacer(하다, 만들다)
　　　직설법현재 : hago, (haces, hace, hacemos, haceis, hacen.)
　　　접속법현재 : haga, hagas, haga, hagamos, hagais, hagan.
　　　직설법과거 : hice, hiciste, hizo, hicimos, hicisteis, hicieron.
　　　접속법과거 : hiciera (hiciese), hicieras (hicieses), etc.
　　　접속법미래 : hiciere, hicieres, hiciere, hicieremos, hiciereis, hicieren.
　　　직설법미래 : haré, harás, hará, haremos, haréis, harán.
　　　가능법단절형 : haría, harías haría, hariamos, haríais, harían.

명령법 : haz, (haced).

과거분사 : hecho.

⑿ ir(가다)

직설법현재 : voy, vas, va, vamos, vais, van.

접속법현재 : vaya, vayas, vaya, vayamos, vayáis, vayan.

직설법불완료과거 : iba, ibas, iba, íbamas, ibais, iban.

직설법과거 : fui, fuiste, fue, fuimos, fuisteis, fueron.

접속법과거 : fuera, (fuese), fueras, (fueses), etc.

접속법미래 : fuere, fueres, fuere, fuéremos, fuereis, fueren.

명령법 : ve, (id), 1인칭복수 : vamos.

현재분사 : yendo.

⒀ jugar(놀다)(권말의 주의참조)

직설법현재 : juego, juegas, juega, jugamos, jugáis, juegan.

접속법현재 : juegue, juegues, juegue, juguemos, juguéis, jueguen.

명령법 : juega, (jugad).

⒁ oir(듣다)

직설법현재 : oigo, oyes, oye, (oímos, oís,) oyen.

접속법현재 : oiga, oigas, oiga, oigamos, oigáis, oigan.

직설법과거 : (oí, oíste,) oyó, (oímos, oísteis,), oyeron.

접속법과거 : oyera (oyese), oyeras (oyeses), oyera (oyese), etc.

접속법미래 : oyere, oyeres, oyere, oyéremos, oyereis, oyeren.

명령법 : oye, (oíd)

현재분사 : oyendo

과거분사 : oído.

⒂ oler(냄새가 나다, 냄새 맡다)(권말의 주의참조)

직설법현재 : huelo, hueles, huele, (olemos, oléis), huelen.

접속법현재 : huela, huelas, huela, (olamos, oláis), huelan.

⒃ poder(…할 수가 있다)

직설법현재 : puedo, puedes, puede, (podemos, podéis), pueden.

접속법현재 : pueda, puedas, pueda, (podamos, podáis), puedan.

직설법과거 : pude, pudiste, pudo, pudimos, pudisteis, pudieron.

접속법과거 : pudiera (pudiese), pudieras (pudieses), pudiera (pudiese), etc.

접속법미래 : pudiere, pudieres, pudiere, pudiéremos, pudiereis, pudieren.

직설법미래 : podré, podrás, podrá, podremos, podréis, podrán.

가능법단절형 : podría, podrías, podría, podríamos, podríais, podrían.

현재분사 : pudiendo.

(17) **podrir**(부패하다)

직설법현재 : pudro, pudres, pudre, podrimos, podrís, pudren.

접속법현재 : pudra, pudras, pudra, pudramos, pudráis, pudran.

직설법과거 : (podri, podriste), pudrio. (podrimos, podristeis), pudrieron.

접속법과거 : 제1형 pudriera, pudrieras, pudriera, etc.
　　　　　　제2형 pudriese, pudrieses, pudriese, etc.

접속법미래 : pudriere, pudrieres, pudriere, pudriermos, pudriereis, pudrieren.

현재분사 : pudriendo.

(18) **poner** (놓다, 두다)

직설법현재 : pongo, (pones, pone, ponemos, poneis, ponen).

접속법현재 : ponga, pongas, ponga, pongamos, pongais, pongan.

직설법과거 : puse, pusiste, puso, pusimos, pusisteis, pusieron.

접속법과거 : pusiera, (pusiese), pusieras (pusieses), pusiera (pusiese), etc.

접속법미래 : pusiere, pusieres, pusiere, pusieremos, pusiereis, pusieren.

직설법미래 : pondre, pondras, pondra, pondremos, pondriais, pondrian.

명　령　법 : pon, (poned).

과거분사 : puesto.

(19) **querer**(원하다, 갖고 싶어하다, 사랑하다)

직설법현재 : quiero, quieres, quiere, (queremos, quereis,) quieren.

접속법현재 : quiera, quieras, quiera, (queramos, querais,) quieran.

직설법과거 : quise, quisiste, quiso, quisimos, quisisteis, quisieron.

접속법과거 : quisiera(quisiese), quisieras(quisieses), quisiera (quisiese), etc.

접속법미래 : quisiere, quisieres, quisiere, quisieremos, quisiereis, quisieren.

직설법미래 : querre, querras, querra, querremos, querreis, querran.

가능법단절형 : querria, querrias, querria, querriamos, querriais, querrian.

(20) reir(웃다)(권말의 주의참조)

직설법현재 : río, ríes, ríe, (reímos, reís) ríen.

접속법현재 : ría, rías, ría, riamos, ri ais, rían.

직설법과거 : (reí, reíste,) rió, (reímos, réisteis,) rieron.

접속법과거 : riera, (riese), rieras (rieses), riera (riese), etc.

접속법미래 : riere, rieres, riere, riéremos, riereis, rieren.

명 령 법 : ríe, (reíd).

현재분사 : riendo.

과거분사 : reído.

(21) saber(알다)

직설법현재 : sé, (sabes, sabe, sabemos, sabeis, saben.)

접속법현재 : sepa, sepas, sepa, sepamos, sapáis, sepan.

직설법과거 : supe, supiste, supo, supimos, supisteis, supieron.

접속법과거 : supiese (supiera), supieses (supieras), supiese (supiera), etc.

접속법미래 : supiere, supieres, supiere, supiéremos, supiereis, supieren.

직설법미래 : sabré, sabrás, sabrá, sabremos, sabréis, sabrán.

가능법단절형 : sabría, sabrías, sabría, sabríamos, sabríais, sabrían.

(22) salir(나가다)

직설법현재 : salgo, (sales, sale, salimos, salis, salen.)

접속법현재 : salga, salgas, salga, salgamos, salgáis, salgan.

직설법미래 : saldré saldrás, saldrá, saldremas, saldréis, saldrán.

가능법단절형 : saldría, saldrías, saldría, saldríamos, saldríais, saldrían.

명 령 법 : sal, (salid).

(23) ser(…이다)

직설법현재 : soy, eres, es, somos, sois, son.

접속법현재 : sea, seas, sea, seamos, seáis, sean.

직설법불완료과거 : era, eras, era, eramos, erais, eran.
　　직설법과거 : fui, fuiste, fue, fuimos, fuisteis, fueron.
　　접속법과거 : fuera(fuese), fueras(fueses), fuera(fuese), etc.
　　접속법미래 : fuere, fueres, fuere, fuéremos, fuereis, fueren.
　　명　령　법 : se, (sed).

⒁ tener(가지다)
　　직설법현재 : tengo, tienes, tiene, (tenemos, tenéis,) tienen.
　　접속법현재 : tenga, tengas, tenga, tengamos, tengáis, tengan.
　　직설법과거 : tuve, tuviste, tuvo, tuvimos, tuvisteis, tuvieron.
　　접속법과거 : tuviera, (tuviese), tuvieras (tuvieses), tuviera (tuviese), etc.
　　접속법미래 : tuviere, tuvieres, tuviere, tuviéremos, tuviereis, tuvieren.
　　직설법미래 : tendre, tendras, tendra, tendremos, tendreis, tendran.
　　가능법단절형 : tendria, tendrias, tendria, tendriamos, tendriais, tendrian.
　　명　령　법 : ten, (tened.)

⒂ traer(가져오다)
　　직설법현재 : traigo, (traes, trae, traemos, traéis, traen.)
　　접속법현재 : traiga, traigas, traigamos, traigáis, traigan.
　　직설법과거 : traje, trajiste, trajo, trajimos, trajisteis, trajeron.
　　접속법과거 : trajera (trajese), trajeras (trajeses), trajera (trajese), etc.
　　접속법미래 : trajere, trajeres, trajere, trajeremos, trajereis, trajeren.
　　현재분사 : trayendo.
　　과거분사 : traído.

⒃ valer(…할 가치가 있다)
　　직설법현재 : valgo, (vales, vale valemos, valéis, valen.)
　　접속법현재 : valga, valgas, valga, valgamos, valgáis, valgan.
　　직설법미래 : valdré, valdrás, valdrá, valdremos, valdréis, valdrán.
　　가능법단절형 : valdría, valdrías, valdría, valdríamos, valdríais, valdrían.
　　명　령　법 : val o vale, (valed).

⒄ venir(오다)
　　직설법현재 : vengo, vienes, viene, (venimos, venís,) vienen.
　　접속법현재 : venga, vengas, venga, vengamos, vengais, vengan.

직설법과거 : vine, viniste, vino, vinimos, vinisteis, vinieron.
　　접속법과거 : viniera (viniese), vinieras (vinieses), etc.
　　접속법미래 : viniere vinieres, viniere, etc.
　　직설법미래 : vendré, vendrás, vendrá, vendremos, vendréis, vendrán.
　　가능법단절형 : vendría, vendrías, vendría, vendríamos, vendriais,
　　　　　　　　　vendrían.
　　명　령　법 : ven, (venid).
　　현재분사 : viniendo.
　(28) ver(보다)
　　직설법현재 : veo, (ves, ve, vemos, veis, ven.)
　　접속법현재 : vea, veas, vea, veamos, veáis, vean.
　　직설법불완료과거 : veía, veías, veía, veíamos, veíais, veían.
　　과거분사 : visto.

[주의]

주의 (1) 불규칙동사표 제8번의 「erguir」는 제2종류(yergo, yergues, etc.) 또는 제2종류의 어근모음변화동사로서 활용한다. 또 말머리에서 「ie」로 시작될 때는 「i」를 「y」로 바꿔 쓰게 됨을 알리는 보기로서 불규칙동사속에 넣었다.

보기 「errar」(잘못하다)「제1종류의 어근모음변화동사」
　　직설법현재 : yerro, yerras, yerra, (erramos, errais), yerran.
　　접속법현재 : yerre, yerres, yerre, (erremos, erreis), yerren.

(2) 제13번의 「jugar」는 옛날 「jogar」로 철자되었었다. 그 제일종류의 어근모음변화동사이다. 그러므로 오늘날에는 「jugar」라 철자됨에도 불구하고 「ue」로 된다. 기억의 편의상 불규칙동사속에 넣어 두었다.

(3) 제15번의 「oler」는 제1종류의 모음변화동사속에 속하는 것이지만 동사에 한정되지 않고 말머리가 「ue」로 시작될 때는 「h」를 붙이는 규칙을 나타내기 위해서 편의상 불규칙동사속에 덧붙였다.

(4) p20번의 「reir」와 같이 「eir」로 끝나는 동사는 제3종류의 어근모음변화동사지만, 「i」가 둘 겹칠때는 하나를 떼어버린다. 그것을 나타내기 위해서 불규칙동사속에 넣어두었다. desleir(희미하게 하다), engreir(폼 내다), freir(튀기다), sonreir(미소짓다) 따위가 「reir」와 같은 활용을 한다.

(5) 불구동사에 대해서는 p.321을 보라.

해답 연습·역독·복습

제 1 주

Pagina (페이지) 32. 연습. 발음연습이기 때문에 문자에 의한 해답은 생략.

Pagina (페이지) 47. 연습. 1. 발음연습이기 때문에 문자에 의한 해답 생략. 2. (1) 말=마. 남성. (2) 벤치. 남성. (3) 어머니. 여성. (4) 날, 낮. 남성. (5) 지도. 남성. 3. (1) Padre. 남성. (2) Mesa. 여성. (3) Libro. 남성. (4) Mano. 여성. (5) Pluma. 여성

p. 50. 연습. 1. (1) 여자. Mujeres. (2) 벽. Paredes. (3) 공책. Cuadernos. (4) 연필. Lápices. (5) 카페(점방). Cafés. 2. (1) Madre. (2) Estación. (3) Luz. (4) Rey. (5) Frac.

p. 51. 연습. 1. (1) Una tiza. (2) Unas yeguas. (3) Una madre. (4) Unos cuartos. (5) Un techo. 2. (1) Un periódico. (2) Unas. alcobas. (3) Una madre. (4) Unos cuadernos. (5) Un tintero.

p. 54. 연습. 1. (a)fea. (2) rojas. (3) bajo. (4) blanca. (5) altos.
2. (1) Un techo bajo. (2) Una silla es pesada. (3) Unas plumas son ligeras. (4) Unos libros difíciles. (5) Una cara hermosa.

p. 58. 역독. (1) 이것은 무엇입니까? — (한권의) 책입니다. (2) (한권의) 책은 가볍습니까? — 예, 선생(어르신, 씨), (한권의) 책은 가볍습니다. (3) 이것은 무엇입니까? — (하나의) 지우개입니다. (4) 아니오, 선생, (하나의) 지우개가 아닙니다. (하나의) 펜입니다. (5) (한자루의) 펜은 가볍습니까? — 예, 선생, (한자루의) 펜도 가볍습니다. (6) 그러면 무엇이 무겁습니까? — (한대의) 벤치가 무겁습니다. (7) (한대의) 테이블은 어떠합니까? — (한대의) 테이블도 무겁습니다. (8) (하나의) 천장은 높습니까? — 예, 선생, (하나의) 천장은 높습니다. (9) 나는 몇 권인가의 붉은 책을 가지고 있습니다. (그것들은) 어려운 책은 아닙니다. 쉬운 책들입니다. (10) 나는 무엇을 가지고 있습니까? — 당신은 몇 개인가의 하얀 분필을 가지고 있습니다.

p. 59. 복습. 1. (1) Una. (2) un. (3) unas. (4) un. (5) un. una. 2. (1) pesada. (2)

bajo. (3) verdes. (4) hermoso. (5) hermosa. 3. (1) padres. (2) cuadernos. (3) papeles. (4) rubíes. (5) luces. (6) reyes. (7) estaciones. (8) fraques. (9) cafés. (10) sillas. 4. (1) Una casa blanca. (2) Unos libros fáciles. (3) Un techo alto. (4) U livro difícil. (5) Una muchacha tonta. (6) ¿No es baja una mesa? — No, señor, no es baja, (7) ¿No es ligera una pluma? — Sí, señora, es ligera. (8) ¿Qué es esto — Es una goma. (9) Usted tiene unos libros verdes. (10) Una lengua extranjera no es fácil.

p. 62. 연습. 1. (1) 1인칭복수. (2) 2인칭단수. (3) 3인칭복수. (4) 1인칭단수. (5) 3인칭복수. 2. (1) tomais. (2) toman. (3) tomamos. (4) toma. (5) tomo. (6) tomas. (7) toma. 3. (1) hablo, hablas, habla, hablamos, hablais, hablan. (2) compro, cmpras, compra, compramos, comprais, compran. (3) miro, miras, mira, miramos, mirais, miran. (4) busco, buscas, busca, buscamos, buscais, buscan. (5) uso, usas, usa, usamos, usais, usan.

p. 64. 연습. 1. (1) la. (2) el. (3) el. (4) Ia. (5) la. (6) las. (7) los. (8) el. (9) los. (10) las. 2.(1) La casa. (2) Las casas. (3) Las muchachas no son hermosas. (4) El caballo es pesado. (5) Yo busco el tintero.

p.67. 역독. (1) 칠판은 무슨 색입니까? — 칠판은 검습니다. (2) 천장은 무슨 색입니까? — 천장은 흰색입니다. (3) (그들) 책은 무슨 색입니까? — (그들) 책은 푸릅니다. (4) 나는 무엇을 집습니까? — 당신은 칠판 닦이를 집습니다. (5) 아버지는 무얼 보고 계십니까? — 나는 (액자의) 그림을 보고 있다. (6) 수길과 문수, 너희들은 무엇을 찾고 있느냐? — 우리들은(그) 누런 책을 찾고 있다. (7) 누가 고무(지우개)를 집습니까? 분이가 그것 (고무)을 집습니다. (8) 당신들은 연필들을 씁니까? — 아니오, 아가씨, (우리들은) 그것들을 쓰지 않습니다. (9) 당신들은 펜들을 가졌습니까? — 예, 아가씨, (우리들은) 그것들을 가지고 있습니다. (10) 그녀는 분필을 집습니까? — 예, 선생, 그녀는 그것을 집습니다.

P. 67. 복습. 1. (1) el. (2) La. (3) la. (4) el., las. (5) el. 2. (1) No, señor (señora, señorita), el borrador no es grande. (2) La mesa es parda. (3) No, señor, el papel no es grueso, Es delgado.(더 보태도 좋다.) (4) Sí, señor, las plumas son ligeras. (5) No, señor, la pizarra no es blanca. Es negra. 3. (1) lo. (2) la. (3) las. (4) los. (5) la. 4. (1) deseo, deseas, desea, deseamos, deseais, (3) pregunto, preguntas, pregunta, preguntamos, preguntais, preguntan. (4) contesto, contestas contesta, contestamos, contestais, (5) entro, entras entra, entramos, entráis, entran. (6) escucho, escuchas escucha, escuchamos, escuchais, escuchan. (7) enseno, ensenas, ensena, ensenamos, ensenais, ensenan. (8) espero, esperas, espera, esperamos, esperais, esperan. (9) echo, echas, echa, echamos, echáis, echan. (10) explico, explicas, explica, explicamos, explicáis, explican. 5. (1) El. suelo es gris. (2) La ventana no es alta. (3) Yo no contesto. (4) Nosotros tomamos el borrador y la tiza. (5) ¿Buscas tú el cuaderno delgado? (6) Usted echa un lápiz. Lo echa. (7) ¿Es pesado el elefante? (8) Los coreanos son bajos. (9) Nosotros buscamos la fe. (10) ¿Es gris el cielo? (11) Mi perro es pequeño. (12) ¿No entráis vosotros en la clase? (13) Él echa la tiza larga. (14) ¿Quién explica esto? (15) El león es fuerte.

p.69. 연습. 1. (1) coméis. (2) como. (3) comemos. (4) come. (5) comes. 2.(1) vendo, vendes, vende, vendemos, vendéis, venden. (2) leo, lees, lee, leemos, leéis, leen. (3) aprendo, aprendes, aprende, aprendemos, aprendeis aprenden. (4) bebo, bebes, bebe, bebemos, bebéis, beben. (5) respondo, respondes, responde, respondemos, respondéis, responden.

p.71. 연습. 1. (1) Yo busco el libro amarillo. (2) Ella busca a Munsu. (3) ¿A quién llaman ustedes? (4) Nosotros llamamos a los alumnos. (5) ¿Esperan ustedes a María?

p.72. 연습. 1. (1) Yo te espero. (2) Yo le llamo a usted. (3) Nosotras las esperamos a ustedes. (4) Nosotros os buscamos. (5) ¿No me llama usted? 2. (1) 목수는 (그) 소년을 찾고 있다. (2) 그들은 어떤 (정해진) 남자아이를 부르고 있다. (3) 그는 (누구든 좋다) 남자아이를 부르고 있다. (4) 나는 당신 (여자)을 기다립니다. (5) 누가 너희들을 부르느냐?

p.73. 연습. (1) La escuela de Munsu es grande. (2) El cuaderno del alumno es grueso. (3) La iglesia de la aldea es gris. (4) ¿Es blanca la puerta del cuarto? (5) El maestro (여선생님이면 La maestra) de las muchachas compra la flor.

p.76. 역독. 나의 스페인어 교수. 민우씨는 나의 스페인어 교수입니다. 나의 교수가 스페인어로 말할 때 나는 주의 깊게 듣습니다. 그는 스페인어를 대단히 천천히 말합니다. 그리고 나는 거의 언제나 그가 말하는 것을 이해합니다. 나의 교수가 스페인어로 나에게 묻습니다. 그리고 나도 역시 스페인어로 그에게 대답합니다. — 당

신은 스페인어를 합니까? — 예, 선생(세느르), 그것을 조금 말합니다. — 당신은 정오에 무엇을 먹습니까? — (나는) 쌀, 생선(어) 살코기(육) 및 과일류를 먹습니다. 나중에 대개 코피나 티를 집습니다(마십니다). — 아주 잘 되었습니다. 당신은 이제 상당히 스페인어를 말합니다. 당신은 나의 책을 가졌습니까? — 아니오, 선생(세뇨르), (나는) 당신의 책을 가지고 있지 않습니다. 당신은 그것을 찾습니까 — 예, 그것을 찾고 있습니다. 그리고 그것을 발견 못합니다. — 여보세요. 김씨(선생), 당신은 교수의 책을 가지고 있지 않습니까? — 나는 그것을 가지고 있지 않습니다. 교수의 의자 위에 있습니다. — 아, 그렇군요! 대단히 고맙습니다.

p.78. 복습. 1. (1) Yo leo el periódico. (2) Él vende su casa. (3) Él llama a nuestro abuelo. (4) El maestro espera a sus alumnos. (5) ¿A quién miran ellos? (6) Nosotros no te llamamos. (7) ¿Es grande la casa de tu amigo? (8) Él no busca su diccionario, sino el de Vd. (9) Tu abuela habla muy despacio. (10) Muchas gracias. 2. (1) 나의 공책은 테이블 위에 있다. (2) 나는 나의 펜을 나의 방 안에서 발견했다. (3) 너의 여자 친구는 나의 집에 있다. (4) 나의 교수가 스페인어로 말할 때 나는 그(가 말하는 것)를 이해 못한다. (5) 너는 누런색 책을 읽느냐? — 나는 그것을 읽는다. 그러나 거의 이해 못한다. (6) 뻬레다씨의 집은 큽니까? (7) 그의 집은 작습니다. 그러나 그의 아버지 것은 대단히 큽니다. (8) 그들은 세권의 책을 집어서 그것들을 읽는다. (9) 당신은 당신의 펜을 찾습니까? — 아니오, 선생, (나는) 나의 펜이 아니라, 나의 할아버지 것을 찾고 있습니다. (10) 여보세요, 바레라 부인, 이것은 무엇입니까?

p.79. 연습. 1. (1) escribo, escribes, escribe, escribimos, escribís, escriben. (2) abro, abres, abre, abrimos, abrís abren. (3) recibo, recibes, recibe, recibimos, recibís, reciben. (4) subo, subes, sube, subimos, subís, suben. (5) parto, partes, parte, partimos, partis, parten. 2. (1) Yo abro la ventana. (2) Él no abre el libro. (3) ¿Escribes una carta? (4) Nosotros recibimos una carta. (5) Vds abren sus(또는 los) cuadernos de Vds.

p.83. 연습. 1. (1) siete. (2) once. (3) doscientos tres. (4) nueve. (5) quince. (6) ciento tres. (7) ciento catorce. (8) doscientos treintta y cuatro. (9) mil quinientos cuarenta y tres. (10) quinientos setenta y nueve. (11) setecientos cincuenta y tres. (12) cuatro mil quinientos sesenta y siete. (13) mil ciento once. (14) seis mil cuatrocientos treinta y dos. (15) trescientos veinte y cuatro mil seiscientos cincuenta y siete. (16) ochocientos trece mil seiscientos setenta y nueve. 2. (1) Una tía. (2) Cien muchachos. (3) Quinientas treinta y ocho casas. (4) Mil doscientos cuarenta hombres. (5) Sesenta y una alumnas. (6) Doce mil trescientos cuarenta y cinco soldados. (7) Un millón de libros.

p.85. 연습. (1) ¿Qué hora es en su reloj? (2) Son las diez en punto. (3) El tren llega a las nueve y cuarto de la noche. (4) El profesor de espanol llega a las ocho menos cinco. (5) Son las siete y pico.

p.85. 역독. 산수. 나는 1부터 10까지 셉다. : 1, 2, 3, 4, 5, 6, 7, 8, 9, 10. 테이블 위에 몇권의 책이 있습니까? — 네권의 책이 있습니다. — 1부터 10까지의 우수는 어느어느 것입니까? — 2, 4, 6, 8,과 10입니다. — 10부터 20까지의 기수는 어느어느 거십니까 — 11, 13, 15, 17과 19입니다. — 1주에는 며칠입니까? — 1주에는 7일 있습니다. — (그) 7일은 어느어느 것입니까? — 일요, 월요, 화요, 수요, 목요, 금요 및 토요일입니다. — 당신은 산수를 알고 있습니까? — 예 선생, 이젠 그것을 알고 있습니다. 나는 2와 2를 보탭니다. 2와 2 (2+2) 는 4입니다. 나는 10에서 2를 뺍니다 : 10-2는 8입니다. 나는 5를 3으로 곱합니다. 5×3은 15입니다. 나는 4로 8을 나눕니다. 4에 의해서 나누워진 8은 2입니다. 대단히 잘 되었습니다. 몇시입니까? — 12시(까지) 3분전입니다. — 좋습니다. 나는 집으로 돌아갑니다. 그럼, 내일 또 다시. — 안녕, (선생), 그럼 내일 또.

p.87. 복습. 1. (1) 쓴다, uso, usas, usa, usamos, usáis, usan. (2) 먹다. como, comes, come, comemos, coméis, comen. (3) 나누다, 쪼개다. divido, divides, divide, dividimos, dividís, dividen. (4) 판다. vendo, vendes, vende, vendemos, vendéis, venden. (5) 합계하다. sumo, sumas, suma, sumamos, sumáis, suman. (6) 오르다. subo, subes, sube, subimos, subís, suben. (7) 걸다. multiplico, multiplicas, multiplica, multiplicamos, multiplicáis, multiplican. (8) 마시다. bebo, bebes, bebe, bebemos, bebéis, beben. (9) 일하다. trabajo, trabajas, trabaja, trabajamos, trabajáis, trabajan. (10) 열다. abro, abres abre, abrimos, abrís, abren. 2. (1) responder. 변화는 생략. (2) espear. (3) partir. (4) escribir. (5) comprar. (6) llamar. (7) recibir. (8) comprender. (9) buscar. (10) contestar. 3. (1) ¿Cuántas cartas escribís en una semana? (2) Ella no abre su libro, sino el de su padre. (3) Dos por siete son catorce. (4) Diez menos cinco son cinco. (5) Siete y cinco son doce. (6) En un año hay trescientos sesenta y cinco días. (7)

En un dia hay veinte y cuatro horas. (8) En tu reloj son las tres menos cuarto. (9) En mi ciudad hay cincuenta y ocho mil seiscientas treinta y una casas. (10) Mi tío llega a Soul el miercoles.

p.91. 연습. (1) ¿Es abogado tu padre? (2) Yo soy hijo de un funcionario pobre. 〔주 : hijo는 가족관계를 나타내므로 un을 안붙인다〕 (3) Nosotros somos empleados pobres. (4) El señor Pak es un escritor famoso. (5) ¿Eres chino? (6) Yo soy un coreano valiente. (7) ¿Son ellas españolas? (8) El profesor Lhi vive e Mokpo. (9) Nosotros somos funcionarios aplicados. (10) Su padre es profesor.

p.96. 연습. (1) El verano es la segunda estacion del ano. (2) El quinto mes del año es mayo. (3) Él no es budista. (4) Alfonso Trece es hijo de Isabel Segunda. (5) El siglo diez nueve. (6) La leccion octava es dificil. (7) ¿Qué dia de la semana es hoy? (8) Es viernes. (9) Napoleón Tercero no es español. (10) Hoy es el primero de octubre.

p.97. 역독, 사이. 1년에는 네 개의 계절이 있습니다. — 네 계절은 어느어느 것입니까? — 봄, 여름, 가을 및 겨울입니다. — 봄은 몇 달을 갖습니까? — 3개월 갖습니다. — 봄의 3개월은 어느어느 것입니까? — 3월, 4월 및 5월입니다. — 당신은 주의 세 번째 날의 이름을 알고 있습니까? — 예, 선생,(그것은) 화요일(입니다). — 2개월은 몇날을 가지고 있습니까? — 2월은 평년에는 28일을 가지고 있습니다. — 당신 아버지는 상인입니까? — 아니오, 선생, 나의 아버지는 의사입니다.—아직 젊습니까? — 아니오, 선생, 벌써 상당히 나이 들었습니다. 스페인어의 교수는 한국 사람입니까? — 예, 선생, 한국사람입니다. 그러나 스페인어를 완전히 말합니다.

p.97. 복습. 1. enero, febrero, marzo, abril, mayo, junio, julio, agosto, septiembre, octubre, noviembre, diciembre. 2. el domingo, el lunes, el martes, el miércoles, el jueves, el viernes, el sábado. 3. (1) El siglo decimo. (2) Nosotros tenemos hambre. (3) Hay muchos paises en el mundo. (4) Ellos tienen razón. (5) ¿Qué es él? (6) El señor Kim es el director de nuestra escuela. (7) España es un pais hermoso. (8) Su tío tiene cincuenta y tres años. (9) Noviembre es el penúltimo días. (11) ¿Cuántos años tiene Vd.? — Tengo veinte y un anos. (12) Él es un ferviente católico. (13) El señor Mha es escritor. (14) Es un escritor famoso en el mundo. (15) Nosotros vivimos en el siglo veinte.

제 2 주

p.104. 연습. (1) Tú estás delante de la ventana. (2) ¿Dónde están mis chanclos? (3) Nuestro profesor (초등학교 교사이면 maestro) está detrás de la mesa. (4) Mi pluma estilografica no es buena. (5) Su pluma está debajo del libro rojo. (6) Ella es palida. (7) Ella está pálida hoy. (8) Hay seis cuartos en mi casa. (9) ¿Qué día del mes es hoy? 또는 ¿A cuántos estamos boy? (10) El el veinte y uno de marzo. 또는 Estamos a veinte y uno de marzo.

p.107. 역독. 스페인어. 민씨, 당신은 손에 무엇을 가지고 있습니까? — 한권의 스페인어 독본을 가지고 있습니다.—당신은 스페인어를 연구하고 있습니까? — 예, 선생, 많은 흥미를 가지고 그것을 연구하고 있습니다. 이젠 조금 그것을 말합니다. 대단히 아름다운 국어군요. — 물론(그렇고 말고요)! 그러면 나는 당신에게 스페인어로 묻습니다. 당신(건강은) 어떠합니까? — 대단히 건강합니다. 고맙습니다. 그런데 당신은? — 좋습니다(완전히 건강합니다). 대단히 고맙습니다. 다른 질문(복수)을 합니다. 오늘은 어떤 날씨입니까 덥지도 춥지도 않습니다. 서늘합니다. — 당신은 성냥을 가졌습니까? — 여기에는 가지고 있지 않습니다. 내 외투의 주머니 안에 그것들을 가지고 있습니다. 이번에는 내가 당신에게 질문합니다. 당신의 시계로는 몇시 입니까? — 정각 12시입니다. 나는 배가 고픕니다. 그런데 당신은? — 나도(그렇습니다.) 대단히 배가 고픕니다. (자), 먹으로 갑시다.

p.107. 복습. 1. (1) 오늘은 굳은 날씨입니다 그려. (2) 상자는 테이블 위에 있지 않고 벤치 위에 있습니다. (3) 너는 추우냐? (4) 덥다. (5) 볕을 쬐고 있다. 2. (1) ¿Dónde está mi sobretodo? (2) ¿Qué hay sobre el baúl? (3) La goma está entre su libro y mi pluma. (4) Hago una caja. (5) Hay muchas tizas. (6) Estoy enfermo. (7) Sukil es un buen muchacho, y Sunmi es una mala muchacha. (8) Ellos están cerca de mí. (9) El cortaplumas está lejos de ti. (10) ¿Como estan Vds.?

p.111. 연습. 1. (1) entré, entraste, entró entramos, entrasteis, entraron. (2) sufrí, sufriste, sufrió, sufrimos, sufristeis, sufrieron. (3) guardé, guardaste, guardó, guardamos, guardasteis, guardaron. (4) abrí, abriste, abrió, abrios, abristeis, abrieron. (5) bebí, bebiste, bebió, bebimos, bebisteis, bebieron. (6) necesité, necesitaste, necesitó, necesitamos, necesitasteis, necesitaron. (7) aprendí, aprendiste, aprendió, aprendimos, aprendisteis, aprendieron. (8) subí, subiste, subió, subimos, subisteis, subieron. (9) firmé, firmaste, firmó, firmamos, firmasteis, firmaron. ⑽ trabajé, trabajaste, trabajó trabajamos, trabajasteis, trabajaron. 2. (1) Llegué ayer. (2) Comieron una sandia. (3) Su padre escribió dos cartas anoche. (4) No contestasteis. (5) Partimos para Kunsan a las nueve en punto.

p.116. 연습. (1) Vamos a la escuela todos los dias. (2) Van a casa a las tres de la tarde. (3) Mi tía va a la iglesia todos los domingos. (4) Doy una tiza a mi amigo. (5) ¿Qué entregó Vd. a su hijo? (6) Ella nos prestó el cortaplumas. (7) ¿Os hablo el profesor en español? (8) Mi padre da un paseo por el parque todas las mañanas. (9) ¿Os entregaro los muchachos el dinero? ⑽ Dos quinzavos de trescientos son cuarenta.

p.116. 역독. 스페인어의 과제. 오늘 아침 나는 대단히 일찍 아침밥을 들었다. 빵과 달걀을 먹고 밀크가 들은 커피를 마셨다. 나중에 오늘을 위한 레슨을 준비했다. 8시 10전에 학교에 도착했다. 우리들은 선생님은 8시 15분에 교실에 들어왔다. 출석결석을 체크했다(출석부를 불렀다). 그리고 곧 클라스(의 사람들)에 레슨을 설명했다. 그 다음 약간의 새말을 썼다. 그리고 우리들은 우리들의 공책에 그것들을 썼다. 우리들은 그것들(말)을 암기했다.

　우리들의 선생님은 언제나 스페인어로 우리들에게 말했다. 그래서 우리들은 그(의 하는 말)를 잘 이해 못했다. 그러므로 우리들도 역시 스페인어로 그에게 물었다. 그 때(그런 즉) 좋은(친절한) 선생님은 크게 기뻐하여 어려운 점을 우리들에게 설명했다. 나중에 그는 나를 불렀다. 그리고서 우리들에게 하나의 연습을 받아쓰게 했다. 나는 그것(연습)을 칠판에 썼다. 그리고 다른 학생들은 그들의 공책에 (썼다), 나는 분필을 선생님께 되돌렸다. 그리고 나의 자리로 되돌아왔다.

　나의 친구들은 나의 받아쓰기 안에 약간의 잘못을 발견했다. 선생님은 쓴 것을 지웠다. 그 때 종이 울렸다. 그리고 그는 교실에서 나갔다. 우리들도 또 나갔다.

p.118. 복습. 1. (1) ayudé, ayudaste, ayudó ayudamos ayudasteis, ayudaron. (2) vendí, vendiste, vendió, vendimos, vendisteis, vendieron. (3) asistí, asististe, asistió, asistimos, asististeis asistieron. (4) 이하생략. 2. (1) me, te, le (lo), nos, os, los, las. (2) me, te, le, nos, os, les. 3. (1) Su padre va al teatro hoy. (2) Mi abuela da dinero a un mendigo todos los días. (3) Sukil no da la naranja a Sinnam, sino a Munsu. (4) Preste la goma a mi amigo. (5) El nos enseñó un libro nuevo. (6) Yo os pregunte, pero vosotros no me contestasteis. (7) El vendio la casa a mi padre. (8) ¿Qué le preguntó a ella el dependiente? (9) Te doy dos cuadernos. ⑩ Ellos no me contestaron.

p.123. 연습. (1) Esta flor es roja y ésa es blanca. (2) ¿De quien es aquel diccionario? (3) No quiero este diccionario, sino ése. (4) Estas sandías son muy dulces. (5) ¿Qué es esto? (6) Oresté aquellas novelas a mi amigo. (7) Ese paño es azul, pero aquél es purpúrgo. (8) Estas hierbas son altas. (9) ¿Compraste ese árbol? ⑩ ellos vendieron aquella casa.

p.125. 연습. (1) Esta cesta es suya. ¿Dónde está la mia? (2) El muchacho, tiene su bandera y la muchacha(tiene) la suya.(나중의 tiene는 생략해도 무방) (3) ¿De quien es aquel peine? (4) Es suyo. El de Vd. está en el cajón. (5) Este jabón es nuestro.

p.127. 역독. 어떤 대화. — 어제 나는 세권의 책을 샀다. 이것들이다. — (그것들은) 재미 있느냐? — 이것은 재미있다. 그리고 그것들은 보통이다. 그러나(이것이고 저것이고) 모두 당신에게 있어(당신으로서) 유용하다.—나는 그 소설을 읽고 싶구나. — 이것 말인가, 아니면 저것 말인가? — (너의 가까이에 있는) 그것 말이다. — 이 단장은 누구의 것이냐? — 우리들은 아버지 것이다. — 당신의 아버지는 지금 어디에 계십니까? — 그의 형제 한사람과 뜰에 계십니다. — 다신은 무엇을 찾고 있습니까? — 나의 책을 찾고 있습니다. 이것은 나의 것(소속)은 아닙니다. 안씨(선생)것입니다. 나의 것은 어디에 있습니까? — 거기에, 당신 가까이에 있습니다. 당신들은 무엇을 바라보고 있습니까? — 우리들은 저 커다란 집을 바라보고 있습니다. 어디에 있습니까? — 저기에 있습니다. — 저 집은 누구 것입니까? — 우리들의 것(소유)은 아닙니다. 나의 한 친구 것입니다. 우리들 것은 내 가까이에 있습니다. 당신의 것 (집)은 어디에 있습니까? 나의 것은 언덕 위에 있습니다.

p.128. 복습. 1. (1) 그 꽃은 붉습니까? (2) 그 수박은 달콤합니까? (3) 그것은 무엇입니까? (4) 이 집들은 크다. 그리고 저것은 작다. (5) 그 까만 모자는 너의 한 여자친구 것이다.

2. (1) Esta calle es ancha, pero aquélla es estrecha. (2) Aquellas flores son amarillas y ésas son purpúreas. (3) Los(또는 Sus) pantalones de Vd. están

sobre la silla. (4) Yo espero aquí a mi padre. (5) Este reloj es mío. El tuyo está allí.

p.130. 연습. 1. (1) cantaba, cantabas, cantaba, cantábamos, cantabais, cantaban. (2) comprendía, comprendías, comprendía, comprendíamos, comprendíais, comprendían. (3) consolaba, consolábas, consolaba, consolabamos, consolabais, consolaban. (4) corría, corrías, corría, corríamos, corríais, corrían. (5) escribía, escribías, escribía, escribíamos, escribíais, escribían. (6) 이하생략. 2. (1) (a) presente: toco, tocas, toca, tocamos, tocáis, tocan. (b) pretérito indefinido: toqué, tocaste, tocó, tocamos, tocasteis, tocaron. (c) pretérito imperfecto: tocaba, tocabas, tocaba, tocábamos, tocabais, tocaban. (2) (a) presente: partó, partes, parte, partimos, partís, parten. (b) pretérito indefinido: partí, partiste, partio, partimos, partisteis, partieron. (c) pretérito imperfecto: partía, partías, partia, partíamos, partíais, partían. (3) (a) presente: visito, visitas, visita, visitáis, visitan. (b) preterito indefinido: visite, visitaste, visito, visitamos, visitasteis, visitaron. (c) preterito imperfecto visitaba, visitabas, visitaba, visitabamos, visitavais, visitaban. (4) (a) presente: temo, temes, teme, tememos, teméis, temen. (b) pretérito indefinido: temí, temiste, temió, temimos, temisteis, temieron. (c) pretérito imperfecto: temía, temías, temía, temíamos, temíais, temían. (5) (a) presente: trabajo, trabajas, trabaja, trabajamos, trabajais, trabajan. (b) preterito indefinido: trabaje, trabajaste, trabajo, trabajamos, trabajasteis, trabajaron. (c) preterito imperfecto: trabajaba, trabajabas, trabajaba, trabajabamos, trabajabais, trabajaban. 3. (1) Mi abuelo tomaba (또는 bebia) un vaso de agua todas las mañanas. (2) Cuando llegaste a Soul, ¿que hacia tu tío? (3) En aquella época (또는 En aquellos dias) nosotros estudiabamos el francés todos los dias. (4) Entonces yo vivía en Mapo y visitaba muchas veces al señor Shim. (5) Mientras yo leía este libro él escribía (una carta. 생략해도 좋다) a su madre.

p.135. 역독. 울산에 있어서의 한 여름. 지난 여름 나는 나의 숙부가 별장을 가지고 있던 울산에서 휴가를 지냈다. 그는 그것을 지난 가을 그의 친척의 한 사람에게 팔았다. 나의 숙부의 별장은 크지는 않았으나 대단히 아름다워t다. 그것(집)의 앞에 굉장한 뜰이 있어서 거기에는 언제나 아름다운 꽃들이 발견되고 있었다. 나의 숙모는 때때로 얼마간의 꽃을 따서는 그것들을 응접실의 꽃병에 꽂는 것이었다. 2층에

서는 아름다운 해변과 많은 사람들이 헤엄치고 있는 바다가 잘 보이고 있었다.

나는 아침마다 대단히 일찍 일어났던 것이다. 우리들은 대개 7시에 아침밥을 먹는 것이었으나 아침식사 전에 나의 종형과 나는 해변을 산책하는(것이 습관) 것이었다.

언제나 집의 개가 우리들을 따라왔다. 이 사랑스러운(성질이 좋은) 개는 로보(이리)라는 이름이었다. 왜냐하면 나의 숙부는 스페인어(독자들이여, 이미 세계 각 국의 이름을 배운 터이니, 이 다음부터는 되도록 원어의 이름 쪽에 충실하도록 합시다.)를 대단히 잘 알고 있었기 때문이다. 외교관이다. 그래서 스페인나 라티노 아메리카의 나라들에서 다년간 생활했다. 내가 오전에 카스틸랴어를 공부하고 있을 때 그는 때때로 나의 방에 들어와서는 스페인어로 나에게 말을 걸곤 했었다 (걸었던 것이다). 쉬운 말만 썼던것이므로 나는 거의 언제나 그가 하는 말을 이해하는 것이었다.

오후, 나의 종형과 나는 바닷가에 가는 것이었다. 우리들은 한시간이나 두 시간 바닷속에서 함께 헤엄치곤 했다. 피곤하면 집에 돌아가는 것이었다.(두 사람은) 곧장 우물로 가서 굉장히 차가운 물로 몸을 씻었던 것이다.

나의 숙부는 거의 오후마다 낮잠을 자는(것이 상례) 것이었으나 우리들은 집안에서 놀았던 것이다. 나의 종부(또는 종자) 옥순은 피아노를 대단히 잘 치는 것이었다. 그리고 때때로 그녀가 스페인어로 배운 스페인의 노래를 몇 곡인가 불러서 나를 즐겁게 하는 것이었다.

P.136. 복습. 1. (1) jugaba, jugabas, jugaba, jugábamos, jugabais, jugaban. (2) cogía cogías, cogía, cogíamos, cogíais, cogían. (3) era, eras, era, éramos, erais, eran. (4) lavaba, lavabas, lavaba, lavábamos, lavábais, lavaban. (5) iba, ibas, iba, íbamos, ibais, iban. (6) veía, veías, veía, veíamos, veíais, veían. 2. (1) aleman. (2) brasileno o brasilero. (3) mejicano (mexicano), (4) chileno. (5) peruano. (6) nicaraguense o nicaragueno. (7) turco. (8) espanol. (9) japones. (10) argentino. 3. (1) holgazana. (2) gris. (3) fascinadora. (4) mejor. (5) preguntona. (6) exterior (7) fresca. (8) habladora. (9) siguiente. (10) dura. 4. (1) Entonces (nosotros) nadábamos en el mar todas las mañanas. (2) Su padre iba a la iglesia todos los domingos en su juventud(또는 cuando era joven). (3) ¿Qué hacía él cuando Vd. le visitó? (4) La pintora inglesa daba un paseo por el parque de Pagoda. (5) Un brasileño rico vivía en el Hotel Bando.

p.141. 연습. (1) El medico no ha llegado todavia. (2) El tren ya ha partido. (3) ¿Ha comido Vd? (4) Él no ha probado la carne de ballena. (5) Pak ¿has estudiado la lección para mañana?

p.142. 연습. (1) hecho. (2) propuesto. (3) muerto. (4) visto. (5) escrito. (6) dicho. (7) tenido. (8) vuelto. (9) cantado ⑽ abierto. 2. (1) Este cuarto está obscuro ahora, porque muchas nubes han cubierto el cielo. (2) Ella no ha visto el mar todavía. (3) Un policía ha prendido(또는 preso) un ladrón. (4) Munsu ha roto mi reloj. (5) Mi padre ha vuelto ya.

p.145. 역독. 에스파니아에 있어서의 전보.—당신은 내 편지를 받았습니까? — 뭐! 당신은 나에게 편지를 주었다고 말하는 것입니까? 아직 그것을 받지 않았습니다. 이상한 일입니다. 당신은 언제 그것을 투함하였습니까? — 벌써, 3~4일 됩니다. 반드시 나의 편지는 도중에서 분실한(분실된) 것입니다. — 그럴지도 모릅니다. 그런데(이야기가 바뀝니다만), 지난달 당신에게 빌려준 스페인어의 책을 당신은 읽었습니까? — 예, 선생, 그것을 읽었습니다. — 그러면 당신은 스페인어에 대단히 진보하였겠습니다 그려. — 예, 상당히 내가 스페인어를 공부하고 있는 것은 단 2주간 밖에 안됩니다. 그런데도 5백의 스페인 단어를 외웠습니다. — 아, 그렇습니까 축하합니다. — 대단히 고맙습니다.

p.146. 복습. 1. (1) nadado. (2) cubierto. (3) bebido. (4) puesto. (5) resuelto. 2. (1) he trabajado, has trabajado, ha trabajado, hemos trabajado, hebéis trabajado, han trabajado. (2) he tenido, has tenido, ha tenido, hemos tenido, habeis tenido, han tenido, has tenido, ha tenido, hemos tenido, habeis tenido, han tenido. (3) 이하생략. 3. (1) No hemos estado en Munsan. (2) Él ha resuelto por fin aquella cuestion dificil. (3) Tú estás pálido hoy. ¿Has estado enfermo? (4) Yo escribí una carta anteayer, pero no la he echado al buzón todavía. (5) ¿Dónde vive su abuelo de Vd.? Ya ha muerto.

p.151. 연습. 1. (1) mirado. mirando. (2) tenido teniendo. (3) partido. partiendo. (4) preguntado. preguntando. (5) cubierto. cubriendo. 2. (1) Esos tres muchachos estaban nadando en el rio. (2) Abriendo la ventana, él me llamó. (3) Ella bailó cantando. (4) Mi esposa está ahora cosiendo en su cuarto. (5) Tu padre esta hablando con el señor Shin.

p.155. 연습. (1) Mi profesor compró ayer en la librería Mun ye más de cien libros. (2) Felicitas es la más guapa de la clase. (3) Sukil es más aplicado que Minu. (4) Minu es menos aplicado que Sukil. (5) ¿Es Munsu tan aplicado como Sinnam? (6) Hoy no tengo mas que doscientos *wons*. (7) Esta novela es interesantísima. (8) ¿Es Juan más tonto que Antonio? (9) Estos libros son más pesados que ésos. (10) Nuestro profesor ya ha escrito más de diez obras.

p.156. 역독. 남아메리카. 어제 오후 나의 친구 심이 나의 방에 들어와서 나에게 물었다. — 여, (친구여!) 거기서 당신은 뭘 하고 있어 — 남아메리카의 지리를 연구하고 있는 중이야. — 하고 나는 그에게 대답했다. 그런즉 나의 친구는 나에게 계속 물었다. — 당신 말해 주구료, 어느 쪽이 더 광대한지, 브라질? 그렇쟎으면 아르헨티나 — 브라질 쪽이 아르헨티나 보다 더 광대하지. 브라질은 대단히 과대해 남미 중에서 가장 광대한 나라야. — 칠레는 에쿠아도르보다도 더 길지. 그렇지 않소 — 물론! 에쿠아도르는 아주 작아. 칠레는 아르헨티나보다 더 길지. 대단히 긴 나라야. — 그런데, 이야기는 바뀌지만, 당신은 내일을 위한 레슨을 벌써 공부했나 — 아직 안했어. 어떻던가? 오늘 것보다 어렵던가 — 응, 더 어려워. 대단히 어려운 레슨이야. 이봐, 당신(내말 좀 들으라구)! 당신은 몇권의 스페인 책을 갖고 있지? — 20권 이상 가지고 있어. — 이것들은 어떻던가? — (내가 내밀고 있는) 이것들과 같은 만큼 재미있어. 그러나 저것들보다는 재미없지. — 저것들은 대단히 재미있나 — 응, 대단히 재미있어. 나의 모든 책 중에서 가장 재미있어.

p.157. 복습. 1. (1) adelantando. (2) dando. (3) respondiendo. (4) dividiendo. (5) limpiando. 2. (1) Su padre estudió el español trabajando en la Argentina. (2) Aquel american daba un paseo por el parque, comiendo una manzana ayer por la tarde. (3) El enfermo estaba gritando en la cama en aquel instante (또는 momento). (4) Este cuarto es más grande que aquel, pero es mas pequeno que ese. (5) Este lápiz es tan bueno como ese. (6) Estas novelas son menos interesantes que ésas, ¿no es verdad? (7) El espanol es una lengua hermosísima. (8) Un niño está llorando en el jardín. (9) La senorita Granados es la más joven de esas tres bailarinas. (10) ¿Ha leído Vd. ya aquella novela?

p.165. 연습. (1) Esta pluma es poer que esa. (2) Esa silla es la mejor. (3) ¿Eres mayor que él? (4) Tengo una caja más pequeña. (5) Rhim y Kang son los mejores discípulos de la clase.

p.165. 역독. 수길은 영화관에 가려고 생각하고 있다. 그 때문에 12시(까지) 15분

전에 점심을 먹는다. 대단히 만족하여 집에서 나간다. 달리기 시작한다. 그러나 전차에 타기 전에 많은 돈을 가지고 있지 않다는 것을 생각해 낸다. 지갑을 꺼내어 돈을 센다. 입장권을 취하기(사기) 위해서 충분할 만큼 없다. 그의 아버지에게 돈을 빌리기 위해 집으로 돌아간다. 그의 집의 정면에서 그의 어머니를 발견하여 그녀에게(그 사람에게) 2백원 조른다. 그녀는 그에게 돈을 주고 묻는다.—하지만, 수길아, 너는 어디에 가고 싶은 거지— 나, 스페인어의 토키 영화를 보기 위해 시공관에 가고 싶은 거예요. — 하고 수길은 그녀에게 대답한다. 그 영화는 뭐라는 제목이지—「탕고의 역사」라는 제목이에요. — 재미있을 테지? 그러나, 너, 나에게 말해주렴, 도대체 너는 이젠 스페인어를 이해할 수 있는 것이냐?—아니오, 엄마, 나는 그것을 잘 이해 못합니다만, 아주 재미있다는 거예요, 거기에 또, 나는 토키 영화를 통해서 스페인어를 처음으로 듣고 싶은 겁니다. — 좋아, 좋아. 그것은 좋은 생각이다. — 엄마, 엄마도 그걸 보고 싶지 않아?— 오늘은 안돼, (아들아). 나는 식품점에서 쇼핑을 하지 않으면 안되니까. 어찌됐든 시공관까지 함께 가자.

p.167. 복습. 1. (1) empiezo, empiezas., empieza, empezamos, empezáis, empiezan. (2) despierto, despiertas, despierta, despertamos, despertáis, despiertan. (3) siento, sientes, siente, sentimos, sentís, sienten. (4) advierto, adviertes, advierte, advertimos, advertís, advierten. (5) pido, pides, pide, pedimos, pedís, piden. (6) vuelvo, vuelves, vuelve, volvemos, volveis, vuelven. (7) pierdo, pierdes, pierde, perdemos, perdéis, pierden. (8) confieso, confiesas, confiesa, confesamos, confesáis, confiesan. (9) pruebo, pruebas, prueba, probamos, probáis, prueban. (10) pienso, piensas, piensa. pensamos, pensais, piensan. 2. (1) mejor(도덕성에 대해서에 한해서 mas bueno) (2) más tonto. (3) más grande. mayor. (4) más difícil. (5) peor(도덕성에 대해서 말할 때에 한해서 más malo). 3. (1) 나는 불을 켠다. (2) 여자 심부름꾼이 테이블을 움직인다. (3) 병사들은 그들의 조국에 봉사한다. (4) 그들은 물을 원했다(청했다). (5) 나는 이 연필이 아니고, 그것을 바란다(갖고 싶어한다). 4. (1) Cuanto mas trabaja, tanto menos estudia. (2) ¿Porque no confiesan la verdad? (3) Éste es el mejor reloj. (4) Okran extiende el pañuelo sobre la mesa. (5) El señor Whi es mayor que mi padre. (6) El profesor corrigió los ejercicios de los alumnos. (7) ¿Hirió el caballo a tu hijo? (8) No durmieron aquella noche. (9) El ministro niega la noticia. (10) Cuanto mas estudiamos, tanto mas aprendemos.

제 3 주

p.176. 연습. 1. (1) 나는 금시계를 하나 사려고 생각한다. (2) 저 나이든 노동자는 그의 이름을 쓸 줄 모른다. (3) 기차는 출발하려 하고 있었다. (4) 우리들은(그들) 새로운 말을 다시 읽었다. (5) 너는 이제 막 도착한 것이냐 2. (1) ¿Queréis ir al parque de Pagoda? (2) Vd. debe escribir con tinta una carta. (3) Nosotros aprendemos a pronunciar el alfabeto espanol. (4) Él empezó a estudiar elalemán. (5) El profesor no tiene tiza (불정관사 필요 없음) y nopuede escribir en la pizarra. (Como el profesor no tiene tiza, no puede escribir en la pizarra. 라 해도 좋다. 또는 El profesor no puede…, porque(또는 pues) no tiene …라 해도 좋다.)

p.180. 연습. (1) el. (2) el. (3) la. (4) el. (5) las. (6) la. (7) las. (8) la. (9) el. (10) el.

p.180. 역독. 교수와 그의 제자. 수길은 남미에 가려고 생각하고 있다. 그래서 스페인로부터 갓 돌아온 민교수에게서 카스틸랴어를 배우고 있다. 2주일 전에 그것을 배우기 시작했다. 교수는 스페인어를 발음하고 읽고 또 쓰는 것을 대단히 교묘하게 그에게 가르친다. 교수가 무엇인가 물을 때 수길은 역시 카스틸랴어로 그에게 대답하지 않으면 안된다. 그는 빨리 진보할 것을 희망하고 있으므로 열심히 공부한다. 그리고 벌써 상당히 훌륭하게 그것을 말한다. 영어를 잊기 시작하고 있으나 그것은 공부하는 것을 그치지 않는다. 왜냐하면 스페인어(에 지지 않게) 만큼 중요하기 때문이다. 오늘 오후 수길이 그의 교수 자택으로 방문했을 때 후자(교수)는 전자(수길)에게 물었다. ―"당신은 멕시코에 있었던 일이 있었습니까?"―"아닙니다. 선생님, 나는 결코 그곳에 있은 일이 없습니다." ― 고 수길은 그에게 대답했다.― 그러나 당신은 필리핀에 있던 일은 있지요(그렇지 않습니까?) ― 아닙니다. 선생님, 나는 결코 멕시코에 있었던 일이 없습니다. 또 필리핀에도. ― 당신의 가족 가운데서는 어느 분이 스페인어를 말할 수 있습니까? ― 아무도 그것을 말하지 못합니다. 다만 나만이 그것을 말합니다. 당신은 지금 바른 손에 무엇을 가지고 있습니까? ― 아무것도 가지고 있지 않습니다. ― 당신은 아무것도 가지고 있지 않습니까 ― 예(아니오 라고 말하는 이도 있음), 선생님, 아무것도. 그런데 당신은? ― 나도 또(아무것도 가지고 있지 않습니다). 그런데 세뇨르, 당신은 오늘 아침 뜰에서 누구를 발견했습니까? ― 아무도 발견하지 못했습니다. ― 아주 잘 되었습니다. 내가 그저께

당신에게 설명한 것을 당신은 완전히 이해하였음을 보고 나는 기쁘게 생각합니다 (기쁨을 가지고 봅니다). 그런데 나는 외출하지 않으면 안됩니다. 당신은 모레 오 겠지요. — 예, 선생님, (오겠습니다) — 그러면 모레 다시. 당신의 가족에게 안부 를!—대단히 감사합니다. 선생님, 안녕히 계십시오! — 잘 가요.

p.182. 복습. 1. (1) 그들은 말하는 것을 그치고 집에서 나갔다. (2) 몇시인지 아무쪼 록 당신, 나에게 말해 주시오. (3) 그는 지금부터 스페인의 국가를 연주하려 하고 있다. (4) 도둑은 도망가려고 했다. (5) 그는 다시 나에게 편지를 쓰지 않았다. 2. (1) Cuando yo llegué a casa, mi padre iba a salir. (2) Ellos suelen llegar tarde a la escuela. (3) Haga Vd. el favor de prestarme el cortaplumas. (4) Mi hermano mayor salio sin decirnos nada. (5) Ellos no tienen ni diccionario ni cuaderno. (강조하여 말하면, Ni diccionario ni cuaderno tienen ellos.) (6) Soy pobre y no voy nunca al teatro (7) El hacha no es mía, Es suya. (8) ¿Es más difícil el álgebar que la aritmética? (9) No bebimos el agua sucia. (10) Pienso viajar(또는 hacer un viaje) por Kyeryongsan en las vacaciones de verano.

p.188. 연습. 1. (1) me, te, se, nos, os, se. 2. (1) 당신들은 걸터앉는다. (2) 그는 모 자를 벗지 않았다. (3) 나는 외투를 입으려 하고 있었다. 그 때 나의 친구가 나를 불 렀다. (4) 거지는 빵을 모두 먹어 버렸다. (5) 뉴스는 정말이라는 것 같습니다. 3. (1) Debemos amarnos(a nosotros mismos). (2) Mi hermana mayor no se sentó. (3) ¿Dónde os lavasteis la cara? (4) En aquella epoca se acostaba él a las diez en punto. (이와 같이 el을 뒤로 돌려도 좋다.) (5) Su hermano menor se hirió la mano. (두 손일 경우라면 las manos)

p.192. 역독. 나의 일상생활. 나는 대개 6시 반에 눈을 뜬다. 그러나 오늘 아침은 6 시에 눈을 떴다. 나는 곧 일어났다. 욕실로 갔다 거기서 이를 닦았다(원문. 청결히 했다). 그리고 낯을 씻었다. 나의 침실로 돌아왔다. 머리를 빗었다. 그리고 옷을 입 었다. 뜰로 나왔다. 그리고 그곳(뜰)을(여기 저기, por) 산책했다.

식당에 들어갔을 때, 창을 통하여 뜰을 바라보며 서 있던 아버지를 발견했다. 우 리들은 다음과 같이 말하면서 서로 인사했다.

— 아빠, 안녕히 주무셨습니까. 어떠하십니까?

— 대단히 좋다. 너는?

— 나도 요. 벌써 뜰을 산책했어요. 나, 대단히 식욕이 있어요.(buen apetito는 buen tiempo 따위와 같이 실용구로 되어 있으므로 un은 안붙인다.)

—그렇다면 아빠는 언제나 감탄할만한 식욕을 갖고 있지.

이와 같이 서로 말했다. 그 때 나의 어머니와 누이동생이 들어왔다. 우리들 모두 식탁의(향하여) 자리에 앉았다. 그리고서 아침밥을 먹기 시작했다.

상당히 추웠다. 나는 외투를 입고 모자를 썼다. 그리고 학교로 향해 집을 나섰다.

우리들의 교실에 들어가기 앞서서(들어가려 면서) 나는 모자와 외투를 벗었다. 과제는 2시에 끝났지만, 나는 1시간 더 학교에 남아 테니스를 하고 놀았다. 집에 돌아왔을 때 나는 잠시 피아노를 쳤다. 그 다음 내일을 위한 과제를 준비하기 시작했다. 밤에 나는 시공관에서 개최되는 컨서트에 갔다. 왜냐하면 음악을 아주 좋아하기 때문이다.

9시반쯤 집에 도착했다. 그리고 잠시 잡담한 뒤 나의 침실로 물러 나왔다. 옷을 벗었다(잠옷으로 갈아입었다). 베드에 누웠다. 그리고 불을 껐다. 곧 잠들었다.

p.193. 복습. 1. (1) sigo, sigues, sigue, seguimos, seguís, siguen. (2) protejo, proteges, protege, protegemos, protegéis, protegen. (3) niego, niegas, niega, negamos, negáis, niegan. (4) me despierto, te despiertas, se despierta, nos despertamos, os despertáis, se despiertan. (5) guio, guias, guia, guiamos, guiais, guian. 2. (1) fregue, fregaste, frego, fregamos, fregasteis, fregaron. (2) obligue, obligaste, obligo, obligamos, obligasteis, obligaron. (3) saque, sacaste, saco, sacamos, sacasteis, sacaron. (4) me acoste, te acostaste, se acosto, nos acostamos, os acostasteis, se acostaron. (5) comence, comenzaste, comenzo, comenzamos, comenzasteis, comenzaron. 3. (1) 오늘 아침 나는 손톱을 깎았다. (¡)러시아어가 어렵다는 것을 사람들은 알고 있다. (3) 나의 조카는 비후스테이크를 다 먹어 버렸다. (4) 나의 숙부는 12시전에는 결코 취침하지 않는다. (5) 남자 아이는 울면서 떠나갔다. (6) 그들(두 사람)은 서로 방문했다. (7) 그는 항상 자기 자신을 칭찬한다. (8) 그들은 도둑이라는 것 같다. (9) 여기서는 영어 통용(사람은 영어를 말한다) 4. (1) Me levante y apague la luz. (2) ¿A que hora se acuesta Vd.? (3) Pague mil wons y sali de tienda. (4) ¿Siguen(또는 Continuan ellos estudiando el frances? (5) El esta lavandose los pies en el rio. (6) Me desperte temprano, pero no me levante hasta las seis. (7) Ellos se odiaban el uno al otro(수가 많으면 los unos a los otros). (8) Un ladron me robo el dinero. (9) Nos ponemos los zapatos (10) Me muero de hambre.

p.197. 연습. 1. (1) 이들 공책은 누구 것입니까 (2) 누구누구가 이탈리아어를 말합니

까 (3) (이 동사의 부정법은 어느 것(무엇) 입니까 (4) 어느 만큼의 물을 당신은 마셨습니까 (5) (그들)연필 중 어느어느 것이 네 것이냐 2. (1) ¿Que compra Vd.? (2) ¿Con quienes van Vds. a Pusan. (3) ¿Cuantas tizas rompio el muchacho? (4) ¿Cual de estos diccionarios es el mejor? (5) ¿Que busca Vd.?

p.199. 연습. 1. (1) presente (a) conozco, zonoces, conoce, conocemos, conoceis, conocen. (b) preterito imperfecto: conocia. conocias, conocia, conociamos, conociais, conocian. (c) preterito perfecto: he conocido, has conocido, ha conocido, hemos conocido, habeis conocido, han conocido. (2) (a) venzo, vences, vence, etc. (b) vencia, vencias, etc. (c) he vencido, has vencido, etc. (3) 이하 생략. 2. (1) 나쁜 소년은 그의 아버지를 쫓지 않는다. (2) 나는 한권의 스페인 소설을 한국말로 번역한다. (3) 나는 나의 여자 양말을 이어 붙인다. (4) 나는 그 분(남자)을 알지 못합니다. (5) 나는 여기에 2시간 머물러 있다.

p.202. 역독. 당신은 대단히 친절합니다. ― 당신은 변씨를 알고 있습니까? ― 예, 선생(세뇨르), 그 사람을 아주 잘 알고 있습니다. 우리들의 이웃의 한 사람입니다. ― 사람됨이 어떻습니까? ― 정직한(곧 바른) 분입니다. ― 몇 사람의 자녀를 가졌습니까? ― 사내아이 3명과 계집아이 2명. ― 장남은 뭐라고 하는 이름입니까? ― 종학이라고 합니다. 나와 같은 나의 즉 17세입니다. 나의 가장 의좋은 친구들 중의 한 사람입니다. 그도 또 스페인어를 공부하고 있습니다. 당신이 지난주 나에게 줜 책을 수일전에 그에게 빌려 주었습니다. ― 당신은 그것을 읽었습니까 ― 예, 세뇨르, 벌써 그것을 읽었습니다. 그래서 나의 친구에게 그것을 빌려주었습니다. ― 당신은 스페인어에 많은 진보를 한 것을 알겠습니다.(…을 나는 간취한다.) 당신은 그것을 그의 스페인 사람과 같이 말한다. ― 대단히 고맙습니다. 당신은 나에게 너무 많은 칭찬을 줍니다. 그러나 나는 그것들(칭찬)을 받을 가치가 없다는 것을 잘 알고 있습니다. 날마다 하나의 스페인의 이야기를 우리들의 국어로 번역합니다. 더 많이 번역하고 싶습니다만 할 수 없습니다. 나는 좋은 사전을 못 갖추었으므로. ― 그렇다면 나는 대단히 좋은 것을 한권 가지고 있습니다. 당신에게 그것을 제공하겠습니다. 나는 이젠 그것을 필요로 하지 않으니까. 당신은 그것을 댁으로 가져가도 좋습니다. ― 오! 매우매우 고맙습니다. 당신은 대단히 친절합니다(친절하심에 대해 황공합니다). 나는 그 일을 끝없이 당신에게 감사합니다.

p.203. 복습. 1. (1) 이들 시계중 어느어느 것을 당신은 사고 싶습니까? ― (2) 현씨, 당신은 부인네들에게 두 자루의 부채를 가져오지 않겠습니까? ― 예, 선생(세뇨르),

(지금부터) 그녀들에게 그것들을 기꺼이 가져갑니다. (3) 당신은 당신의 사전을 어디서 잃었습니까? — 학교에서 그것을 잃었습니다. (4) 그들은 당신들에게 책들을 증정하지 않았습니까? — 아니오, 세뇨르, 우리들에게 그것들을 증정 안했습니다. (5) 당신은 교회에서 누구를 발견했습니까? — 누구도(발견하지 안했습니다). (6) 이 회사의 새 비행기들은 다른 것보다도 두배 크다. (7) 끝에서 끝까지 폭 230 피트 된다. (8) 이 상자는 1입방미터 된다. (9) 당신은 펜을 갖고 있지 않습니까? ⑽ 그는 외투 없이 도착했다. 2. (1) ¿Que s negro — La pizarra es negra. (2) Venzo a mi rival. (3) Tuerzo la toalla. (4) Mi tio saco una novela espanola y me la entrego. (5) ¿Ya le ha escrito Vd. una carta — Estoy escribiendosela. (Se la estoy escribiendo.) (6) ¿Le das ese cortaplumas — No, senorita, yo no se lo doy. (7) Nuestro padre nos entrego el sombrero y el sobretodo. (8) Obedezco a mis padres. (9) Aquel viejo esta ensenando un libro grande a sus nietos. Esta ensenandoselo. (Se lo esta ensenando.) ⑽ Le compre la casa. Se la compre.

【참고】 직설법에 있어서의 여격이나 목적격의 대명사(재귀대명사도 포함)의 위치는 이미 배운바와 같이 동사의 앞에 내세우는 것이지만 예스러운 문장에 있어서는 문이나 구의 첫머리에 직설법이 올 때에 한해서 그 어미에 대명사를 붙이는 수가 있다.

【보기】 Llamole el rey.(왕은 그를 불렀다). Con esta respuesta, emocionaronse mucho mis padres.(이 답변으로 써 나의 양친은 크게 감동했다.) 또 이 때의 llamo에서의 강세부는 보존된다. 그러나 이 문제는 회화에서는 안쓰인다.

p.211. 연습. (1) 당신들이 보고 있는 남자들은 스페인 사람입니다. (2) 테이블 위에 있는 연필은 나의(소유) 것이 아닙니다. 마루에 있는 것이 나의 것입니다. (3) 용권은 이젠 필요로 하지 않게 되었던 영어 책을 그의 아무 신남에게 주었다. (4) 나의 숙모는 그녀의 딸들을 미도파로 데리고 가서 그 사람들(딸들)을 위해 모자를 사주었다. (5) 변호사는 그의 수츠케이스를 잃었다. 그 안에 대단히 중요한 서류 약간을 가지고 있었다. (6) 나의 아들과 함께 놀고 있는 사내아이들은 안박사의 손자들입니다. (7) 나의 친구들이 말하는 것은 진실이 아니다. (8) 많이 먹는 사람은 잘 생각 못한다. (9) 그녀는 그 아름다움에 대해서 내가 당신에게 가끔씩 말했던 스페인 부인입니다. ⑽ 위에 한 개의 아름다운 꽃병이 놓여 있는 큰 테이블이 있다.

p.212. 연습. (1) (a) presente: contribuyo, contribuyes, contribuye, contribuimos, contribuís, contribuyen. (b) pretérito indefinido: contribui, contribuiste, contribuyó, contribuimos, contribuisteis, contribuyeron. (2) (a) presente: construyo, construyes, construye, construimos, construís, construyen. (b) preterito: indefinido construí, construiste, construyó, construimos, construisteis, construyeron. (3) 이하생략.

p.214. 연습. (1) 우리들은 〔그〕 남자아이가 우는 것을 결코(한번도) 본 일이 없다. (2) 당신들은 두 마리의 참새가〔하늘을〕나는 것을 보고 있습니다. (3) 딴딴한 것이 당신에게 닿는 것을 느끼지 않습니까? (4) 저 분(남자)이 말하는 것을 나는 안들었다. (5) 한국은 아름답다고(사람들이) 말하는 것을 나는 들은 일이 있다.

p.215. 역독. 남이섬에서의 하루. 나의 할아버지께서는 퇴직공무원이다.(얼마 전) 병들었으므로 지금 남이섬에 살고 있다.

요전번 일요일 나는 그를 처음으로 그의 별장으로 방문했다. 이젠 완전히 건강해져 있다. 나의 할아버지의 별장은 작지만 대단히 아름답다. 더욱 그 위에 아름다운 조망은 가지고 있다. 할아버지는 나를 보고 기뻐했다. 그리고 곧 바로 나를 그의 방으로 데리고 갔다. 거기에는 큰 흑단의 테이블이 있고 그 위에 전날 나의 아버지가 그에게 보낸 중국의 서적 몇 권이 놓여 있었다.

그 방으로부터는 남이섬의 전경이 내려다보이고 있었는데, 그것은 집이 높은 곳에 위치하고 있다는 것을 나타내는 것이다. 점심을 먹은 뒤 할아버지는 나를 호수 「산정」으로 데리고 갔다. 그 아름다움에 대해서 나의 어머니가 벌써부터 그만큼 (입에 침이 마르도록) 나에게 말하여 주었던 것이다. 우리들(두 사람)은 유람선에 탔다. 파란 고요한 물위의 박유는 대단히 유쾌하였다. 그러나 건너편 기슭에 닿기 전에 승객들 사이에(함께 타고 있던) 두 사람의 취한이 싸움을 시작했다. 두 사람은 서로 매진하고 때리면서 싸웠다. 그 일은 주정하는 것의 해로움을 나에게 가르쳐 주었다.

육지에 오른 즉 한사람의 나이든 여자 거지가 그의 기타를 팅기면서 다가왔다. 우리에게 포시를 빌었다. 그래서 나의 선량한 할아버지는 그녀에게 10원을 주었다. 그 일에 대해서 노파는 많은 감사를 그에게 주었다.

우리들이 집에 닿았을 때는 벌써 저물어가고 있었다. 할아버지는 대단히 피로해 있었다. 그 일을 나는 대단히 마음 아프게 생각했다.

p.217. 복습. 1. (1) 노래하고 있는 아가씨는 나의 종손부입니다. (2) 뜰에 있는 소년들은 나의 조카들입니다. (3) 당신이 보고 있는 여자아이들은 나의 손녀입니다. (4) 그의 (사람의) 펜을 당신이 갖고 있는 남학생(당신이 가지고 있는 펜의 주인인 남

학생)은 총명합니다. (5) 내가 책을 주는 소녀의 이름은 형미라고 합니다. (6) 내가 어제 꾸짖은 소년들은 나쁩니다. (7) 내가(그것으로) 쓰고 있던 분필은 분질러졌습니다. (8) 하나의 국어를 많이 지껄이는 사람은 얼른 그것을 익힌다. (9) Valera씨는 그의 제자(학생)가 쓴 것을 소리 높이 읽는다. (10) 우리들은 여자아이의 아버지에 대해서 말하고 있습니다. 그 사람(아버지)은 어제 아르헨티나로 향하여 출발했습니다. 2. (1) ¿Quién es el caballero que hablaba con ella? (2) ¿Quién es el caballero con quien hablaste? (3) Este reloj no es el que el buscaba. (4) ¿De quién es el libro sobre que (또는 sobre el que, sobre el cual) está puesta mi pluma stilográfica? (5) Los alumnos no comprenden (또는 entienden) lo que les explica el profesor. 3. (1) (a) presente creo, crees, cree, creemos, creéis, creen. (b) preterito indefinido creí, creíste, creyó, creimos, creísteis, creyeron. (c) creyendo. (2) (a) presente : riño, riñes, riñe, reñimos, reñís, riñen. (b) pretérito indefinido : reñí, reñiste, riñó, reñimos, reñisteis, riñeron. (c) riñendo. (3) 이하생략.

p.228. 역독. 일낙 평안하게! 그저께 나의 숙부가 일본으로 향해 떠났다. 그 때문에 우리들은 그와 그의 가족을 전송하기 위하여 부산으로 갔다.

　우리들은 서울역에 가기 위해 버스를 탔다. 거기(서울역)에는 정각 1시에 도착했다. 나의 숙부도 그의 가족도 발견 못했다. 그들은 벌써 (이보다 앞서) 부산으로 향해 출발한 것이라고 우리들은 믿었다. 부산행의 왕복 차표를 구한 뒤 (곧) 플랫홈으로 옮겼는데 거기에는 아직 기차가 있었다. 기차에 우리들이 타자마자 출발 벨이 울렸다. 천안역에서 나는 몇 개인가의 샌드위치를 샀다. 우리들은 점심을 먹지 않았기 때문이다.

　기차가 부산에 도착했을 때(곧) 우리들은 부두에 가기 위해 택시를 탔다. 자동차가 부두에 다가감에 따라 아름다운 기선「페리호」를 볼 수 있었다. 그것을 타고 나의 사랑하는 숙부의 가족이 가는 것이었다. 부두에서는 대단히 성대한 활기가 있었다. 우리들은 기선에 타자마자 숙부의 선실을 찾았으나 그것을 곧 내가 발견했다. 후자(숙부)는 그의 수많은 친구와 지인과 유쾌하게 말하는 중이었다. 선실 안은 담배 연기와 그의 친구들이 그에게 가져온 과일 광우리와 과자 상자와 꽃다발로 가득했다.

　나의 숙부는(훌륭한) 까맣고 큰 눈의 한 사람인 외국의 큰 여자와 말하고 있었다. 칠레의 어느 외교관의 부인이었다. 두 사람은 떠들기도 하고 동시에 웃기도 하면서 빨리 또 활발하게 말하고 있었다.
　갑자기 한사람의 작은 남자가 "징"이라 불리는 야릇한 악기를 시끄럽게 울리면서 복도로 지나갔다.
　─ 당신들 이젠 떠나지 않으면 안됩니다. 마지막 신호가 울리고 있습니다. 배는 곧 떠날 것입니다. [떠나는데 많은 짬을 갖지 않을 것이다.] 자, 여러분, 일부러 대단히 황송했습니다. 여러분의 가족에게 안부를. 여, 수길아! 너 건강에 조심하렴, 많이 공부하는 거야, 응(알았나)?
　─ 예, 예. 숙부님은 쭉 우리에게 편지 주시는 거죠?
　─ 물론. 그리고 너에게 스페인어로 쓰련다.
　─ 좋아요. 나도 숙부에게 그 아름다운 국어로 쓰겠습니다.
　─ 그럼, 수길아, 잘 있어!
　─ (나의 좋아하는) 숙부님, 안녕! 일로 평안하심을 빕니다.
　─ 대단히 고맙다.
　내가 널빤지로 부두에 건너자마자 선문이 닫혔다. 조금 뒤 기선은 천천히 진행하기 시작했다.
　우리들은 그에게 최후의 안녕을 드리기 위해 부르짖기도 하고 손수건을 흔들기도 했다. 그에 대해서 숙부님도 또 모자를 흔들면서 응답했다.

【주의】(1) p.228의 ¡Buen viaje!의 8항째의 Apenas hubimos subido a él 중의 él은 el tren을 가리킨다. 또 다음 페이지에 걸쳐서의 문장 Al acercarse …a él 중의 el은 앞쪽에 나와 있는 el muelle를 가리킨다. 이들 보기를 보아도 알 수 있듯이 삼인칭의 인칭대명사 él, ella, ellos, ellas는 주격으로서는 사람만을 나타내고 사람이외의 사물을 나타내기 위해서는 보통 쓰이지 않는다. 즉, 주격으로서의 사람이외의 사물의 경우에는 el, ella, ellos, ellas는 생략하는 것이 통례이다.

【보기】Tenemos una casa. Esta en Shibuya. 단, 전치사격으로서는 사물의 경우도 쓸 수 있다.

【보기】Habia una tienda. Entramos en ella.(그곳[점방]에 들어갔다)

【주의】(2) p. 229의 unos ojazos negros에 붙여져 있는 unos는 「약간의」라든지, 「몇 개인가의」라는 뜻과는 조금 다르다. 눈은 두 개로 정해져 있기 때문이다. 즉 부정관사는 「하나의」, 「약간의」의 뜻 외에 「어엿한」, 「훌륭한」, 「눈에 뜨일 정도의」하는 뜻을 포함하여 쓰는 일이 있다.

【보기】(1) Mi sobrina María ya es una mujer.(나의 조카 마리아는 벌써 어엿한

여자다.) (2) Antonio y Francisco ya son unos hombres.(안토니오와 프란시스코는 이젠 [어린애가 아니고] 훌륭한[어엿한] 어른으로 되었다.) (3) El luchador tenia unos musculos magnificos.(레슬러는 훌륭한 근육을 가지고 있었다.)

그러므로 unos ojazos negros도 「남의 눈에 뜨이는 검은 큰 눈방울」의 뜻이 된다. 또 ojazo가 ojo의 증대사임은 말할 나위 없다. 또 「그녀는 검은 눈을 하고 있다」만의 뜻을 나타내기 위해서는 「El tiene los ojos negros.」의 형식을 취한다.

p.230. 복습. 1. (1) habia olvidado, habías olvidado, había, olvidado, habíamos olvidado habíais olvidado, habían olvidado. (2) había cubierto, habias cubierto, habia cubierto, habíamos cubierto, habiais cubierto, habian cubierto. (3) 이하생략. 2. (1) hube saludado, hubiste saludado, hubo saludado, hubimos saludado, hubisteis saludado, hubieron saludado. (2) hube seguido, hubiste seguido hubo seguido, hubimos seguido, hubisteis seguido, hubieron seguido (3) 이하생략. 3. (1) 당신들이 그의 집에 도착한 것은 그가 나간 뒤였습니까 (2) 수길은 편지를 투함하자마자 그 일을 후회했다. (3) 사과를 먹어버린 뒤에 (곧) 사내아이는 취침했다. (4) 교수가 들어 왔을 때에는 학생들은 쓰여 있던 것을 지워버리고 있었다. (5) 나는 편지를 받자마자 그것을 읽기 시작했다. (6) 이 펜은 뉴요크에서 나에게 2달러 30(센트) 먹혔다. (7) 저 집은 천구백이십 몇 년인가 사(매)줬다. (8) 나는 당신과 가까이 하게 되어 대단히 기쁩니다. (9) 나야말로 (그렇습니다). (10) 여기서 소공동까지 얼마만큼의 거리가 됩니까? 4. (1) Apenas hube llegado a casa. caí en el suelo. (2) Luego que llegó el señor Minu, partimos. (3) Cuando ellos me visitaron, yo habia escrito la carta. (4) Despues que hubo entrado su padre en el cuarto, salió Sukil. (5) Pak pronuncio clara y lentamente. 5.(1) fácilmente. (2) torpemente. (3) antiguamente. (4) negativamente. (5) francamente.

p.238. 역독. 오늘 오후 내가 할 일. 오늘 나는 저녁식사 전에 나의 과제를 공부하지 않으면 안된다. 왜냐하면 나는 오늘밤 그것을 할(공부함을 가리킨다) 시간이 없기 때문이다. 나의 친구 수길군과 영화관에 가고 싶은 것이다. 그 사람(수길군)은 6시에 나를 데리러 올 것이다. 택시에 탈 필요는 없으리라, 왜냐하면 만약 우리들이 5시반에 식사를 한다면 충분한 시간이 있겠기에. 아무도 우리와 함께 가고 싶어하리라, 그리고 우리들은 그를 데리고 가는 것이 지장은 없으리라. 우리는 6시반께에 집을 나서리라, 이렇게 하여 상영이 시작되는 시각(인) 7시보다 조금 전에 우리들

은 피카디리 극장에 도착할 수가 있으리라.

　나는 영화를 대단히 좋아한다. 다음 토요일에 나는 북미제의 유명한 필름 「피와 모래」를 보러 갈 것이다. (이것은) 불멸의 작가 블라스코·이바네스의 저명한 소설의 영화화이다. 〔주: la película와 adaptación과는 문법 상 동격이다〕 나에게 있어서는 이 소설은 아직 좀 어렵지만 나는 민교수의 훌륭한 번역을 통하여 그것을 읽은 일이 있다. 그것은 대단히 재미있는 스토리이다. 나는 오늘 그것을 나의 친구에게 빌려줄 것이다. 그는 그것을 토요일까지에는 독파할 것이다. 그래서 스페인의 (갖가지) 습관을 보다 잘 알게될 것이다.

p.239. 복습. 1. (1) futuro imperfecto: (a) Escribiremos un cuento. (b) futuro perfecto: Habremos escrito un cuento. (2) (a) futuro imperfecto: Haré una pregunta en espanol. (b) Habré hecho una pregunta en espanol. (3) (a) Comeré … (b) Habré comido … (4) (a)abrirán … (b) habrán abierto … (5) (a) Podré …(b) Habré podido …2. (1) 내일 나는 갈 수 있게 될 것입니다. (2) 여자 아이는 꽃을 갖고 싶어할 것이다. (3) 당신들은 충분한 시간을 갖지 않을 것입니다. (4) 그들은 우리들에게 진실을 말할 것이다. (5) 이 책은 어떤 것도〔조금도〕가치 없다〔아무런 가치가 없다〕 (6) 나는(그 때까지에) 집에서 나와 있을 것이다. (7) 나는 내일도 또 여기에 올 것입니다. (8) 그는 나의 편지를 받고 있을 것입니다. (9) 우리들은 6시 이전에 우리들의 레슨을 예습하고 있을 것입니다. (10) 벌써 3시지요. 3. (1) Ellos sabrán mañana la noticia. (2) Ya habremos llegado a la estación a las nueve. (3) Haré unas preguntas al profesor. (4) Mi tía tendrá cuarenta y dos o tres años. (5) Él llegará a Kunsan a las ocho de esta noche, pero su abuelo ya habrá partido para Pusan. (6) ¿Irá Vd. a Ulsan el mes que viene(또는 el mes próximo)? (7) ¿Qué haré mañana? (8) No diré nada. (9) Para las diez habré escrito tres cartas. (10) Mi padre saldrá a las cuatro en punto.

p.252. 역독. 직접방식. 나의 스페인어의 교수는 내가 근면하고 또 스페인어를 빨리 익히기를 바라고 있다. 그리고 내가 언제나 스페인어로 그에게 말할 것을 나에게 명한다. 그의 앞에서 우리들의 국어를 말하는 것을 나에게 허용 않는다. 그가 나에게 말할 때 내가 주의 깊게 그(가 말하는 것)를 경청할 것을 또 그가 나에게 주는 신어를 바르게 발음하면서 되풀이 할 것도 나에게 명한다. 그가 나에게 준 스페인어 책을 큰 소리로 읽을 것을, 또 그것(책)안에 발견되는 모든 단어를 암기할 것을 나에게 충고한다. 또 내가 스페인어로 말하여지는 토키 필름을 보고 또 듣기 위해 재차

영화관에 가도록 나에게 권한다. 그 일은 한없이 나를 즐겁게 한다.

내가 그를 만나지 못한지 벌써 2주간이 된다. 그가 병들어 있기 때문이다. 그의 의사는 그가 잠자리에 들어 있도록 그에게 명한다. 또 그의 가족에 대해서는 그에게 살코기(육)나 물고기(어)를 주는 것을 허용 않는다. 〔주「가족의 사람들」의 뜻으로 동사는 복수den으로 했으나 주어 familia에 맞춘 단수 de를 쓰기도 한다.〕 너무 많은 살코기를 먹는 것은 좋지 않다고 의사는 믿고 있다. 그러므로 우리들이 많은 야채류나 과실류를 먹을 것을 우리들에게 충고한다.

나의 교수는 이제 상당히 건강하다. 그리고 일어나고 싶어한다. 그러나 의사는 그가 그것을 하는 것(일어나는 것)을 바라지 않는다. 나의 교수가 조금이라도 빨리 완쾌될 것을 나는 신에게 빈다.

p.253. 복습 1. (1) pregunte, preguntes, pregunte, preguntemos, preguntéis, pregunten. (2) tema, temas, tema, temamos, temáis, teman. (3) divida, dividas, divida, dividamos, dividáis, dividan. (4) 이하생략. 2. (1) 후안은 분필을 집으라고 나에게 명한다. (2) 내가 무엇을 할 것을 수길은 바라고 있습니까?〔수길은 나에게 무엇을 시키고 싶은 겁니까?〕 (3) 학생들이 우리들을 이해할 것을 우리들은 바란다. (4) 우리들은 교수를 이해하고 싶다. (5) 그들이 카페에 가는 것을 나는 그들에게 금한다. (6) 나의 아버지는 내가 곧장 군산에 돌아가도록 편지를 보낸다. (7) 여자 심부름꾼은 그녀의 여주인에게 헌샤쓰를 자기에게 주도록 원한다. (8) 그녀에게 헤엄치는 요령이 있는 것을 그들은(또는 세상은) 의심하고 있다. (9) 그는 내가 소설을 읽을 것을 시인하지 않는다. (10) 그가 새 모자를 살 것을 나는 그에게 허용할 것이다. 3. (1) gaste. (2) hablen. (3) venga. (4) cante. (5) leas. 4.(1) (a) Él nos manda que vayamos a Mapo. (b) Él nos manda ir a Mapo. (2) Sukil quiere que abra Munsu la puerta.〔주…que Munsu abra…와 같음〕 (3) Le gusta el café a Oksun. (4) Amigo, ¿no quiere Vd. ir al cine conmigo(나와)? — ¿Cómo no? (5) Mis tíos no quieren que yo vaya al extranjero.

제 4 주

p.265. 역독. 나의 친우. 나의 가장 좋은(의좋은) 친구는(이름을) 민수길이라고 한다. 그와 나와는 지금 같은 학교에서 공부하고 있다. 그러면서도 장래에 대해서는 아주 다른 계획을 갖고 있다.

그는 어느 부자 의사의 아들이지만, 나의 친구는 의사가 되고 싶어하지 않고 외교관이 되고 싶어하고 있다. 그러니까 그는 열심히 공부함이 필요하다. 왜냐하면 국립 서울대학에의 입학시험은 상당히 어렵기 때문이다. 그곳(대학)을 나온 뒤에 외교관시험을 치르는 것은 있을 법한 일이다.(아마 치를 것이다). 대단히 머리가 좋은 소년이지만, 조금은 조금 건강이 좋지 않음〔수어택:그는 건강에 대해서는 허약하다〕은 섭섭한 일이다. 왜냐하면 전학기에 너무 공부했기 때문이다. 우리들과 함께 테니스를 하고 놀 수 없는 것을 나는 대단히 유감으로 생각한다.

나의 친구는 여름 휴가 중 바다나 산에 가서 계속 잘 휴식함이 적당하다. 그가 자기의 건강에 대해서 많이 유의하도록 나는 언제나 그에게 충고하고 있다.

바라건대 그가 건강을 조금이라도 빨리 완전히 회복되기를!

p.266. 복습. 1.(1) 아버지는 그의 아들이 연극에 가는 것을 금한다. (2) 그들이 단어를 정확히 발음하는 것이 중요하다. (3) 그가 내일 밤 출발할 공상은 대단히 많다. (4) 그가 한달에 그렇게(많은 돈을) 번다는 것은 의심스럽다. (5) 그들이 모든 신어를 암기하는 것이 필요하다. (6) 바라건대 그들이 입학(입사)시험에 합격하기를! (7) 그들이 아직 도착하지 않는 것에 대해서 나는 이상하게 생각한다. (8) 그에게 타이프 치는 요령이 있으면 충분하다. (9) 너의 아버지가 쾌차해가고 있다는 것을 우리들은 기뻐한다. (10) 그 소녀가 편지를 투함하는 것을 잊는 것을(잊기나 하지 않을까 하고) 나는 두려워하고 있다. 2. (1) Importa que(또는 Es importante que) él venga a mi casa. (2) Es necesario que Munsu abra la ventana. (3) Es lástima que Sukil no estudie mas. (4) Sera necesario a Oksun aprender a coser. (5) Es difícil que llegue a hablar espanol un estudiante tan perezoso como el. (6) ¡Ojalá que él halle el reloj perdido! (7) ¿Dice Vd. que sea mentira lo que digo? (8) Será imposible que él me preste dinero. (9) Es hora de que se acuesten los chicos. (10) Es posible que yo vaya esta noche al cine con mi hermano.

p.276. 역독. 방문. 어제 오후 나의 친구 용수와 나는 한 채의 문방구점에 갔다. — 안녕하십니까? — 하고 점방에 들어가기 전에 우리들은 말했다. — 안녕하십니까?—고 한 사람의 점원이 인상 좋게 대답했다. 그리고 우리들에게 물었다. — 당신은 무엇을 원합니까?〔주: 불완료과거를 쓰는 것이 일반적 관습이나 그렇게 번역할 수는 없다〕 — 펜나이프가 있습니까? — 하고 나의 친구가 말했다. — 예 도련님 (학생), 대단히 좋은 것을 여러 가지 가지고 있습니다.〔주: 이럴 때 목적격대명사는 동사앞에 내고 그 형용사는 동사뒤에 붙인다〕. 당신들, 잠깐 걸터 앉으시오,(그렇게 하면) 당신들에게 그것들을 보여 드리겠습니다. 좋고도 값싼 나이프를 몇 개 나에게 보여 주시오. — 알겠습니다. — 고 점원은 대답했다. 그리고 여러 개를 꺼내었다. 그들 중의 하나가 나의 친구의 마음에 들었다. — 이것이 대단히 좋은 것 같이 나에게는 생각됩니다. 그러나 얼마인지 나에게 말해 주시오. — 80원입니다. 저희들이 가지고 있는 최량품 입니다. 그럼(좋습니다), 나 이것을 받겠소〔이것으로 정하겠소〕, 나에게는 조금 비싸지만. 당신, 나를 위해 그것을 싸주시오. — 예, 도련님, 이제 곧. — 하고 점원은 대답했다. 그리고 그것을 싸기 시작했다. — 어디 어디, 당신 조금 기다리시오 하고 내가 말했다. — 음, 이건 아주 좋군, 잘 들겠는걸. 너 조심해, 손가락 베지 말아. 그럼 이젠 그것을 싸 주시오.

점원은 곧 그것을 싸서 나의 친구에게 건네었다. 후자가 돈을 지불했을 때 점원은 말했다. — 대단히 고맙습니다. 조심해서 가십시오.

우리들이 점방을 나올 즈음해서 나는 용수에게 말했다. — 너는 곧바로 집에 갈 생각이냐 — 응, 그래. 너는 — 나는 우리들의 친구 민우를 방문하고 싶다. 그는 어제도 오늘도 학교에 안왔다. 어찌된 건지 몰라. 병들어 있는 게 아닌가하고 나는 걱정하고 있다. — 정말 그래. — 어제 대단히 창백했다. 병든 것이라고 생각하여도 틀림없을 것이다. 그럼 나도 그를 위문하러 가고 싶다. 자, 가자.

우리들은 민우한테(주 : 집 그것을 가리키는 일이 아니므로 la를 안붙인다) 도착해서 벨을 울렸다. 여자 심부름꾼이 우리들에게(우리들을 위해) 도어를 열고 말했다. — 안녕하세요, 도련님들. — 안녕하세요. 그런데 우리 친구는 어찌된 겁니까? — 조금 감기가 들어 있습니다. 그러나 대단한 것은 아닙니다. 당신들을 만나게 되면 대단히 기뻐할 겁니다. 이쪽으로 오십시오.

우리들이 그의 침실에 들어갔을 때 그는 잠들어 있었다. 그러나 곧 눈을 떠서 우리들을 보고 크게 기뻐했다. — 여, 너희들! 어떤가 자, 걸터앉으라고. 용수, 너는 거기 의자에 걸터앉으렴, 그리고, 너 원기군은 그 안락의자를 택하라구. 용수, 미안하지만 네 가까이에 있는 벨을 눌러 주어.

여자 심부름꾼이 도어에서 들어다 보며 물었다. ― 도련님, 무슨 용건입니까? ― 나의 친구들에게 뭔가 과실류를 가져오라구, 그리고 여기에 나의 친구 용수군과 원기군이 와 있다고 엄마에게 말해 주고. ― 아주머님은 방금 외출하셨습니다. ― 좋아, 그러면 빨리 과실을 가져오도록. ― 예, 이제 곧 ― 그러나 이봐, 마음쓰지 말라구. 우리는 곧 돌아간다 ― 하고 우리들은 그에게 알렸다. 그건 안돼! 너희들 오래 머물면서 학교에서 일어난 일을 나에게 말해 주라구.

우리들 둘이서 그에게 이것저것 다 이야기했다. 그 뒤에 우리들 세 사람은 모든 것에 대해서 이야기하고 또 많은 것에 대해서 논의했다.

우리들이 친구에게 이별을 고할 때 우리들은 그에게 말했다. ― 몸조심 많이 하라구, 응(알았어)? 일어나지 말아, 또 너의 침실에서 나가지 말고 오늘 밤 자자. 안녕히 ― 그럼 또! 너희들의 친절한 문병 대단히 고맙다. 또 빨리 나를 방문해 줘. 나는 아주 좋아졌다고 우리들의 선생님이나 친구들에게 말해줘. 안녕히!

p.279. 복습. 1.(1) (a) pronuncia (tú), pronunciad (vosotros). (b) no pronuncies (tú), no pronuncieis (vosotros). (2) (a) lee (tú), leed (vosotros). (b) no leas, no leais (vosotros). (3) (a) sube (tú), subid (vosotros). (b) no subas (tú), no subais (vosotros). (4) (a) piensa (tú), pensad (vosotros). (b) no pienses (tú), no penseis (vosotros.) (5) (a) enciende (tú), encendad (vosotros). (b) no enciendas (tú), no encendais (vosotros). (6) (a) mueve (tú), moved (vosotros). (b) no muevas (tú), no movais (vosotros). (7) (a) levantate (tú), levantaos (vosotros). (b) no te levantes (tú), no os levanteis. (8) (a) haz (tú), haced (vosotros). (b) no hagas (tú), no hagais (vosotros). (9) (a) vete. (tú) idos (vosotros). (b) no te vayas (tú), no os vayais (vosotros). (10) (a) sé (tú), sed (vosotros). (b) no seas (tú), no seáis (vosotros) 2. (1) 너 모레 오너라. (2) 너 공원에 가거라. (3) 너 취침하라. (4) 너 누구에게도 아무말도 말라. (5) 우리들은 자, 가버리자 (돌아가자꾸나). (6) 당신은 레슨을 나에게 설명하시오. (7) 너 선량하여라. (8) 우리들은 창을 열자꾸나. (9) 너희들 걸터앉지 말라. (10) 이웃의 누구라도 그것을 알고 있다. 3. (1) Entrega (tú) este cuaderno al profesor. (2) Lavaos la cara con esta agua. (3) Entren Vds. en la sala de clase.〔또는 en la clase〕(4) Hagan Vds. el favor de entrar en la clase.〔Tengan Vds. la bondad de entrar en la clase. Sírvanse Vds. entrar en la clase etc.〕(5) Entremos (nosotros) en la clase. (6) Trabajad mucho (7) No comáis demasiado. (8) Ve tú en seguida a la estacion de Soul. (9) Compre Vd. este reloj. ⑽ Vendedme estos libros. Vendedmelos. ⑾ Présteme Vd. un libro—¿Qué libro le presto?—Cualquiera. ⑿ Traiga Vd. unas novelas—¿Cuáles?—Cualesquiera. ⒀ ¿Quién quiere Vd. que venga aqui.〔참고 남미에서는 aca가 aquí와 같은 뜻으로 가끔 쓰인다.〕— Quienquiera. ⒁ Idos. ⒂ Vamos despacio.

p.289. 역독. 카스틸랴어의 수업. 교수는 아주 실제적으로 카스틸랴어를 우리에게 가르친다. 교실에서 한국어를 말하는 것을 언제고 우리에게 금지시키며 카스틸랴어만을 말하도록 우리들에게 명한다. 우리들이 그의 명령을 지키는 것을 즐거워하고, 또 우리들이 앞에 말한 국어에 많은 진보를 한 것에 대해서 만족하고 있다.

어제 교수는 우리에게 서서 제21과를 읽도록 명했다. 나중에(우리들) 전부의 학생에게 책을 덮도록 명했다. 그리고 우리들에게 약간의 질문을 했으나 그것들에 대해서 우리들은 잘 대답했다. 그때 그는 민말에게 향하여 칠판으로 나갈 것, 또 그에게 구술하는 하나의 짧은 이야기를 쓸 것을 명했다. 그가 자기 자리에 돌아왔을 때 교수는 우리들에게 칠판을 보도록 요구했다. 그리고서 물었다. — 쓰여 있는 것 가운데 발견되는 잘못을 누군가 바로 잡을 수 있습니까?

거의 모든 학생들이 손을 들었다. 교수는 원기에게 칠판에 나가서 정정할 것을 허용했다.

교실에서 나가기 전에 교수는 우리들이 집에서 과제를 예습한 것을 칭찬했다.

p.290. 복습. 1. (1) (a) quedara, quedaras, quedara, quedáramos, quedarais quedaran. (b) quedase, quedases, quedase, quedasemos, quedaseis, quedasen. (b) quedase, quedases, quedase, quedasemos, quedaseis, quedasen. (2) (a) apagara, apagaras, etc. (b) apagase, apagases, etc. (3) (a) concluyera, concluyeras. etc. (b) concluyese, concluyese, etc. (4) (a) pidiera pidieras, etc. (b) pidiese, pidieses, etc. (5) (a) durmiera, durmieras, etc. (b) durmiese, durmieses, etc. (6) 이하생략. 2. (1) haya dictado, hayas dictado, etc. (2) haya gozado, hayas gozado, etc. (3) haya abierto, hayas abierto, etc. (4) 이하생략. 3. (1) (a) hubiera firmado, hubieras firmado, hubiera firmado, hubieramos firmado, hubierais firmado, hubieran firmado (b) hubiese firmado, hubieses firmado, hubiese firmado, hubiesemos firmado, hubieseis firmado, hubiesen firmado. (2) (a)hubiera impreso, hubieras impreso, etc.

(b) hubiese impreso, hubieses impreso, etc. (3) 이하생략. 4. (1) visitaran o visitasen. (2) escribieran o escribiesen. (3) vengan. (4) vinieran o viniesen. (5) fuera o fuese. (6) apagara o apagase. (7) vayas. (8) escribiera (escribiese).〔주 그 경우의 뜻에 따라서는 escriba〕(9) gastarais o gastaseis. (10) abran. 5.(1) Deseamos que Vd. busque…(2) Ellos me mandan que les entregue … (3) Mi primo me pide que abra … (4) Mi tio me ordena que traduzca … (5) Ruego a Sukil que venga … 6. (1) Yo le exigí que me devolviera (devolviese) mi pluma estilográfica.〔참고: 그냥 mi estilografica로도 좋다. 또 중남미에서는 mi pluma fuete라고도 한다.〕(2) Le prohibimos que saliese del cuarto. (3) Mi hermano mayor me recomendo que me levantase temprano. (4) Mi abuelo me pidió que le leyera el periodico. (5) Ellos dudaban que supiésemos hablar castellano. (6) Mi tío dijo a Yongkwon que abriese la ventana. (7) Nos alegramos de que ellos estuvieran bien. (8) Mi padre me escribió la semana pasada que volviese en seguida. (9) Di (tú) a la criada que venga en seguida. (10) Yo le diré que me pague la deuda.

p.300. 역독. 괘종시계. 나는 대개 6시에 눈뜬다. 그러나 어제는 상당히 늦게 눈떴다. 벌써 7시 가까왔었으리라. 우리 집 여자심부름꾼 옥순〔주: 여자심부름꾼 과 옥순의 두말은 동격〕가 나의 눈을 뜨게 하는 것을 잊었음은 섭섭한 일이다. 만약 나를 불렀다면 나는 곧 일어났을 것인데.

어쨌든 나는 침대에서 일어나 이를 닦고 낯을 씻기 위해 욕실로 달리면서 가는 일이 필요했다. 내가 식당에 들어갔을 때는 벌써 7시 20분이었다. (내가) 집을 나서야 할 시간이었다. 학교의 식당에서 뭔가 먹으려고 생각하면서 아침밥을 안먹고 나왔다. 불행히도 전차가 오는데 많이 시간을 잡아먹었다. 그래서 나는 거의 10분 기다리지 않으면 안되었다. 나의 지갑을 열어 가지고 있는 돈을 조사했다. 그 안에는 백원 밖에 없었다. 만약 더 많은 돈을 가지고 있었더라면 나는 택시를 탔으리라. 왜냐하면 지각하고 싶지 않았기 때문이다.

드디어 전차가 왔다. 그러나 대단히 만원이 되어 왔으므로 다른 것(전차)을 기다리지 않으면 안되었다. 이렇게 해서 나는 8시 조금 넘어 학교에 닿았다. 식당에서 뭔가 먹을 시간이 없었다. 만약 시간이 있었다면 뭔가 먹었을 텐데. 벌써 교수가 올 시간이었다. 내가 교실에 들어갔을 때 교수는 벌써 출석을 부르고 있었다.〔수어택: 표를 읽어 내려가고 있었다〕모든 학생들이 미소지으면서 나를 바라보았다. 출석을 부른 뒤 선량한 교수는 얼굴에 미소를 띄우면서 나에게 물었다. — 신군, 안녕, 오늘아침 당신은 조금 늦게 일어났군요. — 예, 선생님. — 하고 나는 그에게 대답했다. — 우리 집 여자심부름꾼이 나를 깨우는 것을 잊어버린 겁니다. 대단히 잘잊은 버릇이 있는 소녀입니다. — 그러나 당신은 괘종시계를 가지고 있지 않습니까? [주 앞에 설명한 바와 같이 재존의 부정의 표현, 환언하여 tener와 haber의 부정형 뒤에는 부정관사를 안붙이는 것이 보통이다] — 아니오, 선생님, 나는 가지고 있지 않습니다. 만약 그것을 가지고 있다면 결코(한번이라도) 학교에 지각 않을 것입니다. — 그러나 당신도 또 댁의 여자 심부름꾼과 같은 정도로 잘 잊어버리는 버릇 아닙니까 만약 당신이 그것(시계)에 태엽을 감는 것을 잊는다면 괘종은 안울릴 것입니다. — 당연합니다. 그러나 나는 여자심부름꾼만큼 잊음보가 아닙니다. — 그러면 당신은 아버지에게 당신을 위하여 하나의 좋은 괘종시계를 사주십사 조르시오. — 예, 선생님. 오늘 곧 그에게 그 일을 요청하겠습니다. 그리고 나는 두 번 다시 지각 않을(것이라는) 것을 당신에게 약속합니다. 나는 두 번 다시 지각 않을(것이라는) 것을 당신에게 약속합니다. — 좋아, 좋아. 그럼 여러분, 자 레슨을 시작합니다.

나의 아버지가 집에 돌아왔을 때나를 위해서 괘종시계를 하나 사주도록 나는 그에게 요청했다. 그런즉 그는 다음 일요일에 그것 사러 나를 명동에 데리고 가겠다고 나에게 말했다.

p.302. 복습. 1. (1) 당신은 소설을 [어느 것이라도 좋다] 몇권인가 나에게 가져오시오. (2) 그는 일요일을 r의 고향에서 지내겠다고 5일전 나에게 말하고 있었다. (3) 우리들은 창을 닫는 것이 필요했다. (4) 그들이 나를 만나러 오면 좋겠는데! 9사실은 올 수 없다.) (5) 만약 네가 네 과제를 공부한다면 너의 선생님을 이해 할 수가 있을 것인데. (6) 노인은 마치(글자를) 읽는 요령을 터득한 것처럼 책을 펼쳤다. (7) 어제 오후 만약 그렇게 덥지 않았다면 우리들은 공원에 갔었을 것을. (8) 나의 조카는 서울에 왔을 때 단돈 1만원 가지고 있었으리라. (9) [자기가] 편지를 한국말로 번역하겠다고 그는 그들에게 말했다. ⑽ 당신들, 아무쪼록 조금 기다려 주시오. ⑾ 그들이 도착했을 때 우리들은 그를 기다리기 3시간이 되어 있었다. ⑿ 나는 춤추는 것이 무엇보다 좋습니다. ⒀ 나는 몇권인가의 그의 소설을 읽는 일이 있습니다. ⒁ 우리들에게는 집이 없다. ⒂ 그는 언제나 모자 없이 걷고 있다. 2. (1) Cuando yo le ví ayer, él me decía que hoy vendría(viene) aquí. (2) No tengo papel. Si lo tuviera, escribiría una carta a mi padre. (3) Era posible que estuviesen en el hotel aquella noche. (4) Ellos no tenían dinero anteayer. Si lo hubieran tenido, me habria prestado con mucho gusto. (5) Él decía que partiria para la Argentina el primero del mes próximo. (6) ¡Ojalá que yo hubiera vendido aquella casa el año pasado! (7) Ella no entra en el mar, porque (또는 pues)está enferma hoy. Si no estuviese enferma, entraría. (8) Yo estaba enfermo ayer y no entré en el mar(Como yo estaba enfermo ayer, no entré en el mar.) Si no hubiera estado enfermo, habría entrado. (9) Si no llueve pasado maña na, iré a Namisom. ⑩ Aquel día estaría el escribiente en la oficina.〔주: 이 순서도 좋다. 또. secretario는 서기관, 회의 간사, 비서〕

p.317. 역독. 한 친구에게 부치는 수길의 편지. 온정에서 1971년 3월 24일. 서울(의), 박문수씨, 친애하는 친구여. 우리들 서로 못본지 벌써 2주간 이상이 됩니다. 당신은 오늘의 이맘때를 서울에서 어떻게 하며 지내고 있습니까? 나는 잘 있음을 당신에게 알릴 수 있음을 기쁘게 생각합니다. 그는 하루 2시간 스페인어를 공부하고, 이 호텔의 온천에서 2,3회 목욕하고 또 해변이나 거리를 산책합니다. 그것이 온정에서의 나의 생활입니다.

휴가가 날마다 한층 끝장으로 가까워져 갑니다. 그 일은 나의 마음에 언짢음과 동시에 나를 즐겁게 합니다. 왜냐하면 우리들이 서로 볼 날이 가까워지고 있다는 것을 생각하기 때문입니다. 4일전부터 병들어 있는 나의 어머니가 만약 쾌차해지는 편이라면 이달 말에 우리들은 서울에 돌아갈 것입니다만, 그녀의 병은 상당히 침중한 병이므로 그렇게 빨리 그녀가 일어나게 되리라고 나는 믿지 않습니다. 이 경우(못 일어날 경우)에는 우리들은 그녀가 완전히 회복될 때까지 이곳에 머무르지 않으면 안 될 것입니다.

내가 서울에 돌아가기 전에 당신은 나와 2,3일 지내기 위해 이곳에 오고 싶지 않습니까? 당신의 아버지는 만약 당신이 그에게 그것을 요청한다면 당신에게 허락을 내리리라고 나는 믿습니다.

어쨌든 당신이 어떻게 서울에서 그것을〔주: lo(그것을)은 무엇인가를 구체적으로 나타내려는 것이 아니고 다만 막연히 말함〕지내고 있는지를 내가 알기 위해 (나에게 알리기 위해), 이 편지를 받는 즉시 나에게, 편지 주시오.

내 친애하는 벗이여, 안녕. 가족들에게 안부말씀을. 경구〔수택어:나는 당신의 (de Vd.) 극히 애정 깊은 친구이다〕민수길

p.319. 복습. 1.(1) 나는 그렇게 어렵지 않은 스페인의 책을 한권 찾고 있다. (2) 천원을 나에게 빌려줄(생각이 있는) 누군가를 당신 알고 있습니까? (3) 우리들에게 발

견되지 않고 그녀는 도착했다. (4) 내가 도착할 때까지 당신이 기다리시오. (5) 그가 대단히 부자라고 해도 이 섬 전체를 살수는 없으리라. (6) (지금) 나쁜 날씨지만 그는 올 것이다. (7) 내일 설사 날씨가 나빠도 그는 올 것이다. (8) 뭔가 사고가 안 일어나는 한 기선은 5월 12일에 부산에 도착할 것이다. (9) 타이프 칠줄 아는 청년 1명 필요. ⑽ 문산에 나오실 때는 나의 사무실에 들르시오. 2. (1) Ayer fui a Mokpo aunque llovía. (2) No sé qué hacer. (3) Aunque yo lr pregunte, él no me contestará nada. (4) A menos que aprendáis tus lecciones, el profesor no os alabará. (5) Por ocupado que yo este, me hablará mi hermano menor. (6) Entonces yo buscaba un joven que supiera hablar español. (7) Haga Vd. lo que(또는 cualquier cosa que) le mande el. (8) Por fácil que sea el examen, el no saldrá bien de él. (9) En el caso de que Vd. me preste la novela, la leeré. ⑽ De todos modos(또는 De todas maneras), haga Vd. el favor de no partir hasta que reciba Vd. mi carta.

p.328. 역독. 상용표현 (그 1.) (1) 카스틸랴어 통용의 나라들에서는 정오까지는 「좋은 날입니다」, 저물녘까지는 「좋은 오후입니다」라고 말한다. (2) 여, 친구여, 어떤가? (3) 당신의 형제분들은 어떻습니까? (4) 모두 대단히 건강합니다. 고맙습니다. (5) 돈·프란시스코, 당신을 뵙게 되어 대단히 기쁩니다. (6) 당신이 대단히 건강한 것을 더없이 기쁘게 생각합니다.〔축하합니다〕. (7) 만약 당신이 내일 밤 우리들과 저녁(을 함께) 하기 위하여 집에 나와 함께 와주신다면 나의 아내는 대단히 즐거워 할 것입니다. (8) 나는 당신의 친절한 초대를 큰 기쁨으로 받아들이겠습니다. (9) 자, 나는 이제 그만 일어서지 않으면 안되겠습니다.(당신에게 이별을 고하지 않으면 안됩니다.) ⑽ 조심하세요(안녕히 가세요). ⑾ 마리아씨, 당신에게 박씨를 소개하는 것을 나에게 허락해 주십시오. ⑿ 당신과 가까이 할 수 있어서 대단히 기쁩니다.〔처음 뵙습니다. 잘 부탁합니다〕— 당신을 알게 된 것을 대단히 기쁘게 생각합니다.〔주:여자니까 encantada (매혹되어서)로 되어 있다. 저야말로 잘 부탁합니다.〕 ⒀ 알바레스양은 어찌됐습니까? 나는 그녀에 대해서 아무것도 모른지가 오랩니다. — 최근 부산의 어떤 백만장자와 결혼했다는 소식입니다. ⒁ 언제나 격이 아래인 사람이 격이 위인 사람에게, 신사가 숙녀에게, 소개됩니다. ⒂ 인사할 때는 부인에게도 신사에게도, (사람은)대개 손을 내밉니다. ⒃ 당신 그런 사소한 일로 걱정 마시오. 그것은 아무런 중요성도 안가졌습니다. ⒄ 크리스마스를 축하합니다. 〔주:pascua(대제)는 강정제나 복활제 따위에 대해 쓰인다. 일반적으로 복수형

(pascuas)으로 쓰게 된다.] (18) 축하합니다. — 마찬가지올시다. (19) 돈·호세, 나는 마음으로 축하합니다. 당신은 어제부터 아버지가 되었다고 들었습니다. (20) 베레스씨, 복권의 1등이 당신에게 당첨된 것을 나는 이제 막 알았습니다. 마음으로부터 축하드립니다. 그것을 축하하지 않으면 안됩니다. 당신은 나에게 한턱내리라고 생각하고 있습니다. (21) 그건 물론입니다. 거기 비어홀에 들어가서 행운을 축하하기 위하여 한잔합시다. (22) 우리들 내일 다시 만나기로 할까요? — 좋습니다. 찬성. 내가 당신을 데리러 가는 것을 바랍니까? 그렇잖으면 당신이 나를 데리러 오겠습니까? (23) 그건 대단히 안됐습니다만, 나는 선약이 있어서. (24) 당신은(지금부터) 1주간 지나서 나의 집에 오시겠습니까? (25) 큰 기쁨으로(승낙합니다), 만약 그것이 당신에게 방해가 안된다면.

p.330. 복습. 1. (1) 그는 아주 공손하게 나에게 인사했다. (2) 당신, 더 정확하게 나에게 그것을 설명하시오. (3) 당나귀는 알려져 있는 것보다는 영리합니다. (4) 그들은 지난달 번(돈)것보다도 적은 돈을 번다. (5) 두 사람 사이에는 밀접한 우정이 있었다. (6) 당신은 3시간 지나면 다시 여기에 오시오. 주인은 벌써 돌아와 있을 것입니다. (7) 이 방은 폭 60피트된다. (8) 그들은 시종 영화관에 간다. 나는 뜨문뜨문. (9) 테레사와 프란시스카는 빨리 달린다. (10) 우리들은 그들과 가는 것에 하등 지장이 없습니다. (11) 남자아이는 쉽사리 카스틸랴어를 익힌다. (12) 건물에는 여러 가족이 행복하게 살고 있었다. (13) 당신은 부자라고 나는 믿고 있었습니다. — 그렇지 않습니다. 천만의 말씀! (14) 가엾은 사나이는 훌쩍훌쩍 울기 시작했다. (15) 어떤가, 돈·안토니오? — 잘되었어, 고마워. 2. (1) Pienso ir al cine esta noche. Ponen en el teatro de Tongdo una pelicula sonora hablada en espanol. (2) ¿Esta en casa el senor? Quisiera hablar con el un momento. (3) Despues de puesto el sol, se dice "Buenas noches." [주:Despues de 따위 다음에 과거분사를 가져올 때는 그 동사의 주어의 성과 수에 맞춘다.

【보기】 Despues de servida la cerveza(맥주가 나온 뒤에). 또 이 때의 과거분사의 주어는 뒤에 붙인다. 「…가 된 뒤에」의 뜻] (4) Me permito presentarme. (5) ¿Qué tal. (le va), Doña Teresa? (6) Muy bien(또는 Perfectamente), muchisimas gracias. ¿Cómo se encuentra Vd. , Don Tomás? (7) Yo creía que Vd. no se acordaba de mi. (8) ¿Qué se ha hecho de la casa que decía Vd. el ano pasado que quería comprar? (9) Me alegro de veras de verle a Vd. (10) e han dicho que Vd. va a casarse en breve (11) Si. dentro de tres meses. Esta es la foto de mi novia. ⑿ ¡Qué guapa! Supongo que me convidara Vd. a asistir a la boda. ⒀ Pues no faltaba mas. ⒁ Amigo, ¿no quiere Vd. venir a mi casa a charlar mañana por la tarde? — Sí, con mucho gusto, si ello no le causa molestia . ⒂ ¿Feliz Ano Nuevo!

p.341. 역독. 상용표현. (그 2) . ⑴ 고맙습니다. 대단히 고맙습니다. 대단히 송구합니다. — 천만의 말씀입니다. ⑵ 대단히 고맙습니다. 최고로 감사합니다. — 천만의 말씀입니다. ⑶ 친절에 대해 황송합니다. 당신에게 크게 감사 드립니다. ⑷ 나는 당신에게 대단히 감사하고 있습니다. 〔주:reconocido 감은하고 있다나 agradecido, enamorado와 같이 어떤 과거분사는 뜻이 수동적동사이 아니고 능동적이다.
【보기】 Estan agradecidos(enamorados)는 「그들은 감사하고 있다.(사랑하고 있다.)」란 뜻이다. 「감사받고 있다」, 「사랑 받고 있다」는 뜻이 아니다〕 내가 얼마나 당신에게 감사하고 있는가를 나타낼 말을 찾지 못합니다. ⑸ 얼마나 나는 당신에게 감사 드리고 있는가! 그와 같은 친절을 당신에게 어떻게 감사해야 할 것인지 모릅니다. ⑹ 덕택으로 나의 장사는 아주 잘되고 있습니다. ⑺ 당신 재떨이를 나에게 건네 주겠습니까? — 예. 선생, 아주 쉬운 일입니다. ⑻ 당신, 불을(빌려)주시겠습니까? — 물론〔주 여기서는 「오라이」와 거의 같은 뜻〕. ⑼ 나는 당신에게 한가지 요청을 드리고 싶습니다. — (그것이 무엇인지, 선생) 말해 주구료. ⑽ 당신의 전화를 이용하는 것을 허용해 주겠습니까 — 당연 (물론) 하지요, 선생. ⑾ 당신은 담배 어떻습니까?〔피우고 싶지 않습니까?〕 — 아니오, 대단히 감사합니다. 나는 담배를 못합니다. ⑿ 내가 당신에게 뭔가 해드릴게 있습니까? — 이 편지를 투함해 준다면 당신에게 감사하겠습니다.〔수탁어:주시기를. 또 만약 가능법단절형(agradedería)을 쓰려면, que 뒤의 동사는 접속법과거(echara 또는 echase)로 한다. P. 286. (b) 참조〕. ⒀ 네가 나에게 그것을 말하지 않은 것을 나는 정말 유감으로 생각한다. 이젠 너무 늦었다. ⒁ 당신의 불행을 알게된 것을(알게 되어) 대단히 슬퍼합니다. 당신에게 동정을 드립니다. ⒂ 섭섭하군! 내일 오후 나는 베네주엘라로 출발하는 것을 당신에게 알리지 않으면 안되는 것을 유감으로 생각합니다. ⒃ 그런 큰 손해를 충심으로〔주:de todo corazon〕마음 아프게 생각합니다. 그러나(그것은) 내탓은 아닙니다. ⒄ 그것은 대단히 안되었다고 생각합니다. 나를 용서해 주시도록 당신에게 부탁합니다. ⒅ 나는 당신에게 폐끼칠 생각은 가지고 있지 않았습니다. 아무쪼록 나를 용서해 주십시오. ⒆ 당신은 나의 말을 나쁘게 해석한 것 같습니다. 나는 당신을 비난할 생각은 가지고 있지 않았습니다. ⒇ 당신이 나를 용서해 주실(생각

을 가지실) 것을 희망합니다. ㉑ 친애하는 친구 여러분 안녕하십니까.—여, 안녕하십니까 로드리게스씨. ㉒ 그럼 편히 쉬십시오. 〔주:두말 다 밤에 헤어질 때 쓰는 인사말. 보통 두 개를 겹쳐서 쓴다〕. 내일 공항에서 서로 얼굴을 맞대게 될 것을 나는 기대합니다. ㉓ 그렇게 오랫동안 당신이 떠나 있게 된다는 것이 나를 슬프게 합니다. — 당신이 대학의 과정을 마치자마자 당신도 또 부에노스·아이레스에 오십시오. 그 곳에서 나는 당신을 기다리고 있습니다. ㉔ 당신의 목적지에 닿자마자 나에게 편지 쓸 것을 당신 잊지 않도록, 이젠 비행기에 탈 시간인 모양이다. 그럼 친애하는 친구여, 무사한 여행을 기원합니다! — 대단히 고맙습니다. 가족들께 안부를. ㉕ 아르헨티나에서 일하고 있는 우리들의 친구 모두에게 나로부터의(나를 가름하여) 안부를 전해 주십시오. 일로 편안하심을 기원합니다.

p.343. 복습. 1. ⑴ 이들 수츠·케이스는(이것을) 내가 가지고 간다. ⑵ 노인들은 조개를 싫어하고 또 옛 시대가 좋았다고 말함을 상례로 한다. ⑶ 그 소년과 나는 같은 클라스에서 공부하고 있다. ⑷ 너의 친구와 너는 곧 출발하지 않으면 안될 것이다. ⑸ 개의 태반은 묻지 않는다. ⑹ 당신이 명확하게 이야기하도록 당신에게 부탁합니다. ⑺ 사람은 무엇을 말해야 할 것인지를 모를 때 날씨를 말한다. ⑻ 당신은 얼마 동안 한국에 살고 계십니까? — 2주간 밖에 살고 있지 않습니다. ⑼ 나는 히메네스씨와 이야기하고 싶습니다만, 오늘 집에 계십니까? ⑽ 당신 앉으십시오. 나는 곧 당신(의 방문)을 연락하겠습니다. ⑾ 당신, 잠깐 나를 용서해 주십시오. 로드리게스씨에게 인사하고 싶습니다(싶기 때문입니다). ⑿ 당신에 대해(사람들이) 그렇게 많이 말하는 것을 나는 듣고 있으므로 당신은 벌써 나에게 있어 초면이 아닙니다〔주:tan(tanto) …que …만큼 그만큼…하다, 대단히 …하므로 …하다〕 ⒀ 당신은 벌써 구스만 교수를 방문했습니까? — 예, 3일전에 그를 방문했습니다만 집에 계시지 않았습니다. (그 때)방금 외출하셨다고 여자 심부름꾼이 나에게 말했습니다. ⒁ 당신은 "모자(모자)"라는 제목의 멕시코 영화를 꼭 보시오〔보기를 빠뜨리지 마시오〕. 그것은 볼 가치가 있습니다〔일부러 볼 수고의 가치가 있다〕. ⒂ 어떤 사람들은 천천히 걷는다(그런가 하면). 다른 사람들은 빨리 지나간다. ⒃ 내(또는 그, 그녀)가 피아노를 사고 싶어했던 것은 퍽 오래 전부터의 일이었다.〔주:hacia…뒤의 que 다음에는 직설법불완료과거를 쓴다. 「…하고 있었던 것은 그 몇시간(날, 달, 해) 전부터였다」의 뜻을 나타낸다〕. ⒄ 그들은 남미에 가기 위해서의 돈을 저축하고(가지고) 있다. ⒅ 그녀의 남편이 죽었을 때 그는 1년반 (un을 생략) 스페인에 있었다. ⒆ 미겔은 무엇이건 모두 들었다. ⒇ 당신은 오늘부터 1주일 지나서 옵

(올 생각이 있습)니까? 2. (1) Los pobres tienen pocos amigos. (2) El pobre hombre se murió de hambre. (3) Su padre es alto funcionario.〔주:alto라고 하는 수식어가 funcionariodp 붙어 있지만 「고급공무원」을 하나의 직업으로 본다면 un을 안붙인다.〕. (4) Yo adelanté el salario a los trabajadores. (5) Ellos eran más buenos de lo que yo creía.〔주:도덕적선악의 비교이므로 mejores가 mas buenos이다〕(6) Hace mucho tiempo que no le veo. (7) Yo me baño cada tres días. (8) Tiene Vd. razón. (9) Mi íntimo amigo Kim ya duerme para siempre bajo la fría tierra. (10) Don Juan es más viejo de lo que parece. (11) La pequeña María no sabe lo mucho que la quieren sus padres. (12) Tengo las manos frías. (13) Él me dará más dinero del que yo le presté el mes pasado. (14) Todos los alumnos alzaron la mano. (15) Él nos ofreció cuantos libros había. (16) ¿Ha viajado Vd. en avión? — No faltaba mas. (17) ¿Es verdad que se puede volar en avión de Soul a Kwangchu en menos de dos horas? (18) ¿No quieres ir al cine esta nsche? — Esta noche no, porque tengo que estudiar el español. (19) — Es verdad. Hemos de estudiar mañana la última parte del libro "El español en cuatro semanas." Nos alegramos de que, gracias a este libro: hayamos llegado a saber conversar en español.

품사별 색인

1. 발 음

알파베도	3
알파베도표	3
발음기관 유성음과 무성음	7
모음과 자음	8
모음	9
모음삼각도	9
모음의 표준음	11
스페인어모음의 위치도	11
이중음	16
삼중음	19
자음의 종류	21
자음 각개의 발음	22
스페인어 자음 도표	37
이중문자	37
분철법	38
강세	39
구두법	42
대문자	44
음의 연계	88
음성의 억양	171

2. 문 장

긍정문	54

부정문	57
의문문	55
의문문에 있어서의 억양	56, 171
부정의문문	58
문중의 주어의 위치.	131
능동태와 수동태	143
부정어의 용법	178
감탄문	213
조건문	296

3. 명 사

명사의 성	45
명사의 단수복수	48
명사의 소유격	72
증대사와 축소사	225
고유명사 (nombres propios)와 대문자.	54
추상명사(nombres comunes)와 정관사	63
보통명사 (nombres comunes)와 중성명사(nombres neutros)와의 구별.	64, 248

4. 관 사

부정관사	50
정관사	63
al과 del	70, 72
여성단수명사 앞에 붙여지는 정관사 el	179
중성 lo의 특수용법	236, 248
신체의 일부 또는 몸에 붙이고 있는 것에 붙여지는 정관사	93, 185

5. 대명사

주격인칭대명사 ··· 60
목적격(을 격)의 인칭대명사 ······································ 71
여격(을, 격)의 인칭대명사 ·· 114
전치사와 함께 쓰이는 인칭대명사 ······························ 104
인칭대명사의 중성 ··· 219, 248
소유대명사 ··· 123
지시대명사 ··· 119
관계대명사 ··· 205
부정대명사 ··· 275
의문대명사 ··· 195
재귀대명사 ··· 183
재귀대명사의 전치사격 ·· 189
동사의 목적격(을 격)으로서의 대명사 ························ 64
함께 쓰이는 여격대명사와 목적격대명사 ···················· 200
명령법에 있어서의 여격 및 목적격의 대명사의 위치 ··· 272
부정법과 쓰이는 목적격 및 여격의 대명사의 위치 ······ 176
분리의 여격 ··· 185
강조를 위해 「a + 대명사 또는 명사」의 뒤에
되풀이되는 목적격 또는 여격의 대명사 ····················· 115
el (la, los, las) de ··· 75
뒤에 que를 수반하는 대명사 (el que, la que, los que, las que) ··· 209
lo que (…하는 것) ··· 209

6. 형용사

형용사 ··· 51
형용사의 복수 ··· 53
소유형용사 ··· 73
지시형용사 ··· 119

국적을 나타내는 형용사	132
-án, -ón, -or로 끝나는 형용사	132
형용사의 급	151
más (menos)…del (de, la, etc.) que라 하는 비교급 및 최상급을 갖는 형용사	164
의문형용사	195
-nte, -dor로 끝나는 형용사	215
형용사의 위치	227
어떤 종류의 형용사의 어미일실	284
부사로서 쓰이는 형용사	324
형용사의 상이한 의미	326

7. 동 사

동사와 그 세종류	61
제1변화의 규칙동사의 직설법현재	61
제2변화의 규칙동사의 직설법현재	69
제3변화의 규칙동사의 직설법현재	79
불규칙동사 ser의 직설법현재	89
불규칙동사 tener의 직설법현재	92
불규칙동사 estar의 직설법현재	101
불규칙동사 hacer의 직설법현재	105
불규칙동사 dar와 ir의 직설법현재	112
14의 불규칙동사의 직설법현재	126
직설법현재의 특별용법	236
규칙동사의 과거	109
규칙동사의 직설법불완료과거	129
불규칙동사 ser, ir 및 ver의 직설법 불완료 과거	134
조동사 haber의 직설법 현재	138
과거분사	138
현재분사	147

직설법 과거완료	139
불규칙한 과거분사를 갖는 동사	141
수동태	143, 186
어근의 모음을 변화시키는 동사	158
동사와 부정법	173
불규칙동사의 직설법과거	176
재귀동사	183
무인칭동사	257
단일인칭동사(verbos unipersonales)	257
상호동사	187
정자법상의 변화를 받는 동사	189
-cer 및 -cir로 끝나는 동사 목적격을 수반하는 자동사	198
uir로 끝나는 동사	202
어근이 모음으로 끝나는 동사	211
-ñer, -ñir, -llir, -chir로 끝나는 동사	212
감각의 동사와 부정법	213
al + 부정법	176
부정법의 특별용법	313
직설법대과거	218
직전과거	220
직설법미래	232
불규칙한 미래를 갖는 동사	234
직설법의 완료미래	237
접속법의 현재	241
불규칙동사의 접속법현재	247
불규칙동사 dar, estar, haber, ir, saber 및 ser의 접속법 현재	249
어근모음을 변화시키는 동사의 접속법현재	250
gustar의 용법	252
무인칭적표현뒤에 쓰이는 접속법	257
간투사 ¡ojala! 뒤에 쓰이는 접속법	260
규칙동사의 명령법	268

불규칙한 명령법을 갖는 동사 ………………………………………… 296
명령법으로서 쓰이는 접속법 …………………………………………… 271
간접의 명령에 대해서 …………………………………………………… 274
접속법의 과거 …………………………………………………………… 281
불규칙동사의 접속법과거 ……………………………………………… 282
접속법 완료과거 ………………………………………………………… 283
접속법의 대과거 ………………………………………………………… 284
종속절중에 있어서의 접속법의 시제의 관련 ………………………… 285
무인칭적 표현과 함께 쓰이는 접속법 과거 ………………………… 292
가능법(단순형과 복합형) …………………………………………… 293, 294
가능법의 용법 …………………………………………………………… 294
조건문 …………………………………………………………………… 296
접속사뒤에 쓰이는 접속법 …………………………………………… 304
관계대명사 que 뒤의 접속법 ………………………………………… 309
접속법의 미래 …………………………………………………………… 310
접속법의 완료미래 ……………………………………………………… 312
불구동사 ………………………………………………………………… 321
동사변화일람표 ………………………………………………………… 347

8. 부 사

부사 ……………………………………………………………………… 222
si와 no의 대답하는 법 ………………………………………………… 58
muy와 mucho …………………………………………………………… 223
부사를 만들기 위해 형용사에 붙여지는 접미어 …………………… 224
불규칙한 비교급 및 최상급을 갖는 부사 …………………………… 225
부사의 비교급과 최상급 ……………………………………………… 236
más (menos)…del (de la), que라고 하는 형태의 비교급 ………… 238
비례비교 (…하면 한만큼) …………………………………………… 165
전치사와 다른 품사로 만들어지는 부사구 ………………………… 325

9. 접속사

접속사	232
sino에 대해서	73
때를 나타내는 접속사	304
목적을 나타내는 접속사	305
조건이나 방법을 나타내는 접속사	307
양보, 잠정, 그 밖의 뜻을 나타내는 접속사	307

10. 전치사

전치사	218
어느 특정한 인간 앞에 붙여지는 전치사 a(을)	69
관계대명사와 전치사	210
para 와 por의 구별	263
강조를 위해 문의 첫머리에 내세우는 「a + 대명사 (또는 명사)」	116

11. 간투사

간투사	325
¡ojala!에 대해서	260

12. 그 밖의 것

주의 이름	86
일년 열두달 이름	94
네계절	94
기수	80
순서수	94
분수	113
시간	83

세계의 나라 이름 ··· 132
도량형 ··· 197
편지형식 ··· 316
신정자법 ··· 345
연습과 역독과 복습의 해답 ··································· 367

초보자를 위한 스페인어첫걸음

인 쇄 2012년 1월 10일
발 행 2012년 1월 30일
지은이 외국어학보급회
감 수 김충식
펴낸이 서덕일

펴낸곳 글로벌어학사
등록번호 1962. 7. 12. 제 2-110호
주 소 서울 광진구 군자동 1-13 문예하우스 101호
전 화 02-499-1281~2 FAX 02-499-1283

● 잘못된 책은 구입하신 서점에서 교환해 드립니다.
● 이 책은 저작권법에 의해 보호를 받는 저작물
  이므로 무단전재와 무단복제를 금합니다.

ISBN 978-89-7482-624-6 (13770)
(가격은 뒷표지에 있습니다.)

글로벌 어학사는 도서출판 문예림의
자회사입니다.